Edition Sozialwirtschaft Bd. 29

Edition Sozialwirtschaft

Prof. Dr. Hans-Christoph Reiss (Hrsg.)

Steuerung von Sozial- und Gesundheitsunternehmen

Für die Unterstützung zur Veröffentlichung danken wir dem Fachbereich Wirtschaft der Fachhochschule Mainz.

Die Deutsche Nationalbibliothek verzeichnet diese Publikation in der Deutschen Nationalbibliografie; detaillierte bibliografische Daten sind im Internet über http://dnb.d-nb.de abrufbar.

ISBN 978-3-8329-5896-1

1. Auflage 2010
© Nomos Verlagsgesellschaft, Baden-Baden 2010. Printed in Germany. Alle Rechte, auch die des Nachdrucks von Auszügen, der fotomechanischen Wiedergabe und der Übersetzung vorbehalten. Gedruckt auf alterungsbeständigem Papier.

Inhalt

Vorwort 9
Hans-Christoph Reiss

1.
Unternehmensführung und Markt

Die Sozialwirtschaft als Europäischer Marktplatz: die europarechtlichen
Rahmenbedingungen 15
Bernd Schulte

Die „Ambulantisierung" als Folge der Sozialpolitik? 35
Stefan Sell

Ambulantisierung – steuerliche Aspekte und Gestaltungsmöglichkeiten .. 51
Stefan Schick

Führungs- und Organisationsprinzipien 65
Hans-Christoph Reiss

Persönliches Budget – Betriebswirtschaftliche Auswirkungen für die
Leistungserbringer 71
Bernd Schubert

Das persönliche Pflegebudget – Impulse für Politik und Praxis Ergebnisse
des vierjährigen Modellprojektes 91
Thomas Pfundstein

Die Internationale Klassifikation von Funktionen und ihre Bedeutung für
wirkungsorientierte Steuerung in der Eingliederungshilfe 101
Petra Gromann

2.
Strategie und Struktur

Ohne Leitbild geht es nicht 117
Markus Rückert

Das Leitbild – Managementinstrument für die Sozialwirtschaft in Alltag und
Krise 125
Michael Vilain

Praxiserfahrung mit der Einführung einer Balanced Scorecard 141
Gabriele Moos

Prozessoptimierung – Verbindung von Strategie und Organisation 149
Elisabeth Laskewitz

3.
Controlling

Controlling mit Kennzahlen 159
Klaus-Dieter Pruss

Erfolgsfaktoren des Controllings in Nonprofit-Organisationen 171
Werner Heister

Basel II: Quo vadis Controlling? oder „Sic transit gloria mundi!" (So vergeht
der glorreiche Ruhm) 189
Hans-Christoph Reiss

Zukunftsgerechtes Controlling über Systemintegration 205
Hans-Christoph Reiss

4.
Steuerung und Risiko

Erkenntnisse und Irritationen durch Benchmarking 219
Bernd Halfar/Stefan Löwenhaupt/Thomas Rinklake

Restrukturierung, Sanierung und Insolvenzabwicklung – Kampf gegen Windmühlen oder eine reelle Chance? 241
Klaus-Dieter Pruss

Risikomanagement-Systeme der internen Revision 253
Julia Zechmeister

5.
Qualität und Kosten

Die Erfolgsfaktoren der Sozialwirtschaft: Qualität und Kosten 267
Hans-Christoph Reiss

Leistungsqualität als Steuerungsgröße 279
Claudius Deßecker

Plädoyer für die Ungewissheit! Welche Qualität wollen wir und welche können wir uns künftig leisten? 293
Wilfried Schlüter

Gadgets und Dashboards mit KPI's in NPO's??? Eine Polemik gegen „sich selbst schaltende Ampeln" und andere Untugenden im Controlling 305
Peter Hofschröer

6.
Finanzierung und Marketing

Finanzierungselemente und betriebliches Berichtswesen Gem. §§ 77, 78a bis g SGB VIII 317
Hans-Christoph Reiss

Aktivitätsbezogene Kosten- und Leistungsrechnung für Pflegedienste 323
Uwe Kaspers

Erfolgsfaktoren im Fundraising von Nonprofit-Organisationen 337
Michael Urselmann

7. Sozialimmobilien

Sozialimmobilien brauchen Zukunft! 345
Rudolf Hammerschmidt

Vom Wohnen im Alter zum Wohnen für alle – Universal Design als
ganzheitliche Strategie für Wohnungs- und Pflegewirtschaft 361
Insa Lüdtke

Möglichkeiten der Kosteneinsparung bei Bau- und Umbaumaßnahmen von
Pflegeeinrichtungen 371
Joachim Vetter

Bewertung von Sozialimmobilien 391
Friedrich Lutz/Marco Sander

Vorwort

Unternehmungen in sozial- und gesundheitsökonomischen Märkten sind in besonderem Maße Impulsen zur Steuerung von Organisationen und Unternehmen von außen durch die Gesellschaft, die Politik, technischen Entwicklungen sowie vielen weiteren Umwelteinflüssen ausgesetzt. Sie erschweren es mancher Führungskraft ein klares Bild von der Zukunft zu sehen. Daher hat die Zukunft viele Namen. Für die Schwachen ist sie die Unerreichbare, für die Furchtsamen ist sie eine Unbekannte, für die Tapferen ist sie die Chance (nach Victor Hugo).

Das Bild „Zukunft als Chance" hat mich 1995 veranlasst in Kooperation mit einer Wirtschaftsberatungsgesellschaft die Veranstaltung „Mainzer Tag der Sozialwirtschaft" ins Leben zu rufen. Auch heute noch hat dieses Credo mit der „Sozialwirtschaftlichen Managementtagung" als fester Bestandteil des Event-Kalenders weiterhin Bestand. Die Monografie, die Sie in den Händen halten beinhaltet Ausschnitte aus den Sozialwirtschaftlichen Managementtagungen an der Fachhochschule Mainz. Hier wird die Gesundheits- und Sozialökonomie seit über 20 Jahren als fester Bestandteil der betriebswirtschaftlichen Ausbildung gelehrt.

Ziel einer jeden „Sozialwirtschaftlichen Managementtagung" ist es, die Veranstaltungsteilnehmer zu ermutigen, sich mit den notwendigen branchenbezogenen Veränderungen auseinanderzusetzen. Durch die Auseinandersetzung mit aktuellen Themen zusammen mit qualifizierten Referenten werden den Teilnehmern nicht nur Veränderungsbedarfe näher gebracht, sondern auch Denkanstöße und Lösungsmöglichkeiten zur aktiven Zukunftsgestaltung an die Hand geben. Insbesondere Themen zur internen Steuerung als Instrument der bewussten Zukunftsgestaltung waren Schwerpunkt der Tagungen.

Wir haben die Inhalte dieser Monografie in Abschnitte unterteilt, die jeweils jeder für sich ein Spektrum an Antworten auf die Fragen „Wo stehen wir?", „Was wird künftig von uns gefordert?" und „Welche Gestaltungsmöglichkeiten haben wir und welche Steuerungsinstrumente sind geeignet?" als Grundlage für ein bewusstes Gestalten mitgegeben werden. Natürlich haben wir nicht alle Beiträge zu den vergangenen Tagungen berücksichtigen können. Dies ist verschiedenen Umständen geschuldet:

Zum Einen haben sich viele Initiativen, gesetzliche und marktliche Änderungen zwischenzeitlich überholt. Zum anderen sind Teilmärkte immer wieder auch durch Paradigmenwechsel geprägt worden, auf die in unterschiedlicher Weise zu reagieren war. Des Weiteren hat sich die Bereitschaft, institutionelles Handeln im Bereich Gesundheit und Soziales als marktliches Handeln zu begreifen vehement gewandelt.

Sozialarbeit, Pädagogik, Erziehung, Betreuung und Pflege sind bereits heute längst auch zentrale wirtschaftswissenschaftliche Themen unserer Gesellschaft –

und die Marktbedarfe werden noch drastisch steigen: Bis zum Jahre 2050 werden schätzungsweise ein Drittel aller EU-Bürger älter als 60 Jahre sein. Kollaps im Gesundheitswesen und Pflegenotstand sind angesichts dieser demographischen Entwicklung zunehmend gebrauchte Schlagwörter. Andererseits dürfte klar sein, dass unser Gesundheits- und Sozialwesen eine krisenfeste Job-Maschine der Zukunft sein wird. Qualifizierte Kräfte werden bereits heute dringend bis „händeringend" gesucht. Bei derzeit rund 2,25 Millionen Pflegebedürftigen hierzulande arbeiten schon heute mit rund 800 000 Beschäftigten in der Pflegebranche ähnlich viele Menschen wie in der deutschen Automobilindustrie. Diese Zahlen werden sich aufgrund des demographischen Wandels in der Bevölkerung mit zunehmender Überalterung bzw. Häufung typischer Volkskrankheiten bis zum Jahre 2050 mehr als verdoppeln.

In den vergangenen fünfzehn Jahren konnte sich die Sozialwirtschaftliche Managementtagung im Terminkalender des Teilnehmerkreises am ersten Mittwoch im März geradezu als „Institution" etablieren. Die Sozialwirtschaftliche Managementtagung richtet sich nicht zuletzt auch als Talentbörse an die Studierenden und Absolventen des Studienschwerpunktes „Management sozialer Einrichtungen". Einige Studierende waren so zunächst als Teilnehmer und später auch als Referent unsere Gäste.

Die Veranstaltung hat sich in fünfzehn Jahren stets auch an veränderten Bedarfen der Teilnehmer orientiert. So wurde die Struktur und die Dramaturgie mehrfach neu gegliedert und themenzentrierte Fachforen in den Ablauf integriert. Daneben hatten wir mehrfach Podiumsdiskussionen durchgeführt, so dass jeder Teilnehmer intensiv die Diskussion mit den Referenten suchen konnte. Insgesamt ist es uns – so die Ergebnisse der Teilnehmerbefragungen – gelungen, den Tagungsablauf so zu gestalten, dass den unterschiedlichen Interessen der Teilnehmer Rechnung getragen wird. Zu diesen Ideen gehört auch die, diese Tagung in Norddeutschland (Hamburg) zu etablieren, was wir seit einiger Zeit unternehmen. Es bleiben Veränderungsideen, die wir bisher noch nicht realisieren konnten und so gilt selbstverständlich auch für die „Sozialwirtschaftliche Managementtagung" das Motto: „Zukunft als Chance".

Die Sozialminister des Bundeslandes Rheinland-Pfalz haben von Beginn an die Schirmherrschaft der Veranstaltung übernommen. Herrn Minister a.D. Florian Gerster und Frau Ministerin Malu Dreyer danke ich an dieser Stelle ganz besonders.

Als Mitglieder der verschiedenen Organisationsteams in den vielen Jahren gilt mein besonderer Dank Frau Daniela Meurer und Frau Jutta Albrecht. Mit Beiden arbeite ich bereits seit Jahren sehr erfolgreich zusammen und beide sind aufgrund ihres Organisationsvermögens unverzichtbar – für Daniela Meurer gilt dies bis zur Übernahme neuer Aufgaben in 2009. Unterstützt werden bzw. wurden beide durch Kernteams unserer Studierenden und durch die Haustechniker unserer Hochschule.

Als mitwirkende Bearbeiter der Beiträge und damit für die Realisierung des Buchprojektes unverzichtbar in ihrem Tun waren Frau Lena Kassen und Herr Florian Halbritter. Ihnen beiden gilt mein ganz spezieller Dank für ihre hervorragende Arbeit.

Es bleibt dabei: In Mainz wird es immer der erste Mittwoch des Monats März sein, zu dem wir uns treffen – zu dem ich Sie bereits heute herzlichst einlade!

Prof. Dr. Hans-Christoph Reiss
Leitung des Instituts für angewandtes Management in der Sozialwirtschaft,
Fachhochschule Mainz

1.
Unternehmensführung und Markt

Die Sozialwirtschaft als Europäischer Marktplatz: die europarechtlichen Rahmenbedingungen

*Dr. Bernd Schulte**

1. Das Europäische Recht als rechtlicher Rahmen

1.1. Rechtsgrundlagen des Europäischen Rechts

Europäisches Recht i. e. S. bezeichnet heute nach dem Inkrafttreten des Vertrags von Lissabon am 1. Dezember 2009 das Recht der Europäischen Union, da die Europäische Gemeinschaft institutionell in der Europäischen Union „aufgegangen" ist, nachdem sie bis zum Inkrafttreten des Vertrags von Lissabon den supranationalen Kern des *Europäischen Systems* bzw. – in der Diktion des Bundesverfassungsgerichts – des *Europäischen Staatenverbundes* gebildet hatte. Ziel des *Vertrags über die Gründung der Europäischen Wirtschaftsgemeinschaft* (EWGV) war die Errichtung eines Gemeinsamen Marktes. Die 1987 in Kraft getretene *Einheitliche Europäische Akte* (EEA) brachte dann die erste große Revision des EWG-Vertrages, und war insbesondere als „Blaupause" für die Errichtung des *Binnenmarktes* bis zum 31. Dezember 1992 und einhergehend mit Reformen der Europäischen Institutionen und ihrer Verfahren (*Schulte* 2004; ders. 2006 a).

Der *Vertrag über die Europäische Union* (EKV) vom 7.2.1992 stellte vor dem Hintergrund der Verwirklichung des Binnenmarktes und angesichts der Erweiterung der Europäischen Gemeinschaft um die fünf neuen Länder der ehemaligen DDR als Folge der deutschen Vereinigung einen wichtigen Schritt zur Vertiefung der Europäischen Integration dar. Der EU-Vertrag sah u. a. die Einführung einer Wirtschafts- und Währungsunion vor und erweiterte die Kompetenzen des Europäischen Parlaments im Bereich der Rechtsetzung in Richtung auf das sog. Mitentscheidungsverfahren als heute nach Inkrafttreten des Vertrags von Lissabon ordentliches Europäisches Gesetzgebungsverfahren. Die Umbenennung des Vertrags über die Gründung der Europäischen Wirtschaftsgemeinschaft in *Vertrag zur Gründung der Europäischen Gemeinschaft* (EGV) entsprach seinerzeit einer Erweiterung der Zielsetzungen dieses Vertrages, der nicht mehr allein auf die Herstellung einer Wirtschaftsgemeinschaft gerichtet war, sondern einer Gemeinschaft in umfassenderem Sinne bis hin zu einer Wirtschafts- und Währungsunion, einer Politischen Union und last but not least einer Sozial*gemeinschaft* (angesichts des

---

* Der Verfasser ist Referent am Max-Planck-Institut für ausländisches und internationales Sozialrecht, Amalienstr. 33, D-80799 München, Tel.: 089-38602-426; Fax: 089-38602-490, E-Mail: schulte@mpisoc.mpg.de.

geringen Grades der positiven sozialen Integration noch nicht einer Sozial*union*). Einzelheiten ließen sich den Vorschriften der Art. 2 und 3 EG entnehmen, welche die Aufgaben und die Tätigkeitsbereiche der Europäischen Gemeinschaft beschrieben haben.

Der *Vertrag von Amsterdam* (AV) hat die sozialpolitischen Zuständigkeiten der Europäischen Gemeinschaft ausgeweitet und eine weitere Stärkung der Position des Europäischen Parlaments durch Ausweitung der Politikbereiche vorgenommen, die dem sog. Mitentscheidungsverfahren unterliegen.

Durch den *Vertrag von Nizza* (NV) sind die institutionellen und prozeduralen Weichen für die Erweiterung der Union auf heute 27 Mitgliedstaaten gestellt worden. Zugleich wurde die *Charta der Grundrechte der Europäischen Union* (GRCh) verabschiedet, die zeitgleich mit dem Vertrag von Lissabon am 1. Dezember 2009 rechtsverbindlich geworden ist.

Durch den 2007 abgeschlossenen Reformvertrag, den *Vertrag von Lissabon (LV)* (*Schulte* 2006 u. 2007), der an die Stelle des an den negativen Referenden in Frankreich und den Niederlanden gescheiterten *Vertrags über eine Verfassung für Europa* (*VVE*) getreten ist und diesen im Wesentlichen übernommen hat (allerdings unter Verzicht auf Verfassungsrhetorik und –symbolik), ist der Europäische Integrationsprozess fortgesetzt worden. Der Lissabon-Vertrag, der am 1. Dezember 2009 in Kraft getreten ist und insbesondere auch im Hinblick auf das Soziale inhaltlich weitestgehend dem Verfassungsvertrag entspricht, hat den EU-Vertrag und den EG-Vertrag geändert und letzteren in *Vertrag über die Arbeitsweise der Europäischen Union* (AEU-Vertrag) umbenannt.

1.2. Rechtsinstrumente des Europäischen Rechts

Die ehemalige Europäische Gemeinschaft war vor allem auch eine *Rechtsgemeinschaft*, die auf dem Recht gründete und in erster Linie auch durch die Setzung von Recht handelte. Dies gilt nunmehr auch für die Europäische Union.

Auf der Grundlage der Gründungsverträge als des Europäischen Primärrechts können die Europäischen Organe – Europäisches Parlament und Rat – Sekundärrecht, d. h. abgeleitetes Recht setzen. Hierfür stehen spezifische Rechtsinstrumente zur Verfügung: *Verordnungen* sind abstrakt-generelle Regelungen – und insofern Gesetzen im materiellen Sinne im Recht der Mitgliedstaaten vergleichbar („Europäische Gesetze") –, die in allen ihren Teilen verbindlich sind und unmittelbar in jedem Mitgliedstaat gelten, und zwar nicht nur für den Staat, sondern für jedermann (und die im Unterschied zu sonstigem internationalen Recht deshalb auch keine Umsetzung durch nationales Recht der Mitgliedstaaten erfordern). *Richtlinien* („Europäische Rahmengesetze") sind grundsätzlich nur im Hinblick auf die von ihnen angestrebten Ziele verbindlich, überlassen es im übrigen den Mitgliedstaaten, die zur Verwirklichung dieser Ziele geeigneten und notwendigen Mittel, d. h. die geeigneten Umsetzungsmaßnahmen zu ergreifen. (Die Richtlinie ist deswegen gegenüber der Verordnung ein flexibleres, weil den Mitgliedstaaten Handlungsspielraum einräumendes Rechtsinstrument, welches ein zweistufiges Verfahren etabliert;: auf der ersten – europarechtlichen – Stufe wird ein Ziel vorgegeben, welches auf der zweiten – mitgliedstaatlichen – Stufe umgesetzt wird, wobei Adressaten der Richtlinie die Mitgliedstaaten, nicht deren Bürger sind, und eine Richtlinie unter bestimmten Voraussetzungen Direktwirkung haben kann, wenn sie bzw. eine ihrer Bestimmungen einen Einzelnen unmittelbar begünstigt, sie hinreichend bestimmt bzw. bestimmbar ist, d. h. ihr Inhalt so genau und unbedingt ist, dass es zu ihrer Anwendbarkeit keines weiteren Umsetzungsaktes bedarf, und wenn die Frist zur Umsetzung der Richtlinie abgelaufen ist, ohne dass der betreffende Mitgliedstaat seiner Umsetzungsverpflichtung in nationales Recht nachgekommen ist. *Empfehlungen* sind rechtlich unverbindliche Vorgaben.

Was diese *Europäische Rechtsetzung* angeht, so ist maßgebliches Rechtsetzungsorgan der *Rat* im Zusammenwirken mit dem *Europäischen Parlament* (Art. 94 AEU).

Zu unterscheiden ist der Rat, der sich aus den jeweiligen Fachministern der Mitgliedstaaten – und ggf. deren Vertretern – zusammensetzt, als Legislativorgan vom *Europäischen Rat,* dem die Staats- und Regierungschefs der Mitgliedstaaten sowie der Präsident der Europäischen Kommission angehören und der grundlegende politische Zielvorgaben für die Politik der Europäischen Union macht.

Die *Europäische Kommission* besitzt das Initiativrecht für die Europäische Rechtsetzung mit der Folge, dass Europäisches Parlament und Rat als Europäischer Gesetzgeber tätig werden auf der Grundlage von Vorschlägen der Kommission. Darüber hinaus obliegt der Kommission die Wahrnehmung der allgemeinen Verwaltungsaufgaben der Gemeinschaft bzw. heute der Europäischen Union und sie ist zentrales Exekutivorgan des Staatenverbundes (ohne dass man sie deshalb als deren „Regierung" bezeichnen kann).

Dem *Europäischen Gerichtshof* obliegt die Wahrung des Rechts bei der Auslegung und Anwendung (Art. 19 EU). Er entscheidet u. a. über die Gültigkeit sekundären Gemeinschaftsrechts und die Auslegung des Europäischen Rechts überhaupt.

Unter den Verfahrensarten vor dem Gerichtshof ist das sog. *Vorabentscheidungsverfahren* (Art. 267 AEU) in sozialrechtlichen Angelegenheiten von der größten Bedeutung. Es handelt sich dabei um ein nichtkontradiktorisches Zwischenverfahren: Gerichte der Mitgliedstaaten, die über die Gültigkeit oder die Auslegung einer Vorschrift des Europäischen Rechts, auf die es bei der Entscheidungsfindung ankommt, im Zweifel sind, *müssen,* letztinstanzliche mitgliedstaatliche Gerichte den Europäischen Gerichtshof anrufen, um eine verbindliche Auslegung der jeweiligen gemeinschaftsrechtlichen Rechtsfrage einzuholen. Die Entscheidung des Gerichtshofs über die Gültigkeit oder die Auslegung der in Frage stehenden gemeinschaftsrechtlichen Vorschrift ist dann von dem vorlegenden Gericht seiner Entscheidung im Ausgangsverfahren zugrunde zu legen. Auf diese Weise wird die einheitliche Geltung und Anwendung des Europäischen Rechts in den Mitgliedstaaten gewährleistet, wobei der Erfolg dieses Bestrebens allerdings von der Kooperationsbereitschaft und „Vorlagefreudigkeit" der nationalen Gerichte abhängt. (*Schulte* 1976 – 2010)

1.3. Kompetenzen des Europäischen „Staatenverbundes"

Der *sachliche Geltungsbereich des Europäischen Rechts* und die *Kompetenzen der Organe der Europäischen Union* werden durch das Primärrecht festgelegt.

Dabei kommt zentrale Bedeutung dem sog. *Prinzip der begrenzten Einzelermächtigung* (Art. 5 Abs. 1 EU) zu, wonach die Europäische Union – dies im Unterschied zu einem Staat – keine originäre „Allzuständigkeit" hat, sondern ihre Zuständigkeiten sich grundsätzlich auf diejenigen beschränken, die ihr von den Mitgliedstaaten durch in den Zustimmungsgesetzen zu den Europäischen Verträgen gleichzeitig implizit ausgesprochenen – Souveränitätsverzicht – ausdrücklich übertragen worden sind.

Die *Abgrenzung der Kompetenzen von Europäischer Union und Mitgliedstaaten* vollzieht sich mithin in der Weise, dass die Union innerhalb der Grenzen der ihr im EU- und im AEU-Vertrag zugewiesenen Befugnisse tätig wird, während die Mitgliedstaaten „von Hause aus allzuständig" sind und unter Berufung auf diese ihre "Allkompetenz" grundsätzlich frei darüber befinden können, welche Ziele sie anstreben und welche Aufgaben sie übernehmen. „Verfeinert" wird dieser Grundsatz durch das in Art. 5 Abs. 4 EU niedergelegte *Subsidiaritäts-* und das in Art. 5 Abs. 3 EU verankerte *Verhältnismäßigkeitsprinzip,* wonach die Unionskompetenzen in den Bereichen, in denen eine Zuständigkeit der Europäischen Union besteht, in der Weise beschränkt sind, dass die Union dort, wo sie nicht ausschließlich zuständig ist, nur tätig werden darf, wenn und soweit die Ziele der in Betracht gezogenen Maßnahmen nicht ausreichend auf der Ebene der Mitgliedstaaten erreicht werden können und deshalb wegen ihres Umfangs oder ihrer Wirkungen besser auf Europäischer Ebene verfolgt werden.

Die besondere Qualität dieses Europäischen Rechts – und hierdurch unterscheidet sich das Europäische Unionsrecht von jeglichem sonstigen internationalen Recht – besteht in seinem in wesentlichen Teilen *überstaatlichen („supranationalen") Charakter* und dem damit verbundenen grundsätzlichen *Vorrang vor dem nationalen Recht* der Mitgliedstaaten (unter Einschluss des Verfassungsrechts).

Vorrang des Gemeinschaftsrechts bedeutet *Anwendungsvorrang*, d. h. dem Unionsrecht entgegenstehendes nationales Recht bleibt unabwendbar, wird aber nicht nichtig, sondern gilt fort und ist weiterhin dort anwendbar, wo der Anwendungsvorrang des Unionsrechts nicht „greift", z. B. im Verhältnis zu Drittstaaten und Drittstaatsangehörigen.

1.4. Europäische Sozialpolitik

Während die Europäischen Verträge allgemeine *soziale Ziele* – so *ein hohes Maß an sozialem Schutz* und auch *ein hohes Gesundheitsschutzniveau* – vorgeben, liegt die konkrete Bestimmung der Aufgaben im Bereich des Sozialschutzes und damit auch in Bezug auf Gesundheits- und Sozialdienstleistungen nach wie vor grundsätzlich im Zuständigkeitsbereich der Mitgliedstaaten. Die Europäische Sozialpolitik i. e. S. ist in den Art. 151 AEU ff. geregelt. Die Europäische Union ist dabei i. d. R. auf die Unterstützung und Förderung der Tätigkeiten der Mitgliedstaaten beschränkt (*Schulte* 2006 a).

Ausnahmen sind das Europäische koordinierende Sozialrecht zugunsten der „wandernden" europäischen Bürger, geregelt primärrechtlich in Art. 48 AEU und sekundärrechtlich in den Verordnungen (EG) Nr. 883/04 und Nr. 987/09, sowie das Antidiskriminierungsrecht – ausgehend von dem Grundsatz des gleichen Entgelts für Männer und Frauen (Art. 157 AEU/ex Art. 141 EG) aus Wettbewerbsgründen in den EWG-Vertrag eingefügt und damit ursprünglich wirtschaftlich – genauer: wettbewerblich – motiviert, heute aber nicht zuletzt als Reaktion auf die Judikatur des Europäischen Gerichtshofs – zunächst im Hinblick auf die Gleichstellung von Männern und Frauen – gleichbehandlungsrechtlich und damit grundrechtlich orientiert (Art. 19 AEU – ex Art. 13 EG) – und durch eine Reihe von Antidiskriminierungsrichtlinien weiter entwickelt, sowie das Recht der wirtschaftlichen Grundfreiheiten – Kapital-, Warenverkehrs- und Personenfreiheiten, d. h. Arbeitnehmerfreizügigkeit, Niederlassungsfreiheit der Selbstständigen und Dienstleistungsfreiheit, das Europäische Wettbewerbs-(Kartell- und Beihilfen-) und Vergaberecht.

2. Europäisches Binnenmarkt- und Wettbewerbsrecht

Das Europäische Recht kann im Binnenmarkt und damit im Geltungsbereich der wirtschaftlichen Grundfreiheiten und des Europäischen Wettbewerbs- und Vergaberechts dort auswirken, wo es um die Gewährung, Erbringung und Finanzierung von Sozialleistungen geht, die *wirtschaftlichen Naturen* sind. Das Europäische Binnenmarkt- und Wettbewerbsrecht, welches nur marktbezogene Tätigkeiten erfasst, nötigt die Mitgliedstaaten zwar keinesfalls zu der vermehrt und verstärkt marktförmig erfolgenden Ausgestaltung der (nach deutschem Verständnis) *sozialen Daseinsvorsorge*, macht aber dann spezifische europarechtliche Vorgaben, wenn die Erbringung solcher Leistungen in wirtschaftlicher Form erfolgt, wie dies vor dem Hintergrund des Wandels der Staatstätigkeit vom sozialen Interventions- und Sozialleistungsstaat zum Gewährleistungsstaat, der stärker als früher private Dritte mit Gemeinwohlaufgaben betraut, in zunehmendem Maße der Fall ist (*Linzbach* et al. 2005).

Was diesen europarechtlichen Rahmen für die soziale Dienstleistungserbringung angeht, so liefert der *Gesundheitssektor*, der seit den „*Decker*"/„*Kohll*"- Entscheidungen aus dem Jahre 1998 (Europäischer Gerichtshof 1998 – 2007) im „Fokus" einschlägiger Judikatur des Europäischen Gerichtshofs steht, reichhaltiges Anschauungsmaterial und ist deshalb geeignet, die einschlägigen europarechtlichen Vorgaben auch für die Sozialwirtschaft zu illustrieren, ähneln sich doch die gemeinschaftsrechtlichen Fragestellungen im Hinblick auf gesundheitliche und soziale Dienstleistungen (die beispielsweise in den Bereichen Pflege und Rehabilitation auch kaum zu trennen sind) und ist deshalb auch die einschlägige Judikatur weitgehend auf soziale Dienstleistungen übertragbar (*Schulte* 2006 u. 2009).

Ziel der *Europäischen Binnenmarkt- und Wettbewerbsvorschriften* sind Schaffung und Bestandsschutz offener und wettbewerblicher Märkte in der gesamten Europäischen Union. Es sind allerdings zwei wichtige Einschränkungen für die Anwendbarkeit der EU-Regelungen auf den Bereich der sog. Daseinsvorsorge zu machen: Die Regeln gelten zum einen nur für Aktivitäten *wirtschaftlicher Natur* und zum anderen auch nur für – der Zahl nach zunehmende – *EU-zwischenstaatliche Tatbestände*, mithin nicht für rein innerstaatliche Sachverhalte, d. h. nicht für Fälle, in denen eine Beeinträchtigung des zwischenstaatlichen Handels zwischen den Mitgliedstaaten mangels Transnationalität potenzieller Wettbewerber ausgeschlossen werden kann, weil sich das relevante Geschehen in allen wesentlichen Aspekten lediglich in einem Mitgliedstaat abspielt.

Im Hinblick auf die Anwendung der europarechtlichen Wettbewerbsvorschriften sorgt insbesondere die Zugrundelegung eines *funktionalen Unternehmensbegriffs* durch den Europäischen Gerichtshof für eine weite Auslegung und Anwendung der den Wettbewerb im Gemeinsamen Markt gewährleistenden Regeln. „Unternehmen" ist danach jede eine wirtschaftliche Leistung am Markt erbringende Einheit unabhängig von ihrer Rechtsform und der Art ihrer Finanzierung. Dies gilt auch für Unternehmen, die im Gesundheits- und Sozialbereich tätig sind, und zwar auch dann, wenn sie keine Gewinnerzielungsabsicht haben.

Da Unternehmen gehalten sind, die europarechtlichen Grundfreiheiten zu beachten, und sie auch dem Europäischen Wettbewerbsrecht unterliegen, hat der vorstehend angesprochene „Paradigmenwechsel" vom sozial intervenierenden Sozialstaat der 1970er Jahre zum aktivierenden, kooperierenden und auch „schlankeren" Gewährleistungsstaat seit den 1990ern Jahren zur Folge, dass das Europäische Recht im Zusammenhang mit der Erbringung derartiger Dienstleistungen eine immer größere Rolle spielt und die marktförmig und im Wettbewerb erfolgende Wahrnehmung von Gemeinwohlaufgaben dann, wenn ein grenzüberschreitender und den Wettbewerb im Gemeinsamen Markt beeinträchtigender Aspekt hinzutritt, mit den europarechtlichen Grundfreiheiten, mit dem Europäischen Wettbewerbs- und Beihilfenrecht sowie auch mit dem Europäischen Vergaberecht in Konflikt gerät und deshalb mit diesem vorrangigen EU-Recht in Einklang zu „Konkordanz" – gebracht werden muss.

3. Europäisches Vergaberecht

Auch das Europäische Vergaberecht soll vor diesem rechtlichen Hintergrund die wirtschaftlichen Grundfreiheiten, namentlich die Dienstleistungsfreiheit realisieren.

Die Rechtsgrundlagen des Europäischen Vergaberechts finden sich zum einen primärrechtlich im AEU-Vertrag und sekundärrechtlich in den Europäischen Vergaberichtlinien. Im Unterschied zum Europäischen Wettbewerbsrecht (Art. 101 ff. AEU) ist das Europäische Vergaberecht aber nicht ausdrücklich und detailliert im AEU-Vertrag geregelt, sondern der Europäische Gerichtshof hat es aus den Grundfreiheiten, namentlich der Niederlassungsfreiheit (Art. 49 AEU) und der Dienstleistungsfreiheit (Art. 56 AEU) sowie aus dem Grundsatz der Gleichbehandlung (Art. 18 AEU) abgeleitet. Sekundärrechtlich geregelt ist das Europäische Vergaberecht heute vor allem in den Richtlinien 2004/18/EG und 2004/17/EG; sie konkretisieren das allgemeine vergaberechtliche Primärrecht und sind insofern Prüfungsmaßstab für die Frage, ob auf ein wirtschaftliches Handeln das Europäische Vergaberecht Anwendung findet.

Dabei gilt es insbesondere zu berücksichtigen, dass lediglich öffentliche Aufträge, die bestimmte Schwellenwerte übersteigen, in den Anwendungsbereich der Vergaberichtlinien fallen.

Darüber hinaus sind bestimmte Arten von Dienstleistungen, auch wenn sie die Schwellenwerte überstiegen, gleichwohl ausgeschlossen. Für diese ausgeschlossenen Dienstleistungen bleibt aber das primäre Vergaberecht relevant, da es grundsätzlich keine Wirtschaftsbereiche gibt – auch wenn sie Teil des Systems der sozialen Sicherheit sind –, in denen die wirtschaftlichen Grundfreiheiten nicht gelten. Insbesondere gibt es *keine Bereichsausnahme*, auch nicht für den Gesundheit- und Sozialbereich, und auch eine solche zu schaffen lässt das EU-Recht nicht zu.

Maßgeblich geprägt wird die Vergabe öffentlicher Aufträge vom allgemeinen *Verbot der Diskriminierung aus Gründen der Staatsangehörigkeit eines Mitgliedstaats*, weil nur bei Einhaltung dieses Verbots die Gleichbehandlung aller Marktteilnehmer als eine der Voraussetzungen für ein Funktionieren des Binnenmarktes (Art. 3 Abs. 3 S. 1 EU und Art. 26 AEU) gewährleistet ist.

Sedes materiale dieses Diskriminierungsverbots ist Art. 18 AEU, wonach „*unbeschadet besonderer Bestimmungen dieser Verträge (...) in seinem Anwendungsbereich jede Diskriminierung aus Gründen der Staatsangehörigkeit verboten*" ist und der Europäische Gesetzgeber – Parlament und Rat – sekundärrechtliche Regelungen über das Verbot solcher Diskriminierung treffen können.

Auf dieses Diskriminierungsverbot können sich Personen und Unternehmen unmittelbar berufen und bei Verstößen dagegen ihre Rechte geltend machen.

Dabei gilt es zugleich zu berücksichtigen, dass dieses allgemeine Diskriminierungsverbot gegenüber den besonderen Diskriminierungsverboten der einzelnen Grundfreiheiten nachrangig ist, so dass diese stets vorrangig zu prüfen sind.

Wichtig ist, dass alle Diskriminierungsverbote sowohl für unmittelbare (direkte) als auch für unmittelbare (indirekte, „verschleierte") Formen der Diskriminierung gelten. (Indirekt diskriminierend sind beispielsweise Maßnahmen, die nicht an das Kriterium der Staatsangehörigkeit anknüpfen, jedoch durch andere Anknüpfungspunkte – z. B. den Wohnsitz oder die unbegrenzte Steuerpflicht im Inland – den gleichen nachteiligen Effekt erzielen.)

Dieses Diskriminierungsverbot verlangt eine auf Gleichbehandlung beruhende, transparente und nachprüfbare Auftragsvergabe.

Entsprechend ihrem Rechtscharakter waren die *Vergaberichtlinien* von den Mitgliedstaaten in nationales Recht umzusetzen. Dies ist in Deutschland insbesondere durch den Erlass des *Gesetzes gegen Wettbewerbsbeschränkungen (GWB)* geschehen. Von dieser gesetzlichen Grundlage können Bürger und Unternehmen individuelle Rechtsansprüche herleiten.

Die Richtlinie 2004/18/EG enthält die EU-rechtlichen Vorgaben für das von den Mitgliedstaaten durchzuführende Verfahren bei der Vergabe öffentlicher Aufträge. Zu diesen Vorgaben gehört, dass ein *öffentlicher Auftraggeber* tätig werden muss, der einen *öffentlichen* Auftrag erteilt, der die geltenden *Schwellenwerte* erreicht.

Auch soziale Dienstleistungen fallen in den sachlichen Anwendungsbereich der Richtlinie. (Die in der Richtlinie aufgeführten Ausnahmetatbestände sind für sie nicht einschlägig.) Das Vergaberecht gilt im Übrigen unabhängig davon, ob ein Dienstleistungserbringer gewerblich oder gemeinnützig tätig wird.

Sog. *Dienstleistungskonzessionen*, d. h. Verträge, bei denen die Gegenleistung für die Erbringung der Dienstleistungen in dem Recht zur Nutzung der Leistungen steht, unterfallen der Richtlinie nicht.

Öffentliche Auftraggeber sind Staat, Gebietskörperschaften und auch Einrichtungen des öffentlichen Rechts, d. h. solche Einrichtungen, die im Interesse des Gemeinwohls bestimmte Aufgaben nicht gewerblich erfüllen und die überwiegend vom Staat oder ihm gleichgestellte öffentliche Einrichtungen finanziert oder kontrolliert werden. Öffentliche Aufträge sind zwischen öffentlichen Auftraggebern und Wirtschaftsunternehmen geschlossene entgeltliche Verträge, u. a. über die Erbringung von Dienstleistungen.

Was die *Schwellenwerte* angeht, so gilt die Richtlinie 2004/18/EG nur für Aufträge, die 249.000 Euro erreichen oder übersteigen. (Nach Schätzungen liegt der Anteil der „überschwellwertigen" Aufträge bei etwas mehr als 10 v. H.)

Soweit die Schwellenwerte nicht erreicht werden, gilt allein nationales Vergaberecht, welches vor allem auf haushaltsrechtlichen Überlegungen, nämlich der Sicherung einer in finanzieller Hinsicht missgünstigen staatlichen Beschaffung beruht.

Erst das jenseits der Schwellenwerte anwendbare Europäische Vergaberecht stellt auf den Zugang aller Wettbewerber im Gemeinsamen Markt ab.

Als vorläufigen Höhepunkt der europarechtlichen Entfaltung des Vergaberechts mag man das Urteil des Europäischen Gerichtshofs in der Rechtssache C-300/07 (*Oymanns ./. AOK Rheinland/Hamburg*) ansehen (Europäischer Gerichtshof 2009): Danach ist die Bestimmung des Art. 1 Abs. 1 9 Unterabs. 2 Buchst. c 1. Fall der *Richtlinie 2004/18 des Europäischen Parlaments und des Rates vom 31. März 2004 über die Koordinierung der Verfahren zur Vergabe öffentlicher Bauaufträge, Lieferaufträge und Dienstleistungsaufträge* dahin auszulegen, *„dass eine überwiegende Finanzierung durch den Staat vorliegt, wenn die Tätigkeiten der gesetzlichen Krankenkassen hauptsächlich durch Mitgliedsbeiträge finanziert werden, die nach öffentlich-rechtlichen Regeln wie sie im Ausgangsverfahren in Rede stehen, auferlegt, berechnet und erproben werden. Diese Krankenkassen sind für die Anwendung der Vorschriften dieser Richtlinie dann als Einrichtungen des öffentlichen Rechts und damit als öffentliche Auftraggeber zu betrachten und zu behandeln."*

Die kraft Gesetzes angeordnete Beitragsfinanzierung der Krankenkassen durch Arbeitgeber und Arbeitnehmer ist danach als staatliche Finanzierung zu qualifizieren und die Krankenkassen sind als öffentliche Auftraggeber im Sinne des Vergaberechts anzusehen und die Verträge, die sie mit Leistungserbringern abschließen, sind als öffentliche Aufträge i. S. d. Art. 1 Abs. 2 RL 2004/18/EG zu qualifizieren.

Die Geltung des Vergaberechts ist gleichsam der Preis dafür, dass an die Stelle der sich in Richtlinien, Vereinbarungen und Empfehlungen niederschlagenden komplexen Rechtsbeziehungen zwischen den Krankenkassenverbänden und den Leistungserbringern zur Stärkung des Wettbewerbs Einzelverträge der Krankenkassen mit Leistungserbringern getreten sind mit der Folge, dass diese Einzelverträge gleichsam *„Türöffner für das Vergaberecht"* sind: *„Solange nämlich die Verbände untereinander den Rechtsrahmen für das Leistungsgeschehen einheitlich festgelegt hatten, stellte sich die Frage der Auswahl unter mehreren Vertragspartnern nicht. Erst die Einzelvertragskompetenzen haben die Krankenkassen in die Lage versetzt, im Wettbewerb untereinander Leistungsbedarfe zu definieren und sich die geeigneten Leistungserbringer auszusuchen".* (Kingreen 2008)

Entscheidungsgegenstand in *„Oymanns"* war die in §§ 140 a ff. SGB V geregelte integrierte Versorgung, innerhalb derer die Krankenkassen mit Leistungserbringern sektorenübergreifende Gesamtpakete für bestimmte Bevölkerungsgruppen oder auch für bestimmte Krankheitsbilder vereinbaren können (im Ausgangsfall: die Ausschreibung einer Krankenkasse zur Abgabe von Angeboten über die Anfertigung und Lieferung von orthopädischen Schuhen als Hilfsmitteln i. S. des Krankenversicherungsrechts gemäß § 33 SGB V).

4. Soziale Dienstleistungen als Komponenten der Daseinsvorsorge auf dem Europäischen „Marktplatz"

4.1. Entwicklung des Dienstleistungssektors in Europa

Die *Richtlinie über Dienstleistungen im Binnenmarkt* vom Dezember 2006, die von den Mitgliedstaaten bis Ende Dezember 2009 in nationales Recht umgesetzt werden muss, ist Bestandteil der im Jahre 2000 vom Europäischen Rat vereinbarten sog. *Lissabonstrategie*, welche „Europa zum stärksten wissensbasierten Wirtschaftsraum der Welt machen" und zu diesem Behufe u. a. dem Wirtschafts- und Beschäftigungswachstum abträgliche nationale Beschränkungen der Erbringung grenzüberschreitender Dienstleistungen abzubauen sucht. (*Linzbach* u. a. 2005; dies. 2007)

War Europa am Ende des Zweiten Weltkriegs trotz der bereits damals großen Bedeutung des verarbeitenden Gewerbes für Produktion, Wirtschaftswachstum und Beschäftigung größtenteils noch vorindustriell geprägt, so haben sich bis zum heutigen Tag die hoch entwickelten EU-Mitgliedstaaten zu postindustriellen Volkswirtschaften gewandelt, in denen das verarbeitende Gewerbe und damit die Industrie – in der EU-25 (d.h. ohne die am 1.1.2007 hinzugetretenen Mitgliedstaaten Bulgarien und Rumänien) – im Durchschnitt nicht einmal mehr 1/5 der Beschäftigten stellt, während im Dienstleistungssektor über 2/3 aller Arbeitsplätze – mit stetig steigender Tendenz! – zu finden sind.

Zwischen 2000 und 2004 sind in den EU-25 im Dienstleistungssektor über 8 Mio. neue Arbeitsplätze entstanden, während die Beschäftigung in der Industrie um 1,7 Mio. und in der Landwirtschaft um 1,1 Mio. Erwerbstätige zurückgegangen ist. Dienstleistungen generieren heute auch rd. 70 v. H. des *Bruttoinlandsprodukts* (BIP). Hingegen beträgt der Anteil der Dienstleistungen am innergemeinschaftlichen Handel in der Europäischen Union – wiederum in der EU-25 –, gegenwärtig wenig mehr als rd. 20 v. H und bleibt damit deutlich hinter der allgemeinen Binnenmarktentwicklung etwa auf dem stagnierenden und tendenziell an Bedeutung verlierenden Gütermarkt zurück – Indiz für eine unzureichende Verwirklichung der Dienstleistungsfreiheit, die gewiss auch Folge einer spezifischen Ortsgebundenheit von Dienstleistungen generell und von gesundheitlichen und sozialen Dienstleistungen im Besonderen ist, zugleich aber wohl auch Ausweis einer bislang unzureichenden Effektivierung des Europäischen Rechts im Hinblick auf – auch soziale – Dienstleistungen.

4.2. Dienstleistungsfreiheit im Europäischen Primärrecht

Kern der Europäischen Gemeinschaft – ursprünglich Wirtschaftsgemeinschaft – war und der heutigen Europäischen Union ist die Errichtung des Gemeinsamen Marktes bzw. – seit 1987 – des Binnenmarktes, den Art. 14 EGV/26 AEUV als *„Raum ohne Binnengrenzen, in dem der freie Verkehr von Waren, Personen, Dienstleistungen und Kapital gemäß den Bestimmungen dieses Vertrages gewährleistet ist"*, definiert.

Die wirtschaftlichen Grundfreiheiten gewährleisten subjektive Rechte, auf die sich der einzelne Marktbürger unmittelbar vor den nationalen Gerichten berufen kann. Auf diesem Wege – also mittels der gegenüber nationalem Recht vorrangigen und unmittelbar anwendbaren Grundfreiheiten – wird der an der Wahrnehmung dieser seiner Rechte interessierte Marktbürger zur Verwirklichung des Binnenmarkts gleichsam „mobilisiert".

Die Dienstleistungsfreiheit ist neben der Freizügigkeit der Arbeitnehmer und der Niederlassungsfreiheit der Selbständigen die dritte personale Grundfreiheit des AEU-Vertrages und gewährleistet zusammen mit diesen den freien Personenverkehr in der Europäischen Union.

Die Grundfreiheiten haben unmittelbare Wirkung und räumen insofern den Begünstigten unmittelbar wirkende subjektive Rechte ein, die Vorrang vor entgegenstehendem nationalem Recht haben. Die Dienstleistungsfreiheit entfaltet somit unmittelbare Rechtswirkungen, und zwar unabhängig von ihrer Ausgestaltung durch Sekundärrecht. Primärrechtlich geregelt ist die Dienstleistungsfreiheit in den Art. 56 ff. AEUV). Gemäß Art. 56 Abs. 1 AEU sind Beschränkungen des grenzüberschreitenden freien Dienstleistungsverkehrs innerhalb der Gemeinschaft grundsätzlich verboten. In den sachlichen Anwendungsbereich dieser Vorschrift fallen *wirtschaftliche Betätigungen, die in der Regel gegen Entgelt erbracht werden;* eine Gewinnerzielungsabsicht ist nicht erforderlich. Dienstleistungen i. S. des EG-Rechts sind dementsprechend Leistungen, die von selbständig Erwerbstätigen i.d.R. gegen Entgelt erbracht werden, soweit sie nicht den Vorschriften über die Freiheiten des Waren- und Kapitalverkehrsfreiheiten oder denjenigen über die Personenfreizügigkeit unterliegen (Art. 57 Abs. 1 AEUV). Durch die lediglich *vorübergehende* (Art. 57 Abs. 3 AEUV) Leistungserbringung ist die Dienstleistungsfreiheit abzugrenzen von der Niederlassungsfreiheit, die auf die dauerhafte Integration in die Volkswirtschaft eines anderen Mitgliedstaats abzielt.

Die *Entgeltlichkeit* als konstituierendes Element der Dienstleistung i. S. des Unionsrechts folgt aus dem Umstand, dass die als Dienstleistung zu qualifizierende Tätigkeit wirtschaftlicher Natur sein, der Dienstleistungserbringer m.a.W. einen Erwerbszweck verfolgen muss. Das Entgelt muss mithin eine *wirtschaftliche Gegenleistung für die erbrachte Leistung* sein. Es kommt allein darauf an, dass ein Entgelt entrichtet wird, unabhängig davon, wer es zahlt; dies kann der Dienstleistungsempfänger selbst, aber auch ein Dritter sein, z. B. der Staat oder ein Sozialleistungsträger.

Der Umstand, dass die Entgeltlichkeit nur „*in der Regel*" gegeben sein muss, macht deutlich, dass eine ausnahmsweise unentgeltlich erbrachte Leistung dieser den Dienstleistungscharakter dann nicht nimmt, wenn im Regelfall die Leistungserbringung nur gegen eine Vergütung erfolgt.

Es ist nicht erforderlich, dass das Entgelt kostendeckend ist, sondern es reicht aus, dass es einen Bezug zu den Kosten der Dienstleistung aufweist oder anderweitig nach wirtschaftlichen Kriterien bemessen wird. Die Verpflichtung zur Entrichtung einer Benutzergebühr o. ä. für die Inanspruchnahme einer Leistung begründet deshalb noch nicht zwangsläufig den Entgeltcharakter.

Auch die *Charta der Grundrechte der Europäischen Union (GRCh)*, die mit Inkrafttreten des Vertrags von Lissabon am 1. Dezember 2009 Rechtsverbindlichkeit erhalten hat, befasst sich in Art. 34 (Soziale Sicherheit und soziale Unterstützung) mit den sozialen Diensten:

„*(1) Die Union anerkennt und achtet das Recht auf Zugang zu den Leistungen der sozialen Sicherheit und zu den sozialen Diensten wie Mutterschaft, bei Krankheit, Arbeitsunfall, Pflegebedürftigkeit und im Alter sowie Verlust des Arbeitsplatzes Schutz gewährleisten, nach Maßgabe des Gemeinschaftsrechts und der einzelstaatlichen Rechtsvorschriften und Gepflogenheiten.*

(2) Jeder Mensch, der in der Union seinen rechtmäßigen Wohnsitz hat und seinen Aufenthalt regelmäßig wechselt, hat Anspruch auf die Leistungen der sozialen Sicherheit und die sozialen Vergünstigungen nach dem Unionsrecht und den einzelstaatlichen Rechtsvorschriften und Gepflogenheiten.

(3) Um die soziale Ausgrenzung und die Armut zu bekämpfen, anerkennt und achtet die Union das Recht auf eine soziale Unterstützung für die Wohnung, die allen, die nicht über ausreichende Mittel verfügen, ein menschenwürdiges Dasein sicherstellen sollen, nach Maßgabe des Gemeinschaftsrechts und der einzelstaatlichen Rechtsvorschriften und Gepflogenheiten."

„Beachtenswert ist in diesem Zusammenhang auch *Art. 35 GRCh (Gesundheitsschutz)*, wonach

"jeder Mensch (...) das Recht auf Zugang zur Gesundheitsvorsorge und auf ärztliche Versorgung nach Maßgabe der einzelstaatlichen Rechtsvorschriften und Gepflogenheiten (hat). Bei der Festlegung und Durchführung der Politik und Maßnahmen der Union in allen Bereichen wird ein hohes Gesundheitsschutzniveau sichergestellt."

Gemäß *Art. 36 GRCh (Zugang zu Diensten von allgemeinem wirtschaftlichen Interesse)*

„anerkennt und achtet (die Union) den Zugang zu den Diensten von allgemeinem wirtschaftlichen Interesse, wie er durch die einzelstaatlichen Rechtsvorschriften und Gepflogenheiten im Einklang mit dem Vertrag zur Gründung der Europäischen Gemeinschaft geregelt ist, um den sozialen und territorialen Zusammenhalt zu fördern."

Der Begriff der Dienstleistung der Art. 56 ff. AEU ist *gemeinschaftsrechtlicher Natur* und deshalb unabhängig von den – sich untereinander wiederum unterscheidenden – entsprechenden Begriffen der Mitgliedstaaten auszulegen. Als gemeinschaftsrechtlicher Begriff ist er auch seitens der Mitgliedstaaten weder abdingbar noch einschränkbar.

Der Charakter einer Leistung als Dienstleistung wird nicht dadurch ausgeschlossen, dass die entsprechende Leistung innerhalb des nationalen *Systems der sozialen Sicherheit* erbracht wird. Aufbau und Ausgestaltung dieser Systeme ist zwar Angelegenheit der Mitgliedstaaten, doch entbindet diese Zuständigkeit nicht von der Verpflichtung, das Gemeinschaftsrecht und damit die Diskriminierungsverbote und die Grundfreiheiten einschließlich der Dienstleistungsfreiheit zu beachten (wie auch der Europäische Gerichtshof in seiner Judikatur zur grenzüberschreitenden Inanspruchnahme von Gesundheitsleistungen seit „Kohll" wie dies jüngst bis hin zu „St*amatelaki*" betont hat) (Europäischer Gerichtshof 1998 – 2007).

Da die Dienstleistungsfreiheit den Marktzugang für Angehörige anderer Mitgliedstaaten gewährleistet, gilt sie nur für *grenzüberschreitende Sachverhalte*, nicht hingegen bei Dienstleistungen, die sich allein auf dem nationalen Markt abspielen. Diese Transnationalität ist zwar kein Kriterium der Dienstleistung selbst, aber Voraussetzung für die Anwendbarkeit der Regeln über die Dienstleistungsfreiheit; sie wird bei den sozialen Diensten und etwa in den Tätigkeitsbereichen der Freien Wohlfahrtspflege in vielen Fällen nicht erfüllt sein.

Zu beachten ist, dass sich auf die Dienstleistungsfreiheit „passiv" („passive Dienstleistungsfreiheit") auch die Empfänger von Dienstleistungen berufen können, so dass Unionsbürger aus anderen Mitgliedstaaten Anspruch darauf haben, entgeltliche Dienstleistungen zu denselben Konditionen – z. B. auch zu einem Sozialtarif oder ausnahmsweise auch unentgeltlich – in Anspruch nehmen zu können wie Staatsbürger ihres Aufenthaltsstaates.

Beschränkungen der Dienstleistungsfreiheit können ausnahmsweise *gerechtfertigt* sein. Die Dienstleistungsfreiheit unterliegt insofern sowohl geschriebenen als auch – in der Judikatur des Europäischen Gerichtshofs entwickelten – ungeschriebenen Schranken.

Art. 55 i. V. m. AEUV nennt als „geschriebene" Rechtfertigungsgründe die öffentliche Ordnung, Sicherheit und Gesundheit und nimmt insofern ggf. Beschränkungen dieser Schutzgüter hin, die zur Verfolgung bestimmte nichtwirtschaftlicher Ziele geeignet, angemessen und zur Zielerreichung notwendig, d. h. die insgesamt verhältnismäßig sind.

Als „ungeschriebene" Rechtfertigungsgründe kommen zwingende Gründe des Allgemeininteresses in Betracht, die allerdings gleichfalls nicht lediglich wirtschaftlicher Natur sein dürfen. (Die finanzielle Leistungsfähigkeit des Systems der sozialen Sicherheit oder die Gewährleistung einer ausgewogenen und flächendeckenden ärztlichen und klinischen Versorgung sind Beispiele für vom Europäischen Gerichtshof anerkannte *soziale Gründe des Allgemeininteresses*.)

4.3. Dienstleistungsfreiheit im Europäischen Sekundärrecht

4.3.1. Die Richtlinie über Dienstleistungen im Binnenmarkt

Die Verwirklichung der Grundfreiheiten und die Realisierung des durch sie konstituierten Binnenmarktes erfolgt zum einen durch die unmittelbare Anwendung der Grundfreiheiten – gleichsam im Sinne einer Gewährleistung eines „grundfreiheitlichen Mindeststandards" –, des Weiteren durch die Aufhebung von Beschränkungen seitens der Mitgliedstaaten – namentlich im Wege der Einräumung der Inländergleichbehandlung –, und auch durch die Beseitigung von Beschränkungen für diese Freiheiten durch sekundärrechtliche Rechtsetzung. Art. 62 AEUV verweist diesbezüglich auf Art. 53 AEUV und ermächtigt damit zum Erlass von Richtlinien, welche die Dienstleistungsfreiheit ausgestalten („liberalisieren"), indem sie entweder durch die gegenseitige Anerkennung von Diplomen u. ä. die Aufnahme und Ausübung selbständiger Tätigkeiten erleichtern (Absatz 1) oder aber die

Rechts- und Verwaltungsvorschriften der Mitgliedstaaten über die Aufnahme und Ausübung selbständiger Tätigkeiten koordinieren (Absatz 2).

Gestützt auf Art. 53 Abs. 2 S. 1 u. 3 AEUV i.V.m. Art. 62 AEUV – seinerzeit Artt. 47 u. 55 EGV – ist die *Richtlinie (RL) 2006/123/EG des Europäischen Parlaments und des Rates vom 12. Dezember 2006 über Dienstleistungen im Binnenmarkt* ergangen (*Europäische Union* 2006; *Schulte* 2006 b). Dienstleistungserbringern soll es dadurch u. a. ermöglicht werden, sich entweder in einem anderen Mitgliedstaat niederzulassen oder die Freiheit des Dienstleistungsverkehrs zu nutzen, um ihre Leistungen „an den Mann und an die Frau" zu bringen.

Die diesbezüglich in den Mitgliedstaaten noch bestehenden Beschränkungen können nicht bereits allein durch die unmittelbare Anwendung dieser primärrechtlichen Vorschriften beseitigt werden, weil deren Handhabung von Fall zu Fall etwa im Rahmen von Vertragsverletzungsverfahren vor dem Europäischen Gerichtshof sowohl für die nationalen Stellen als auch für die Gemeinschaftsorgane äußerst kompliziert, aufwändig und auch arbiträr wäre und weil zudem zahlreiche Beschränkungen nur im Wege der vorherigen Koordinierung der nationalen Regelungen und der sie anwendenden zwischenmitgliedstaatlichen Verwaltungszusammenarbeit beseitigt werden können.

Ziel der Richtlinie ist die Schaffung eines Rechtsrahmens, der die Niederlassungsfreiheit und den freien Dienstleistungsverkehr zwischen den Mitgliedstaaten gewährleistet. Im Einklang mit dem Primärrecht gilt sie auch nur für Dienstleistungen, die für eine wirtschaftliche Gegenleistung (Entgelt) erbracht wird.

Damit fallen Dienstleistungen von allgemeinem *wirtschaftlichen* Interesse, nicht aber Dienstleistungen von allgemeinem Interesse (die gleichsam „von Haus aus" nicht wirtschaftlicher Natur sind) entsprechend der primärrechtlichen Vorgabe des Art. 57 AEUV grundsätzlich in den Anwendungsbereich der Richtlinie.

Gemäß Art. 2 Abs. 2 Buchst. a RL findet die Richtlinie auf *nichtwirtschaftliche Dienstleistungen von allgemeinem Interesse* keine Anwendung.

Entsprechendes gilt für *Gesundheitsdienstleistungen* unabhängig davon, ob sie durch Einrichtungen der Gesundheitsversorgung erbracht werden und unabhängig davon, wie sie auf nationaler Ebene organisiert und finanziert sind und ob es sich um öffentliche oder private Dienstleistungen handelt" – Buchst. f – sowie für soziale Dienstleistungen im Zusammenhang mit Sozialwohnungen, der Kinderbetreuung und der Unterstützung von Familien und dauerhaft oder vorübergehend hilfsbedürftigen Personen, die vom Staat, durch von ihm beauftragte Dienstleistungserbringer oder durch von ihm als gemeinnützig anerkannte Einrichtungen erbracht werden" – Buchst. j –.

Zum Ausschluss sozialer Dienstleistungen heißt es in den Erwägungsgründen, dass die Richtlinie keine sozialen Dienstleistungen im Bereich Wohnung, Kinderbetreuung und Unterstützung von hilfsbedürftigen Familien und Personen umfassen sollte, die vom Staat selbst auf nationaler, regionaler oder lokaler Ebene, durch von ihm beauftragte Dienstleistungserbringer und durch von ihm anerkannte gemeinnützige Einrichtungen erbracht werden, um Menschen zu unterstützen, die aufgrund ihres unzureichenden Familieneinkommens oder völligen oder teilweisen Verlustes ihrer Selbstständigkeit dauerhaft oder vorübergehend besonders hilfsbedürftig sind oder Gefahr laufen, marginalisiert zu werden. Derartige Dienstleistungen trügen nämlich entscheidend dazu bei, den Schutz der Würde und der Integrität des Einzelnen zu gewährleisten, seien Ausfluss der Grundsätze des sozialen Zusammenhangs und der Solidarität und sollten daher „draußen vor" bleiben.

4.3.2. Die Erbringung sozial(wirtschaftlich)er Dienstleistungen

In dem – im rechtlichen Rang von Primärrecht stehenden – dem Vertrag von Lissabon beigefügten *Protokoll über Dienste von allgemeinem Interesse* werden im Hinblick auf diese Dienste auch die wichtige Rolle und der weite Ermessensspielraum der nationalen, regionalen und lokalen Behörden in der Frage hervorgehoben, sie auf eine den Bedürfnissen der Nutzer so gut wie möglich entsprechende Weise zu erbringen:

„Artikel 1 zu den gemeinsamen Werten der Union in Bezug auf Dienste von allgemeinem wirtschaftlichen Interesse im Sinne des Artikels 14 des Vertrags über die Arbeitsweise der Europäischen Union zählen insbesondere:
– die wichtige Rolle und der weite Ermessensspielraum der nationalen, regionalen und lokalen Behörden in der Frage, wie Dienste von allgemeinem wirtschaftlichen Interesse auf eine den Bedürfnissen der Nutzer so gut wie möglich entsprechende Weise zu erbringen, in Auftrag zu geben und zu organisieren sind;
– die Verschiedenartigkeit der jeweiligen Dienstleistungen von allgemeinem wirtschaftlichem Interesse und die Unterschiede bei den Bedürfnissen und Präferenzen der Nutzer, die aus unterschiedlichen geografischen, sozialen oder kulturellen Gegebenheiten folgen können.
–ein hohes Niveau in Bezug auf Qualität, Sicherheit und Bezahlbarkeit, Gleichbehandlung und Förderung des universellen Zugangs und der Nutzerrechte.
Art. 2 Die Bestimmungen der Verträge berühren in keiner Weise die Zuständigkeiten der Mitgliedstaten, nichtwirtschaftliche Dienste von allgemeinem Interesse zu bringen, in Auftrag zu geben und zu organisieren sind."

Der seinem Wortlaut nach enge Ausnahmetatbestand (Art. 2 Abs. 2 Buchst. f RL) in Bezug auf soziale Dienstleistungen ist insofern im Lichte des Primärrechts weit auszulegen mit der Folge, dass aufgrund ihrer Tätigkeitsmerkmale als „sozial" zu qualifizierende Dienstleistungen der Kirchen und ihrer Einrichtungen nicht in den Anwendungsbereich der Dienstleistungsrichtlinie fallen. Dabei ist im Einzelfall eine Abgrenzung zu treffen zwischen Tätigkeiten, die wegen ihrer „Niedrigschwelligkeit" noch keine „sozialen" Dienstleistungen sind, und eben solchen.

Zu den auch zu berücksichtigenden *kulturellen Traditionen* gehört in Deutschland insbesondere die Aufgabenteilung zwischen Staat und Gesellschaft – konkret: Staat einerseits und Verbänden der freien Wohlfahrtspflege und auch Kirchen andererseits.

Die Aktivitäten der *Wohlfahrtsverbände* im Sozialbereich sind wie auch die Tätigkeit der Akteure im Gesundheitswesen wesentlicher Teil der *sozialen Daseinsvorsorge*. Diese beruht auf dem Wissen um das Angewiesensein des modernen (und zumal urbanen) Menschen auf bestimmte Dienstleistungen, welches aufgrund der demografischen, wirtschaftlichen, gesellschaftlichen, wissenschaftlichen und technologischen Entwicklung noch ständig zunimmt, der Erfahrung, dass der Markt die solchermaßen benötigten Dienstleistungen nicht alle und nicht immer in dem erwünschten Umfang, Quantität, Qualität, Verlässlichkeit, flächendeckenden Zugänglichkeit und Erschwinglichkeit für jedermann zur Verfügung stellen kann, sowie der Überzeugung, dass der Staat dafür verantwortlich ist, dass diese Marktlücken und Marktdefizite – wo vorhanden – geschlossen bzw. beseitigt werden.

Auch die ambulante und stationäre medizinische und pflegerische Versorgung, die Fürsorge für Kinder und Jugendliche, ältere Menschen und Menschen mit Behinderung, der Unterhalt von Kinderkrippen, Kindergärten, Alten- und Pflegeeinrichtungen, Schulen und sonstigen Bildungseinrichtungen u. a. gehören zur sozialen Daseinsvorsorge.

Ein wesentliches Merkmal dieser Organisationen zwischen Staat und Markt ist ihr „Non-Profit-Charakter", der zwar nicht bereits den wirtschaftlichen Charakter der Leistung in Frage stellt, der aber mit einer vorrangigen Zweckbestimmung bzw. –widmung einhergeht und nicht zuletzt dafür verantwortlich zeichnen mag, dass die Klienten derartigen Organisationen nicht selten mehr Vertrauen entgegen bringen als staatlichen Stellen und gewinnorientierten Unternehmen.

Der „added value" dieser Form der „social economy" besteht mithin zum einen in der Hervorbringung und Aktivierung von Humanvermögen und „sozialen Kapitals", damit zum anderen aber auch in dem damit einhergehenden Beitrag zur Entwicklung und zum Ausbau der Bürgergesellschaft, die - gemeinschaftsrechtlich und –politisch gewendet – ein Stück Fundament und Ferment des „wirtschaftlichen und sozialen Zusammenhalts" ist, den zu stiften, auch Aufgabe der angestrebten Integration von Wirtschafts-, Beschäftigungs- und Sozialpolitik ist, welcher der „Lissabon-Strategie" zugrunde liegt und in der „gestrafften" offenen Methode der Koordinierung Ausdruck findet.

Zu beachten ist ferner, dass die freie Wohlfahrtspflege traditionellerweise nicht zuletzt dort ihren Platz hat, wo der „Markt" nicht vorhanden ist oder nicht vollständig, d. h. nicht flächendeckend für jedermann zugänglich ist oder wo er die erwünschte Qualität nicht zu einem angemessen erachteten kostengünstigen Preis bereitstellen kann. Die nur sehr begrenzte grenzüberschreitende Dimension sowohl gesundheitlicher und sozialer Dienstleistungen, die sich gegenwärtig nicht zufällig insbesondere auf Grenzregionen beschränkt, trägt mit dazu bei, dass der Anteil der Dienstleistungen an grenzüberschreitenden Austausch von Leistungen im Binnenmarkt vergleichsweise gering ist und bleiben wird.

5. Ausblick

Wohlfahrtsverbände sind jedoch nicht nur ein Teil eines bestehenden, entstehenden, sich ausbreitenden und wettbewerblich agierenden *Sozialmarktes*, sondern sie sind zugleich auch wichtige Akteure des *zivilgesellschaftlichen Dritten Sektors*. Dies gilt es auch im Zusammenhang mit der Analyse der Stellung der Wohlfahrtsverbände „in Europa" zu berücksichtigen.

Diesen Entwicklungen gilt es künftig zumal im Behinderten- (*Schulte* 2009) und Pflegerecht (*Schulte* 2008 b) Rechnung zu tragen vor dem Hintergrund des Geltungsanspruchs des Europäischen Rechts – in concreto in Ansehung der EU-rechtlichen Regelungen über die wirtschaftlichen Grundfreiheiten – Warenverkehrsfreiheit, Freiheit des Kapitalverkehrs und Personenfreiheiten, d. h. Freizügigkeit der Arbeitnehmer, Niederlassungsfreiheit der Selbstständigen und Dienstleistungsfreiheit – „aktive" Dienstleistungsfreiheit der Leistungserbringer, „passiver" Dienstleistungsfreiheit der Dienstleistungsnehmer, d. h. Patienten und Klienten – sowie auch im Hinblick auf das Wettbewerbs- und Vergaberecht.

Im sog. *Dritten Sektor* sind Rolle und Funktion der freien Wohlfahrtspflege seit langem verankert. Bevor der heutige Sozialstaat die Institutionen geschaffen hat, die in der Gegenwart die sozialen Sicherungssysteme tragen, hatten sich Kirchen und Gemeinden, humanitäre und berufsbezogene Vereinigungen und Einrichtungen bereits derjenigen sozialen Problemlagen angenommen, der Einzelne selbst und auch die natürlichen Solidarverbände namentlich die Familien nicht bewältigen konnten. Daraus hat sich ein sozialrechtlicher Korporatismus entwickelt, der durch das gegenseitige Abhängigkeitsverhältnis zwischen Verbänden und Staat also nicht durch Konkurrenz – sondern durch Aushandlungsprozesse geprägt wurde.

Künftig finden diese Prozesse auf einem „Europäischen Marktplatz" statt als Ergebnis der vorstehend aufgezeigten Entwicklungen sowohl auf nationaler als auch auf Europäischer Ebene und der sich daraus ergebenden Mehrebenenpolitik innerhalb des „Europäischen Staatenverbundes" (so die Charakterisierung des „Europäischen Systems" durch das Bundesverfassungsgericht).

Rechtssprechungs- und Literaturverzeichnis

Europäischer Gerichtshof (EuGH), Rs. C-120/99 (*Decker*), Slg. (= Sammlung der Rechtsprechung des Europäischen Gerichtshofs) 1998, I-1831; Rs. C-158/86 (*Kohl*), Slg. 1998, I-1991; Rs. C-368/98 (*Vanbraekel*), Slg. 2001, I-5363; Rs. C-157/98 (*Geraets-Smits u. Peerbooms*), Slg. 2001, I-5473; Rs. C-326/00 (*IKA*), Slg. 2003 I-1703; Rs. C-385/99 (*Müller-Fauré u. Van Riet*), Slg. 2003 I-4509; Rs. C-56/01 (*Inizan*), Slg. 2003 I-12403; Rs. C -8/02 (*Leichtle*), Slg. 2004 I-2641; Rs. C-145/03 (*Keller*), Slg. 2005 I-2539; Rs. C-156/01 (*Van der Duin u. Van Wegberg-Van Brederode*), Slg. 2003, I-745; Rs. C-193/93 (*Bosch Betriebskrankenkasse*) Urt. v. 14.10.2004, Slg. 2004, I-9911; Rs. C-372/04 (*Watts*), Slg. 2006, I-4325; Rs. C-466/04 (*Accreda Herrera*) (Slg. 2006, I-5341; Rs. C-444/05 (*Stamatelaki*), Slg. 2007, I-3185

EuGH, Urt. V. 11. 6. 2009, C-300/07 (*Oymanns*) – in Slg. (= Allgemeine Sammlung der Rechtsprechung des Europäischen Gerichtshofs) noch unveröffentlicht (uv.); abgedr. in: *Neue Juristische Wochenschrift (NJW)* 2009, S. 2427 ff.; dazu *Kingreen, Th.,* Die Entscheidung des EuGH zur Bindung der Krankenkassen an das Vergaberecht, *Neue Juristische Wochenschrift* 2009, S. 2417; auch *Zeitschrift für Europäisches Sozial- und Arbeitsrecht* 2009, S. 395 ff. *Anm. J. Weyd.* Vgl. zu dieser Problematik auch Schäffer, R., Die Anwendung des europäischen Vergaberechts auf sozialrechtliche Dienstleistungserbringungsverträge, *ZESAR* 2009, S. 375 f.

Europäische Union, Richtlinie 2006/123/EG des Europäischen Parlaments und des Rates über Dienstleistungen im Binnenmarkt vom 12. Dezember 2006, ABl. EU Nr. L 376 S. 36 v. 27.12.2006

Kingreen, Das Sozialvergaberecht, *Die Sozialgerichtsbarkeit (SGb)* 2008, S. 437 ff., 438

Linzbach, Ch./Lübking, U./Scholz, St./Schulte, B (Hg.), Die Zukunft der sozialen Dienste vor der europäischen Herausforderung, Baden-Baden 2005

Linzbach, Ch./Lübking, U./Scholz, St./Schulte, B. (Hg.) (2008), Globalisierung und europäisches Sozialmodell, Baden-Baden 2007

Schulte, B., Die Entwicklung der Sozialpolitik der Europäischen Union und ihr Beitrag zur Konstituierung des europäischen Sozialmodells. In: Hartmut Kaelble (Hg.), Das europäische Sozialmodell, Berlin 2004, S. 75 – 103

Schulte, B., Die Entwicklung der Sozialpolitik der Europäischen Union unter besonderer Berücksichtigung der Beschäftigungspolitik, in: Steinworth, U./Brudermüller,G. (Hg.), Arbeitslosigkeit und die Möglichkeiten ihrer Überwindung, Würzburg 2004, S. 129 ff.

Schulte, B., Rechtliche, institutionelle und infrastrukturelle Bedingungen für die Weiterentwicklung der Altenhilfestrukturen in international vergleichender Sicht,in: Bundesministerium für Familie / Frauen und Jugend (Hg.), Altenhilfestrukturen der Zukunft, Bonn 2004, S. 224 ff. (2004 a)

Schulte, B., Das Sozialrecht in der Rechtsprechung des Europäischen Gerichtshofs in den Jahren 1976 – 2010, in: Jahrbuch des Sozialrechts, Bde. 1 - 29, Berlin

Schulte, B., Der rechtliche Rahmen des Gemeinschaftsrechts und soziale Dienstleistungen, in: Bundesministerium für Soziale Sicherheit. Generationen und Konsumentenschutz (Hg.), Tagungsband „Konferenz Soziale Dienstleistungen", 20. April 2006, S. 36 ff.

Schulte, B., Die Europäische Union als sozialpolitischer Akteur. In: S. Kropp/R. Gomèz (Hg.), Sozialraum Europa, Münster 2006 a, S. 15 ff.

Schulte, B., Soziale Daseinsvorsorge und Europäisches Gemeinschaftsrecht. Dienstleistungsfreiheit und gesundheitliche und soziale Dienstleistungen in der Europäischen Union, *Sozialrecht in Deutschland und Europa (ZFSH/SGB)* 2006, S. 719 ff. u. 2007, S. 13 ff. (2006 b)

Schulte, B., 50 Jahre Römische Verträge – 50 Jahre Europäisches Sozialrecht, in: ZfSH/SGB 46 (2007), S. 323 – 330 (2007 a)

Schulte, B., Quo vadis Europäische Verfassung? In: Sozialer Fortschritt 56 (2007), 5. S. 121 ff. (2007 b)

Schulte, B., Behindertenpolitik und Behindertenrecht in der Europäischen Union, Teil 1. In: Sozialrecht in Deutschland und Europa (ZFSH/SGB) 47 (2008) 3. S. 131 ff.; Teil 2, ebda, S. 200 ff.

Schulte, B., Die Ausübung der Patientenrechte bei der grenzüberschreitenden Gesundheitsversorgung. Teil 1: Zu dem Richtlinienvorschlag der Europäischen Kommission vom 2. Juli 2008. In: Gesundheits- und Sozialpolitik 62 (2008) 6, s. 40 – 53; Teil 2, ebda, 63 (2009), S. 37 – 52 (Schulte 2008 u. 2009)

Schulte, B., Politische Aspekte des Generationenzusammenhalts in Europa. In: S. Zank/A. Hedtke-Becker (Hg.), Generationen in Familie und Gesellschaft im demographischen Wandel. Europäische Perspektiven. Stuttgart 2008 a, S. 23 – 35

Schulte, B., Pflege in Europa. Die soziale Absicherung des Risikos der Pflegebedürftigkeit in den Mitgliedstaaten der Europäischen Union, in: *Sozialrecht in Deutschland und Europa (ZFSH/ SGB)* 47 (2008) 12. S. 707 ff. (2008 b)

Schulte, B., Behindertenpolitik und Behindertenrecht in Europa. Behindertenpolitische und behindertenrechtliche Grundlegung: Die Europäische Union, in. Maydell, B. von/Pitschas, R./ Pörtner, P./Schulte, B. (Hg.), Politik und Rechte für Menschen mit Behinderungen in Europa und Asien. Unter den Bedingungen des demografischen Wandels – Kulturelle Voraussetzungen und Erklärungshypothesen, Baden-Baden 2009, S. 303 ff.

Schulte, B., Europäische Vorgaben für die Qualität der Pflege, in: *Beiträge zum Recht der sozialen Dienste und Einrichtungen (RsDE),* Bd. 70 (2009), S. 62 ff. (2009 a)

Die „Ambulantisierung" als Folge der Sozialpolitik?

Stefan Sell

Der Begriff „Ambulantisierung" deutet ein aktives Handeln an, die Umsetzung einer Strategie, vielleicht sogar die Operationalisierung einer Blaupause über den notwendigen Umbau des Sozialstaates. Zugleich handelt es sich um einen Begriff, mit dem ganz bestimmte Erwartungen verbunden sind – haben wir nicht alle die Gleichung vor Augen: ambulant = günstiger als stationär? Und außerdem wollen die Menschen lieber eine ambulante Versorgung als eine stationäre Unterbringung – so die Apologeten einer umfassenden Ambulantisierung der Hilfesysteme.

Was denn nun – ambulant oder doch nicht? Das Beispiel Altenpflege

Beginnen wir mit einem Beispiel. In der *Altenpflege* wird nicht nur seit Jahren über Ambulantisierung diskutiert, sondern auch ein allererster Blick auf die Daten muss eigentlich zu dem Ergebnis führen, dass dieser Prozess einer zunehmenden Verlagerung der Leistungen aus dem stationären in den ambulanten Bereich nicht nur stattfindet, sondern auch an Gewicht gewinnt und letztendlich unumkehrbar wird. Steigt nicht das Heimeintrittsalter kontinuierlich an? Bleiben die pflegebedürftigen Menschen nicht so lange wie nur irgendwie möglich in ihrem persönlichen Umfeld unter Rückgriff auf Familienangehörige und ambulante Dienste? Sind nicht die Heime mittlerweile – verstärkt durch die mediale Thematisierung von katastrophalen Pflegezuständen – zu einem Bedrohungsszenario geworden?

Das sind alles richtige Hinweise, aber die Gesamtschau der vorliegenden Daten muss vor diesem Hintergrund irritieren. Betrachten wir auf der Basis der Pflegestatistik nur mit den Jahren zwischen 2000 und 2006 den aktuellen Stand der Entwicklung. In dieser Zeit hat sich die Zahl der Pflegebedürftigen um 5,6 % erhöht. Eine erhebliche Differenz zeigt bereits der Blick auf die Entwicklung bei den Pflegebedürftigen, die zu Hause versorgt werden (ob ausschließlich von ihren Angehörigen und/oder mit Hilfe von ambulanten Diensten) im Vergleich zu den in Heimen betreuten Personen. Während die letztere Gruppe – also gleichsam die im „Auslauf-" oder zumindest „Abschmelzmodell" Pflegeheim untergebrachten Menschen – um 18 % zugenommen hat, waren es bei den zu Hause versorgten Pflegebedürftigen lediglich 0,6 %. Korrespondierend hierzu hat sich auch die institutionelle Seite entwickelt: Die Zahl der ambulanten Pflegedienste erhöhte sich um nur 1,5 %, während die Zahl der Pflegeheime um 17,7 % angewachsen ist. Auch die Beschäftigung in beiden Bereichen weist unterschiedliche Zuwächse auf, im ambulanten Bereich war die Dynamik mit 16,6 % geringer als im stationären Bereich mit 23,9 %.[1]

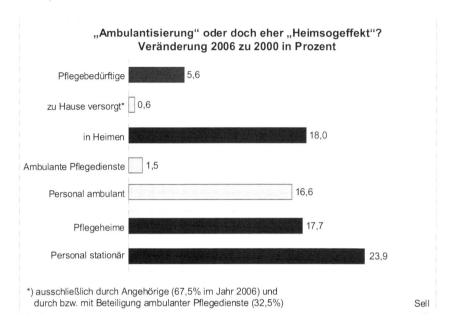

„ ... im Zeitraum 1997 bis 2005 (haben) zwei Formen der Verschiebung im Inanspruchnahmeverhalten stattgefunden, die beide zu einem höheren Ausgabeneffekt führen: Einerseits die Umschichtung von der ‚günstigen' Geld- hin zu den ‚teureren' Sachleistungen und damit von der informellen zur professionellen ambulanten Pflege und andererseits die Umschichtung von der vergleichsweise ‚günstigeren' ambulanten zur ‚teureren' stationären Pflege. Letzteres wird auch als ‚Heimsog-Effekt' oder ‚Hospitalisierungstrend' bezeichnet" (Häcker, Raffelhüschen 2006). Das nun ist das Gegenteil von Ambulantisierung.

---

[1] Zugleich verdeutlichen diese wenigen Daten bereits strukturelle Entwicklungslinien innerhalb des Pflegesektors auf der Anbieterseite, die sich nicht nur im Kontinuum zwischen „Ambulantisierung" oder „Heimsog" beschreiben lassen. Vor allem bei den ambulanten Pflegediensten zeigt die Diskrepanz zwischen dem Wachstum der Dienste (1,5 %) und dem der dort Beschäftigten mit fast 17 %, dass in diesem Segment eher Prozesse des internen Größenwachstums bzw. der Übernahme entsprechender Konkurrenten ablaufen, die als Konsolidierung einer Branche zu verstehen sind, die sich bisher und immer noch durch eine erhebliche Kleinteiligkeit auszeichnet. Auf der anderen Seite ist der Anstieg bei der Zahl der Pflegeheime u.a. auch dadurch motiviert, dass zahlreiche Kapitalgeber die stationäre Pflege als Wachstumsfeld der Zukunft ansehen und deshalb in Häuser investieren in der Hoffnung, hier eine zukunftsweisende Anlage zu tätigen.

Wie man an diesem einführenden Beispiel erkennen kann, ist die Sachlage komplizierter und auch die Ambulantisierung – so die These in diesem Beitrag – ist weitaus komplexer angelegt als es gängige Definitionsversuche nahelegen.

Eine immer wieder zitierte Beschreibung von Ambulantisierung liest sich folgendermaßen: *„Mit der Ambulantisierung ist bekanntermaßen das Ziel verfolgt, ein Mehr an Leistungsabforderung durch eine Verbilligung der Leistung für den Einzelnen bei einigermaßen konstantem Gesamtbudget finanzierbar zu machen"* (Eisenreich 2008). Würde man dieser Definition folgen, dann geht es technisch gesprochen um Effizienzsteigerung unter den speziellen Bedingungen der Budgetierung in der Gesundheits- und Sozialwirtschaft – garniert mit der immer mitlaufenden, postulierten und zumeist legitimatorischen Behauptung, dass in der Regel ambulante Versorgungsstrukturen den individuellen Bedürfnissen der Menschen eher gerecht werden.

– Bereits an dieser Stelle schimmert ein Kardinalproblem der Ambulantisierungsdebatte in ihrer derart typisch verkürzten Art und Weise der Rezeption durch: Die Fokussierung auf (scheinbare) Effizienzoptimierungen *unterstellt* die Effektivität der zu optimierenden Leistungen oder aber *behauptet* (meistens implizit), eine Substitution stationärer durch ambulante Leistungen würde per se zu einer entsprechenden Wirksamkeitserhöhung führen oder zumindest eine gleiche Wirksamkeit aufweisen können, das dann aber kostengünstiger.

Es geht also in erster Linie um *Kostendämpfung* innerhalb eines gegebenen Budgetrahmens und das macht diese Position auch so anschlussfähig an die generellen sozialpolitische Interventionslinien der vergangenen Jahre, denn hier ging (und geht) es angesichts der zentralen Bedeutung der aus lohnbezogenen Beiträgen finanzierten Sozialversicherungssysteme immer wieder und überwiegend um die Stabilisierung des bestehenden Systems und eine schrittweise Entlastung der Arbeitgeber (Stichwort Lohnnebenkosten) in Verbindung mit einer Lastenverschiebung zuungunsten der versicherten Arbeitnehmer (beispielsweise über so genannte „Selbstbeteiligungen") sowie einer zunehmenden Privatisierung der Vorsorge (für die, die es sich leisten können). So war und ist im Gesundheitswesen die so genannte Beitragssatzstabilität das oberste „gesundheitspolitische" Ziel und auch die tiefen Einschnitte in das Alterssicherungssystem mit den Änderungen des Rentenrechts seit 2001 haben dort zu einem Paradigmenwechsel weg von der „ausgabenorientierten Einnahmenpolitik" hin zu einer „einnahmenorientierten Ausgabenpolitik" geführt – und es ist unmittelbar einleuchtend, dass in diesem Kontext dann Kostendämpfungsvorschläge begierig aufgenommen werden. (Sell 2008)

Ambulantisierung als Mega-Trend?

Ambulantisiert wird in vielen Bereichen: Gleichsam ein „klassisches" Feld ist das Gesundheitswesen mit einer besonderen Bedeutung für die weitere Entwicklung der *Krankenhäuser* und der *Pflegeheime*. Auch in der – medizinischen wie aber auch beruflichen - *Rehabilitation* gibt es seit Jahren einen erkennbaren Ambulantisierungstrend. Die *Jugendhilfe* wäre ein weiteres Handlungsfeld der sozialen Arbeit, in dem um Ambulantisierung gerungen wird, man denke hier nur an den großen (und aufgrund der Finanzzuständigkeit für die Kommunen besonders kostenträchtigen) Bereich der Erziehungshilfen. Die Mechanik der Ambulantisierung reicht bis in das Feld der *Kindertagesbetreuung* hinein, denn die *Kindertagespflege* kann als „ambulante" Form der Betreuung interpretiert werden in Abgrenzung zur „stationären" Betreuung in Kindertageseinrichtungen.

– Hier kann man auch exemplarisch zeigen, wie der Gesetzgeber „Ambulantisierung" *teils fördert, teils nachvollzieht*: So wurde die Tagespflege mit den Kindertageseinrichtungen durch eine Änderung des Kinder- und Jugendhilfegesetzes (SGB VIII) formal gleichgestellt und im Kontext des angestrebten Ausbaus der Betreuungsangebote für die unter dreijährigen Kinder wird wie selbstverständlich davon ausgegangen, dass mindestens 30 % der zusätzlich erforderlichen Plätze über die Tagespflege realisiert werden (können). Auf der anderen Seite besteht immer noch ein rechtlicher Regelungsbedarf für eine Flexibilisierung der Grenzen zwischen den beiden Sektoren, um intelligente Mischlösungen realisieren zu können.

Einem relevanten „Ambulantisierungsdruck" sind aber auch Bereiche ausgesetzt, an die man nicht zuerst denkt, wie z.B. die *Erziehungs-, Familien- und Lebensberatung*, die bislang in relativ festen „stationären" Strukturen von Beratungsstellen gearbeitet haben und nun zunehmend aufgefordert sind, in den Sozialraum hinein aufsuchend und an verschiedenen Orten oder in Kindertageseinrichtungen, die zu Familienzentren weiterentwickelt werden, zu arbeiten. Zumeist läuft diese Debatte unter der Überschrift „Von der Komm- zur Gehstruktur" der Beratung (Zimmer / Schrapper, 2006).[2]

Von ganz besonderer Bedeutung ist die Ambulantisierungsdebatte im Bereich der *Behindertenhilfe*. Hier geht es vielen Anhängern einer radikalen Ambulanti-

---

[2] Die „Wahrheit" liegt wie so oft in der Mitte: Aus fachlicher Sicht müsste die Überschrift lauten „Von der Nur-Komm- zur Auch-Gehstruktur" der Beratung im Sinne eines Mischmodells, in dem die Kernkompetenzen der Beratung, die an das „stationäre" Setting gebunden sind, nicht durch eine zu weitgehende Ambulantisierung verloren gehen. Die Nachfrage nach Beratungsleistungen wird weiter ansteigen. Doch es treten auch Anbieter von fragwürdiger Kompetenz in diesen Wachstumsmarkt ein. In: Neue Caritas, Heft 18/2007, S. 9-11.

sierung um einen fundamentalen Paradigmenwechsel, es ist „das" Spielfeld der „ideellen Seite" der Ambulantisierung.

Die „zwei Welten" der Ambulantisierung

Wenn wir von „Ambulantisierung" reden, dann sollte man berücksichtigen, dass man für die deutsche Diskussion durchaus von zwei ganz unterschiedlichen Herangehensweisen sprechen kann, die nicht nur differente Philosophien widerspiegeln, sondern im Ergebnis auch ganz unterschiedliche Auswirkungen auf die Betroffenen und Leistungserbringer haben bzw. hätten: Zum einen fokussiert ein Strang der Debatte um die „ideelle Seite" der Ambulantisierung, über die ein Paradigmenwechsel bei der Ausgestaltung der sozialen Hilfen angestrebt wird, zum anderen kann man von einer „halbierten Ambulantisierung" sprechen, die sich durch einen *primär bzw. ausschließlich ökonomisch-funktionalen Zugriff* auf Ambulantisierung mit Blick auf ihre (faktische oder angenommene) Instrumentalfunktion für mehr vertikalen und horizontalen Wettbewerb auszeichnet. In Praxi – so die beide Seiten verbindende These - oszilliert die Sozialpolitik zwischen diesen beiden Welten (mit einer starken Schlagseite hin zum ökonomisch-funktionalen Zugriff) und aktuelle Ausformungen wie das Persönliche Budget verdeutlichen anschaulich diesen nicht abgeschlossenen Prozess eines Wanderns zwischen den beiden Welten der Ambulantisierung.[3]

Zum einen: Die „ideelle Seite" der Ambulantisierung – Ein Paradigmenwechsel hin zu radikaler Selbstbestimmung und Entinstitutionalisierung personenbezogener sozialer Hilfen

Man kann die Radikalität dieser Seite der Ambulantisierungsdiskussion aufzeigen am Beispiel der Vision wie auch Forderung nach einer „heimlosen Gesellschaft" (Dörner, 2003). Nach Dörner gibt es nicht *„ein bisschen Deinstitutionalisierung"* – *„es gibt nur entweder das Paradigma des Hilfesystems mit der imperativen Priorität von Institutionen oder das Paradigma mit der imperativen Priorität ambulant-kommunaler Problemlösungen im Sinne von community care"*. Faktisch befinden wir uns auf dem Weg in die heimlose Gesellschaft: So schreiben etwa seit dem Bundessozialhilfegesetz von 1961 alle einschlägigen Gesetze das Prinzip „ambu-

---

3 Genau diese Konstellation macht *valide* Prognosen für die weitere Entwicklung der Leistungserbringerlandschaft so schwierig. Man kann maximal mit Wahrscheinlichkeiten für bestimmte Entwicklungspfade arbeiten, die allerdings im Regelfall nicht selten von eher „gefühlter Evidenz" sein werden.

lant vor stationär" vor. Zudem gehört es zu den Zielen der Behindertenbewegung, dass alle Menschen mit Behinderungen in eigenen Wohnungen leben sollen. Entsprechend wurden inzwischen auch verschiedene Finanzierungswege für ambulante Hilfen geschaffen, z. B. das „betreute Wohnen" oder die ambulante Pflege. Auch Heimbetreiber reagieren auf diese grundsätzliche Entwicklungsrichtung, beispielsweise mit der „Auslagerung" von Bewohnern in Wohngruppen oder in das „betreute Wohnen".[4] Aber diese faktische Entwicklung einer fortschreitenden Ambulantisierung der *selbständigen* Bewohner von Einrichtungen führt zugleich zu der Paradoxie, dass die Dynamik dieses Prozesses den Erfolg zunichte macht, denn alle, die die Ambulantisierung (und Kommunalisierung) beginnen, werden relativ schnell merken, dass sie für dieses Verhalten „bestraft" werden, denn aus ihrer (institutionellen) Sicht kommt es zu einer „*Konzentration der Unerträglichkeit*" (Dörner), da die Unselbständigeren zurückbleiben.[5]

– Dieses Phänomen kann als *Strukturmuster* auch in anderen institutionellen Settings identifiziert werden – und hier durchaus als Folge der Sozialpolitik: Man denke an die Auswirkungen des neuen fallpauschalierenden Vergütungssystems in den *Krankenhäusern*, das u.a. zu einer kontinuierlichen Verkürzung der Verweildauern geführt und zugleich die Umschlaggeschwindigkeit der Patienten deutlich erhöht hat, mit der Folge, dass die Pflegeintensität der Patienten insgesamt kontinuierlich hoch ist und die Patienten, die nur noch Hotellerieleistungen erhalten und die es früher auf den Stationen gab, heute nicht mehr als „Belastungspuffer" für die Pflegekräfte fungieren können, weil sie wegrationalisiert worden sind. Dieses – von der Politik ja auch angestrebte Ziel einer Effizienzsteigerung wurde aber parallel zu einem budgetierungsbedingten Personalabbau im Pflegebereich implementiert, so dass die Pflegekräfte einer doppelten Intensivierung ihrer Arbeitsbelastung ausgesetzt waren und sind – kein Wunder, dass wir uns zunehmend mit erheblichen Pflegequalitätsproblemen auseinandersetzen müssen. Aber auch in den *Pflegeheimen* lassen sich die Auswirkungen der angesprochenen „Konzentration der Unerträglichkeit" besichtigen – hier besonders hinsichtlich der deutlichen Verschiebung hin zu pflege-

---

4 Die gleiche Ausdifferenzierung können wir in den erzieherischen Hilfen der Jugendhilfe beobachten. Auch dort werden „große" Heimstrukturen sukzessive aufgelöst zugunsten kleinerer Wohnformen.
5 Dörner zitiert in diesem Zusammenhang die Erfahrungen in Schweden, wo das Leben von Behinderten in Institutionen mittlerweile gesetzlich verboten ist, und die den Prozess einer Auflösung der Heime bereits vor 50 Jahren begonnen haben. Danach wurde auch dort diese Paradoxie-Erfahrung gemacht und führte letztendlich zu der Schlussfolgerung einer aus unserer heutigen Sicht totalen Radikalisierung der Ambulantisierung. Die Annahme, man könne nur ein bisschen ambulantisieren, hatte sich als Irrtum erwiesen und man begann eine Loslösung von der blockierenden inneren Institutionalisierung im Denken der Professionellen.

und betreuungsintensiven Pflegebedürftigen und einer Konzentration dementiell erkrankter Menschen in den Heimen.

Für Dörner als einen Vertreter einer radikalen Deinstitutionalisierung ergeben sich vor diesem Hintergrund folgende Erkenntnisse:

- Zunächst erkennt man in diesem Kontext das Betriebsgeheimnis oder *Strukturprinzip aller Heime, Anstalten oder ähnlicher Institutionen:* „... solche Einrichtungen funktionieren insgesamt nur dadurch, dass sie sich mindestens zu einem Drittel solche Bewohner halten, die besser und freier auch in einer eigenen Wohnung mit nur ambulanter Betreuung leben könnten, damit mit ihrer Hilfe auch schwierigere Bewohner leichter zu tragen sind". Man nennt das die „*gesunde Mischung*"[6] und das gilt nicht nur für Behindertenheime sondern auch für Altenpflegeheime. Sollte diese Einschätzung stimmen, dann wären derzeit mehrere hunderttausend Menschen in Deutschland in Heimen fehlplatziert. Wenn die These von der notwendigen „gesunden Mischung" stimmt, also das Heim nur um diesen Preis in hohem Maße funktionsfähig gehalten werden kann, dann ist es aus institutionenegoistischer Sicht durchaus „rational", die Bewohner *nicht* zu individualisieren.
- Hinsichtlich der Frage „Was tun?" liegt mit Blick auf die Aufgabe, eine „Konzentration der Unerträglichkeit" in den Heimen zu vermeiden, ein offensichtliches *Dilemma* vor: „*Entweder man verzichtet darauf, alle entlassfähigen Bewohner zu entlassen und muss dann auch eigentlich alle bisherigen Ambulantisierungen rückgängig machen.*" Verwirft man aber diese Variante, dann „*bleibt nur die anfangs erschreckende Alternative, durchzustarten, den ohnehin schon eingeschlagenen Weg zu radikalisieren, ganz gegen die ursprünglichen eigenen Absichten, durchaus widerwillig und zu sagen: Alle oder Keiner; anders ausgedrückt: Alle Behinderten und Pflegebedürftigen müssen dasselbe Recht haben, in der Kommune in einer eigenen Wohnung zu leben, die selbstständigere Mehrheit mit weniger Aufwand ebenso wie die schwierigere Minderheit eben mit einem höheren und, falls erforderlich, mit einem extrem hohen Aufwand*". Das klingt utopisch, sei aber – so Dörners Argumentation – eine durch die Schrittfolge bloß reformerischer Alltagspraxis eigentlich erzwungene Forderung, von ihm selbst als eine Über-Forderung erkannt. Genau hier befinden wir uns natürlich auch an der Sollbruchstelle mit den „gängigen" Motivlagen zur Ambulantisierung in der herrschenden Sozialpolitik, die auf die Kassenlage hinweisen wird und eigentlich primär Einsparungen realisieren möchte.

---

6 Die Problematik einer „gesunden Mischung" aus Sicht der Träger stellt sich auch in anderen Arbeitszusammenhängen, so in der Arbeitsmarktpolitik bei der Ausgestaltung von Maßnahmen für besondere Zielgruppen. Hier wurden vielfältige „Creaming"-Prozesse beschrieben, bei denen es zu einer selektiven Auswahl der Teilnehmer an Maßnahmen kommt.

Erforderlich sei der Wechsel vom Paradigma der Institution hin zum Paradigma der Kommune. In den Sozialraum der Kommune deinstitutionalisieren – das ist die Kernforderung. Egal was das kostet, mag man anfügen dürfen
- Nicht nur *Selbstbestimmung* muss den Betroffenen zugestanden werden, sondern darüber hinaus die Berücksichtigung eines komplementären Grundbedürfnisses: Die Menschen haben das *Grundbedürfnis, soziale Bedeutung für andere Menschen zu haben, von anderen gebraucht zu werden, notwendig zu sein.*[7] Soziale Bedeutung für andere Menschen zu haben kann z.B. durch *Arbeit* verwirklicht werden. Deshalb brauchen behinderte Menschen in der Kommune nicht nur Werkstätten für Behinderte, sondern auch Integrationsfirmen und darüber hinaus besonders wichtig niedrigstschwellige Arbeitsangebote der Zuverdienstfirma für besonders schwierige, ängstliche und chaotische Menschen. Eine Parallele zu diesem Ansatz stellt das vom Kuratorium Deutsche Altenhilfe für Pflegebedürftige im Alter entwickelte *Konzept der „Hausgemeinschaft"* dar, dass selbst die Dementesten Bedeutung für andere haben, wenn sie mit Begleitung den Haushalt anteilig selbst bestreiten (Palm / Bogert, 2005).
- Eine ganz offensichtliche Konfliktlinie zur bisherigen und vor allem zur aktuellen Sozialpolitik kann man bei der von Dörner geforderten Deinstitutionalisierung unserer ethischen Grundorientierung erkennen. Er behauptet, dass innerhalb von Institutionen in der Regel der *Ethik der gleichen und formalen Gerechtigkeit* für alle gefolgt werde, nicht selten mit der Konsequenz, dass alle zu kurz kommen. In der Kommune hingegen dominiere nach dem Konzept der community care eher die *Ethik der Sorge*. Beide Ethiken seien gleich wichtig und dies wird mit einem eigenem „*kategorischen Imperativ*" zum Ausdruck gebracht: „*Handle in deinem Verantwortungsbereich so, dass du mit dem Einsatz all deiner Ressourcen stets beim jeweils Letzten beginnst, bei dem es sich am wenigsten lohnt*". Welchen Sinn soll eine solche Überforderung machen? Diese Norm „*hat zunächst den Sinn, zumindest den Kern des sozialen Bereichs der Gesellschaft kategorisch vom marktförmigen Wirtschaftsbereich abzugrenzen, wo es umgekehrt ethisch erlaubt ist, zu investieren, wo es sich am meisten*

---

[7] Die Sorgebedürftigen haben darüber hinaus sogar ein *gesteigertes Bedürfnis*, Bedeutung für andere Menschen zu haben, sind doch gezwungen, immer wieder Hilfe von anderen in Anspruch nehmen zu müssen. Sie wollen – irgendwie – auch geben können. Dafür brauchen sie eine gesteigerte und ganz besondere Aufmerksamkeit seitens der professionellen Helfer, die aber gerade in den Institutionen als „Monopolisten des Gebens" (Dörner) besonders blind sind für dieses Bedürfnis. Dörner behauptet, dass das in der Kommune auf Dauer nicht ignoriert werden könne. Hier wird man einwenden können, dass dies eine wohlfeile Hoffnung ist, nicht mehr, auch nicht weniger. Realistisch wird diese Option erst dann, wenn die Finanzierungsregelungen zum einen die Zeitressourcen eröffnen und zum anderen müssen die Professionellen auch eine entsprechende Haltung aufweisen, was nicht linear mit mehr Zeit korrelieren muss.

lohnt. Wer den Sorgebedürftigen etwa einen Kunden nennt, hat damit schon eingeräumt, dass er bestrebt ist, den besten Kunden möglichst lebenslang zu halten und zu nutzen und den schlechtesten Kunden an die Konkurrenz abzudrücken. Und wer den Sorgebedürftigen als Verbraucher bezeichnet, hat nicht die absurde Konsequenz bedacht, dass er selbst es ist, der vom Sorgebedürftigen verbraucht wird". Dörner gibt dem an dieser Stelle sicherlich ob der zu tragenden ethischen Last schwer eingeschüchterten Leser eine gleichsam „katholische" Erleichterung mit auf den Weg: *„Bei der Ambulantisierung von Heimbewohnern muss ich den Satz, dass ich stets mit dem Letzten beginnen soll, lediglich für wahr halten und ihm immer nur dann folgen, wenn ich gerade die Zeit, die Kraft und die Lust habe. Dann nämlich erreiche ich zwar keine biblischen Verhältnisse, in denen die Letzten die Ersten werden. Ich vermeide aber auch die ‚Konzentration der Unerträglichkeit', dass nämlich die Letzten als irrationaler Rest übrigbleiben. Vielmehr gelingt es mir dann, diese so genannten Letzten in den Prozess der Ambulantisierung von Zeit zu Zeit einzustreuen, so dass sie mitten unter den anderen sind; das ist das menschenmöglich beste Ergebnis, das zu erreichen ist, das aber auch wirklich erreicht werden kann, wie es in Schweden und an vielen anderen Orten bewiesen worden ist"*.

– Schlussendlich plädiert Dörner dafür, nach dem Satz „das Heim in die Wohnung holen" das Unerträgliche auf so viele Schultern zu verteilen, dass es für alle erträglicher wird und er glaubt, dass das in der Kommune leistbar sein könne – hier wird sicherlich Widerspruch, zumindest aber ein großes Fragezeichen angebracht sein, da man hier von einer sehr optimistischen Annahme sprechen muss.

Auch moderne Ansätze wie das *Konzept des „supported living"* plädieren für eine radikale Ambulantisierung der Hilfen und vor allem für eine Abschaffung der Heimunterbringung (Lindmeier 2004). Dieses von der Praxis entwickelte handlungsleitende Konzept betont die *Trennung von Wohnraum und Unterstützung* und die *personenzentrierte Planung für jeden einzelnen Menschen* als zentrale Bestandteile.

– Die *Trennung der Bereitstellung von Wohnraum und Unterstützung* ist das Fundament des Konzepts. Es soll dem behinderten Menschen ermöglichen, den Unterstützer zu wechseln, ohne gleichzeitig die Wohnung wechseln zu müssen. Umgekehrt bedeutet ein Wohnungswechsel nicht gleichzeitig einen Wechsel des Unterstützers. Die behinderten Menschen bekommen einen Eigentümer- oder Mieterstatus statt eines Bewohnerstatus – eine Realisierung des Lebenstraums vieler behinderter Menschen.

– Die *person-zentrierte Unterstützungsplanung* dient der wirklich individuellen Konzipierung von Unterstützungsleistungen – wobei zugleich eine *Planung mit*

Unterstützerkreisen gefordert wird. Diese Unterstützerkreise sollen sich bunt zusammensetzen: „*Die Person mit Unterstützungsbedarf, ihre Freunde, Verwandte, Professionelle und ein Moderator, der allerdings nicht zu einer Institution gehören sollte, die mit der weiteren Unterstützung oder der Finanzierung der Unterstützung zu tun hat. Idealerweise rekrutieren Unterstützerkreise ihre Mitglieder im unmittelbaren Lebensumfeld der behinderten Person*" (Lindmeier 2004). Das Konzept des „supported living" fordert natürlich die Einführung des bedarfsorientierten *persönlichen Budgets*, die allerdings nur gelingen kann, wenn gleichzeitig vor allem für Nutzer mit einer geistigen Behinderung Beratungs- und Unterstützungsstrukturen aufgebaut werden. Diese „*Budget-Assistenz*" könnte beispielsweise durch eine Person aus dem Unterstützungskreis übernommen werden.

– Auch in diesem Konzept finden wir eine Radikalisierung, denn es wird gefordert, eine zero rejection-Politik zu fahren, also *keine Zurückweisung behinderter Menschen mit einem hohen Unterstützungsbedarf.*

Lindmeier gibt zugleich ein Beispiel für die Schwierigkeiten in Deutschland, mit der inneren Logik der Ambulantisierung umzugehen, sie in eine Steuerung zu übersetzen, die sich an den Wünschen der Behinderten orientiert. Er nennt hier *Baden-Württemberg* als Beispiel für eine Politik, die sehr stark auf „*ambulant vor stationär*" setzt. Trotz der ambitionierten Zielsetzung erkennt er grundlegende Widersprüche, die daraus resultieren, dass ein echter Paradigmenwechsel im Denken und Handeln auf Seiten des Leistungsträgers noch nicht vollzogen wurde. Denn die *Schaffung „gemeindenaher" Wohnformen* sollten behinderten Menschen Chancen auf mehr Selbstbestimmung und mehr Teilhabe am gesellschaftlichen Leben ermöglichen. Und tatsächlich ist in den letzten Jahren eine große Bandbreite von Wohnformen entstanden und das Kontinuum der Wohnformen umfasst heute weniger restriktive, stärker integrativ ausgerichtete Formen als noch vor 20 Jahren. Die Hoffnung war: Für jeden Menschen mit Behinderung wird sich „das Richtige" finden. „*Tatsächlich haben wir aber eine Situation erreicht, in der die Wohnform sich die richtigen Menschen sucht: Nur wer selbständig genug ist, darf ins ambulant betreute Wohnen!*" Menschen werden von bestimmten Wohnformen ausgeschlossen, weil sie für diese Wohnformen nicht passen. Lindmeier beschreibt diese Problematik als „*Gefangensein im abgestuften Konzept*": „*Um die beschriebene Wohnform zu erreichen, muss ein behinderter Mensch erst durch eine Reihe von anderen Formen ‚geschleust' werden, die ihn vorbereiten, anpassen und überprüfen, ob er für diese Wohnform geeignet ist, und ihn gegebenenfalls als ‚nicht geeignet' auszuschließen. Wer nicht geeignet ist für die von ihm gewünschte Wohnform, bleibt ‚gefangen' auf der Stufe, für die er selbstständig genug erscheint*". Das Gefangensein im Stufenkonzept entsteht also nicht dadurch, dass es verschiedene Wohnformen und die Möglichkeit der Wahl gibt. Es entsteht im Gegenteil dadurch, dass es verschiedene Wohnformen ohne die Möglichkeit der tatsächlichen Wahl, sondern verbunden mit einer Zuweisung, gibt.

Von den Befürwortern dieser radikalen Ambulantisierungsansätze wird immer auf die Entwicklungen und Erfahrungen in *Skandinavien* verwiesen, um den Realitätsgehalt der Forderungen zu unterstreichen. Die Frage, ob Heime Auslaufmodelle seien, wie ihre Kritiker behaupten, beantworten die Norweger mit einem Ja. Bereits *1991* wurde per Gesetz die *Auflösung aller Heime für Menschen mit geistiger Behinderung* verfügt. Die Verantwortung für eine Begleitung der Behinderten wurde auf die einzelnen Kommunen übertragen. Nach Erfahrungen vor Ort in Norwegen (Norwegen Lebenshilfe, 2005) kann man sagen, dass die Gewinner der „revolutionären" Reform vor allem Menschen mit sehr hohem Hilfebedarf sind, die heute eine fachlich wesentlich qualifiziertere Begleitung erhalten. Dies muss aber auch vor dem Hintergrund gesehen werden, dass die Ambulantisierung in Norwegen nie aus der Einsparung von Kosten motiviert war, sondern aus einer „Menschenrechtsperspektive". Heute hat jeder behinderte Mensch einen Anspruch auf ambulante Assistenz in der eigenen Wohnung – auch dann, wenn er rund um die Uhr Assistenz braucht, manchmal sogar durch zwei Begleitpersonen gleichzeitig. Allerdings wurden in einigen Bezirken die früheren Großeinrichtungen substituiert durch Kleinstheime für vier bis sieben behinderte Menschen. Und auch die Einzelwohnungen der Behinderten sind oftmals räumlich in direkter Nachbarschaft zueinander angeordnet.[8]

Treibende Kraft bei der Forderung nach einer Auflösung der Heime Ende der 1980er Jahre war der Elternverband NFU gewesen (eine Art „norwegische Lebenshilfe"), wobei eine kleine Minderheit der Eltern eine abweichende Meinung vertreten hat und sich mit einem eigenen Verband abgespalten hat. Diese auf den ersten Blick sehr revolutionäre Haltung der Eltern resultierte zum einen aus der Tatsache, dass viele geistig behinderte Kinder aufgrund der dünnen Besiedlung Norwegens oft sehr weit weg wohnten von ihren Eltern und zum anderen – hoch spannend für die deutsche Diskussion – stand der norwegische Elternverband anders als die deutsche Lebenshilfe nie in dem Interessenkonflikt, selbst auch Träger von Heimen zu sein (Sell 2008).[9]

---

8 Die kommunalen Vertreter argumentieren, dass dies nicht in erster Linie aus finanziellen Erwägungen heraus passiert, sondern man möchte eine Vereinsamung der Behinderten vermeiden.
9 Das ist ja ein ganz grundsätzliches Spannungsfeld, in dem sich die deutschen Wohlfahrtsverbände bewegen.

Zum anderen: Die „halbierte Ambulantisierung" in der sozialpolitischen Praxis

Die faktische Ambulantisierung in den meisten Arbeitsfeldern der Gesundheits- und Sozialwirtschaft hat vor dem Hintergrund der sozialpolitischen Entwicklung der letzten Jahre eine andere und vor allem eine recht eindimensionale Konnotation, die der eingangs zitierten Definition der Zielsetzung von Ambulantisierung als „*ein Mehr an Leistungsabforderung durch eine Verbilligung der Leistung für den Einzelnen bei einigermaßen konstantem Gesamtbudget finanzierbar zu machen*" entspricht. Die erhofften bzw. in Aussicht gestellte *Kostensenkung* gegenüber stationären Angeboten war (und ist) sicherlich der Treiber für die großen Ambulantisierungsschübe in der Gesundheits- und Sozialwirtschaft – wobei, dass sei an dieser Stelle schon angemerkt, die empirische Absicherung dieser fundamentalen Annahme keinesfalls wirklich geleistet worden ist, man also im Regelfall eine Kostensenkung *annimmt* oder gar *voraussetzt*.

– Man kann die Grundproblematik an einem *Beispiel aus der Kinder- und Jugendhilfe* verdeutlichen. Die Heimunterbringung von Kindern und Jugendlichen gilt als extrem teuer und eine Hauptquelle für die enorme Expansion der ambulanten Angebote in den erzieherischen Hilfen war und ist der „Tunnelblick" auf die Kosten einer stationären Unterbringung. „Tunnelblick" deshalb, weil es bislang keine wirkliche vergleichende Kostenbilanzierung der stationären und ambulanten Maßnahmen in einer biografischen Form gibt. Gegenwärtig werden „die" ambulanten Maßnahmen immer besser abschneiden als die stationäre Unterbringung, weil hier Äpfel mit Birnen verglichen werden, denn die Einheiten sind nicht vergleichbar. Um die Kosten der stationären Unterbringung vergleichbar zu machen, müsste die Gesamtheit der personenbezogenen ambulanten Leistungen nicht nur addiert, sondern die vielen Transaktionskosten zusätzlich mit eingerechnet werden – und zwar über die Zeit der einzelnen Fallbiografie. Dann – so meine These – würde es so manche Fallkonstellation in der Jugendhilfe geben, bei der eine frühzeitige stationäre Intervention unterm Strich kostengünstiger ausfällt als das schnittstellenreiche Anhäufen ambulanter Maßnahmen. Was aber angesichts der Forschungslage nur eine Vermutung ist.

Die Grundmelodie der gängigen Ambulantisierungen lässt sich verdichten in der Formel „*ambulant = billiger*". Dieses (wohlgemerkt erhoffte bzw. unterstellte) Ergebnis soll erreicht werden über eine *Kombination aus Ambulantisierung* (im Sinne eines Abbaus stationärer Leistungen) *und ihrer Verpreislichung in (pauschalierten) Festpreissystemen* als einer der markantesten Veränderungen in den Finanzierungssystemen.

Zum einen gibt es einen intensiveren Wettbewerb zwischen den Versorgungsformen mit einem klaren Trend zur Verlagerung bislang stationär erbrachter (Teil)-Leistungen in den ambulanten Bereich. Parallel verstärkt sich aber auch der horizontale Wettbewerb innerhalb der Versorgungsformen, man denke hier nur beispielhaft für die Krankenhäuser an die Frage Spezialisierung versus Breitbandversorgung oder im Kontinuum Krankenhaus und Rehabilitation an die schnellere Verlagerung des Patienten in die stationäre Reha-Einrichtung. Im ambulanten Versorgungsbereich wäre an die Linie Hausärzte versus Fachärzte zu denken oder die nachstationäre Betreuung der Patienten durch niedergelassene Ärzte und Pflegedienste versus krankenhauseigene Home Care-Dienste, in der Pflege an die ambulanten Pflegedienste versus Rund-um-die-Betreuerinnen aus Osteuropa. Auf alle Fälle führt das Zusammenspiel beider Wettbewerbsfelder – vertikal wie horizontal – für die sozialwirtschaftlichen Unternehmen zu einem deutlich turbulenteren Geschäftsumfeld und zu einem größeren Unternehmensrisiko insgesamt.

Es wurden bereits Zweifel geäußert, dass die vereinfachende Gleichung „ambulant = billiger" nicht per se überzeugt und es durchaus Konstellationen gibt, in dem die Relation umgekehrt verläuft. Grundsätzlich wächst die Einsicht, dass es letztendlich auf einen intelligenten Mix aus ambulant und stationär ankommt. So sind auch die Ausführungen von Thomas Eisenreich[10] zu den Ambulantisierungserfahrungen der Klinik am Stein zu verstehen. Mit drei Tageskliniken wurden dort fast 70 % der Gesamtleistungsmöglichkeiten ambulantisiert. In der Praxis zeigt sich aber auch, dass eine durchgehende, solitäre Ambulantisierung nicht möglich sein wird, sondern dass die Leistungsangebote viel differenzierter, patientenbezogener eingesetzt werden müssen. Ansonsten kehren sich die Kosten- und Qualitätsvorteile der ambulanten Rehabilitation schnell ins Gegenteil um.

– So kann beispielsweise ein Patient, der täglich mehrmals behandlungspflegerische Leistungen benötigt, wirtschaftlich und pflegerisch besser stationär rehabilitiert werden, als in einem rein ambulanten Reha-Angebot. Würde dieser Patient ergänzend häusliche Krankenpflege (§ 37 SGB V) erhalten, würde die Summe der Preise mobiler pflegerischer Leistungen und ambulanter Rehabilitation den Preis des stationären Aufenthalts schnell übersteigen (Eisenreich 2007).

Notwendig wäre eine Ablösung von dem Schwarz-Weiß-Denken und empirisch die Erstellung von Ambulantisierungsbilanzen als Bewertungsmöglichkeit für die Akteure.

---

10 Eisenreich ist mittlerweile Vorstandsmitglied in der Evangelischen Stiftung Alsterdorf, Hamburg und war vorher Hauptgeschäftsführer der Klinik am Stein, des Erikaneums und des Kinder- und Jugendhilfeverbundes.

Die Eingangsfrage, ob die „Ambulantisierung" eine Folge der Sozialpolitik ist, lässt sich derzeit zusammenfassend wie folgt beantworten:

Beobachtbar ist tatsächliche eine faktische Ambulantisierung in vielen Leistungsbereichen, die allerdings zumeist dem Muster der „halbierten Ambulantisierung" folgt, also primär und nicht selten ausschließlich getrieben wird durch eine auf die ökonomische Funktionalität reduzierte Sichtweise der mutmaßlichen Effekte. Dies ist verständlich aus der spezifischen Situation der Kostenträger, die sich aufgrund des überaus komplexen Finanzierungssystems in Deutschland aus der Kostenfalle der stationären Leistungen befreien wollen. Die herrschende Sozialpolitik nähert sich punktuell in ihren Bemühungen in Richtung Ambulantisierung durchaus den Vertretern einer „ideellen" Ambulantisierung an, sendet aber durchaus auch irritierende Signale hinsichtlich der Verlässlichkeit wie auch Stimmigkeit des Trends aus.

– Als ein Beispiel für diese irritierenden Signale kann man den Krankenhausbereich heranziehen. Offizielle Position ist hier eine Stärkung der ambulanten Versorgung, die sich aber nicht in einer entsprechenden Verlagerung auf den ambulanten Bereich der Versorgung niederschlägt, sondern der Gesetzgeber erhöht den Wettbewerbsdruck innerhalb des Leistungserbringersystems, in dem die Krankenhäuser zunehmend geöffnet werden für die ambulante Leistungserbringung und parallel mit der Implementierung medizinischer Versorgungszentren (MVZ) als eigenständige Betriebsform der Druck auf die immer noch dominierenden Einzelpraxen verstärkt wird.

– Ein anderes Beispiel wären die neueren Entwicklungen im Bereich der Kindertagesbetreuung. So gehen mehrere Bundesländer den Weg, so genannte „Großpflegestellen" von Tagesmüttern bzw. -vätern zuzulassen als Alternative zur Kindertageseinrichtung – allerdings mit geringeren Standards und offensichtlich als Versuch einer Deregulierung der kostentreibenden Rahmenbedingungen der stationären Betreuung von Kindern ausgestaltet. Dies blockiert zugleich die Suche nach einer sinnvollen, sich ergänzenden Ausgestaltung des Betreuungssystems, bei der die Tagespflege spezifische Aufgaben z.B. für die Randzeitenbetreuung zugewiesen bekommt bis hin zu einer Inkorporierung in die vorhandenen (stationären) Trägerstrukturen.

Das „Nadelöhr" einer wirklich gelingenden Ambulantisierung werden die beiden Bereiche Pflege und Behindertenhilfe sein – und damit verbunden die Frage, ob die Einführung persönlicher Budgets zu einer massiven Umgestaltung der derzeitigen „Marktverhältnisse" führen wird. Dies ist erheblich voraussetzungsvoll, vor allem im Bereich der Beratung und Steuerung und es ist gegenwärtig noch nicht wirklich erkennbar, dass die Entwicklung in diese Richtung gehen wird.

Vor allem die Pflege wird angesichts ihrer gesellschaftspolitischen Relevanz zum Testfeld für die weitere Ambulantisierungsdiskussion. Dies nicht nur mit Blick auf die weitere Entwicklung der Pflegeheime, die bislang noch eine echte Wachstumsbranche darstellen, sondern vor allem hinsichtlich eines Lösungsansatzes, wie man eine bezahlbare ambulante, häusliche Versorgung sicherstellen kann und konkret, wie man mit den osteuropäischen Pflege- oder Hilfskräften weiter umzugehen gedenkt (Lixenfeld, 2008).[11]

Literatur

Arend, S. (2005): Hausgemeinschaften - vom Modellversuch zur Regelversorgung. Ein Praxisbericht, Hannover

Dörner, K. (2007): Leben und Sterben, wo ich hingehöre. Dritter Sozialraum und neues Hilfesystem, Neumünster.

Dörner, K. (2003): Auf dem Weg zur heimlosen Gesellschaft, in: impulse, Nr. 27, September 2003, S. 26-29

Dörner, K. (Hrsg.) (2001): Ende der Veranstaltung. Anfänge der Chronisch-Kranken-Psychiatrie, Neumünster

Eisenreich, T. (2007): Ambulantisierung im Kontext der Gesundheitspolitik, in: mittendrin, Heft 1, 2007, S. 11-13

Eisenreich, T.: Marktveränderungen durch Reformen der Gesundheits- und Sozialgesetzgebung, www.socialbank.de (19.02.2008)

Häcker, J. / Raffelhüschen, B. (2006): Zukünftige Pflege ohne Familie: Konsequenzen des „Heimsog-Effekts" (=Discussion Papers des Forschungszentrums Generationenverträge), Freiburg

Lindmeier, C. (2004): Ein Weg zur Selbstbestimmung – ‚Supported Living', Vortragsmanuskript, www.forsea.de/projekte/2004_marsch/Lindmeier.pdf (18.02.2008)

Lindmeier, B. / Lindmeier, C. (2001): Supported living. Ein neues Konzept des Wohnens und Lebens in der Gemeinde für Menschen mit (geistiger) Behinderung, in: Behinderte in Familie, Schule und Gesellschaft, Heft 3/4, S. 39-50

Lixenfeld, C. (2008): Niemand muss ins Heim. Menschenwürdig und bezahlbar - ein Plädoyer für die häusliche Pflege, Berlin.

Neue Caritas, Heft18/2007, S. 9-11.

Norwegen Lebenshilfe (Hrsg.): „Leben in den eigenen vier Wänden". Warum funktioniert die Deinstitutionalisierung in Skandinavien? Dokumentation der Exkursion nach Norwegen von 21. – 24. September 2005, www.lebenshilfe-bw.de/exclusiv/downloads/wohnen/norwegen.pdf

Palm, G. / Bogert, B. (2005): Hausgemeinschaften. „Ein" Ausweg aus dem Irrweg für die stationäre Altenhilfe, Marburg

---

11 In diesem Buch wird neben der Einführung und Nutzung des persönlichen Budgets vor allem für eine Legalisierung der osteuropäischen Pflegekräfte plädiert - Österreich hat dies vor kurzem – in einer äußerst umstrittenen Art und Weise - bereits getan und damit einen weiteren Vorteil gegenüber Deutschland erreichen können.

Sell, S. (2008): Das Finanzierungssystem in Deutschland, in: Arnold, U. und Maelicke, B. (Hrsg.): Lehrbuch der Sozialwirtschaft, Baden-Baden

Sell, S. (2008): Projekt Sisyphos. Die Wohlfahrtsverbände in Deutschland stehen vor großen Herausforderungen, in: Blätter der Wohlfahrtspflege, Heft 3/2008

Sell, S. (2007): Weg vom klassischen Berater Die Nachfrage nach Beratungsleistungen wird weiter ansteigen. Doch es treten auch Anbieter von fragwürdiger Kompetenz in diesen Wachstumsmarkt ein. In: Neue Caritas, Heft18/2007, S. 9-11

Zimmer, A. / Schrapper, C. (Hrsg.) (2006): Zukunft der Erziehungsberatung. Herausforderungen und Handlungsfelder, Weinheim, München

Ambulantisierung – steuerliche Aspekte und Gestaltungsmöglichkeiten

Prof. Dr. Stefan Schick, Rechtsanwalt/Fachanwalt für Steuerrecht

Aus fachlichen wie aus wirtschaftlichen Gründen ist die Verlagerung von Leistungen aus dem stationären in den ambulanten Bereich ein erklärtes Ziel der Politik. Dazu zählt auch eine verstärkte Vernetzung ambulanter und stationärer Leistungen. Neue Wohnformen wie das Betreute Wohnen und die betreuten Seniorenwohngemeinschaften führen ebenfalls zu einer Veränderung der Leistungserbringung an der Schnittstelle zwischen ambulanten und stationären Leistungen.

Diese Veränderungen – unterstützt auch durch neue sozialrechtliche Ansätze wie das persönliche Budget und das Pflegebudget – führen dazu, dass die Übergänge zwischen einer ambulanten Tätigkeit und einer stationären Leistungserbringung immer fließender werden. Dieser Entwicklung ist das Steuerrecht – insbesondere das Gemeinnützigkeits- und das Umsatzsteuerrecht – in den letzten Jahren nicht hinreichend gefolgt. Zahlreiche Fragen sind gesetzlich nicht geregelt. Ihre Behandlung muss deshalb aus den allgemeinen Grundsätzen abgeleitet werden. Jede neue Aktivität muss anhand der genannten Grundsätze geprüft werden; eine Optimierung der betriebswirtschaftlichen, arbeits-, gesellschafts-, heim- und gegebenenfalls kommunalrechtlichen Aspekte muss im Hinblick auf die steuerliche Behandlung erfolgen.

Aus diesem Grunde werden nachfolgend zunächst die gemeinnützigkeitsrechtlichen (vgl. unten I.) und die umsatzsteuerlichen Grundlagen (vgl. unten II.) dargestellt, bevor ein Überblick über die steuerliche Behandlung wesentlicher Aktivitäten im Zusammenhang mit der Ambulantisierung gegeben wird (vgl. unten III.). Am Ende (vgl. unten IV.) steht schließlich eine Schlussbetrachtung.

I. Gemeinnützigkeitsrechtliche Grundlagen

1. Die vier Sphären steuerbegünstigter Körperschaften im Allgemeinen

Die Aktivitäten steuerbegünstigter Körperschaften sind vielfältig. Dies macht – insbesondere im Hinblick auf die erforderliche Wettbewerbsneutralität der Besteuerung – eine Differenzierung erforderlich, die der Art der Aktivität Rechnung trägt. Hierzu wurden die so genannten vier Sphären steuerbegünstigter Körperschaften entwickelt. Diese umfassen

- den ideellen Bereich,
- die Vermögensverwaltung,
- den steuerbegünstigten Zweckbetrieb und
- den steuerpflichtigen wirtschaftlichen Geschäftsbetrieb.

Der *ideelle Bereich* ist der Kernbereich der Betätigung steuerbegünstigter Körperschaften. Er ist dadurch gekennzeichnet, dass in ihm die steuerbegünstigte Körperschaft keine Leistungen erbringt, die sie sich von Dritten bezahlen lässt. Das Fehlen von Gegenleistungen Dritter ist damit für ihn kennzeichnend. In diesem Bereich vereinnahmt die steuerbegünstigte Körperschaft Spenden und echte Zuschüsse; sie verausgabt ihre Mittel satzungsgemäß.

Erbringt die steuerbegünstigte Körperschaft Leistungen, die sie sich von Dritten bezahlen lässt, so ist zunächst zu prüfen, ob es sich um eine Maßnahme im Bereich der *Vermögensverwaltung* handelt. Der Begriff der Vermögensverwaltung ist in § 14 Satz 3 AO definiert. Danach liegt eine Vermögensverwaltung in der Regel vor, wenn Vermögen genutzt, z.B. Kapitalvermögen verzinslich angelegt oder unbewegliches Vermögen vermietet oder verpachtet wird. Die Vermögensverwaltung ist damit dadurch gekennzeichnet, dass die Nutzung von Vermögen – auch von Rechten – geduldet wird und die steuerbegünstigte Körperschaft nicht aktiv tätig wird.

Nicht erforderlich ist die Verwaltung eigenen Vermögens. Dies bedeutet, dass auch die Untervermietung angemieteter Räume dem Bereich der steuerbegünstigten Vermögensverwaltung zuzurechnen ist. Übernimmt es dagegen die steuerbegünstigte Körperschaft, Vermögen für Dritte im Sinne eines aktiven Tuns zu verwalten, z.B. indem Verwaltungsleistungen erbracht werden, so wird dies vom Begriff der Vermögensverwaltung nicht umfasst.

Die Vermögensverwaltung zählt – obwohl mit ihr nicht unmittelbar steuerbegünstigte Zwecke verfolgt werden – zum steuerbegünstigten Bereich. Die Zuordnung zur Vermögensverwaltung hat zur Folge, dass

- Überschüsse nicht der Ertragsteuerpflicht unterliegen;
- Verluste aus Vermögensverwaltung grundsätzlich gemeinnützigkeitsschädlich sind;
- in der Vermögensverwaltung grundsätzlich keine zeitnah zu verwendenden Mittel eingesetzt werden dürfen.

Ergibt die Einzelfallprüfung, dass die steuerbegünstigte Körperschaft Leistungen erbringt, die sie sich von Dritten bezahlen lässt (im Sinne eines Leistungsaustausches) und liegt keine Vermögensverwaltung vor, so ist sie einem wirtschaftlichen Geschäftsbetrieb im weiteren Sinne (steuerbegünstigten Zweckbetrieb oder steuerpflichtigen wirtschaftlichen Geschäftsbetrieb) zuzuordnen. Ein wirtschaftlicher Geschäftsbetrieb im weiteren Sinne ist nach § 14 Satz 1 AO eine selbstständige nachhaltige Tätigkeit, durch die Einnahmen oder andere wirtschaftliche Vorteile erzielt werden und die über den Rahmen einer Vermögensverwaltung hinausgeht. Die Absicht, Gewinn zu erzielen, ist nicht erforderlich. Dient der wirtschaftliche Geschäftsbetrieb den satzungsmäßigen Zwecken, so kann er gegebenenfalls als *steuerbegünstigter Zweckbetrieb* zu behandeln sein.

Liegt ein steuerbegünstigter Zweckbetrieb vor, so hat dies zur Folge, dass

- dort erzielte Überschüsse ertragsteuerfrei sind,
- im Zweckbetrieb erlittene Verluste gemeinnützigkeitsrechtlich unschädlich sind und
- zeitnah zu verwendende Mittel (wie z.B. Spenden) zu seiner Finanzierung eingesetzt werden dürfen.

Dient er dagegen nicht unmittelbar dem Satzungszweck, sondern der Mittelbeschaffung, liegt ein *steuerpflichtiger wirtschaftlicher Geschäftsbetrieb*, häufig auch verkürzend „wirtschaftlicher Geschäftsbetrieb" genannt, vor, der zur Wahrung der Wettbewerbsneutralität anderer Marktteilnehmer im Wesentlichen besteuert wird wie ein gewerbliches Unternehmen.

Die Zuordnung zum steuerpflichtigen wirtschaftlichen Geschäftsbetrieb hat zur Folge, dass

- Überschüsse steuerpflichtig sind,
- Verluste grundsätzlich gemeinnützigkeitsschädlich sind und
- ein Einsatz zeitnah zu verwendender Mittel (wie z.B. von Spenden) nicht zulässig ist.

Die vier Sphären steuerbegünstigter Körperschaften sind nachfolgend grafisch dargestellt:

Abb. 1: Die vier Sphären steuerbegünstigter Körperschaften

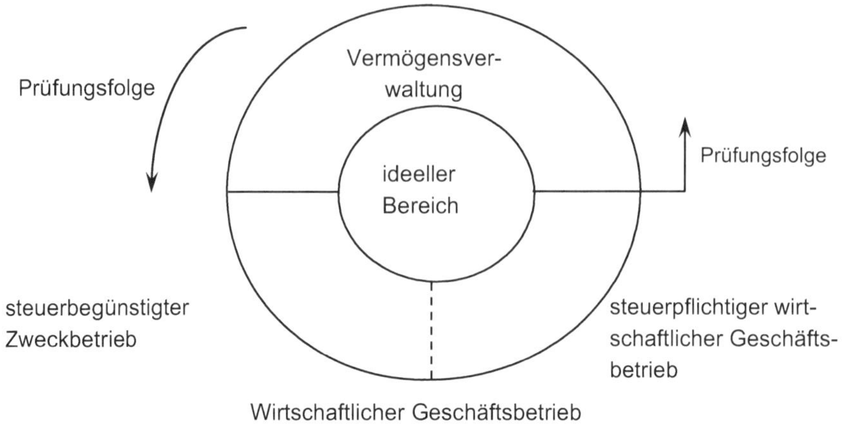

```
                    Vermögensver-
   Prüfungsfolge      waltung
                                              Prüfungsfolge
                     ideeller
                     Bereich

   steuerbegünstigter              steuerpflichtiger wirt-
   Zweckbetrieb                    schaftlicher Geschäfts-
                                   betrieb
              Wirtschaftlicher Geschäftsbetrieb
```

2. Die Zweckbetriebe im Gesundheits- und Sozialwesen

Die *Zweckbetriebe im Gesundheits- und Sozialwesen* sind in den §§ 65 bis 68 AO geregelt. Die Generalnorm findet sich in § 65 AO. Sie ist erst dann zu prüfen, wenn keine Sonderregelung eingreift. Die Sonderregelungen für das Gesundheits- und Sozialwesen sind in § 67 AO (für die Krankenhäuser), in § 66 AO (Generalnorm für Einrichtungen der Wohlfahrtspflege) und in § 68 AO (speziellere Regelungen für das Sozialwesen) enthalten. Wesentlich an dieser Differenzierung ist, dass nach dem Gesetzeswortlaut nur bei den Zweckbetrieben nach § 65 AO der Wettbewerb zu steuerpflichtigen Marktteilnehmern schädlich ist. Aus diesem Grund müssen die Sonderregelungen – im Sozialwesen § 68 AO, sollte dieser nicht einschlägig sein, § 66 AO – vor der Generalnorm des § 65 AO geprüft werden.

Die Problematik der Wettbewerbssituation stellt sich insbesondere im Bereich des Gesundheits- und Sozialwesens: Diese Thematik ist seit dem Beschluss des Bundesfinanzhofs (BFH) vom 18. September 2007 (Az.: I R 30/06) von erhöhter Brisanz. Denn der BFH vertritt in seiner Entscheidung die Auffassung, eine Wettbewerbssituation unter Einrichtungen der Wohlfahrtspflege i.S.d. § 66 AO sei dann von Bedeutung, wenn ein Wettbewerb zu steuerpflichtigen Unternehmen vorliege. Dann müsse davon ausgegangen werden, dass die steuerbegünstigte Non-Profit-Organisation nicht selbstlos, sondern um des Erwerbes wegen tätig werde. Es liege dann ein steuerpflichtiger wirtschaftlicher Geschäftsbetrieb vor.

Die Finanzverwaltung wendet diese Grundsätze (derzeit noch) nicht an. Es muss aber damit gerechnet werden, dass steuerpflichtige Mitbewerber die Steuerbegünstigung im Rahmen der Konkurrentenklage gerichtlich überprüfen lassen werden.

Zweckbetriebe nach § 68 Nr. 1a) AO sind *Alten-, Altenwohn- und Pflegeheime*, deren Leistungen zu mehr als zwei Dritteln persönlich oder wirtschaftlich hilfsbedürftigen Personen zugute kommen. Die Definition der persönlichen und wirtschaftlichen Hilfsbedürftigkeit ergibt sich aus § 53 AO, die der Begriffe „Alten-, Altenwohn- und Pflegeheime" aus dem jeweiligen Landesheimgesetz.

Die *Wohlfahrtspflege* wird in § 66 AO als planmäßige, zum Wohle der Allgemeinheit und nicht des Erwerbs wegen ausgeübte Sorge für notleidende oder gefährdete Mitmenschen definiert. Auch hier müssen mindestens zwei Drittel der Leistungen persönlich oder wirtschaftlich hilfsbedürftigen Personen zugute kommen. Im Gegensatz zur umsatzsteuerlichen Behandlung ist es für die Gemeinnützigkeit nicht erforderlich, dass die steuerbegünstigte Körperschaft Mitglied in einem Wohlfahrtsverband ist.

Nach der *Generalnorm des § 65 AO* ist ein Zweckbetrieb u.a. gegeben, wenn der wirtschaftliche Geschäftsbetrieb in seiner Gesamtrichtung dazu dient, die steuerbegünstigten satzungsmäßigen Zwecke der Körperschaft zu verwirklichen. Wesentlich ist, dass es sich nicht um irgendwelche steuerbegünstigten Zwecke handelt, die steuerbegünstigten Zwecke müssen in der Satzung enthalten sein. Weiter ist erforderlich, dass die Zwecke nur durch einen solchen Geschäftsbetrieb erreicht werden können und der wirtschaftliche Geschäftsbetrieb zu nicht begünstigten Betrieben derselben oder ähnlicher Art nicht in größerem Umfang in Wettbewerb tritt, als es bei Erfüllung der steuerbegünstigten Zwecke unvermeidbar ist. Daraus ergibt sich, dass die reine Mittelbeschaffung zur Anerkennung als Zweckbetrieb nicht ausreicht und dass der wirtschaftliche Geschäftsbetrieb zur Erfüllung des satzungsmäßigen Zwecks zwingend erforderlich sein muss. Ein Wettbewerb zu nicht steuerbegünstigten Anbietern ist nur dann nicht gemeinnützigkeitsschädlich, wenn der wirtschaftliche Geschäftsbetrieb zwingend erforderlich ist, da in diesem Falle der Wettbewerb hingenommen werden muss.

II. Umsatzsteuerliche Grundlagen

Die Umsatzsteuerpflicht knüpft daran an, dass Leistungen entgeltlich erbracht werden. Steuerbegünstigte Körperschaften können daher Unternehmer sein. Es stellt sich allerdings im Einzelfall die Frage, ob die Leistung von der Umsatzsteuer befreit ist. Nachfolgend sind die wesentlichen Umsatzsteuerbefreiungen kurz dargestellt.

Nach § 4 Nr. 16 d) UStG waren bis zum 31. Dezember 2008 die Leistungen von *Alten-, Altenwohn- und Pflegeheimen* dann von der Umsatzsteuer befreit, wenn im vorangegangenen Jahr mindestens 40 % der Leistungen wirtschaftlich hilfsbedürftigen Personen zugute gekommen sind. Im Gegensatz zum Gemeinnützigkeitsrecht reichte es umsatzsteuerlich nicht aus, dass die Leistungen an wirtschaftlich *und persönlich* hilfsbedürftige Personen erbracht wurden.

Mit der Bezugnahme auf den Begriff des Alten-, Altenwohn- und Pflegeheims brachte der Gesetzgeber zum Ausdruck, dass die heimrechtliche Beurteilung entscheidend sein sollte. Angesichts der Übertragung der Gesetzgebungskompetenz im Bereich des Heimrechts auf die Bundesländer, die davon bei der Definition des Heimbegriffs in ganz unterschiedlicher Weise Gebrauch machten, war damit zu befürchten, dass Leistungen in einzelnen Bundesländern von der Umsatzsteuer befreit gewesen wären und in anderen nicht.

Nach § 4 Nr. 16 e) UStG waren bis zum 31. Dezember 2008 *Einrichtungen zur vorübergehenden Aufnahme pflegebedürftiger Personen sowie ambulante Pflegedienste* von der Umsatzsteuer befreit. Weitere Voraussetzung war, dass im vorangegangenen Jahr in mindestens 40 % der Fälle die Pflegekosten von den Trägern der Sozialversicherung oder der Sozialhilfe ganz oder zum überwiegenden Teil getragen worden sind. Danach hatte eine zweistufige Prüfung zu erfolgen: Zunächst war zu klären, in welchen Fällen die Pflegekosten ganz oder zum überwiegenden Teil von den Trägern der Sozialversicherung oder der Sozialhilfe getragen worden sind. In einem zweiten Schritt war die Einhaltung der 40 %-Grenze zu klären.

Durch das Jahressteuergesetz 2009 wurden die bislang nur für ambulante Pflegeleistungen geltenden Regelungen auf alle Pflegeeinrichtungen ausgedehnt, d.h. die heimrechtliche Einordnung ist nunmehr umsatzsteuerlich ohne Bedeutung mehr. Dies bedeutet, dass die vorstehend zu § 4 Nr. 16 e) UStG in der bis 2008 geltenden Fassung beschriebene zweistufige Prüfung nunmehr bei allen Pflegeeinrichtungen zu erfolgen hat.

Ungeachtet dieser Voraussetzungen sind auch die mit dem Betrieb von Einrichtungen zur Betreuung oder Pflege körperlich, geistig oder seelisch hilfsbedürftiger Personen eng verbundenen Umsätze, die von juristischen Personen des öffentlichen Rechts erbracht werden, von der Umsatzsteuer befreit (§ 4 Nr. 16 a) UStG).

Die übrigen Umsatzsteuerbefreiungen wurden an EU-Recht angepasst, wobei die Steuerbefreiung nach der umfangreichen Neuregelung grundsätzlich nur sozialrechtliche Leistungsvereinbarungen voraussetzt. Dazu zählen auch Leistungsvereinbarungen nach § 75 SGB XII.

Für steuerbegünstigte Körperschaften, die Mitglied in einem *Wohlfahrtsverband* sind, ist darüber hinaus die Umsatzsteuerbefreiung des § 4 Nr. 18 UStG – gewissermaßen die Generalklausel, die zuletzt zu prüfen ist – von Bedeutung. Im Einzelnen müssen die folgenden Voraussetzungen erfüllt sein:

- Es muss sich um eine steuerbegünstigte Körperschaft im Sinne der §§ 51 ff. AO handeln. Keine Körperschaften sind die Personengesellschaften, wie beispielsweise die Gesellschaften bürgerlichen Rechts, die ohne Weiteres bei einem Zusammenschluss mehrerer Partner zu einem gemeinsamen Zweck entstehen können (insbesondere bei Kooperationen), häufig unerkannt sind und Leistungen im Außenverhältnis bringen. Diese sind zwar Umsatzsteuersubjekte, jedoch keine Körperschaften und können damit auch nicht nach § 4 Nr. 18 UStG von der Umsatzsteuer befreit sein.
- Die steuerbegünstigte Körperschaft muss selbst ein amtlich anerkannter Wohlfahrtsverband, die Untergliederung eines solchen Wohlfahrtsverbandes sein oder einem amtlich anerkannten Wohlfahrtsverband als Mitglied angehören.
- Die Leistungen müssen dem satzungsmäßig begünstigten Personenkreis unmittelbar zugute kommen.
- Die Entgelte müssen hinter den von Erwerbsunternehmen für gleichartige Leistungen verlangten Entgelten zurückbleiben. Insoweit ergibt sich das Problem, dass für zahlreiche Leistungen sozialrechtlich einheitliche Entgelte vereinbart werden, gleichgültig, durch welchen Anbieter sie erbracht werden. Unschädlich ist die Einheitlichkeit der Entgelte nur dann, wenn die Entgelte behördlich oder gerichtlich festgesetzt werden.
Aus diesem Grunde nimmt die Bedeutung des § 4 Nr. 18 UStG für Wohlfahrtsverbände im Hinblick auf die Marktentwicklung in der Sozialwirtschaft immer mehr ab.

Sind die Leistungen steuerbegünstigter Körperschaften im Einzelfall nicht von der Umsatzsteuer befreit, so unterliegen die Umsätze aus Vermögensverwaltung und grundsätzlich auch die Zweckbetriebsumsätze nach § 12 Abs. 2 Nr. 8 a) UStG der Umsatzsteuer nur mit dem ermäßigten Umsatzsteuersatz von derzeit 7 %. Die Umsatzsteuerpflicht hat zur Folge, dass die steuerbegünstigte Körperschaft die ihr in Rechnung gestellte, „eingekaufte" Vorsteuer abziehen kann, was bei der Umsatzsteuerfreiheit ihrer eigenen Leistungen nicht der Fall ist. Die Umsatzsteuerpflicht ist daher dann von Vorteil, wenn der Vorsteuerabzug aus eingekauften Leistungen, die mit 19 % Umsatzsteuer belastet sind, höher ist als die für die eigenen Leistungen mit 7 % zu entrichtende Umsatzsteuer. In der Regel ist die Umsatzsteuerpflicht auch zum ermäßigten Umsatzsteuersatz trotz der Berechtigung zum Vorsteuerabzug für die steuerbegünstigte Körperschaft ungünstiger als die Umsatzsteuerbefreiung. Denn bei einer Umsatzsteuerpflicht werden vor allem die eigenen Personalkosten der Umsatzsteuer unterworfen, ohne dass insoweit ein Vorsteuerabzug möglich ist.

III. Einzelfallgestaltungen im Zusammenhang mit der Ambulantisierung und ihre Beurteilung

1. Betreutes Wohnen zuhause

Zielgruppe des Betreuten Wohnens zuhause sind Personen, die noch nicht pflegebedürftig sind oder die pflegebedürftig sind und durch die Familie gepflegt werden. Das Ziel des Nachfragers ist es, im Hinblick auf eine optimale Versorgung Sicherheit zu erhalten. Außerdem ist er gegebenenfalls an der Vermittlung von Angeboten – z.B. von Pflegeleistungen, Essen auf Rädern, handwerklichen Hilfen oder Haushaltshilfen – interessiert. Das strategische Ziel des Anbieters besteht darin, eine Kundengewinnung bzw. -bindung in einer sehr frühen Phase zu erreichen.

Im Bereich des Betreuten Wohnens zuhause werden beispielsweise als (Grund-) Leistungen erbracht:

– regelmäßiger Besuch durch qualifizierte Bezugspersonen;
– Hausnotruf;
– Bereithaltung von Leistungen im Bereich der ambulanten Pflege und der hauswirtschaftlichen Versorgung;
– soziale Beratung und Betreuung bei auftretenden Problemen;
– Information über Freizeitangebote, Beratung – auch von Angehörigen.

Als Wahlleistungen werden häufig angeboten:

– Haushaltshilfen;
– handwerkliche Hilfen;
– ambulante Pflege und hauswirtschaftliche Versorgung im Rahmen des SGB XI;
– Essen auf Rädern.

Diese Leistungen werden angesichts der demografischen Entwicklung künftig zunehmen. Die Konditionen für die Leistungserbringung können damit in der Regel nicht individuell ausgehandelt werden. Sie werden aufgrund freier Vereinbarung zwischen dem Leistungserbringer und den Kunden erbracht, d.h. es gelten für sie auch keine sozialrechtlichen Regelungen, wie Leistungs-, Vergütungs- und Qualitätsvereinbarungen. Daher ist davon auszugehen, dass derartige Leistungen auf der Grundlage standardisierter Verträge angeboten werden. Dies führt wiederum dazu, dass die Regelungen des AGB-Rechts in den §§ 305 ff. BGB zu beachten sind.

In gemeinnützigkeitsrechtlicher Hinsicht ist zunächst zu prüfen, ob die einzelnen Leistungen die Voraussetzungen eines Zweckbetriebs im Sinne des § 66 AO erfüllen. Dies setzt voraus, dass die Leistungsempfänger zu mehr als zwei Dritteln persönlich oder wirtschaftlich hilfsbedürftig sind, wobei die Finanzverwaltung die persönliche Hilfsbedürftigkeit ab der Vollendung des 75. Lebensjahrs unterstellt. Darüber hinaus ist es erforderlich, dass die Aktivitäten nicht auf Gewinnerzielung gerichtet sind. Sofern die vorstehenden Voraussetzungen erfüllt sind, ist eine Wettbewerbssituation zu steuerpflichtigen Anbietern nach der derzeitigen Praxis der Finanzverwaltung gemeinnützigkeitsrechtlich unschädlich. Die Einzelheiten der gemeinnützigkeitsrechtlichen Würdigung sind jedoch nicht abschließend geklärt. Daher sollte im Einzelfall bei der Finanzverwaltung eine verbindliche Auskunft eingeholt werden. Dabei dürften die besten Chancen für eine Zuordnung zum steuerbegünstigten Zweckbetrieb bezüglich der o.g. Grundleistungen und von Leistungen nach dem SGB XI bestehen.

In umsatzsteuerlicher Hinsicht ist nach der Art der erbrachten Leistungen zu differenzieren. Soweit es sich um Leistungen eines ambulanten Pflegedienstes handelt, sind diese unter den Voraussetzungen des § 4 Nr. 16 k) UStG (vgl. oben II.) von der Umsatzsteuer befreit. In mindestens 40 % der Fälle müssen die Pflegekosten ganz oder zum überwiegenden Teil von den Trägern der Sozialversicherung oder Sozialhilfe getragen worden seien. Begünstigt sind damit in erster Linie Pflegeleistungen.

Sind im Einzelfall die Voraussetzungen des § 4 Nr. 16 k) UStG nicht erfüllt, so kommt als weitere Umsatzsteuerbefreiungsregelung § 4 Nr. 18 UStG in Betracht. Diese setzt zunächst voraus, dass der Leistungserbringer einem amtlich anerkannten Wohlfahrtsverband angehört und es sich bei ihm um eine steuerbegünstigte Körperschaft handelt. Außerdem müssen die Leistungen unmittelbar dem Satzungszweck dienen, und es dürfen für die Leistungen keine höheren Preise verlangt werden als die nicht begünstigten Wettbewerber für vergleichbare Leistungen verlangen.

2. Niedrigschwellige Dienste insbesondere im Bereich der hauswirtschaftlichen Versorgung

Insbesondere Wohlfahrtsverbände beabsichtigen im Bereich der hauswirtschaftlichen Versorgung, Leistungen durch geringer qualifizierte Mitarbeiter, teilweise auch durch Ehrenamtliche zu erbringen. Die damit verbundenen Aktivitäten sollen nicht innerhalb eines ambulanten Pflegedienstes erbracht werden, um insbesondere Bindungen im Hinblick auf das Tarifrecht (vor allem im kirchlichen Bereich), aber auch im Hinblick auf den Personalschlüssel bezüglich des Einsatzes von Pflegefachkräften zu vermeiden.

In gemeinnützigkeitsrechtlicher Hinsicht stellt sich zunächst die Frage, ob es sich bei den entsprechenden Aktivitäten um eine Einrichtung der Wohlfahrtspflege handelt. Hier ist zunächst zu prüfen, ob die Voraussetzungen des § 66 Abs. 2 AO erfüllt sind. Dies betrifft insbesondere den versorgten Personenkreis: Insoweit ist darauf zu achten, dass mindestens zwei Drittel der Leistungen persönlich oder wirtschaftlich hilfsbedürftigen Personen zugute kommen müssen. Ferner könnte in Frage gestellt werden, ob die niedrigschwelligen Dienste im Bereich der hauswirtschaftlichen Versorgung noch unter den Begriff der „Sorge für notleidende oder gefährdete Mitmenschen" zu fassen sind (Diese Frage ist m.E. für die niedrigschwelligen Betreuungsangebote i.S.d. § 45 c SGB XI eindeutig zu bejahen).

Jedenfalls ist davon auszugehen, dass die Finanzverwaltung auf die Wettbewerbssituation abstellen oder eine Gewinnerzielungsabsicht (Leistungserbringung „um des Erwerbes wegen", § 66 Abs. 2 AO) unterstellen könnte.

In umsatzsteuerlicher Hinsicht kommt die Umsatzsteuerbefreiung nach § 4 Nr. 16 k) UStG in Betracht. Diese setzt zunächst voraus, dass die Kosten für die niedrigschwelligen Dienste in mindestens 40 % der Fälle ganz oder zum überwiegenden Teil von den Trägern der Sozialversicherung oder Sozialhilfe übernommen worden sind. Daher werden die entsprechenden Leistungen im Bereich der hauswirtschaftlichen Versorgung in der Regel nicht von der Umsatzsteuer befreit sein.

Für die niedrigschwelligen Betreuungsangebote v.a. Demenzkranker nach § 45 b SGB XI ergibt sich die Umsatzsteuerbefreiung aus § 4 Nr. 16 g) UStG.

Werden Pflegedienste und niedrigschwellige Dienste im Bereich der hauswirtschaftlichen Versorgung dagegen organisatorisch getrennt, so kommt für Pflegeleistungen die Umsatzsteuerbefreiung nach § 4 Nr. 16 k) UStG und die eigentlichen niedrigschwelligen Dienste im Bereich der hauswirtschaftlichen Versorgung allenfalls die Umsatzsteuerbefreiung nach § 4 Nr. 18 UStG in Betracht. Diese setzt die Mitgliedschaft in einem Wohlfahrtsverband voraus (in der Regel erfüllt oder erfüllbar), die Tatsache, dass die niedrigschwelligen Dienste im Bereich der hauswirtschaftlichen Versorgung unmittelbar dem Satzungszweck dienen (im Hinblick auf die Wettbewerbssituation zu privaten Anbietern zumindest zweifelhaft) und die Leistungen der niedrigschwelligen Dienste im Bereich der hauswirtschaftlichen Versorgung von der steuerbegünstigten Körperschaft günstiger angeboten werden als von Erwerbsunternehmen (in der Regel im Hinblick auf gewerbliche Anbieter zumindest zweifelhaft).

3. Betreute Seniorenwohngemeinschaften

Bei dieser neueren Wohnform stellt sich die Abgrenzung ambulant/stationär in besonderer Weise. Die Betreuten Seniorenwohngemeinschaften sind dadurch gekennzeichnet, dass 6 bis 12 Personen mit gegebenenfalls unterschiedlicher Pflegebedürftigkeit bzw. mit unterschiedlichen Arten der Pflegebedürftigkeit in einer Wohnung zusammenleben. Sie verfügen jeweils über einen eigenen Schlafbereich und gegebenenfalls Wohnbereich, benützen jedoch Küche und Bad gemeinsam. Die Betreuung der Wohngruppe umfasst auch gegebenenfalls einen Einsatz bei Nacht (z.B. Nachtwachen). Die eigentliche Pflege erfolgt durch einen ambulanten Pflegedienst.

Mit dieser Konzeption haben die Betreuten Seniorenwohngemeinschaften die weitgehende Erhaltung von Selbstständigkeit und Selbstbestimmung, die Ermöglichung von Alltagsvertrautheit und individueller Lebensbestimmung sowie die Gewährleistung von Versorgungssicherheit und Wohlbefinden zum Ziel. Je nach Ausgestaltung und landesgesetzlicher Regelung des Heimbegriffs kann es sich dabei um eine ambulante oder eine stationäre Einrichtung handeln. Diese Einordnung ist auch von erheblicher Bedeutung für die gemeinnützigkeitsrechtliche Behandlung.

Ob es sich um eine ambulante oder eine stationäre Betreuung handelt, richtet sich danach, ob die Voraussetzungen des Heimrechts erfüllt sind. Insoweit ist das jeweilige Landesheimgesetz von entscheidender Bedeutung.

Bietet der Initiator der Betreuten Seniorenwohngemeinschaft die Betreuung und die Pflege an und vermietet er den Bewohnern auch den Wohnraum, so unterfällt die Betreute Seniorenwohngemeinschaft regelmäßig dem Landesheimgesetz. Es handelt sich um eine stationäre Versorgung. Werden Betreuung, Vermietung und Pflege dagegen getrennt, so werden die Leistungen grundsätzlich ambulant erbracht. Denn es wird keine Unterkunft angeboten. Darüber hinausgehend ist in verschiedenen Bundesländern erforderlich, dass durch die Gestaltung die Selbstbestimmung der Bewohner nicht gefährdet werden darf. Dies bedeutet, dass dann ein Heim im Sinne des Heimrechts vorliegt, wenn die Bewohner rechtlich oder faktisch nicht in der Lage sind, ihr Leben in der Seniorenwohngemeinschaft selbstbestimmt zu führen, z.B. weil sie dement sind. Zur selbstbestimmten Lebensführung zählt auch die Wahlfreiheit hinsichtlich des ambulanten Pflegedienstes. Ob diese auch dann gewährleistet ist, wenn die Bewohner gemeinsam entscheiden, welcher ambulante Pflegedienst für alle Bewohner beauftragt wird, ist nicht abschließend geklärt.

Eine weitere Problematik ergibt sich im Zusammenhang mit der Anmietung der Wohnung: Private Vermieter sind in der Regel nicht bereit, die einzelnen Zimmer innerhalb der Wohnung an verschiedene Mieter zu vermieten. Vor diesem Hintergrund wird in der Regel die Anmietung durch einen Generalmieter mit Untervermietung an die Bewohner angestrebt. Bei der oben dargestellten engen Betrachtungsweise setzt dies allerdings voraus, dass zwischen dem Generalmieter und dem Betreuer bzw. ambulanten Pflegedienst keine rechtlichen oder wirtschaftlichen Verflechtungen bestehen.

Handelt es sich um eine *stationäre Seniorenwohngemeinschaft*, so ist zunächst zu prüfen, ob die Anforderungen des § 68 Nr. 1 a) AO erfüllt sind. Dies setzt voraus, dass mindestens zwei Drittel der Leistungen persönlich oder wirtschaftlich hilfsbedürftigen Personen zugute kommen.

Handelt es sich dagegen um eine *ambulante Seniorenwohngemeinschaft*, so sind die Einzelleistungen aufzuspalten, d.h., die Pflegeleistungen sind, soweit sie zu zwei Dritteln persönlich oder wirtschaftlich hilfsbedürftigen Personen zugute kommen, dem steuerbegünstigten Zweckbetrieb nach § 66 AO zuzuordnen. Die Vermietung durch einen steuerbegünstigten Träger (nicht den „Betreuer" oder den Pflegedienst, in einigen Bundesländern auch nicht durch eine mit diesen verflochtene Organisation) ist in der Regel der Vermögensverwaltung zuzuordnen mit der Folge, dass keine zeitnah zu verwendenden Mittel eingesetzt werden dürfen und Verluste grundsätzlich gemeinnützigkeitsschädlich sind. Darüber hinaus erbrachte Hilfeleistungen, wie insbesondere Hausmeisterleistungen, unterliegen als steuerpflichtige wirtschaftliche Geschäftsbetriebe der vollen Steuerpflicht. Die Abdeckung von Verlusten ist dann grundsätzlich gemeinnützigkeitsschädlich. Zur Finanzierung dürfen außerdem keine zeitnah zu verwendenden Mittel eingesetzt werden.

Die Pflege- und Betreuungsleistungen sind von der Umsatzsteuer befreit, wenn sie von einer juristischen Person des öffentlichen Rechts erbracht werden (§ 4 Nr. 16 a) UStG) oder einer Einrichtung, deren Kosten in mindestens 40 % der Fälle ganz oder überwiegend von den Trägern der Sozialversicherung oder Sozialhilfe übernommen worden sind (§ 4 Nr. 16 k) UStG). Weitere Leistungen, die diese Anforderungen nicht erfüllen, können daher nur nach § 4 Nr. 18 UStG von der Umsatzsteuer befreit sein. Neben der Zugehörigkeit des Leistungserbringers zu einem Wohlfahrtsverband tritt die verstärkte Problematik auf, ob die von dem Leistungserbringer berechneten Preise hinter den von Erwerbsunternehmen verlangten zurückbleiben.

Die *Vermietungsleistungen* sind nach § 4 Nr. 12 a) UStG von der Umsatzsteuer befreit.

4. Betreutes Wohnen

Zielgruppe des bereits seit längerem realisierten Modells des Betreuten Wohnens sind ältere, häufig wohlhabende, Menschen, die zur Führung eines selbstständigen Haushalts noch fähig sind. Sie sind daher in der Regel nicht zu mehr als zwei Dritteln älter als 75 Jahre oder persönlich oder wirtschaftlich hilfsbedürftig. Je nach Ausgestaltung werden die Vermietung sowie das Angebot von Verpflegungs- und Betreuungsleistungen voneinander getrennt. Damit handelt es sich in der Regel nicht um stationäre Einrichtungen im eigentlichen Sinne, für die die Landesheimgesetze gelten.

Wie bei den Betreuten Seniorenwohngemeinschaften hat dies zur Folge, dass die erbrachten Einzelleistungen im Hinblick auf ihre gemeinnützigkeitsrechtliche und umsatzsteuerliche Behandlung gesondert zu betrachten sind. Es gelten dieselben Grundsätze wie für ambulante Seniorenwohngemeinschaften (vgl. oben III.3.).

5. Stationäre Einrichtungen

Eine stationäre Einrichtung im Sinne des § 68 Nr. 1 a) AO liegt dann vor, wenn es sich um ein Alten-, Altenwohn- oder Pflegeheim handelt, dessen Leistungen zu mindestens zwei Dritteln persönlich oder wirtschaftlich hilfsbedürftigen Personen zugute kommen. Auch hier richtet sich der Heimbegriff nach den Landesheimgesetzen, d.h., ein bundesweit unterschiedlicher Heimbegriff wirkt sich unmittelbar auf die gemeinnützigkeitsrechtliche Beurteilung aus. Dies hat zur Folge, dass ein bundesweit unterschiedliches Heimrecht auch zu unterschiedlichen gemeinnützigkeitsrechtlichen Folgen führt.

IV. Schlussbetrachtung

Die vorstehenden Ausführungen haben gezeigt, dass der Steuergesetzgeber nur sehr zögerlich auf die Entwicklungen im Bereich des Gesundheits- und Sozialwesens reagiert. Dies betrifft insbesondere die im Zusammenhang mit der Ambulantisierung auftretenden gemeinnützigkeitsrechtlichen Fragestellungen. Dies führt zu einer gewissen Rechtsunsicherheit, der die Finanzverwaltung – ebenfalls zeitlich verzögert – in der Regel durch Erlasse begegnet. In der Praxis kann diese Unsicherheit dadurch reduziert werden, dass die Einzelleistungen jeweils anhand der allgemeinen gemeinnützigkeitsrechtlichen und umsatzsteuerlichen Grundsätze geprüft werden. In Zweifelsfällen empfiehlt es sich, trotz der inzwischen bestehenden Gebührenpflicht beim zuständigen Finanzamt eine verbindliche Auskunft einzuholen.

Literatur:

Schick (2005): Gemeinnützigkeits- und Steuerrecht, Baden-Baden
Schick (2009): Steuerratgeber für soziale Einrichtungen, Regensburg

Führungs- und Organisationsprinzipien

Prof. Dr. Hans-Christoph Reiss

Um dem Thema der Ambulantisierung von sozialen und gesundheitlichen Versorgungsleistungen gerecht werden zu können, ist eine Anpassung von Führungs- und Organisationsprinzipien, deren zukunftsweisende Gestaltung und deren Abgrenzung zu bislang angewandten Managementsystemen und -techniken notwendig.

Verbesserungsinitiativen und ihre Grenzen im Hinblick auf die traditionellen Managementsysteme

Zur Optimierung von Organisationsstrukturen und Leistungsprozessen wurden in der Vergangenheit selbstverständlich auch bereits Modelle und Prozeduren sowie Managementtools mit unterschiedlichen Schwerpunkten eingesetzt.

Ich möchte diese in vier unterschiedlichen Aspekten darstellen:

Dies waren zum Einen strategische Modelle, die in der hierarchischen Struktur eine Organisation Verantwortlichkeiten untergeordnet wurden, mit dem Ziel die Top-Down-Zieldefinition und -kontrolle zu unterstützen und zu legitimieren. Dies sind insbesondere die Modelle des Customer Relations Management (CRM), des Wirkmanagements, die Balance Scorecard sowie des Benchmarking.

Ergänzt wurden diese strategischen Modelle in der Regel durch eine entsprechende Gestaltung des Ressourcenmanagements. Instrumente hierzu sind das Zero-Base Budgeting (ZBB oder „Null-Basis-Planung"), die Prozesskostenrechnung sowie Maßnahmen zum Reingeneering. Trotz deren maßnahmenspezifischer Wirksamkeit ist ein dauerhafter und nachhaltiger Einsatz dieser Instrumente schwierig. Sie führen jeweils die Tendenz zur Inflexibilität der Organisation in sich.

Zur Erhöhung von Flexibilität greift man daher traditionell zu Maßnahmen der Dezentralisierung. Innerbetriebliche Aspekte hierzu liegen in der Gestaltung von Teamarbeit und der Umsetzung von Center-Konzepten und organisatorischen Maßnahmen wie dem Lean Management und der Gestaltung von Projektorganisation. Die Wirksamkeit dieser Maßnahmen resultiert aus dem „Enpowerment", d.h. aus Personalentwicklungsaktivitäten. Diese sind als isolierter Ansatz in den meisten Organisationen nicht realisierbar, da die Zentralisierungstendenzen obsiegen: Sie werden nicht radikal genug umgesetzt!

Bleiben letztlich noch Verbesserungsinitiativen in Hinblick auf Planung und „Better Budgeting": Planungsprozesse werden in Form von rollierenden Planungen verbessert und um Prognoseaktivitäten ergänzt. Vereinfachungen und häufige Revisionen erhöhen den Wirksamkeitsgrad, ebenso wie bessere Informationssysteme und deren Ergänzungen um Kennzahlensysteme.

Dennoch: die fundamentalen Probleme der Budgetierung werden durch diese nicht gelöst, Freiräume ggfs. begrenzt.

Wesentlicher Baustein der Entwicklung von Führungs- Organisationsprinzipien ist die Veränderung des inkrementalen Denkens bei der operativ taktischen Durchführung von Leitungsaufgaben hin zu einer Wahrnehmung von strategisch visionären Aufgaben durch die Leitungskräfte.

Ist bei der Führung im Sinne einer taktischen Programmierung die gegenwärtige Realität der Organisation durch eine partielle „Optimierung" und lineare Verbesserung gekennzeichnet, liegt die Zukunft der Organisation als Bild einer „verbesserten" Gegenwart vor. Das Bild der aktuellen Lage der Organisation dominiert das Handeln. Ist die Wahrnehmung der Führungsaufgabe durch die Entwicklung von Visionen geprägt, wird durch ganzheitliches Durchdenken der Zukunft das visionäre Bild der Zukunft der Organisation durch ein „Stretching" der Vergangenheit der Organisation bewirkt: die Entwicklung durch einsetzen entsprechenden Maßnahmen und langfristige Ziele führen dazu, dass die Visionen einer unternehmensbezogenen Zukunft das Handeln in der Organisation dominiert.

Dabei veränderten sich die grundlegenden Formen der Steuerung von Organisationen. Steuerungen durch persönliche Weisungen in Organisationen mit niedriger Komplexität und niedriger Dynamik sind in zunehmend dynamischer und komplexer werdenden Umweltsituationen nicht mehr ausreichend. Die Steuerung verändert sich mit steigender Dynamik und geringer werdender Stabilität z.B. dadurch, dass man eine Finanzierung von Leistungen auf der Basis nachträglicher Kostendeckung durch die Fixierung von Leistungsverträgen ersetzt. Bei weiter ansteigender Dynamik und Komplexität werden schließlich Marktmechanismen, der Dialog zwischen den leistenden Organisationen und den Leistungsempfängern sowie die Gewährung von Autonomie für einzelne Teilorganisationen bzw. Organisationsbestandteile zur geeigneten Steuerungsformen. Die überlegene Form der Steuerung und Koordinierung in den dynamischen und komplexen d.h. turbulenten Umweltsituationen ist durch die Gestaltung flexibler Leistungsverträge innerhalb definierter Grenzen erfolgreich.

Die damit verbundenen Prinzipien zu Organisationsgestaltung wandeln sich von einer klassisch-hierarchisch und damit zentralisiert gestalteten Organisation, in der beispielsweise die Budgetbildung auf der Grundlage arbeitsteiliger Organisationsprinzipien erfolgt. Die damit verbundene Trennung von „Denken" und „Tun" ist auf die spezifischen Mitarbeitern – Vorgesetzten – Konstellationen zurückführbar. Die Motivation der beschäftigten Mitarbeiter erfolgt extrinsisch, d.h. über die Entlohnungsstrukturen: Führung erfordert Autorität durch die übertragende Position des Vorgesetzten, durch die „Befehlskette", Genehmigungen und die Kontrolle durch Anweisungen.

Kontrolle erfolgt primär Top Down. Das Zukunftsbild der Organisation ist durch den Glauben an Pläne und Arbeitsprogramme bestimmt.

Moderne Organisationen und Arbeitsfelder erfordern dem gegenüber eine Form der Organisationsgestaltung, die dezentralisiert und netzwerkartig strukturiert ist. Die Vernetzung unter kollegialen Partnern, die Arbeit und Management als Dialog versteht, schafft integrative Prozesse. Die Motivation der Beschäftigten muss in hohem Maße intrinsisch sein und findet ihre Anerkennung durch die beteiligten Partner. Dynamische Teambildungen sind in hohem Maße bestimmt durch eine marktlich vorgegebene ggfs. auch selbstbestimmte Koordination, fördern ein so genanntes „virtuelles Unternehmertum". D.h. Zeitbewusstsein und Zeitplanung ist für jeden der Beteiligten in hohem Maße im eigenen Interesse und damit durch die Wahrnehmung von Führung in Form horizontaler Kommunikation, der jeweiligen Fokussierung auf bestimmte Rollenbilder, vorgegeben.

Machtpositionen entstehen aus Autorität durch Wissen; d.h. das Zukunftsbild der Organisation ist durch die Komplexität und die Ambiguität der Umwelt der Organisation bestimmt. Kontrolle muss auf vielen verschiedenen Ebenen ansetzen und erfordert dezentrale Autonomie der beteiligten Mitarbeiter.

Die traditionellen Konzepte zum Leistungsmanagement bieten hierzu keine hinreichende Unterstürzung mehr: die bis in die 80er Jahre hinein bekannten reinen Kennzahlen und Kennzahlensysteme erlauben hier einige klassische retrograde Leistungsbeurteilungen auf der Basis von vergangenheitsbezogenen Daten. Vielversprechend waren dagegen Ansätze der integrierten Konzepte wie das Total Quality Management (TQM) des EFQM sowie der Hoshin-Planung.

Um die Jahrtausendwende wendeten sich diese Ansätze in eine stärker auf einzelne Themenkomplexe hin zentrierte Kennzahlen bzw. Kennzahlensysteme (EVA- sowie MVA-Konzepte sowie beispielsweise verschiedene Konzepte zur Cashflow-Steuerung). Auch die integrierten Konzepte zum Leistungsmanagement erfuhren hier eine weitgehende Veränderung (beispielsweise dargestellt mit der Balance Scorecard (BSC), dem Webmanagement sowie dem Management immaterieller Vermögenswerte.

Die in den modernen Prinzipien zu Organisationsgestaltung genannten netzwerkartigen Strukturen und Informationsprozesse sind als Beispiele einer *Dualen Führung* anzusehen.

Die Leistungsbemessung im Rahmen einer dualen Führung, bei der die Mitarbeiter sowohl ihre funktionale Aufgabe wie auch die eines „Unternehmers" wahrzunehmen haben, treffen bei den für diese Fragestellung so wichtigen integrierten Konzepten zum Leistungsmanagement auch zum Teil erhebliche Probleme. Die Handlungsoptionen hierzu sind angesichts von Konflikten im Prozess der schrittweisen Konkretisierung einer Vision bis hin zu strategischen Projekten Inkohärenzen zwischen den einzelnen Perspektiven der Balance Score Card:

1. die Scorecard-Nutzung kann eingeschränkt sein durch das Risiko, dass Scorecards als Parallelargument für andere unternehmenspolitisch relevante Argumentationen genutzt werden.
2. Ziel der Anwendung einer Balance Score Card ist es ja gerade Barrieren zwischen strategischen Vorstellungen und operativ-taktischem Handeln zu durchbrechen.

Die bestehenden Probleme sind die bekannten:

1. Budgetierung
   Die Budgetierung fixiert zusammenhanglose Zielsetzungen und kann damit zu Konflikten dieser Funktion mit der Finanzfunktion führen.
2. Anreiz-/Vergütungssysteme
   Anreiz-, und Vergütungssysteme geben inkohärente Anreize d.h. Anreize, die in Konflikt mit den Funktionen des Human Ressources-Managements bestehen („Geld als schlechter Motivator").
3. Reporting/Kennzahlensysteme
   In der überwiegenden Mehrzahl der Organisationen sind Berichtsinhalte ohne einen systematischen Zusammenhang und ohne Fokussierung auf eine bestimmte Zielsetzung geboten. Es existieren häufig jeweils lokale Zusatzberichte, die nicht einer periodischen und systematischen Berichtserstellung folgen und folglich Konflikte der strategischen Zielsetzung mit operativen Leistungsbereichen fördern.
4. Zentralisierungstendenzen
   Die Neugestaltung von Prozessen führt häufig zur Zentralisierung anstelle strategischen Empowerment für die jeweilige Organisationseinheit. Konflikte von Mitarbeitern des Mittleren Managements mit Führungskräften sind damit programmiert.

Im Rahmen eines zweistufigen Entwicklungswegs zu einem neuen Managementmodell sind insbesondere zwei Aspekte ausschlaggebend:

Zum Einen die Performance im Vergleich zum Wettbewerber und zum Anderen der Grad, in dem die Organisation sich im Markt als anpassungsfähig erweist und dezentralisiert ist. Bei niedriger Performance im Vergleich zum Wettbewerb und einem niedrigen Anpassungs- und Dezentralisierungsgrad liegt das Beispiel der traditionellen Organisation nahe der „Bürokratie" vor. Die Veränderung dieses Organisationstypus für eine finanzwirtschaftlich-strategische Vision zunächst zu adaptiven Prozessen. Dieser erste Schritt bedeutet die Organisation durch „leichtere Prozesse" so zu gestalten, dass Zeit für strategischen Support freigesetzt wird. Die

„Leichtigkeit" wird anhand von Kriterien der organisatorischen Verständlichkeit und Abbildbarkeit, der kostengünstigen Gestaltung und der Konzentration auf relevante Abläufe beschrieben. Die strategische Motivation zur Schaffung einer Organisation mit adaptiven Prozessen besteht darin, diese Prozesse anpassungsfähig so zu gestalten, dass diese kontinuierlich zur Wertschöpfung in der Gesamtorganisation beitragen und deren Anteil an der Wertschöpfung sichtbar wird. Kulturell bedeutet das, dass die Führungskräfte zielkonformes Verhalten fördern und (budgetbezogenes) „Feilschen" von Mitarbeiten reduzieren.

Der zweite Schritt hin zur hoher Performance im Vergleich zum Wettbewerb und einem hohen Maße anpassungsfähigen und dezentralisierten Organisation, führt über die Kultur persönlicher Verantwortlichkeit mit fachlich befähigten und verantwortungsbewussten Führungskräften. Im Kundenbezug stellt sich die adaptive und dezentralisierte Organisation innovativ und mit niedrigen Kosten und schneller Reaktion auf Kundenwünsche strukturiert dar. Für die Kapitalgeber bzw. Anteilseigner ist die Sicherung nachhaltiger Konkurrenzfähigkeit und im strategischen Vergleich ethischen Verhalten von herausragender Bedeutung.

Die Anwendung zukunftsweisender Führungs- und Organisationsprinzipien manifestiert sich durch ein Management mit System als Basis für den notwendigen Wandlungsprozess. Dieser Wandlungsprozess bedeutet letztendlich den traditionellen Ist-Zustand einer Organisation über organisationsinterne wie –externe Business-Partnerschaften zu einem Soll-Zustand der Organisation zu verändern, der in deutlich erhöhtem Maße die Entscheidungsunterstützung in den Mittelpunkt des Interesses stellt bei gleichzeitig reduziertem Zeitaufwand für Kontrollaktivitäten und die eigene Informationsverarbeitung.

Diese Business-Partnerschaften beziehen sich maßgeblich auf folgende vier Aspekte:

1. Die Umwandlung der Rolle des Finanzbereichs
2. Die Neugestaltung der Prozesse
3. Die Schaffung wertschöpfender Dienstleistungen
4. Integrierte Informationssysteme

Als Ergebnis dieses Wandlungsprozesses wird die zukunftsorientiert gestaltete Organisation den Kostenanteil des Managements am Umsatz von ca. 3-5 % auf einem Anteil von weniger als 3 % realisieren.

Persönliches Budget – Betriebswirtschaftliche Auswirkungen für die Leistungserbringer

Dr. Bernd Schubert

Vorbemerkung

Das Thema persönliches Budget wird auch vor dem Hintergrund der zunehmenden Erfahrungen immer noch intensiv diskutiert. Der vorliegende Beitrag geht auf eine Vortragsreihe aus der Modellphase zurück, die Wirkungszusammenhänge und Fragestellungen haben aber an Aktualität nicht verloren.

Ohne an dieser Stelle vertiefend auf die kontroversen Diskussionsinhalte einzugehen, möchte ich die Gelegenheit nutzen, um für eine angemessene Auseinandersetzung mit dem persönlichen Budget zu werben.

Innovationen brauchen Zeit um sich durchzusetzen. Es braucht Elan und Ernsthaftigkeit in der Auseinandersetzung mit neuen Themen. Weder ein unreflektierter „Hype" noch innovationsfeindliches Genörgel bringen uns voran. Es gilt Erfahrungen zu sammeln, diese systematisch zu evaluieren und schließlich die zukunftsweisenden Veränderungen in der Fläche umzusetzen.

Mittlerweile ist das persönliche Budget bereits in der mehrjährigen Anwendung. Es gibt eine ganze Reihe von Evaluationen. Der große Durchbruch blieb jedoch aus.

Ausgehend von den Überlegungen zu einer umfassenden Einführung des persönlichen Budgets soll der nachfolgende Diskussionsbeitrag einzelne Aspekte der sich daraus ergebenden Auswirkungen auf die Leistungserbringer beleuchten.

Einleitung

Der nachfolgende Beitrag stellt die betriebswirtschaftlichen Auswirkungen des persönlichen Budgets aus Sicht der aktuellen Leistungserbringer in den Focus. Dabei möchte ich den weiteren Ausführungen voranstellen, dass die Datenlage zu den tatsächlichen betriebswirtschaftlichen Auswirkungen noch eher schwach ist.

Die im vorliegenden Beitrag dargestellten Veränderungen aus betriebswirtschaftlicher Sicht gehen von einer Ausweitung der persönlichen Budgets auf die gesamte Hilfelandschaft aus. Der Beitrag schließt mit einem Ausblick auf den tatsächlichen Verbreitungsgrad.

Die Aussagen beruhen auf eigenen Branchenerfahrungen und dem Erfahrungsaustausch mit Kolleginnen und Kollegen aus den Bereichen der Eingliederungshilfe und der Pflege sowie aus unterschiedlichen Verbänden. Es werden Wirkungszusammenhänge aufgezeigt, ohne dass diese empirische Evidenz für sich beanspruchen.

Bei der thematischen Auseinandersetzung mit dem persönlichen Budget trifft man bereits früh auf Ängste und Befürchtungen, die sich z.T. aus der unterschiedlichen Handhabung des Budgetbegriffs ableiten lassen. Die unterschiedliche Verwendung des Budgetbegriffs wird in der nachfolgenden Grafik veranschaulicht:

Zum Begriff des Budgets:

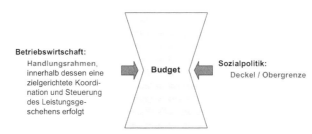

Der Budgetbegriff der Sozialpolitik wird von den Leistungserbringern im Alltag oft als Handlungsmaxime erlebt. Dabei ist die finanzielle Situation insbesondere der Sozialhilfeträger hinlänglich bekannt, und auch in den Zielformulierungen für die persönlichen Budgets finden sich Erwartungen von höherer Wirtschaftlichkeit und sinkenden Ausgaben.

Es bedarf also an dieser Stelle eines vertrauensvollen Umganges miteinander, um die Erfahrungen mit den Pilotprojekten und Anwendungsfällen offen auszuwerten und in Modernisierungsschritte umzusetzen, die tatsächlich zu einer Qualitätsverbesserung für die Leistungsempfänger führt.

Wirtschaftlicher Umgang mit den zur Verfügung stehenden Ressourcen ist unser aller Anliegen. Innovationen müssen der bestehenden Hilfelandschaft aber auch die Chance zur Anpassung geben und die bestehenden Angebote nicht unreflektiert gefährden. Inwieweit die wirtschaftlichen Zielsetzungen aus heutiger Sicht greifbar erscheinen, wird im Weiteren noch kritisch zu betrachten sein.

Worum geht's beim persönlichen Budget?

Um die Ausführungen zu den betriebswirtschaftlichen Auswirkungen in den thematischen Kontext einordnen zu können, ist eine kurze Grundlegung erforderlich.

Ein *persönliches Budget* ist ein am individuellen Hilfebedarf ausgerichteter Anspruch auf Geldleistungen, die der Leistungsberechtigte ohne Zweckbindung einsetzen kann, um sich die für ihn notwendigen Hilfen auf dem Markt selber einzukaufen.

Persönliche Budgets gibt es auf der Grundlage des § 101 BSHG (Experimentierklausel) bereits seit Ende der 90er Jahre. Eine Erweiterung erfolgte mit trägerübergreifenden Budgets gem. § 17 SGB IX über die Leistungen der Eingliederungshilfe hinaus und gleichzeitig startete in 2006 aus dem Bereich der Pflege kommend ein Modellprojekt zum Pflegebudget gem. § 8 SGB XI. Ab dem 01.01.2008 ging die Modellphase in den Echtbetrieb über.

Die Startbedingungen der verschiedenen Anwendungsbereiche sind zwar unterschiedlich, in ihren betriebswirtschaftlichen Auswirkungen liegen die Ausprägungen des persönlichen Budgets aber dicht beieinander, so dass auf eine Fallunterscheidung verzichtet werden kann. Auf wesentliche Unterschiede wird ggf. an den entsprechenden Stellen eingegangen.

Die *Erwartungen an persönliche Budgets* sind hoch. Für die Leistungsempfänger soll eine stärker bedarfs- und bedürfnisgerechte Leistungsgestaltung zu einer Steigerung der Kompetenzen, Selbstbestimmung, Lebenszufriedenheit und damit schließlich auch der Lebensqualität führen.

Einrichtungsseitig erfolgten die Abkehr vom Einrichtungsbezug und der forcierte Aufbruch in die Ambulantisierung. Dies soll begleitet sein durch eine intensivere soziale Teilhabe und die stärkere Einbindung in gemeindenahe Strukturen.

Gleichzeitig führen die persönlichen Budgets zu einer Kostenbegrenzung durch höhere Wirtschaftlichkeit.

Hinter dem persönlichen Budget steht eine ganze Reihe von *Paradigmenwechseln*. Das sozialwirtschaftliche Leistungsdreieck wird endlich aufgebrochen und zu einer Leistungskette. Die Leistungserbringer entwickeln sich von Versorgern zu professionellen und flexiblen Dienstleistern, die nicht mehr für die Vorhaltung von Ressourcen vergütet werden, sondern für die konkret erbrachten Leistungen. Dies erzeugt Veränderungsdruck auf die Angebote und Angebotsstrukturen. Und schließlich gibt es einen Wandel vom Fürsorgestaat zum aktivierenden Staat.

Die verschiedenen Erfahrungsbereiche werden von Fragen begleitet, auf deren abschließende Beantwortung wir noch warten müssen. Es gilt Antworten zu finden, die auch dauerhaft die Hilfelandschaft voranbringen. Hierzu gehören Fragen, welche Leistungen denn budgetfähig sind, nach der Bemessung der ausreichenden Budgethöhe, nach den geeigneten Empfängergruppen und nach den Erfolgsfaktoren, den tatsächlich erreichten Erfolgen sowie deren Nachhaltigkeit.

Es gilt zu vermeiden, dass persönliche Budgets als reines Kostensenkungsprogramm instrumentalisiert werden. Es gilt aber auch zu vermeiden, dass krampfartig an traditionellen Versorgungsstandards festgehalten wird und damit notwendige Modernisierungsschritte unterbleiben.

Betriebswirtschaftliche Auswirkungen im Überblick

Eine Reduzierung der Auseinandersetzung mit betriebswirtschaftlichen Auswirkungen persönlicher Budgets auf Finanzen greift zu kurz. Grundlage der weiteren Betrachtung ist daher eine weite Begriffsfassung.

Die Auswirkungen auf die Wirtschaftlichkeit, als finanzielle Perspektive, steht in engem Zusammenhang mit anderen Perspektiven. Die nachfolgende Grafik veranschaulicht die erweitere Begriffsfassung:

Betriebswirtschaftliche Auswirkungen im Überblick:

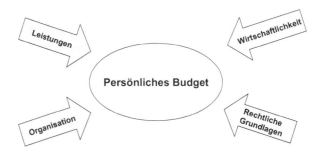

(weite Begriffsfassung für betriebswirtschaftliche Auswirkungen)

Bei der Betrachtung der organisatorischen Auswirkungen geht es um die Veränderung der Leistungserbringung aus Sicht der Einrichtung, wobei dies beispielhaft für den stationären wie für den ambulanten Leistungsbereich erfolgt.

Die leistungsseitige Betrachtung stellt inhaltlich-fachliche Auswirkungen in den Mittelpunkt.

Bei der Betrachtung der Wirtschaftlichkeit geht es dann schließlich um Zahlen. Hier werden verschiedene Preisvorstellungen gezeigt und in Bezug zur Wettbewerbs- und Überlebensfähigkeit der bisherigen Anbieter gesetzt.

Im Rahmen der Betrachtung rechtlicher Grundlagen werden die offenen Fragen skizziert, die nach dem Abschluss der Modellprojekte zu beantworten sind, um für alle Beteiligte Rechtssicherheit zu erzeugen.

Auswirkungen für die Leistungserbringer

Die in der vorangestellten Übersicht genannten Perspektiven bilden den Rahmen der weiteren Ausführungen. Dabei wird nicht weiter auf das formale Antragsverfahren eingegangen, sondern die Betrachtung der Auswirkungen setzt auf der erfolgten Umsetzung auf.

a. Organisatorische Auswirkungen

Die organisatorischen Auswirkungen sollen über zwei Szenarien veranschaulicht werden, je ein Beispiel aus dem stationären Bereich und aus dem ambulanten Bereich. Die Fallbeispiele sind realitätsnah formuliert und aus Gründen der besseren Deutlichkeit vereinfacht. Die Beispiele sind fiktiv, Ähnlichkeiten mit lebenden oder schon toten Organisationen sind rein zufälliger Natur.

Szenario für den stationären Bereich:

Das Szenario geht davon aus, dass Bewohner eines Heimes am persönlichen Budget teilnehmen. Ein Auszug aus dem Heim ist nicht vorgesehen, die Bewohner möchten lieber ihre vertraute Umgebung beibehalten. Das persönliche Budget deckt die Bereiche sozialer Betreuungsleistungen und Freizeitangebote ab, die vollständig in die Hand der Leistungsempfänger übergehen.

Bei der Betrachtung von Leistungsprofilen der stationären Versorgung ist zu erkennen, dass in den meisten Fällen sich Angebote der sozialen Betreuung und Freizeitaktivitäten auf die Vormittags- und Nachmittagsstunden konzentrieren. Die nachfolgende Grafik veranschaulicht dies näher:

Ein modellhaftes Leistungsprofil stationärer Betreuung

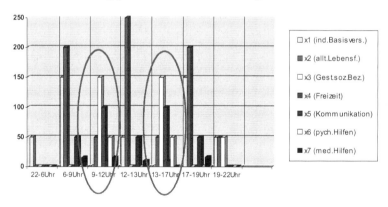

Über den Tagesverlauf ändert sich die Zusammensetzung der Leistungserbringung. Auch wenn sich das gezeigte Beispiel an die Eingliederungshilfe anlehnt, besteht dieser Effekt tendenziell auch in der stationären Pflege oder anderen stationären Betreuungsformen.

In den Morgen- und Abendstunden dominieren Leistungen der individuellen Basisversorgung und alltäglichen Lebensführung, hinter denen sich auch die grundpflegerische Versorgung verbirgt. In den Mittagsstunden steht die alltägliche Lebensführung im Vordergrund, die im gezeigten Beispiel sehr hoch ausfällt, weil eine aufwändige, gemeinsame Essenbereitung unterstellt wird. Psychische und medizinische Hilfen ziehen sich je nach Bedarf über den gesamten Tagesverlauf.

Die Leistungsprofile im Tagesablauf waren bisher recht gut planbar und die Wünsche nach Betreuungsleistungen und Freizeitangeboten werden nach Möglichkeit auf Mehrpersonen-Veranstaltungen gebündelt (Montags Bastelkreis, Dienstags Singkreis, Mittwochs Markttag usw.). Transparenz über die Kosten dieser Angebote gab es so gut wie nicht, häufig auch nicht bei den Anbietern selbst.

Das zum Leistungsprofil gehörende Personaleinsatzprofil sieht dann in etwa wie folgt aus:

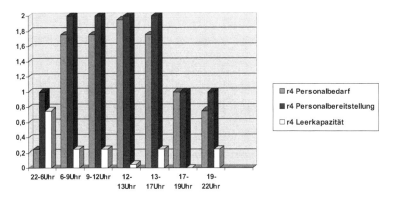

Das Beispiel betrachtet eine gesamte Betriebseinheit, daher sind nur ganzzahlige Personalmengen möglich. Aber auch im Alltag spielt der wohngruppen- oder abteilungsübergreifende Personaleinsatz leider oft eine viel zu geringe Rolle.

In der Darstellung wurde nicht differenziert nach der Qualifikation der einzusetzenden Mitarbeiter. Je nach zu erbringender Leistung wird mehr oder weniger über die erforderliche Qualifikation des einzusetzenden Personals gestritten.

In dem Fallbeispiel erfolgt nun in den Vor- und Nachmittagstunden keine Inanspruchnahme der Betreuungsleistungen und der Freizeitangebot vom Einrichtungsträger mehr. Dafür werden vollständig externe Anbieter oder auch nachbarschaftliche Hilfen genutzt.

In dieser Deutlichkeit ist das für die Praxis nicht zu erwarten, zeigt aber sehr anschaulich die möglichen Wirkungen auf, mit denen die bisherigen Leistungsanbieter sich auseinandersetzen sollen.

Nach der Einführung der persönlichen Budgets sieht dann das Leistungsprofil der Einrichtung wie folgt aus:

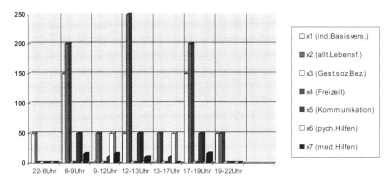

Erkennbar wird, dass die Verteilung der Leistungsnachfragen im Tagesverlauf nun deutliche Schwankungen aufweist und sich die Zusammensetzung des Leistungsmixes erheblich verschlankt hat.

Die Auswirkungen auf das Personaleinsatzprofil sind erheblich und werden in der nachfolgenden Grafik aufgezeigt:

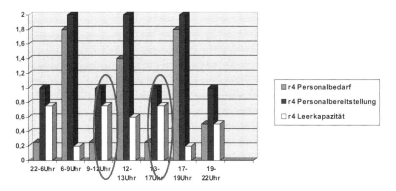

Der Personalbedarf in den Vormittags- und Nachmittagsstunden ist drastisch zurückgegangen. In dem Beispiel ist dennoch eine Betreuungskraft vorgehalten, die aber auf Grund der geringen Leistungsnachfrage stark unterbeschäftigt ist (siehe markierte Bereiche).

Mit der Einführung der persönlichen Budgets können also erhebliche Herausforderungen an den laufenden Einrichtungsbetrieb einhergehen. Die Leerzeiten des Personals steigen an, wie aus dem Fallbeispiel sehr anschaulich zu sehen ist. Damit steigen die Vorhaltekosten, die auf die Restmenge der Leistungserbringung umgelegt werden. Durch die „Ausdünnung" der stationären Versorgung wird also die Restleistung teurer.

Hier könnte durch die Einführung betreuungsfreier Zeiten eine Entzerrung erfolgen, es blieben aber Haftungsfragen zu klären und bei Ausfall von Fremdanbietern oder Erkrankung der Budgethalter wäre zu klären, wer dann für die Sicherstellung der Betreuung zuständig ist. Dies stellt im laufenden Einrichtungsbetrieb erhebliche Anforderungen an die Flexibilität der Leistungserstellung. Das Geschäft im stationären Bereich wird dadurch „ambulanter".

Es kommt aber auch zu einem ärmeren Tätigkeitsprofil für die Mitarbeiterinnen und Mitarbeiter auf den Stationen. Im Leistungsmix bleiben weitgehend Tätigkeiten der Grundversorgung und ein wenig Spezialversorgung. Eine abwechslungsreiche Tätigkeit aus Grundversorgung und sozialer Betreuung ist damit nicht mehr gegeben und es können hieraus negative Impulse auf die Motivation der Mitarbeiter ausgehen.

Bei der Auseinandersetzung mit dem Personaleinsatzprofil stellt sich zudem die Frage, wie die konkrete Einsatzplanung zu gestalten ist, wenn in der Mittagszeit eine zusätzliche Arbeitskraft erforderlich ist. Starke Schwankungen der Leistungsnachfrage im Tagesverlauf lassen sich mit einer vollzeitlastigen Vertragsstruktur nur schwer verbinden, ohne dass geteilte Dienste notwendig werden.

Wenn man den aufgezeigten Effekt weiterdenkt, kommt es zu Vorstellungen eines Hotelbetriebes mit Grundversorgung (Low Care Angebote). In der Diskussion wurde dieses Denkmodell auch schon als „*Boarding-House*" bezeichnet. Mal abseits des fachlichen Gruselns betrachtet, bietet das Denkmodell für den Einrichtungsbetrieb zumindest die Chance, sich auf ein dienstplanfähiges Leistungsspektrum zurück zu ziehen und die flexible und individuelle Leistungsnachfrage durch ambulante Anbieter modularisiert oder nach Zeitkontingenten erbringen zu lassen. Im Bereich der Pflege wurden ähnliche Erfahrungen bereits mit Wohngruppenmodellen gemacht und auch die aktuell in der Diskussion stehenden betreuten Wohngemeinschaften gehen in diese Richtung.

Ein solches Versorgungsmodell eignet sich mit Sicherheit nur für ein bestimmtes Klientel, wäre zumindest aber einer weiteren Überprüfung wert, wobei u.a. Haftungsfragen und heimgesetzliche Auflagen von Interesse sind, wie auch die Erbringung der erforderlichen Koordinationsleistungen.

Szenario für den ambulanten Bereich:

Das zweite Fallbeispiel geht davon aus, das der bisher durch einen Dienst betreute Kreis an Hilfeempfängern sich komplett für die Inanspruchnahme des persönlichen Budgets entscheidet. Nur noch die therapeutischen Leistungen sollen ausschließlich vom bisherigen Dienst abgenommen werden, da hier die Preisbereitschaft der Leistungsempfänger bei 40,- €/Std. liegt. Für hauswirtschaftliche Leistungen und allgemeine Unterstützungs- bzw. Betreuungsleistungen liegt die durchschnittliche Preisbereitschaft bei 10,- €/Std. und die Leistungen werden nur noch zu einem weit geringeren Teil von dem bisherigen Dienst abgenommen.

Vor dem persönlichen Budget sah die Leistungsstruktur des ambulanten Dienstes wie folgt aus:

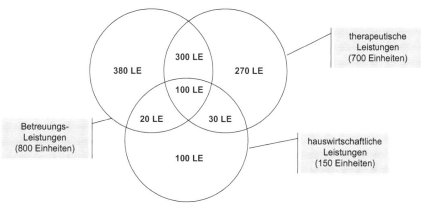

...im Rahmen eines Hausbesuches werden i.d.R. mehrere Leistungen erbracht!

Ein Schlüsselaspekt im laufenden Betrieb eines ambulanten Dienstes stellt die Tourenplanung dar. Hierbei ist genau festzulegen, welche Mitarbeiter mit welcher Qualifikation wann zu welchem Kunden fahren, um welche Leistungen zu erbringen.

In der Regel werden im Rahmen eines Hausbesuches mehrere verschiedene Leistungen erbracht, so dass eine Minimierung der Fahr- und Wegezeiten erfolgt. Aus betriebswirtschaftlicher Sicht stellt sich dabei die Frage, bis zu welchem Grade es sich lohnt, dass qualifiziertes Personal auch Leistungen mit macht, die eigentlich eine geringere Qualifikation erfordern. (Im Bereich der ambulanten Eingliederungshilfe wird jedoch häufig noch mit fast 100 %igen Fachkraftanteilen gearbeitet).

Je größer dabei die Vergütungsunterschiede zwischen examiniertem und nichtexaminiertem Personal sind und je länger die Einsatzdauer, um so eher lohnt sich der getrennte Einsatz.

Verschwinden jetzt in unserem Fallbeispiel die Verbundeffekte, ergibt sich folgendes Bild:

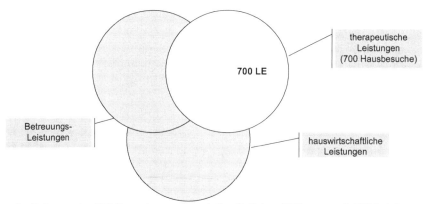

Im Rahmen der 700 Besuche werden statt möglicher 1230 nur noch 700 Leistungen erbracht.

Für den laufenden Betrieb des Dienstes führt diese Änderung dazu, dass Fachkräfte jetzt nur noch für Fachleistungen eingesetzt werden. Die Dauer der Einsatzzeit bei einem Kunden sinkt durch den Wegfall der Verbundleistungen und damit sind in einer Mitarbeiterschicht eine höhere Anzahl von Kunden abzuarbeiten.

Im Vergleich zu vorher nimmt der Anteil an Fahrt- und Wegezeiten bezogen auf die direkte Leistungszeit zu, und da die direkte Leistungszeit Grundlage der Kalkulation ist (Fahrzeiten sind über die Pauschalen i.d.R. nicht ausfinanziert) wird das Preisniveau für die Leistungen ansteigen.

Der höhere Aufwand für Einsatz- und Tourenplanung erhöht die administrativen Anteile und die höhere Anzahl der abzuarbeitenden Kunden kann „Fließbandgefühle" bei den Mitarbeitern hervorrufen.

Aus Sicht der zu erwartenden organisatorischen Auswirkungen, wie sie die beiden Szenarien zeichnen, bleiben zumindest Zweifel daran, dass sich automatisch Effizienzvorteile bei allen Beteiligten einstellen.

b. Inhaltlich-fachliche Auswirkungen

Die Betrachtung der inhaltlich-fachlichen Auswirkungen gliedert sich wie folgt:

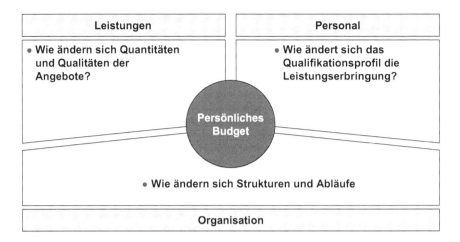

Leistungsseitig erfolgt eine stärkere Differenzierung, indem die bisherige Angebotspalette durch Nachfragerwünsche erweitert wird.

Diese Ausrichtung an den Kundenbedürfnissen stellt aber nicht nur die Anbieter vor Herausforderungen, sondern auch die Kunden selbst. Souveränität in der Kundenrolle ist insbesondere dann zu trainieren, wenn hier vorhandene Kompetenzen lange nicht gebraucht wurden. Ein differenziertes Leistungsangebot im Wettbewerb der verschiedenen Anbieter kann auch Gefühle der Verunsicherung und Überforderung auslösen. Welche Preisbereitschaft für die Versorgungssicherheit von Verbundleistungen aber besteht, ist derzeit noch nicht absehbar.

In der nun neu aufgestellten Leistungsaustauschbeziehung werden sich Leistungsinhalte verändern. Dabei ist aber noch offen, ob die Leistungen schlechter oder nur anders werden und es ist zu klären, welche Leistungen als budgetfähig anzusehen sind. Letztendlich entscheidet die Qualitätswahrnehmung beim Leistungsempfänger, wobei gerade hier noch Fragen des Verbraucherschutzes offen sind. Die bisherige Diskussion um Wirkungsbeiträge kann aber trotzdem nicht entfallen, da noch nicht abschließend klar ist, welchen Verbindlichkeitsgrad die Zielvereinbarung hat und wie mit Zielabweichungen umzugehen ist.

Personalseitig ist durch die stärkere Differenzierung der Leistungen mit unterschiedlichen Effekten zu rechnen. Im stationären Bereich kann im Extremfall nur noch die Grundversorgung beim bisherigen Träger verbleiben, die Qualifikationsanforderungen würden damit also sinken. Im ambulanten Fall werden die bisherigen Anbieter nur noch für Fachleistungen in Anspruch genommen, so dass zukünftig nur noch Fachkräfte erforderlich sind.

Möglicherweise kommt mit dem persönlichen Budget ein freiwilliger Qualifikationsabbau im stationären Bereich ins Rollen, gegen den sich die Träger bisher erfolgreich gewehrt haben.

Die Anforderungen an das Personal werden steigen. Das qualifizierte Personal geht in die „Fließbandarbeit", während dem nicht-ausgebildeten Personal Überforderung droht, wenn Betreuungssituationen anspruchsvoller werden. Wohin dies insgesamt führt, bleibt aufmerksam zu beobachten.

Organisationsseitig ist zu erwarten, dass zwar eine höhere Durchlässigkeit der Versorgungssysteme eintritt, es bleibt aber abzuwarten, ob die Budgethalter und deren Case-Management die höheren Anforderungen auf Dauer in vollem Umfange leisten können. Der Ausgleich zwischen Nötigem und Möglichem fand bisher in den Einrichtungen und Diensten statt und ist nun verlagert auf die Budgethalter und Case-Manager, wobei gleichzeitig die Transparenz der Leistungsangebote abnimmt. Welche Auswirkungen auf Kundenbindungsstrategien hiervon ausgehen, bleibt abzuwarten.

Auch die Anforderungen an die administrativen Systeme der bisherigen Anbieter ändern sich.

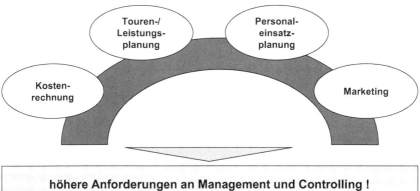

Insbesondere sind Controlling und Management gefordert, um das modernisierte Geschäft zu betreiben und in seiner neuen Komplexität auch einer betriebswirtschaftlichen Abbildung und Steuerung zugänglich zu machen.

Neben der Notwendigkeit einer leistungsfähigen Touren- und Leistungsplanung und einer noch weiter entwickelten Personaleinsatzplanung, bestehen die größten Herausforderungen in der Gestaltung von Marketing und Kostenrechnung.

Mittels Marketing gilt es eine klare Positionierung im zunehmend unübersichtlichen Umfeld der Anbieter zu erreichen, in dem klare Zielgruppen mit deutlich beschriebenen Produkten und hervorzuhebenden Besonderheiten (USP) angesprochen und gebunden werden. Hier können Aspekte der Versorgungssicherheit durch die Leistungsanbieter ins Feld geführt werden.

Die Anforderungen an die Ausgestaltung einer Kostenrechnung zielen auf die Entwicklung von Kostenträgerrechnungen. Diese wird bisher von kaum einer Einrichtung oder einem Dienst eingesetzt.

Bei der Weiterentwicklung der Kostenrechnungssysteme sind folgende Fragestellungen leitend:

Entwicklung einer leistungsfähigen Kostenträgerrechnung:

– Was sind Leistungen?
  – Art, Umfang und Qualität
– Wer erbringt die Leistungen, mit welchen Sachmitteln und in welcher Infrastruktur?
  – Datenbasis, Wirkungs- und Strukturdefekte
– Leistungsstandards und Erfolgsmessung der Leistungen
  – Wettbewerbsvorteil. Indikatoren und Kennzahlensysteme, Zielerreichungskontrolle
– Kalkulation der Leistungen
  – Differenzierte Kostendaten, verursachungsgerechte Zuordnung, Vor- und Nachkalkulation

Die Herausforderungen der instrumentellen Gestaltung sind lösbar. Die Entwicklungen der erforderlichen Steuerungssysteme ist zudem unabhängig vom Verbreitungsgrad des persönlichen Budgets erforderlich.

c. Wirtschaftliche Auswirkungen

Auch die wirtschaftlichen Auswirkungen sind aus verschiedenen Perspektiven zu betrachten. Die nachfolgende Abbildung gibt einen Überblick:

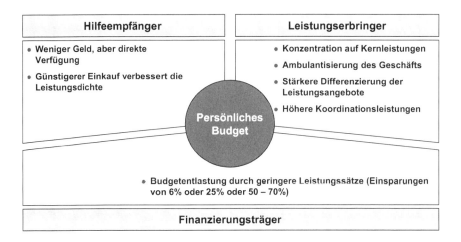

Mit Blick auf die Hilfeempfänger ist festzustellen, dass im Durchschnitt zwar weniger Geld zur Verfügung gestellt wird, dass es durch die Nutzung günstigerer Einkaufsmöglichkeiten aber zu einer verbesserten, quantitativen Leistungsdichte führen.

An dieser Stelle hebt sich das Pflegebudget von den Pilotprojekten in der Eingliederungshilfe bzw. mit dem trägerübergreifenden persönlichen Budget etwas ab, da die gleichen Leistungssätze für das Budget gelten. In der Pilotphase wurde aber in den meisten Modellregionen unterbunden, dass bisherige Geldleistungsbezieher nun in den Genuss der höheren Sachleistungsbeträge kommen.

Leider hat sich das Pflegebudget trotz der vielversprechenden Ergebnisse nicht durchgesetzt und der ausgesparte Anwendungsbereich schwächt die Entwicklung des persönlichen Budgets in den anderen Leistungsbereichen.

Die Markttransparenz der Leistungen und Leistungsentgelte ist ausgesprochen schlecht. Nur mühsam lassen sich Daten zusammentragen, wobei häufig Äpfel mit Birnen verglichen werden, wenn z.B. im Rahmen ambulanter Leistungsangebote die hier ebenfalls anfallenden Kosten für Unterkunft in der Gegenüberstellung mit stationären Angeboten vergessen werden.

Hier muss Klarheit herrschen, für kameralistisches Titeldenken („Was schert mich die Belastung für einen anderen Haushaltstitel?") oder Schönrechnerei ist bei einem ernsthaften Umgang mit den Modellprojekten kein Raum.

Budgetansätze liegen für die Eingliederungshilfe in Niedersachsen bei etwa 400,- bis 500,- € mtl. und erreichen in der Spitze auch mal 1200,- €. Baden-Württemberg nennt rund 1000,- € monatlich und aus Bayern werden 429,- € für Halbtagsbetreuung und 715,- € für Ganztagsbetreuung genannt.

Wohlgemerkt stecken mit an Sicherheit grenzender Wahrscheinlichkeit keine vergleichbaren Leistungsumfänge hinter den genannten Beträgen.

Eine Anregung an die verschiedenen Anwendungsfelder und Regionen wäre eine Auswertung der Preis-Leistungskataloge, um Transparenz in den „Markt" zu bringen. Hierbei ist zudem von erheblicher Bedeutung, dass im Vergleich mit den vorherigen, institutionellen Leistungsangeboten auch die Änderungen der Zusammensetzung der Einzelleistungen herauszurechnen ist.

Mit Blick auf die Höhe der Stundensätze ergibt sich folgendes Bild:

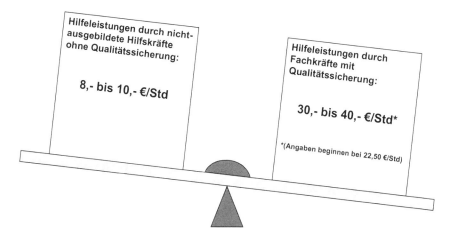

Angesichts der Preisunterschiede je Betreuungsstunde ist es sehr eingängig, dass viele Budgetnehmer auch mit geringerem Geldvolumen über den Einkauf günstigerer Hilfskräfte eine bessere Betreuungsdichte realisieren werden.

Auch an dieser Stelle ist noch einmal ausdrücklich darauf hinzuweisen, dass hier wiederum Äpfel mit Birnen verglichen werden, denn eine qualitätsgesicherte Fachleistungsstunde einer ausgebildeten Fachkraft, die in einem tarifgebundenen und sozialversicherten Beschäftigungsverhältnis steht kann und darf auch nicht in Konkurrenz zu „Taschengeldleistungen" gesetzt werden.

In Summe können die wirtschaftlichen Auswirkungen nur geschätzt werden. Es bleibt aber anzunehmen, dass deutliche Umsatzeinbußen bei den bisherigen Anbietern auftreten, die in einem Preiswettbewerb wie oben geschildert nicht bestehen können.

Die nachfolgende Grafik veranschaulicht die geschätzten Effekte als gedankliche Fortsetzung der beiden beschriebenen Szenarien:

stationär	ambulant
Annahme: vollständiger Wegfall der sozialen Betreuung in den Vor- und Nachmittagsstunden.	Annahme: 50% der Betreuungsleistungen und alle hauswirtschaftlichen Leistungen fallen für die Dienste weg.
Umsatzrückgang etwa 15 %	**Umsatzrückgang etwa 30 %**

Umsatz sinkt ; Kostenstruktur steigt

Die Einsparerfolge für die Finanzierungsträger werden in sehr uneinheitlicher Größenordnung angegeben und liegen zwischen 6 und 70 %. Dabei ist der untere Wert eine Angabe aus den nationalen Pilotprojekten und der obere Wert bezieht sich auf die Erfahrungen im europäischen Ausland (Norwegen). Belastbare Angaben sind auch hier nur schwer zu finden, da mit sensiblen Themen, wie der Finanzierung bedarfsdeckender sozialer Leistungen, nur zu oft Politik gemacht wird.

Das tatsächliche Potenzial im Vollbetrieb wird zwischen den beiden Werten liegen und je nach Umfang der Ambulantisierungserfolge und der realisierten Budgethalterquoten zwischen den beiden Grenzen schwanken.

d. Rechtliche Auswirkungen

Die rechtlichen Auswirkungen sind ebenfalls erst als Klärungsfelder beschreibbar. Greifbare und sichere Lösungen brauchen noch Zeit und werden sich im Vollbetrieb ergeben. Auch nach rund 2,5 Jahren sind rechtliche Fragestellungen noch nicht abschließend geklärt.

Die nachfolgende Grafik gibt einen Überblick über wesentliche Klärungsfelder, wobei die Antworten durchaus länderspezifisch ausfallen:

Kunden	Schutz vor Missbrauch
	Schutz bei Schlecht-/Minderleistung
	Nichterfüllung der Zielvereinbarung
Leistungen	Legalisierung der bisherigen Leistungspraxis
	Neutrale Beratung
	Transparenz der Angebote
Leistungs-erbringer	Illegale Beschäftigungsverhältnisse oder subventionierte Ich-Ags verdrängen Erwerbsarbeit
	Fürsorgepflicht der Einrichtungen / Dienste
Umfeld	Bezahltes Ehrenamt / Nachbarschaftshilfe
	Verstetigung des Engagements

Kundenseitig sind Regelungen zu schaffen bzw. auch zu institutionalisieren, die den souveränen aber meist auch unerfahrenen Budgethaltern Schutz vor Missbrauch bieten, hierzu zählen auch die Rechte bei Schlecht- oder Minderleistungen.

Als ganz besondere Herausforderung ist dabei anzusehen, inwieweit der zweifellos erforderliche Kundenschutz nicht wieder dazu führt, dass das System der Leistungsanbieter mit Regularien zur Qualitätssicherung und Kontrolle überzogen wird. Gerade diese Regelungsdichte ist als ein zentraler Treiber der Kostenstruktur institutionalisierter Anbieter zu sehen. Hier ist Mut zu einem gewissen Missbrauchsanteil nötig. Ein solch heterogenes Leistungsfeld kann nicht vollständig durchreguliert werden und es muss hier eine wenn auch geringe Fehlertoleranz gelten. Der Hilfeempfänger als zukünftig souveräner Kunde kann nicht vor allgemeinen Lebensrisiken und Fehlentscheidungen vollständig geschützt sein.

Spannend bleibt auch die Frage, wie mit Nichterfüllung der Zielvereinbarung umzugehen ist. Wie werden die Verantwortlichkeiten zugewiesen, welche Nachweise lassen sich exkulpierend ins Feld führen? Handelt es sich um einen Vertrag, oder wird doch wieder ein Bescheid erlassen?

Leistungsseitig wird geworben mit der Legalisierung bisheriger „Graubereiche". Es bleibt aber zu hoffen, dass es nicht eine größere Anzahl neu geschaffener Graubereiche gibt. Auch hier gilt: Jedes neue Verfahren schafft sich seine eigenen Umgehungsstrategien. Diese können auf weiteren Nachbesserungsbedarf hindeuten oder müssen im Rahmen der Fehlertoleranz akzeptiert werden.

Des Weiteren sind neutrale Beratungsstellen erforderlich. Hier steht derzeit noch nicht mit Sicherheit fest, dass der gesamte Beratungsbedarf auch durch Case-Manager gedeckt werden kann. Wo sollen die ganzen (gut ausgebildeten) Case-Manager denn herkommen? Aus dem Personalabbau der Leistungsanbieter? Hinzu kommt, dass die Leistungsangebote vielfältiger werden und die Angebotslandschaft sehr an Transparenz verliert.

Die Leistungserbringer sind davor zu schützen, dass illegale oder subventionierte Beschäftigungsverhältnisse reguläre Erwerbsarbeit verdrängen. Bei allem Augenmerk auf die Kostenreduzierung kann und darf dies nicht zu einer Fehlsteuerung des Systems führen.

Auch mit Blick auf das Umfeld gibt es Klärungsfelder. Die Vorstellung der vergüteten Nachbarschaftshilfe ist nicht unproblematisch. Wie funktioniert vergütetes Ehrenamt und wie kann ein dauerhaftes Engagement gegen die Einschlaftendenzen von jeglicher Innovation am Leben erhalten werden?

Persönliches Budget – Ein Blick nach vorn

Auch 2,5 Jahre nach dem offiziellen Start der persönlichen Budgets gerät ein Ausblick zum sprichwörtlichen Blick in die Glaskugel.

Für diesen Beitrag sollen Chancen und Risiken zusammenfassend dargestellt werden, wobei die Aufstellung nicht als abschließend anzusehen ist.

Chancen	Risiken
• Neue Leistungsangebote und neue Qualitätsstandards	• Hohe Koordinationsbedarfe
• Durchlässige und kleinräumige Leistungssysteme	• Kann Case-Management auf hohem Niveau in der Fläche gesichert werden?
• Höhere Qualitätswahrnehmung	• Geringere Transparenz von Leistungen und Anbietern
• Abbau von Bürokratietreibern (Vorgaben, Kontrollen, Dokuanforderungen)	• Rechtssichere Leistungsbeziehungen
• Geordnetes Verfahren zur Reformierung des Leistungssysteme	• Kundenschutz und Haftung (Laien-Angebote)
	• Erhalt von Wahlfreiheit und Kombinations-möglichkeiten
	• Folgen weitere Einsparungen

Das persönliche Budget bietet die Gelegenheit zur Modernisierung von Leistungsangeboten und Qualitätsstandards und ist als Chance zu bewerten, da das relativ starre Korsett hier raumgreifende Entwicklungen bisher eher unterband.

Mit dem zunehmenden Druck auf die Ambulantisierung werden durchlässige und kleinräumige Leistungssysteme unterstützt, die individuellere und damit passgenauere Leistungen ermöglichen, deren unmittelbares Qualitätsempfinden beim Empfänger der Leistung höher sein kann.

Der organisatorische Rahmen persönlicher Budgets erlaubt den schon häufig geforderten Abbau von Bürokratie, wenngleich in den Ausführungen auch deutlich wurde, dass in Teilen für die bisherigen Leistungserbringer der administrative Aufwand insbesondere für die betriebswirtschaftliche Steuerung steigt.

Es besteht auch weiterhin die Chance zur geordneten Weiterentwicklung des Leistungssystems. Davon sollten auch nicht die bestehenden Risiken abhalten. Dies schließt an die Anmerkungen zu Beginn dieser Ausführungen an. Eine belastbare Innovation erfordert den intelligenten Umgang mit den Modellprojekten und hierzu gehört auch der bewusste Umgang mit Risiken, um Lösungen zu gestalten.

Blickt man nun aber auf den tatsächlich erreichten Verbreitungsgrad der persönlichen Budgets, so bleibt dieser ganz erheblich hinter den modellhaft skizzierten Szenarien des vorliegenden Beitrages zurück. Die Anzahl der Budgethalter wird unterschiedlich beziffert, liegt aber bei wenigen Tausend Fällen. Die geografische Verbreitung zeichnet die Verteilung aus den Modellprojekten nach. Der Südwesten (insbesondere Rheinland Pfalz) weist immer noch die höchste Anzahl Budgethalter aus.

Es wird eine ganze Reihe von Gründen für die schleppende Verbreitung des persönlichen Budgets angeführt. Aus meiner Sicht sind die wesentlichen Ursachen hierfür:

– fehlende positive Finanzierung der Budgetassistenz
– Nichtteilnahme wesentlicher Leistungsbereiche wie z.B. Pflege
– Restriktives Handeln der Sozialverwaltung

Das Potenzial, aber auch der Entwicklungsbedarf des persönlichen Budgets sind und bleiben hoch und es ist spannend, ob und wie die weitere Entwicklung voranschreitet.

Das persönliche Pflegebudget – Impulse für Politik und Praxis Ergebnisse des vierjährigen Modellprojektes

Thomas Pfundstein, Freiburg

I. Vorbemerkung

Die Erwartungen an das seinerzeit größte Modellprojekt im Rahmen der Experimentierklausel des § 8 Abs. 3 SGB XI waren groß und nicht nur auf die Pflege begrenzt. Ging es doch darum das bisherige Leistungserbringungsrecht einer neuen Variante, dem des Pflegebudgets gegenüber zu stellen und die Vor- und Nachteile zu untersuchen. Entsprechend aufwändig gestaltete sich die Begleitforschung. Als Forschungsdesign wurde das Sozialexperiment mit einer Programm- und Vergleichsgruppe gewählt.

In dem umfangreich wissenschaftlich begleiteten Projekt sollte geprüft werden, ob sich mit dem persönlichen Pflegebudget:

– die Stabilisierung häuslicher Pflegearrangements,
– die Sicherstellung individuell passfähiger Hilfen,
– die Erweiterung des Leistungsspektrums über den Verrichtungsbezug des SGB XI hinaus,
– die Steigerung der fachlichen Qualität und der Pflege und Betreuung sowie
– eine Stärkung der Nachfragemacht der Pflegebedürftigen,

erreichen lässt.

Dabei galt es zu überprüfen, ob Effekte auf den Dimensionen der Lebensqualität und der Kosteneffizienz zu verzeichnen sind. Studien zu den eingesetzten Assessments und zu den betriebswirtschaftlichen Konsequenzen für Pflegedienste ergänzten die Forschung, die vom Arbeitsschwerpunkt Gerontologie und Pflege (AGP) an der Evangelischen Hochschule Freiburg, dem Freiburger Institut für angewandte Sozialforschung (FIFAS) und dem Zentrum für Europäische Wirtschaftsforschung (ZEW) in Mannheim verantwortet wurden.

An dem Modellprojekt Pflegebudget der Spitzenverbände der Pflegekassen, das auf vier Jahre[1] angelegt war, nahmen knapp 900 Pflegebedürftige teil. 620 Personen (Programmgruppe) davon erhielten das „Persönliche Pflegebudget". Das Projekt

---

1 Das Modellprojekt startete im November 2003, die ersten Budgetnehmerinnen und Budgetnehmer wurden aber nach umfangreichen Vorarbeiten erst Ende 2004 aufgenommen. Einschließlich des sog. Bestandsschutzes endete der Budgetbezug am 31.12.2008.

wurde an sieben Standorten[2] in der Bundesrepublik erprobt. Teilnahmeberechtigt waren Pflegebedürftige aller Kassen, sofern sie im Sach- oder Kombileistungsbezug standen bzw. Leistungen neu beantragt hatten. Für Pflegebedürftige, die Geldleistungen bezogen, war der Wechsel ins Pflegebudget nur an zwei Standorten möglich.

Das Projekt Pflegebudget stieß zunächst auf geringe Resonanz auf der örtlichen Ebene. Lediglich an drei Standorten (Neuwied, Marburg und Kassel) konnten ausreichend Budgetnehmer und Budgetnehmerinnen gewonnen und im Verlauf des Projektes auch die angestrebte Fallzahl insgesamt erreicht werden. Das lag u.a. daran, dass die Zahl der reinen Sachleistungsnehmer, die Hauptzielgruppe des Modellprojektes, wesentlich kleiner ausfiel als angenommen. Sie lag weit unter den 30 %, die in der Pflegestatistik als Sachleistungsnehmer ausgewiesen werden, teilweise bei nur 7 % der Versicherten. Hinzu kam ein erheblicher Widerstand der ambulanten Pflegedienste in den Regionen, die das Pflegebudget als „Totengräber der Pflegedienste" interpretierten und die Mitwirkung und Beteiligung an dem Projekt ablehnten. Pflegedienste fürchteten die Absenkung des Entgeltniveaus und den Verlust von Kunden. Hatten die Budgetnehmer doch die Möglichkeit ganz eigenständig Leistungen und Entgelte auszuhandeln. Argumentiert wurde vielfach, dass gerade dies zu Qualitätseinbußen in der Pflege führt.

II. Die Eckpunkte des Pflegebudgets und die Abgrenzung zum trägerübergreifenden Budget

Im Rahmen des Persönlichen Pflegebudgets gemäß §§ 8 Abs. 3, 36 SGB XI erhielten die Pflegebedürftigen beziehungsweise ihre Vertreter oder Bevollmächtigten den Wert der Sachleistung der jeweiligen Pflegestufe „cash", d.h. als Überweisung der Pflegekasse zum Monatsanfang auf ihr Konto. Mit diesem Betrag konnten und sollten „Care-Leistungen" frei eingekauft werden. . Der Begriff „Care" sollte signalisieren, dass es sich nicht nur um klassische Pflegeleistungen im Sinne der 21 Verrichtungen des § 14 SGB XI handelte, sondern ein weiter Pflegebegriff zu Grunde gelegt wurde, für den wir im Deutschen bislang über keinen passenden Begriff verfügen: Es ging um all das, was die Sorge für einen pflegebedürftigen Menschen erfordert, inklusive des Bereiches, den wir im Deutschen wiederum sehr unscharf als Betreuung bezeichnen. Damit kam das Pflegebudget der immer wieder geäußerten Kritik entgegen, der verrichtungsbezogene Pflegebedürftigkeitsbegriff schränke die Sicht auf die Hilfebedarfe in problematischer Weise ein und verenge vor allem das mögliche Leistungsspektrum der Hilfen, die

---

[2] Dazu zählen die Städte München, Kassel und Erfurt sowie die Landkreise Annaberg-Buchholz, Marburg-Biedenkopf, Neuwied und Unna.

Pflegebedürftige im Rahmen der Pflegeversicherung in Anspruch nehmen können. Der Pflegebedürftigkeitsbegriff selbst wurde im Budgetprojekt nicht angetastet: die Pflegestufen wurden weiterhin auf der Basis der §§ 14, 15 SGB XI ermittelt.

Die zweite Durchbrechung des ansonsten geltenden Leistungsrechtes im Rahmen des Pflegebudgets lag neben der Lösung vom Verrichtungsbegriff in der Leistungserbringung. Die Pflegebedürftigen konnten die „Care-Leistungen" nicht nur bei zugelassenen Diensten „einkaufen". Vertragsrechtliche Regelungen, inklusive der Qualitätssicherungsvorgaben, etwa in den Versorgungsverträgen und den Vereinbarungen zur Qualitätssicherung gemäß § 80 SGB XI galten nicht. Die Budgetnehmerinnen und Budgetnehmer waren nicht an den Einkauf von Leistungen bei zugelassenen Pflegediensten gebunden und die zugelassenen Pflegedienste konnten ihrerseits freie Leistungen erbringen und waren nicht an die formalen Qualitätsanforderungen der Vereinbarung gemäß § 80 SGB XI gebunden. Auf diese Weise kam das Pflegebudgetprojekt der von vielen Seiten geforderten Flexibilisierung im Leistungserbringungsrecht entgegen. Die Sicherung der Qualität erfolgte im Pflegebudgetprojekt in einer anderen, in einer neuen Weise, der ihrerseits schon lange von vielen und in der letzten Zeit von den meisten Reformern der Pflegeversicherung verlangt wurde: im Rahmen eines umfassenden Assessments und unter Einsatz eines systematischen und methodisch reflektierten Case Managements.

Die Pflegebudgetnehmer hatten die Möglichkeit, waren aber auch gleichzeitig angehalten, sich einem recht umfassenden Assessment zu unterziehen, das nicht nur die Pflegebedarfe im engeren Sinne feststellte, sondern darüber hinaus mögliche Rehabilitationschancen ermittelte, besondere Risikofaktoren in der Betreuung und Pflege herausarbeitete und die Ressourcen des Netzwerkes in Blick nahm und einbezog. Hinzu kam die Ermittlung persönlicher Wünsche und Bedürfnisse, so dass der Pflegebedürftige selbst, aber auch der ihn begleitende Case Manager, ein recht umfassendes Bild über seinen Pflege- und Betreuungsbedarf erhielt. Das Assessment beruhte im wesentlichen auf dem RAI-HC 2.0 (Garms-Homolová, 2002), das im Rahmen der wissenschaftlichen Begleitung jedoch um wesentliche Aspekte der sozialen Bezüge, der persönlichen Präferenzen und um Aspekte der Lebensqualität und Zufriedenheit ergänzt wurde.

Diese Informationen dienen einerseits der Wirkungsforschung zum Pflegebudget und andererseits als Basis für den Dialog mit den Pflegebedürftigen und ihren Angehörigen um die Bedarfe und die Entscheidungen wie und von wem diese am Besten gedeckt werden konnten. In der Regel ergab sich ein Mix aus familiären, nachbarschaftlichen und professionellen Leistungen, die die Möglichkeiten aller Beteiligten berücksichtigte und fachlich, ökonomisch und sozial austarierte. Für die Case ManagerInnen war diese Hilfeplanung die eigentliche fachliche Herausforderung, in der sie sensibel und diskret sowohl fachliche Impulse setzten, als auch die biografischen und milieuspezifischen Besonderheiten des Pflegebedürftigen und seiner Helfer würdigten. Sofern es gewünscht wurde, unterstützten die Case ManagerInnen auch bei der Vermittlung entsprechender Dienste und Leistungserbringer und organisierten das „Monitoring", die systematische Nachschau, ob die getroffenen Entscheidungen und Vereinbarungen den Anforderungen des Alltags auch genügen.

Genereller Bestandteil der Begleitung war das halbjährliche Re-Assessment zur systematischen Prüfung der Qualität der Versorgung und Betreuung. Diese Qualitätssicherung auf der Outcome-Ebene, der Ebene der Ergebnisqualität gehörte zum integralen Bestandteil des Pflegebudgetansatzes. Spätestens zu diesem Zeitpunkt sollte noch einmal beurteilt werden ob das vereinbarte Arrangement auch unter fachlichen Gesichtspunkten rehabilitativen und pflegerischen Aspekten entsprach.

Völlig frei waren die Budgetnehmer in der Verwendung des Pflegebudgets allerdings nicht. Das Budget war für Hilfen der Betreuung und Pflege einzusetzen, der Hilfeplan musste im Einvernehmen mit dem Case Manager erstellt werden und die Gewähr dafür bieten, dass die Qualität der Pflege und Betreuung auch unter fachlichen Gesichtspunkten sichergestellt ist. Eine Verwendung der Mittel für Angehörige[3] war ebenso wenig möglich wie der Einsatz des Geldes für „Schwarzarbeit". Ansonsten waren die Budgetnehmerinnen und Budgetnehmer allerdings frei in seiner Wahl: Sie konnten einen Pflegedienst oder freiberufliche Pflege- und Betreuungskräfte beauftragen oder Assistenzkräfte als Arbeitgeber beschäftigen. Bei Krankenhausaufenthalt oder aus anderen Gründen, konnte der Bezug des Budgets jederzeit unterbrochen werden.

Die Höhe der Pflegeleistung soll nach der Konzeption der Pflegeversicherung auch im ambulanten Bereich nicht den gesamten Pflegebedarf decken: die Pflegeversicherung ist als Teilleistung für Teilbedarfe konzipiert. So bedurfte es auch beim Budget gegebenenfalls der Aufstockung der Leistungen, entweder aus Eigenmitteln oder aber durch Leistungen der Sozialhilfe im Rahmen der Hilfe zur Pflege. In den Modellregionen hatten sich die Sozialhilfeträger dazu verpflichtet, entsprechende aufstockende Leistungen für sozialhilfeberechtigte Personen zu gewähren. Andere Leistungen wurden jedoch nicht in das Pflegebudget integriert: etwa Leistungen der Eingliederungshilfe, der häuslichen Krankenpflege oder ambulante Rehabilitationsleistungen. Insofern unterschied sich das Persönliche Pflegebudget vom sogenannten Trägerübergreifenden Budget gemäß § 17 SGB IX. Hier werden Leistungen unterschiedlicher Leistungsträger in einem Budget zusammengeführt, allerdings mit einer Einschränkung: die Leistungen der Pflegeversicherung können hier nur im Rahmen von Gutscheinen gewährt werden. Die

---

3 Im Sinne des § 38 Abs. 5 SGB V.

Gutscheine sind inhaltlich wiederum auf die Leistungen der §§ 14, 36 SGB XI, d.h. auf die verrichtungsbezogenen Pflegehilfen, beschränkt und können nur durch zugelassene Pflegedienste in Anspruch genommen werden. Da das trägerübergreifende Budget mit Ausnahme der Pflegeleistungen im Prinzip alle Sozial- und Gesundheitsleistungen budgetierungsfähig werden lässt, wurde in Neuwied und Mainz in einem auf 50 Personen mit Behinderung begrenzten qualitativen Forschungsprojekt erprobt, ob nicht auch budgetierte Pflegeleistungen zu einer deutlich verbesserten Bedarfsdeckung und mehr Autonomie für die Leistungsberechtigten führt. Dieses auf Rheinland-Pfalz begrenzte und von der Landesregierung unterstütze Modellprojekt „Integriertes Budget"[4] ging damit einen Schritt weiter und reflektierte die guten Erfahrungen, die man besonders in diesem Bundesland mit der Budgetierung (Hilfe nach Maß) gemacht hat.

III. Die wesentlichsten Ergebnisse

Die umfangreiche Begleitforschung hat die Lebenssituation Pflegebedürftiger ebenso in den Blick genommen wie ihren Gesundheitszustand. Unabhängig von den Budgetwirkungen wurde auf diese Weise erstmals empirisch sichtbar, wie bedeutsam die soziale Einbindung in familiäre und nachbarschaftliche Netzwerke für die Lebensqualität und die Versorgungssicherheit Pflegebedürftiger ist. Im Rahmen des theoretischen Modells zur Lebenssituation Pflegebedürftiger konnte gezeigt werden, dass der „Bedarf" an pflegerischer Unterstützung und kommunikativer Begleitung mit sehr unterschiedlichen „Chancen" (Blinkert / Klie, 2006), der Bewältigung verbunden ist, ja dass die individuelle Pflegesituation im Wesentlichen als soziales Schicksal interpretiert werden kann. Während in ländlichen Regionen und stabilen Netzwerkkonstellation (Angehörige im nächsten Umfeld) im Schnitt 84 Stunden pro Woche an Pflegebetreuungsleistung erbracht werden, sinkt diese Stundenzahl in prekären Netzwerkkonstellationen (allein lebend, ohne örtliches Netzwerk) auf neun Stunden pro Woche.

Die Chancenkonstellation ist damit maßgeblich für die Bewältigung von Pflegebedürftigkeit und eine teilhabeorientierte Lebensführung. In dem Wissen darum, dass die Wahrscheinlichkeit einer Heimunterbringung in hohem Maße von der Netzwerkstabilität der Pflegebedürftigen abhängt, gewinnt diese empirisch belegte Erkenntnis an erheblicher sozialpolitischer Relevanz. Deutlich wurde auch, dass die Sachleistungen schlechte Chancen (Netzwerkschwäche) keineswegs kompensieren können. Nachdem die Aufmerksamkeit in den letzten Jahren vor allem der medizinisch-pflegefachlichen Versorgung Pflegebedürftiger galt und die Entwick-

---

4 Siehe auch: http://www.integriertesbudget.de/.

lung der Fachpflege deutliche Fortschritte erzielt hat, so erscheint nach den Erkenntnissen aus dem Projekt Pflegbudget nun die Zeit dafür gekommen zu sein, auf die sozialen Aspekte der Pflege ein wesentlich stärkeres Gewicht zu legen: Es geht um die Teilhabesicherung von Menschen mit Pflegebedarf und die Unterstützung bei der alltäglichen Lebensführung.

Eine weitere wichtige Erkenntnis aus dem Projekt Pflegbudget beruht auf den Erfahrungen im Zusammenhang mit der Implementierung des Case Managements. Es wurde an allen Standorten sichtbar, wie ausgeprägt der Beratungs- und Unterstützungsbedarf ist, das fast überall eine leistungsfähige Infrastruktur ebenso fehlt wie eine Fachkompetenz für Beratungsaufgaben. Qualifiziertes Case Management ist in der Lage, diese Lücke zu schließen und eine wirksame Hilfeplanung zu initiieren und umzusetzen. Dabei wurde im Rahmen des Projektes Pflegbudget auch deutlich, wie wichtig die Unabhängigkeit der Beratung und des Case Managements ist, um in den bestehenden Netzwerken und in Koproduktion mit den Pflegebedürftigen und ihren Angehörigen Hilfe- und Pflegearrangements zu optimieren. Dabei ist Unabhängigkeit nicht nur eine Frage der Anstellungsträgerschaft des Case Management sondern wird nicht unerheblich von den Spielregeln der Fairness aller Beteiligten geprägt. Diese gut dokumentierten Ergebnisse aus dem Projekt Pflegbudget sind aktuell von hoher Relevanz für die Implementierung von Pflegeberatung und Pflegestützpunkten nach dem Pflegeweiterentwicklungsgesetz.

Budgets wirken

In der wissenschaftlichen Begleitforschung konnte nachgezeichnet werden, dass und wie Budgets wirken. Sie führten zu einer signifikanten Ausweitung der Betreuungszeit, insbesondere dort, wo sie an die Stelle der Pflegesachleistung traten. Das Pflegebudget wurde stärker für hauswirtschaftliche Hilfen und Leistungen der persönlichen Assistenz verwendet. Ein Teil der neuen Leistungen ließ sich auch unter den Begriffen „Wellness und Würde" subsumieren: Individuelle Präferenzen in der Lebensführung konnten im Rahmen des Budgets wesentlich besser realisiert werden als unter den Bedingungen des geltenden Leistungsrechts.

Die Effekte in Richtung Lebensqualität wurden ebenso deutlich wie die Effekte der Entlastung von Angehörigen. Diese beruhen nicht nur auf einem erhöhten Freiheitsgrad in zeitlicher Hinsicht, sondern auch auf einer stärker wahrgenommenen Aushandlungskompetenz. So lag die subjektive Belastung der Angehörigen durch die Pflege deutlich unter den Werten der Vergleichsgruppe, die sich durch die Pflege signifikant mehr belastet fühlten.

Gegenüber den Sachleistungen erwiesen sich die Pflegebudgets als geringfügig kosteneffizienter: Das konnte die Begleitforschung des ZEW nachgewiesen. Die

Kosteneffizienz zeigte sich allerdings nicht im Vergleich zum Pflegegeld. Hier führte das Budget aber zu einer zeitlichen Entlastung der Angehörigen, da das Einkaufsmodell des Pflegebudgets im Gesamtarrangement die Anteile der Familienpflege zu Gunsten von beruflichen Helfern reduzierte. Die höhere Flexibilität und die höheren Zeitwerte basieren im Wesentlichen darauf, dass anstelle der klassischen Pflegedienste andere Anbieter in die Arrangements aufgenommen wurden, ohne dass auf den Einsatz von Fachkräften vollständig verzichtet wurde. Am generellen Einsatz und an der Dauer der professionellen Pflege durch ambulante Dienste änderte sich in der Gesamtsicht wenig. Ambulante Dienste waren sowohl in der Programm- wie der Vergleichsgruppe pro Woche im Schnitt mit fünf Stunden in den Haushalten vertreten.

IV. Budgets: Kein Modell für alle

Auch wenn die Individualisierung und Flexibilisierung von Hilfeleistungen und Arrangements im Trend der Bevölkerung liegt und mehr Selbstbestimmung und Autonomie gefordert wird, hat das Pflegebudget nur eine begrenzte Resonanz in der Bevölkerung gefunden. Das mag mit den komplizierten Modellbedingungen und der überwiegenden Ablehnung durch die Pflegedienste zu begründen sein. Es gibt aber auch andere Hintergründe: Die Attraktivität des Pflegegeldes ist ungebrochen. Im Rahmen des Modellprojekts Pflegebudget konnten drei Verwendungsformen des Pflegegeldes identifiziert werden: Grundsicherungsfunktionen, Entschädigungsfunktionen für Angehörige und die Bezahlung von Schwarzarbeit. Das Pflegegeld ist insbesondere für einkommensschwache Haushalte attraktiv. In der so genannten Non-Response-Analyse wurde deutlich, dass für 29 % der Personen, die kein Interesse am Pflegebudget hatten, wirtschaftliche Gründe für die Entscheidung maßgeblich waren. Eine Zufriedenheit mit der gefundenen häuslichen Pflegesituation im Sachleistungsbezug war ebenso anzutreffen, wie die Ablehnung des Pflegebudgets auf Grund der Transaktionsaufwände. Die erforderlichen Verhandlungen mit Leistungserbringern, die Vertragsgestaltung und der Zahlungsverkehr sowie die Sorge um den Ersatz bei Krankheit und Urlaub sprachen gegen das Pflegebudget. Wenn hierfür keine Unterstützung und eine entsprechende Infrastruktur bereitgestellt wird, wie sie in den Niederlanden etwa ausgeprägt vorhanden ist, sind selbst bei dem entbürokratisierten Haushaltscheckverfahren für 400-Euro-Kräfte für viele Haushalte die Barrieren zu hoch. Gleichwohl weisen die Ergebnisse der Begleitforschung aus, dass cashbasierte Leistungen auf hohe Sympathien bei den Pflegebedürftigen und ihren Angehörigen stoßen und der unschlüssigen Tauschbeziehung des Sachleistungsprinzips vorgezogen werden. Bei Heranziehung der Erfahrungen aus dem Ausland ist davon auszugehen, dass ca. 10 %

bis 30 % der ambulant versorgten Pflegebedürftigen sich für ein Pflegebudget interessieren und es gegebenenfalls wählen würden.

Andere Wege der Qualitätssicherung

Eine der großen Befürchtungen sowohl seitens der Kassen (Sicherstellungsauftrag) als auch der Pflegedienste war es, dass im Rahmen von cashbasierten Leistungen in der Pflege fachliche Qualitätsstandards gefährdet sein könnten. Diese Frage stand in besonderer Weise im Fokus der Aufmerksamkeit. Mit Hilfe von umfangreichen Assessments und verbindlicher Re-Assessments sowie der Evaluation der Hilfeplanung wurden Fragen der fachlichen aber auch der Lebensqualität in den Blick genommen. Fachliche Defizite konnten nicht festgestellt werden. Im Gegenteil: Es waren Rehabilitationseffekte nachzuzeichnen und dies, obwohl die Gruppe der BudgetnehmerInnen im Durchschnitt eine höhere Pflegebedürftigkeit aufwies als der Durchschnitt aller ambulant versorgten Pflegebedürftigen und der Anteil der Menschen mit Demenz in der Programmgruppe besonders hoch ausfiel. Das Projekt PFLEGEBUDGET zeigte, dass nicht nur über ein Kontraktmanagement auf der Makro- und Mesoebene, wie es im SGB XI-Bereich bisher der Fall ist, die Qualitätssicherung gewährleistet werden kann sondern auch durch Case Management auf der Mikroebene zu erreichen ist. Dabei kommt dem Assessment und der Hilfeplanung eine zentrale Bedeutung zu. Eine Weiterentwicklung des Pflegebedürftigkeitsbegriffs[5] und eines damit verbundenen neuen Begutachtungs-Assessments sind hierfür von besonderer Bedeutung.

V. Ausblick

Im Rahmen der Diskussion um das Pflegeweiterentwicklungsgesetz sind die Budgets in den Windschatten der pflegepolitischen Diskussion geraten. Das Bundesgesundheitsministerium hat sich frühzeitig darauf festgelegt, die Budgets nicht als weitere Leistungsform in die aktuellen Reformdiskussionen einzubeziehen. Das Thema ist aber vermutlich nur vertagt. Die nächste größere Reform, die im Zusammenhang mit dem Pflegebedürftigkeitsbegriff und einer neuen Finanzierung der Pflegeversicherung schon im Koalitionsvertrag dieser Legislaturperiode vereinbart wurde, wird auch die Fragen des Leistungsentgelts und der Leistungsbemessung wieder aufwerfen und damit auch die Budgets erneut in die Diskussion bringen. Das Modelprojekt Pflegebudget bietet sowohl Grundlagen für eine Revi-

---

5 Im Januar 2009 legte der Beirat seinen Bericht zur Überprüfung des Pflegebedürftigkeitsbegriffes vor. Download: www.bmg.bund.de/ Suche: Pflegebeduerftigkeitsbegriff.

sion des Leistungsrechts als auch Bausteine für ihre Weiterentwicklung, die sich kurzfristig nutzen lassen. Die wohl realistischste Chance einer schnellen gesetzlichen Umsetzung besteht für das Integrierte Budget. Ein weiteres Modellprojekt, in dem konkret geklärt werden soll, wie sich die Pflegeleistungen im Trägerübergreifenden Budget budgetieren lassen und die Gutscheinlösung gem. § 35a SGB XI ersetzt werden kann, ist bereits bewilligt.

Literatur:

Blinkert B. / Klie T. (2008): Das Pflegebudget - Abschlussbericht 2008, www.gkv-spitzenverband.de/upload/1Anlage_PB Gesamtzusammenfassung_3271.pdf

Blinkert B. / Klie T. (2006): Der Einfluss von Bedarf und Chancen auf Pflegezeiten in häuslichen Pflegearrangements. In: ZfGG, Ausgabe 39, S. 423-428

Garms-Homolová, V. (2002): Assessment für die häusliche Versorgung und Pflege, RAI HC 2.0, Huber-Verlag, Bern

Kontaktsstelle für praxisorientierte Forschung e.V., www.pflegebudget.de

Die Internationale Klassifikation von Funktionen und ihre Bedeutung für wirkungsorientierte Steuerung in der Eingliederungshilfe

Prof. Dr. Petra Gromann

I. Bedeutung und Anspruch der ICF

Die ICF (International Classification of Functions) versucht für alle Bereiche des Gesundheits- und Sozialwesens eine gemeinsame und international anerkannte Sprache für das Beschreiben von Funktionsbeeinträchtigungen von Menschen zu finden. Diese gemeinsame Sprache soll von „allen professionellen Gruppen (Träger und Leistungserbringer im Gesundheits- und Sozialsystem sowie …verschiedensten wissenschaftlichen Disziplinen und Berufsgruppen " (Schuntermann, M.F. 2009:13) verwendet werden. ICF ist jedoch kein diagnostisches Manual (wie etwa die ICD 10) und auch kein Hilfeplanungs- oder Asessmentverfahren sondern ein Klassifikationssystem.

Für Deutschland treffen wesentliche Argumente zu einer systemübergreifenden Einführung zu : eine zunehmende Bedeutung funktionaler Probleme bei Menschen in alternden Gesellschaften wie enorme Schnittstellenprobleme einer ganzheitlichen, präzisen , bedarfsgerechten wie ziel- und passgenauen Begutachtung, Bedarfsermittlung, Intervention und Management bei Gesundheits- und Sozialleistungen. (Vgl. hierzu auch Schuntermann a.a.O)

Die vorliegende autorisierte deutsche Übersetzung (www.dimdi.de) gilt für Erwachsene, eine ICF-Fassung für Kinder und Jugendliche gibt es erst seit kurzem in englischer Sprache.

1980 veröffentlichte die WHO zunächst die ICIDH (International Classification of Impairments, Diseases and Handicaps) , die zwar dem biopsychosozialen Modell von Krankheit und Gesundheit verpflichtet war, aber in ihrer Darstellung und Beschreibung die Wechselwirkungen zwischen Schädigungen, Bewältigung des alltäglichen Lebens und der Barrieren in der Umwelt benannte, aber noch nicht abbildete. So stellte diese immer noch eine vorwiegende Klassifikation von Beeinträchtigungen /Behinderungen dar.

Seit 2005 liegt jetzt die deutsche Fassung des ICF vor. Das neue Modell ist sowohl ressourcen- wie problemorientiert.

Ausgehend von dem, was Menschen können und tun - welche körperlichen und mentalen Strukturen und Funktionen ihnen dies im Rahmen eines gesamten Lebenshintergrundes (materielle und soziale Umwelten wie persönlichen Vorlieben) ermöglichen - wird funktionale Gesundheit beschrieben. Die ICF geht in ihrer

Klassifikation deshalb folgerichtig von einem Normalitätskonzept aus. Mit Hilfe von Beurteilungsmerkmalen können Bereiche identifiziert werden, in denen Probleme und Ressourcen auftreten.

Teilhabe und deren Beeinträchtigung wird verstanden als Wechselwirkung zwischen funktionalen Problemen und Ressourcen einer Person und ihren personen- und umweltbezogenen Kontextfaktoren.

Die ICF stellt folglich einen einheitlichen Rahmen zur Beschreibung von Gesundheits- und Funktionsbeeinträchtigungen zur Verfügung stellen.

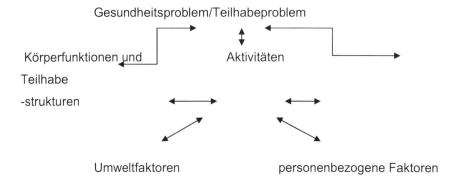

(Vgl. dazu Rentsch.H.P. u.A. S. 18 ff)

Kurze Übersicht zur ICF

Die ICF ist hierarchisch geordnet und in Teile gegliedert. Ein Teil der Klassifikation beschäftigt sich mit menschlicher Funktionsfähigkeit und deren Problemen, ein anderer Teil mit den Kontextfaktoren. Die personenbezogenen Faktoren (z.B. Alter, Geschlecht, Lebensstil) sind nicht klassifiziert. Alle Einzelitems sind mit Zahlen bezeichnet, der Präfix der Zahlenfolge bezeichnet das Kapitel (Körperfunktionen = b, Körperstrukturen s, d für Aktivitäten und Partizipation, e für Umweltfaktoren). Wichtig – und für Anwender vor allem aus dem medizinischen Kontext zunächst irritierend – ist, dass alle Item"namen" keine Störungsbegriffe enthalten.

Als Beispiel: „d 710 – elementare interpersonelle Aktivitäten. Erläuterung: Mit anderen in einer kontextuell und sozial angemessenen Weise zu interagieren, wie die erforderliche Rücksichtnahme und Wertschätzung zeigen oder auf Gefühle anderer reagieren. Inklusiv: Respekt, Wärme, Wertschätzung und Toleranz in Beziehungen zeigen; auf Kritik und soziale Zeichen in Beziehungen reagieren und angemessenen körperlichen Kontakt einsetzen" (Schuntermann, S.207).

„Verhaltensstörungen" würden folglich in einer ersten Bewertungsebene als ein im Ausmaß einzuschätzendes Problem in elementaren interpersonellen Aktivitäten beschrieben werden.

Das Ausmaß (nicht vorhanden, leicht ausgeprägt, mäßig ausgeprägt, erheblich ausgeprägt, voll ausgeprägt) wird als Beurteilungsmerkmal gefasst. Es beschreibt, was ein Individuum in seiner gegenwärtigen Umwelt tut (Leistung), die zusätzlich möglichen Beurteilungsmerkmale (Beurteilung der Leistungsfähigkeit ohne bzw. mit Asisstenz (capacity)) sind gegenwärtig in der Eingliederungshilfe noch wenig gebräuchlich.

Die Klassifikation der Aktivitäten und Teilhabe(Lebensbereiche) – die für die Anwendung in der Eingliederungshilfe sehr bedeutsam sind, sind in folgende Hauptkapitel unterteilt:

1   Lernen und Wissensanwendung
2   Allgemeine Aufgaben und Anforderungen
3   Kommunikation
4   Mobilität
5   Selbstversorgung
6   Häusliches Leben
7   Interpersonelle Interaktionen und Beziehungen
8   Bedeutende Lebensbereiche (z.B. Arbeit und Beschäftigung)
9   Gemeinschafts- soziales- und staatsbürgerliches Leben

Alle Kapitel der Klassifikation sind in Komponenten untergliedert – innerhalb jeder Komponenten sind die Kategorien nach dem Prinzip von „Ast-Zweig-Blatt" angeordnet.

Die jeweiligen Zahlencodes beginnen mit der Kapitelnummer und bilden mit der Anzahl der Zahlen auch die jeweils weiteren Untergliederungsebenen ab.

Jeder Code kann mit Bewertungsmerkmalen den Schweregrad des Problems angeben.

Bedeutung der ICF

Die bisherigen Veröffentlichungen zum ICF gehen einheitlich von der wichtigen Bedeutung dieses Klassifikationssystems auch in Deutschland aus.

Ich möchte im Folgenden kurz die wichtigsten Argumente für die Akzeptanz dieses Systems von „Beschreibungen" im Rahmen der Eingliederungshilfe und psychiatrischen Rehabilitation nennen:

- Das ICF geht deutlich über das bisher im ICIDH grundlegende „einfache" Wechselwirkungsmodell hinaus (eine körperliche/ mentale Funktionsstörung – löst Fähigkeitsstörungen (Aktivitäten) und Teilhabestörungen/ Behinderung aus). Es beschreibt die bio-psycho-sozialer Verflechtung von Gesundheitsproblemen und Beeinträchtigungen jetzt über die grundsätzlichen Funktionen, Aktivitäten und die Teilhabe – das heißt konsequent nicht als „Störung" – sondern als Problem der Verwirklichung dieser menschlichen Möglichkeiten. Es geht dabei auch noch über den ICIDH hinaus, indem es der Komplexität des bio-psycho-sozialen Modells auch noch die Variable des Umfeldes und der persönlichen Ressourcen hinzufügt.
- ICF Beschreibungen lösen teilweise das Dilemma, dass für eine genaue Einschätzung von Teilhabebedarfen bestehende Beeinträchtigungen und Probleme eines Menschen mit Behinderung/ psychischer Erkrankung notwendig mit benannt werden müssen (Defizitorientierung)- auch wenn Teilhabe gerade an Fähigkeiten und Ressourcen ansetzen will (Empowerment- und Ressourcenprinzip). Die neutrale Beschreibung von Körperfunktionen, Körperstrukturen wie Aktivitäten/ Teilhabe (Leistung/ Leistungsfähigkeit) auf der einen Seite und die Berücksichtigung von Umweltfaktoren (Ressourcen/ Barrieren) und personenbezogenen Faktoren macht deutlich, dass hier kein bloß „defizitorientierter" Blick vorliegt.
- Die Bedeutung ist auch für den Bereich der Eingliederungshilfe/ psychiatrische Rehabilitation als hoch einzuschätzen, weil es die implizit im SGB IX geforderte „einheitliche und integrierte Erbringung von Rehabilitationsleistungen aller Rehabilitationsträger" durch die Nutzung eines gemeinsamen Standards, d.h. einer gemeinsamen Sprache, entscheidend voranbringen kann. Es ist davon auszugehen, dass in den kommenden Jahren Beschreibungen nach dem ICF im Bereich der Eingliederungshilfe wie der medizinischen und beruflichen Rehabilitation grundlegend/ verbindlich für die Feststellung des Bedarfes, für funktionale Diagnostik, das Case-Management wie Interventionsplanung und Evaluation von Maßnahmen werden.
- Die der ICF zugrundeliegende Handlungstheorie nach Nordenfelt bietet eine Grundlage für wirkungs- und zielorientierte Interventionsplanung. Damit überhaupt erfolgreiches Teilhabehandeln erfolgt, müssen drei Bedingungen erfüllt sein

    1) Die Person muss fähig sein, die Handlung durchzuführen (körperliche, geistige und seelische Funktionen müssen vorhanden bzw. personenbezogen ausgebildet oder unterstützt sein (Leistungsfähigkeit)
    2) die äußeren Umstände /Rahmenbedingungen müssen es der Person und ihrer Assistenz objektiv möglich machen, ihre Leistungsfähigkeit umzusetzen

(z.B. wenn diese ca. 3 Stunden täglich arbeiten könnte muss auch ein entsprechender Arbeitsplatz vorhanden sein)
3) Die Person muss die Handlung auch wollen – die Handlungs- bzw. Leistungsbereitschaft muss in einen persönlichen Sinnbezug (z.B. abgestimmte Zielorientierung einer rehabilitativen Unterstützungsleistung) stehen. (Vergleiche hierzu : Schuntermann S. 48 ff)

Von hoher Bedeutung ist folglich, die Sprache des ICF mit ihrem zugrundeliegenden Wechselwirkungsmodell der bio-psycho- und der sozialen Ebene in die jeweiligen Konzepte der unterschiedlichen Akteure im Bereich der Gesundheits- und Sozialleistungen zu integrieren. Der Anspruch des SGB IX auf Ganzheitlichkeit und integrierte Leistungserbringung kann so auf einer vergleichbaren und einheitlichen Ebene umgesetzt werden.

Kritisch ist jedoch auch anzumerken, dass die gegenwärtigen Abstimmungsprobleme zwischen den verschiedenen Leistungsträgern, den unterschiedlichen sozialrechtlichen Anspruchsvoraussetzungen von Klienten wie den jeweils unterschiedlichen rechtlichen Zuordnungen im Sozialrecht und die damit einhergehende unterschiedliche Organisationsmacht und Verwaltungspraxis unterschiedlicher Systeme (Eingliederungshilfe (überörtlich und örtlich), Pflegeversicherung, Arbeitsverwaltung, Renten- und Krankenversicherungen) weiter bestehen werden.

Der Umstellung auf die „gemeinsame Sprache" ICF steht entgegen, dass bisherige Verwaltungspraxis bei der Bedarfseinschätzung und der Interventionsplanung und Finanzierung sehr unterschiedlich ist (die beklagte „Versäulung" der Sozialversicherungssysteme) und der hohe Differenzierungsgrad und der große Umfang der ICF eine schnelle Umsetzung dieser neuen „Beschreibungsweise" behindert.

Hinzu kommt, dass die Verständlichkeit für Betroffene nicht „barrierefrei" ist (Vgl. hierzu Meyer, A.H. S.84 ff)

II. Anforderungen an wirkungsorientierte Steuerung im Bereich der Eingliederungshilfe

Die 84. Arbeits- und Sozialministerkonferenz hat Ende 2009 in Berlin Leitlinien zu einer umfangreichen Veränderung des Systems der Eingliederungshilfe. Für diesen Beitrag ist dabei besonders hervorzuheben, dass die Leitlinien in folgenden Punkten unmittelbaren Bezug auf das Thema des Beitrages haben:

- Die Zuständigkeit aus „einer Hand" für ambulante, teilstationäre und stationäre Leistungen setzt integrierte Bedarfsfeststellungsverfahren und damit eine gemeinsame Sprache voraus

- die „zielorientierte Gestaltung der Zugänge zum Teilhabesystem durch individuelle Teilhabestrukturen" setzt differenzierte, sowohl Funktionsbeeinträchtigungen wie Ressourcen und Förderfaktoren berücksichtigende Teilhabeplanungen und die Ausrichtung auf persönliche Motivation über individuelle Zielvereinbarungen voraus
- die „verbesserte Steuerung und Wirkungskontrolle durch die Kostenträger, die eine am individuellen Bedarf orientierte Hilfe sichern soll" zielt auf sozialraumorientierte, flexible Hilfen, die auch das bürgerschaftliche Engagement für Teilhabebedarfe mit einbezieht und über die Umsteuerung von „teuren" stationären Hilfen hin auf sozialraumorientierte flexible Unterstützungs- und Begleitungsarragements auch den weiter zu erwartenden Kostenanstieg der Eingliederungshilfe begrenzen soll. (Vgl. hierzu URL www. abid-ev.de)

Das traditionelle System der Eingliederungshilfe - einrichtungsbezogene Finanzierung über Platzzahlen - Zuweisung von Klienten in strukturell und konzeptionell definierte Leistungsformen - soll sich folglich deutlich verändern.

Bei dieser Umstellung von einrichtungsbezogenen zu personenbezogenen Konzepten muss sowohl die Finanzierung (Ablösung der Anreize stationärer Erbringung durch ein einheitliches Finanzierungssystem unabhängig von Ort und Art der Leistungserbringung) wie die Steuerung und Qualitätssicherung sich verändern. Wirkungsorientierte Steuerung ist in diesem Zusammenhang als systematische Verknüpfung von Angebotssteuerung mit der systematischen Evaluation von Qualität zu verstehen.

Im Bereich der Eingliederungshilfe haben wir neben der länderrechtlichen Zuständigkeit jedoch schon allein auf der Leistungsträgerseite ein komplexes System von Verwaltungsgliederungen und Zuständigkeiten. Es gibt sowohl eine unterschiedliche vertikale Gliederung (überörtliche versus örtliche Leistungsträgerzuständigkeit) die noch zudem horizontal (unterschiedliche Regelungen für sogenannte Leistungstypen/Versorgungsformen (z.B. unterschiedliche Leistungsträgerschaft für Betreutes Wohnen und stationäre Wohnformen) wie für Zielgruppen der Eingliederungshilfe (Bereich der Hilfen für Menschen mit geistigen Behinderungen, mit körperlichen (einschließlich der Sinnes-) Behinderungen, mit psychischen- und Abhängigkeitserkrankungen, zu ergänzen sind auch die sehr unterschiedlichen Regelungen für Kinder- und Jugendliche im Rahmen der Eingliederungshilfe). (Vgl. hierzu auch Empfehlungen des Deutschen Vereins, S. 253 ff)

Bei dem Anspruch an sozialraumorientierte Hilfen ist zudem systematisch - unabhängig von der Zuständigkeit als Leistungsträger - die örtliche Ebene der Erbringung personenbezogener Dienstleistungen (das System der Dienste und Einrichtungen für alle Zielgruppen der Eingliederungshilfe, im folgenden Leistungserbringer genannt) wie kommunale oder Kreisverwaltungen als Verantwortliche des „Gemeinwesens" einzubeziehen.

Im Folgenden werden unter Berücksichtigung der verschiedenen Ebenen (sozialrechtliches „Dreiecksverhältnis") Probleme wirkungsorientierter Steuerung aufgezeigt:
Folgende Probleme lassen sich auf der Fall- oder Klientenebene beschreiben:

- Es besteht eine fehlende Partizipation von Betroffenen am Hilfeplanungs- und Hilfeprozess selbst
- Eine fehlende Transparenz für Betroffene bei der Planung, Durchführung und den Kosten professioneller Hilfen ist festzustellen
- Die Qualität sozialer Beziehungen im Hilfeprozess ist entscheidend für die Wirkung von Maßnahmen, die Konstanz wichtiger Bezugspersonen wird durch die Fragmentierung der Hilfen immer wieder durchbrochen
- Fehlende Sinnhaftigkeit und Zukunftsorientierung von Maßnahmen sind für Betroffene deutliche Barrieren, biographische Probleme werden zur Begründung für das Ausmaß und die Deutungsmacht professioneller Hilfen und nicht als Unterstützung eigener Lebensbewältigung verstanden
- Insbesondere bei stationären Maßnahmen führen lebensweltersetzende Strategien zu einem Nichteinbeziehen der personalen Umwelt und der Sozialraumbezüge
- Durch die maßnahme- und nicht personenbezogenen Hilfen fehlen niedrigschwellige Zugänge, Selbsthilfeaktivitäten werden nicht ausreichend gestützt
- Fachliches Können ist im Rahmen von Finanzierungs- und Strukturvorgaben nicht immer in der Lage, auf individuelle Störungsbilder einzugehen (Vgl. hierzu Bär u.A., und Albus u.A., Kunze u.A.)
- Der Bedarf an lebensfeldübergreifenden und trägerübergreifenden Hilfen wird angesichts der demographischen Entwicklung (Auslaufen häuslicher Versorgung durch zunehmenden Ausfall der weiblichen Versorgungs- und Pflegegenerationen und Veränderung der Familienstrukturen, höhere Lebenserwartung von Menschen mit Behinderung, prognostischer Zunahme von komplexen, Zunahme psychischer Störungen) steigen (Vgl. hierzu: URL: Bundestagsanfrage)

Für die Leistungserbringer (Einrichtungen und Dienste, die sich wesentlich über die Eingliederungshilfe finanzieren) lassen sich folgende Probleme wirkungsorientierter Steuerung beschreiben:

- Die Grundlage der Orientierung an trägerbezogenen fachlichen Zielen (Konzeption, Leitbild) muss mit einer ökonomischen Gewinnmaximierung in Übereinstimmung gebracht werden
- Im Rahmen der Eingliederungshilfe gibt es nur eine begrenzte „rationale" Konkurrenz um Finanzmittel, entscheidend für die eingeworbenen Mittel sind sehr unterschiedliche Mischfinanzierungsstrukturen, die große überregional agie-

rende Träger begünstigen. Es existieren weiter regional sehr unterschiedliche Angebotsstrukturen bei den jeweiligen Zielgruppen.
- Dominanz von Sachzielen, weil diese messbar und sind und leichter intersubjektiv geteilt werden können („wir wollen größer werden….")
- Das Gewicht der Stakeholder-Ansprüche ist deutlich ungleichgewichtig (fehlende „Marktmacht" der Klienten)
- Die betriebliche Effektivität wird durch eine eingeschränkte Gestaltungsmacht bei historisch entstandenen Macht- und Strukturdefinitionen „unsere Werkstatt", „unsere Zentralküche" eingeschränkt
- Inhaltliche Unternehmensziele werden häufig von Mitgliedern (Verein) bzw. Repräsentanten (Vorstand) bestimmt, die Normierungen der Leistungsgestaltung und –abrechnung haben hohen Einfluss auf die Leistungsgestaltung
- Die Anforderungen einer hoch individualisierten „Dienstleistungsproduktion" sind mit Ordnungsstrukturen und der Produktion von „Kollektivgütern" (vorzuhaltende Versorgungsangebote) in Einklang zu bringen
- Es besteht eine Konkurrenz um motivierte und gut ausgebildete Mitarbeiter wie ehrenamtlich Tätige, bei weitgehend eingeschränkter innerbetrieblicher Personalflexibilität und traditionell geringen Löhnen im sozialen Bereich
- Es gibt faktisch keine über quantitative Erlöse hinausgehende Erfolgsfaktoren, der personale Einfluss („Leistungspersönlichkeit") des Managements ist erheblich
- Die „Kollektivgüter"produktion von Dienstleistungen (regionale Versorgungs- / Angebotspalette für heterogene Zielgruppen) erfordert eine Kooperation mit anderen Trägern bei gleichzeitiger Konkurrenz, was bisher die Tendenz zur Schaffung immer neuer „Spezialangebote" in eigener Trägerschaft stützt (Vergleiche dazu: Merchel,J, 2009,: 81 ff, Hauser, Neubarth, Obermaier, S. 4ff)

Für die Leistungsträger der Eingliederungshilfe sind die Probleme wirkungsorientierter Steuerung wie folgt anzugeben:

- Es besteht ein hoher Druck zur Kostendämpfung bei nur geringer bzw. keiner Kontrolle in Bezug auf die Inanspruchnahme (Rechtsanspruch bei steigenden Fallzahlen) und die inhaltliche Gestaltung der Leistungen
- Der Anspruch der Steuerung regionaler Kollektivgüter (regional ausreichend vorhandene Versorgungsangebote für unterschiedliche Zielgruppen) ist von hoher Bedeutung für die Wahrnehmung des gesetzlichen Auftrages, es besteht aber häufig nur bruchstückhafte Kenntnis oder Einflussmöglichkeiten auf den Zugang bzw. die Auswahl der Klienten der Leistungserbringer. Eine fehlende Bedarfserhebung oder Bedarfsprognose in definierten Sozialräumen erschwert eine Versorgungsplanung. Eine Kontrolle der Durchführung finanzierter Leis-

tungen besteht in meist freiformulierten Dokumenten, eine systematische Evaluation von Wirkungen erfolgt nicht.
- Weil eine qualitative Steuerung als zu schwierig erscheint, reduziert sich die Steuerung auf quantitative (Platzzahlen) und monetäre Daten.
- Der gesetzlichen Verpflichtung zur individuellen Leistungsgewährung und dem „Monitoring" auch der individuellen Prozesse geschieht bei meist nur eingeschränkter Kenntnis der antragstellenden Person und deren Umfeldbezügen. Die Rahmenbedingungen trennen jedoch bewusst und fachlich begründet die Genehmigung von der Durchführung.
- Eine funktionale Verknüpfung von Fallmanagement und regionaler Systemsteuerung wird durch die interne Datenverwaltung nicht gestützt.
- Qualifizierte, regional- und zielgruppenerfahrene Mitarbeiter, die professionell gute Passungen von Antragstellern und Fachkräften in der Begleitung und Betreuung ermöglichen und dabei Verwaltungsanforderungen und sozialrechtliche Ansprüche gleichermaßen berücksichtigen können sind noch selten.
- Das System der Nichtzuständigkeit - oder anders ausgedrückt der „organisierten Verantwortungslosigkeit" - auf der Ebene unterschiedlicher Leistungsträger wie bei komplex anfordernden Klienten auf der Ebene der Leistungserbringer ist auf der „Fallebene" für Mitarbeiter der Eingliederungshilfeträger nicht zu lösen. (Vgl. hierzu : Kronenberger, G. in : Kunze u. A.)

„Bei so viel Komplexität könnte man eigentlich nur verzweifeln" (Bär.u.A. S. 26) .

Die vielfältigen Bezüge der genannten Probleme wirkungsorientierter Steuerung im „Dreiecksverhältnis" lassen sich aus meiner Sicht nur partizipativ und kooperativ lösen.

Eine dialogorientierte Praxis vor Ort, bei nicht nur quantitativ messbare, sondern auch qualitative Informationen eine angemessene Bedeutung haben und die gleichermaßen Informationen aller Anspruchsgruppen berücksichtigt, kann die Anforderungen der ASMK einlösen. Dieses „wirkungsorientierten Steuerungsgremium" (regionale Teilhabekonferenz) kann zusammen mit der Antragssichtung und –prüfung verkoppelt werden, um eine Verdoppelung von Gremienzeiten vorzubeugen. So kann Evaluation im Einzelfall auf dem Hintergrund entsprechend aufbereiteter Daten der Region auch sinnvoll mit allen Akteuren verknüpft werden.

Einem regionalen, paritätisch besetzten „Steuerungsgremium" sollten ausgewählte Daten zur Verfügung stehen, die eine Rückmeldung zu den wichtigsten Zielen wirkungsorientierter Steuerung der Akteure ermöglichen.

Dies sind neben den mess- und zählbaren Basisdaten – wie Kosten, Inanspruchnahme und Ausscheiden von Klienten in unterschiedlichen Organisationsstrukturen, Auslastung von Diensten und Einrichtungen - auch eine Reihe von qualitativen Daten die Schulz-Böing (2006) mit folgenden Begriffen zusammenfasst:

Integrationsdaten   (Bezüge im Sozialraum)
Aktivierungsdaten   (Erreichen von Zielen, gute diaologische Planung)
Stabilisierungsdaten   (Voraussetzungen /Rahmenbedingungen für individuelle Hilfen, kompensatorische Hilfen)
Koordinationsdaten   (gelingende Absprachen, trägerübergreifendes Case-Management)

III. Erfahrungen aus der Anwendung von ICF in Teilhabeplanungsinstrumenten

Vielfältige Erfahrungen mit der Anwendung von ICF liegen in Deutschland schwerpunktmäßig aus dem Bereich der somatisch-psychosomatischen Rehabilitation mit den Leistungsträgern Renten- und Krankenversicherung vor.

In ICF-Anwenderkonferenzen, die seit einigen Jahren stattfinden, findet ein berufs- und zielgruppenübergreifender Austausch statt (www.vdr.de).

ICF-Anwendung ist im Bereich der sozialmedizinischen Gutachten immer häufiger, Kostenzusagen – etwa im Bereich der medizinischen Rehabilitation psychisch kranker Menschen – sind an die Begründungen geknüpft, die eine ICF basiertes Asessment enthalten.

Sehr häufig ist neben der Nutzung der integrierten Beschreibung von funktionalen Problemen, Förderfaktoren/ Barrieren der Person und ihrer Umwelt auch die unmittelbare Möglichkeit, den Erfolg einer Rehabilitationsmaßnahme an der Verbesserung funktionaler Probleme nachzuweisen (z.B. Verbesserung der Gehfähigkeit von einer erheblichen Ausprägung zu einer mäßigen Ausprägung). Im Kontext von Teilhabe ist jedoch ein wirkungsorientierter Nachweis nicht an einzelnen Items sinnvoll zu beschreiben.

Die zentrale Kritik an „therapeutisch-rehabilitativen Sonderwelten" besteht ja gerade darin, dass der Transfer einer verbesserten Funktion in den Alltag von Menschen mit Beeinträchtigungen häufig nicht gelingt und nachhaltige Teilhabe am Leben in der Gesellschaft nicht lebensweltfern „trainiert" werden kann. Wirkungsorientierung im Rahmen der Eingliederungshilfe ist deshalb nicht allein an isolierten Funktionsverbesserungen zu messen.

Im Rahmen der Erprobung eines Integrierten Teilhabeplanes in Hessen 2008 – 2010

wurde – aufbauend auf der Erfahrung von zwei Vorläuferprojekten im Bereich der gemeindepsychiatrischen Hilfen mit einem integrierten Behandlungs- und Rehabilitaitonsplan (IBRP) – von der Autorin ein Hilfeplanungsinstrument (der ITP Hessen) entwickelt, der zielgruppenübergreifend ICF-orientierte Beschreibungen im Rahmen der Beschreibung der aktuellen Situation (personenbezogene Faktoren einschließlich der Berücksichtigung von Förderfaktoren und Barrieren der Umweltbezüge) enthält und im Rahmen der Beschreibung und Bewertung von Fähigkeiten und Beeinträchtigungen eine „Kurzliste" von ICF Codes aus dem Bereich Körperfunktionen, Aktivität und Teilhabe enthält. Die Auswahlitems dieser Kurzliste wurden aus einer Übersetzung und Verdichtung bisher eingeführten Hilfeplanungs- und Bedarfsfeststellungsverfahren aus dem Bereich der Eingliederungshilfe gewonnen und im Rahmen der zwei Erprobungsphasen (Wiesbaden 2008 - 2010, Fulda und Werra-Meißnerkreis 2009/2010) mit ca. 1900 Anwendungsfällen evaluiert und verändert.

Auf der Grundlage des Integrierten Teilhabeplans wurde die Finanzierung aller eingliederungshilfefinanzierten Dienste und Einrichtungen für erwachsene Menschen mit Beeinträchtigungen (in den Bereichen, Wohnen/ Selbstsorge, Arbeit und Beschäftigung, Freizeit) auf ein einheitliches, zeitbasiertes Verfahren umgestellt. Hilfebedarfe werden funktional und über alle Lebensbereiche hinweg eingeschätzt, sie können flexibel, unabhängig vom Ort der Erbringung, zielorientiert umgesetzt werden (Auflösung der Schnittstelle stationär-ambulant). (Vgl. hierzu: Kunze u.A.) Der ITP Hessen entspricht vollständig den Empfehlungen des Deutschen Vereins an Hilfeplanverfahren (Vgl. dazu Gromann)

Im Vordergrund Integrierter Teilhabeplanung steht der Prozess der dialogischen Planung – Asessment ist jedoch ein Schritt in diesem Prozess. Für diesen „Asessmentteil" ist die Sprache des ICF genutzt worden, auch um hier langfristig Schnittstellenprobleme zwischen unterschiedlichen Leistungsträgern zu verringern.

Im ITP sind deshalb die Prozessschritte, die Asessmentteile enthalten
– das ist 1. der Schritt 4: Stichworte zur aktuellen Situation /Umweltfaktoren (Problemlage) und 2. der Schritt: Fähigkeiten und Beeinträchtigungen dort wo es inhaltlich sinnvoll war mit den ICF Kodes versehen.

Auf der Seite 4 (Klärung des Bedarfs im Bereich Arbeit/Beschäftigung/Tagestruktur) sind zentrale Asessment-Items für diesen Bereich unter 10 b) Fähigkeiten, Zielentwicklung im Lebensfeld Arbeit nochmals aufgeführt, ergänzt durch Items, die für die Zielentwicklung im Bereich Arbeit wichtig sind.

Grundsätzlich geht der ITP jedoch davon aus, dass Hilfe-bzw. Unterstützungsbedarf nicht linear durch die Einschätzung einer Beeinträchtigung ausgelöst wird. Auf dem Hintergrund einer Einschätzung von Lebenszielen werden Hilfeziele in den unterschiedlichen Lebensbereichen in der Regel für das kommende Jahr vereinbart.

Für einen integrierten Teilhabeplan ist das Finalitätsprinzip von hoher Bedeutung: es geht hier nicht um eine vollständige Beschreibung des Antragstellers oder eine sozialmedizinische Diagnostik, sondern um eine Einschätzung des Ausprägungsgrades von Items, die zentral für das Erreichen von Zielen (auch Stabilisierungszielen) sind.

Im Vordergrund stehen dabei notwendigerweise die Aktivitäten des täglichen Lebens und deren zentrale Einflussfaktoren funktionaler Gesundheit wie etwa Antrieb, psychische Stabilität.

Die Kurzliste ist gegliedert in:

Fähigkeiten oder Beeinträchtigungen der Teilhabe durch die chronische Erkrankung/ Fähigkeiten oder Beeinträchtigungen der Teilhabe bei der Aufnahme sozialer Beziehungen und Fähigkeiten oder Beeinträchtigungen der Teilhabe in den Lebensfeldern.

Innerhalb dieser Itemblöcke richtet sich auch die Aufzählung nicht nach der ICF-Reihenfolge, sondern lehnt sich an die Reihenfolge der neuen Asessmentmodule der Pflegeversicherung an, die Sozialversicherung mit dem größten Schnittstellenanteil zur Eingliederungshilfe.

Aus Gründen der Übersichtlichkeit/Handhabbarkeit sind die Bezeichnungen der ICF-Kodes stichwortartig benannt, diese können jedoch in einem Manual genau nachgelesen werden.

In der Erprobungsphase des Instrumentes wurden alle Mitarbeiter der Träger wie die Sachbearbeiter der Eingliederungshilfe befragt.

Erste Kontakte zur kooperativen Beteiligung auch anderer Leistungsträger – etwa der regionalen Arbeitsverwaltung – und deren Akzeptanz des vorliegenden ICF-basierten Teilhabeplanungsinstrumentes sind positiv verlaufen.

In den Regionen in denen die Option einer wirkungsorientierten Steuerung durch paritätisch besetzte Teilhabekonferenzen für die jeweiligen Zielgruppen möglich ist, können jetzt Vereinbarungen getroffen werden die zu einer wirkungsorientierten Steuerung beitragen.

Auf der Basis aller genehmigten ITPs einer Region lassen sich

- Für den Leistungsträger nicht nur Versorgungsgrad von Zielgruppen, politisch bedeutsame geringfügige Einzelfallkostensenkung bei steigender Inanspruchnahme nachweisen
- Für die Leistungserbringer nicht nur Zielerreichung, Nutzerbeteiligung, Flexibilisierung und Verbesserung von Angeboten, und erforderliche Personalzeiten
- Für die Nutzer eine transparente Erbringung von abgestimmten Dienstleistungen und eine verbesserte Lebensqualität

Auch die unter II. genannten notwendigen *Integrationsdaten* lassen sich aus der Angabe von vorhandenen oder von Mitarbeitern gestützten Hilfen im Umfeld und der Angabe von Förderfaktoren / Barrieren in den ITPs über den Einzelfall hinaus zusammentragen.

Aktivierungsdaten stehen im Zentrum der geforderten qualitativen Wirkungserhebung. Das Erreichen von Zielen (Operationalisierung über Indikatoren ist im Instrument enthalten) erschließt sich in einem Auswertungsbogen, die Qualität personenbezogener Dienstleistungen über dialogische Planung und kontinuierliche Koordination (Nutzerzustimmung).

Auch *Stabilisierungsdaten* (Voraussetzungen/ Rahmenbedingungen für individuelle Hilfen sind über die Angabe und Berücksichtigung von kompensatorischen Hilfen zu erschließen) wie *Koordinationsdaten* (gelingende Absprachen, trägerübergreifendes Case-Management) sind über die begleitenden Angaben des ITP zu entnehmen.

Es wird in den kommenden Monaten von großer Bedeutung sein, ob es den engagierten Akteuren in Hessen gelingt, die günstigen Rahmenbedingungen in einen kooperativen, wirkungsorientierten Steuerungsprozess umzusetzen.

Zu wünschen wäre auch, dass es gelingt noch weitere Leistungsträger in das System einzubeziehen.

Literatur:

Albus, St. / Greschke, H. / Klingler, B. / Messmer, H. / Micheel, H.G. / Otto, H.U. / Polutta, A: (2010): Wirkungsorientierte Jugendhilfe, Abschlussbericht der Evaluation des Bundesmodellprogramms: Qualifizierung der Hilfen zur Erziehung durch wirkungsorientierte Ausgestaltung der Leistungs- Entgelt- und Qualitätsvereinbarungen nach §§78a ff SGB VIII", Münster

Bär. T. / Nerlich. C. / Follak. / T. Steinhart, I. (2010): Wirkungsorientierung – auf der Suche nach geeigneten Methoden, in ZS Sozialpsychiatrische Informationen 3/2010 S. 25 – 31

Deutscher Verein (Hsg) Empfehlungen zur Bedarfsermittlung und Hilfeplanung in der Eingliederungshilfe für Menschen mit Behinderungen, ZS: Nachrichtendienst 2009, S. 253-262

Gromann, P. (2010): Integrierte Teilhabplanung – auch für Menschen mit kognitiven Beeinträchtigungen?, in: ZS Teilhabe 2/2010, Marburg

Hauser, A. / Neubarth, R. / Obermaier, W, (2000):Sozialmanagement, Praxishandbuch Soziale Dienstleistungen, 2. Auflage , Köln

Kunze, H. / Kronenberger, G. / Krüger, U. / Schönhut-Keil, E (Hg.) (2009): Der Reiz des Unentdeckten, Bonn

Merchel, J. (2009) Sozialmanagement: Eine Einführung in Hintergründe, Anforderungen und Gestaltungsperspektiven des Managements in Einrichtungen der Sozialen Arbeit, 3. Auflage Weinheim

Meyer, A.H.(2004): Kodieren mit der ICF : Klassifizieren oder Abklassifizieren?, Heidelberg

Oechsler, W. A V(2008): Anwendung von betriebswirtschaftlichen Verfahren in der öffentlichen Verwaltung – Gefahren, Risiken und Nebenwirkungen am Beispiel der neuen Steuerungsinstrumente Baden-Württemberg in Fisch: R, Müller, A. Bek, D.: (Hrsg.) Veränderungen in Organisationen, Wiesbaden

Pies S. (2004): Erleben und Erwartungen von Kindern und Jugendlichen zwischen Jugendhilfe und Kinder-Jugendpsychiatrie S. 429-436, in: Fergert, J.M, Schrapper, C.: (Hrsg.) Handbuch Jugendhilfe und Jugendpsychiatrie, Weinheim München

Reis, C. (2002): Case-Management als zentrales Element einer dienstleistungsorientierten Sozialhilfe in Löcherbach, P. Klug, W. Remmel-Faßbender, R. Wendt, W.R.: (Hrsg.) Case-Management Fall- und Systemsteuerung in Theorie und Praxis, Neuwied

Rentsch, H.P. / Bucher, P.O. (2006): ICF in der Rehabilitation, 2. Auflage, Idstein

Rüegg-Stürm, (2005): Das neue St. Gallener Management-Modell, Bern

Schulze-Böing, M (2006): Die Beobachtung der Beobachter-Wirkungen und Nebenwirkungen von Controlling in der Organisationspraxis des SGB II in: Verein Beschäftigungspolitik: kommunal e.V. (Hrsg.) Dokumentation Fachtagung Netzwerk SGB II., URL: www.sgb-ii.net/portal/tagung_bpk/frankfurt_06/ffm_doku.pdf

Schuntermann, M.F. (2009) :Einführung in die ICF , 3. Auflage, Heidelberg

Internetquellen:

Zur demographischen Entwicklung und deren Auswirkungen auf die Behindertenhilfe
www.dipbt.bundestag.de/dip21/btd/15/043/1504372.pdf

zu den ASMK-Beschlüssen:
www.abid-ev.de/downloads/pr/www.abid-ev.de/www.abid-ev.de_20100212182259_N641_ergebnis-asmk2009.pdf

deutsche Fassung der ICF
www.dimdi.de/dynamic/de/klassi/downloadcenter/icf/endfassung/icf_endfassung-2005-10-01.pdf

2.
Strategie und Struktur

Ohne Leitbild geht es nicht

Dr. Markus Rückert, Augustinum Stiftung München

Leitbild, eigentlich selbstverständlich

Ein Leitbild ist eigentlich eine ziemliche natürliche Sache, im gesellschaftlichen Leben des Individuums geradezu eine Selbstverständlichkeit. Jeder von uns hat ein Leitbild, zu seinem Leben, zum Gelingen desselben, zu Gott und der Welt, zu seinem Glauben und einem dementsprechenden Leben, zu Beruf und Familie, zum Geld, zu Sexualität und Erotik, zu Kindern, Geschwistern, Eltern, also zum Verhältnis der Generationen untereinander und der Geschlechter zueinander, zum Eigentum und dem Sinn des Besitzes, vom Spielzeug über das Auto bis zum Eigenheim, von Gerechtigkeit und Ungerechtigkeit, kurz: Von allem, was das Leben ausmacht, hat jeder von uns ein Leitbild im Kopf und im Herzen. Wir leben einem oder mehreren Leitbildern hinterher oder gemäß.

Diese Leitbilder sind im Laufe unserer Kindheit entstanden und in der Jugend, beeinflusst von unserem jeweiligen Lebensumfeld, von dem Land, in dem wir aufwachsen, von der Sprache, die wir sprechen, von den Menschen, die uns umgeben zuhause, in der Schule, im Sport, in der Nachbarschaft. Und diese Leitbilder sind im Laufe des späteren Lebens bewährt worden oder sie haben sich verändert. Zentrum unseres Leitbildes ist jeder Einzelne von uns. Der Leitbildprozess ist ein nicht wenig schmerzhafter und kennt Zeiten der Kontinuität wie der Diskontinuität, wie die Perioden der Pubertät und der verschiedenen Lebenskrisen zeigen. Dennoch: Unser Leitbild prägt ganz entscheidend unser Leben seit den frühen Jahren, es wird unsere späten Jahre gestalten, so oder so oder ganz anders, es wird mit darüber bestimmen, wie wir sterben. Jeder Einzelne von uns.

Ich habe absichtlich bei uns ganz persönlich begonnen, wegen der Brisanz und Dringlichkeit eines Leitbildes, denn ohne Leitbild läuft kein Mensch herum auf diesem Globus. Und dieses setzt sich zusammen aus den Leitbildern vieler Menschen, denen wir vertrauen, die wir bewundern, die uns beeindrucken, die uns geprägt haben. Und es setzt sich zusammen aus einer Vielzahl wichtigerer und noch mehr unwichtigen Erlebnissen. Darum erzählen Menschen so gerne, wenn man nur antippt, zu jedem Thema ihre Geschichte. Weil ihnen wichtig ist, was sie bestimmt.

Mit meinem Exkurs ins Herz des eigenen Lebens habe ich implizit schon über das Leitbild von Unternehmen gesprochen und seine Entstehung und vor allem seine Notwendigkeit. Denn auch ein Unternehmen ist ein lebendiger Corpus, ein vitales Ganzes, auch es lebt von prägenden Menschen und Einflüssen. Um diese Zusammenhänge aufzuzeigen, müssen wir allerdings systematischer werden. Ich lehne mich bei meinen Überlegungen an die unternehmenspolitischen Grundlegungen des St. Gallener Professors Peter Ulrich an, der die Diskussion um das Leitbild in den letzten zwanzig Jahren entscheidend voran gebracht hat, gerade auch im Sinne der nicht lediglich nach betriebswirtschaftlichen Kriterien geführten Unternehmen.

Leitbild, alles andere als selbstverständlich

Wesentlich für ein Leitbild ist erstens der Dialog. Es könnte ja immer noch die Meinung vorherrschen, dass das Leitbild gesetzt ist. In der Regel wird das in hoch personalisierten Unternehmen der Fall sein, in denen eine beherrschende Figur quasi mit ihrer überragenden Persönlichkeit das Leitbild in persona vorgibt, will heißen, das Leitbild ist gar nicht schriftlich fixiert, es wird verkörpert durch den Leitwolf, der allein durch seine Anwesenheit die Vorbildlichkeit des Leitbildes symbolisiert und durch direkte Ansprache die tägliche Interpretation des Leitbilds garantiert. Ich möchte hier diese Form des Leitbildes nicht schlecht reden, viele soziale Unternehmen lebten oder leben von einer charismatischen Gründerfigur, die den Gedanken an die Formulierung eines Leitbildes gar nicht aufkommen lässt, einfach darum, weil sie da ist. Und das ist Leitbild genug. Diese in der Literatur so genannte ‚monologische Verantwortungskonzeption' ist geprägt durch eine überaus sozial verantwortliche Unternehmensleitung, durch eine Orientierung an der Maximierung des Sozialnutzens und durch eine Führung, die für die Betroffenen zu entscheiden sich vorbehält, weil sie davon überzeugt ist, als Person genug Programm zu sein und programmatische Leitsätze zu ersetzen.

Demgegenüber steht das dialogische Verantwortungskonzept; es geht aus von einer Führungsspitze im Unternehmen, die sich via Dialog über die Unternehmenspolitik konsensual verständigt hat, die es vorzieht, alle am Unternehmen beteiligten Interessen in einem Leitbild zu bündeln und die daher nicht für, sondern mit den Betroffenen das Profil des Unternehmens diskutiert und entscheidet. Betroffene sind dabei nicht nur die Geschäftsführung und der Vorstand, sondern auch die zweite Führungsebene, die Mitarbeitervertretungen und die Mitarbeiter, ganz besonders die Kunden, aber auch die Lieferanten oder Kooperationspartner eines Unternehmens.

Dies führt zweitens zur Leitidee einer offenen Unternehmensverfassung. Das Leitbild, wie es bei uns heißt, soll verbindliche Regeln und Verfahrens-, aber auch Verhaltensweisen des unternehmenspolitischen Interessenausgleichs für alle Beteiligten festschreiben. Die potentiell Betroffenen sind an dem Prozess der Entwicklung mitredend beteiligt, so werden aus Betroffenen Beteiligte. Gerade in sozialen Unternehmen spielt dieser Aspekt der Einbeziehung von Kunden und deren

Angehörigen schon darum eine gewichtige Rolle, weil die Zielgruppen sozialer Tätigkeit nicht selten nicht, nicht mehr oder noch nicht in der Lage sind, ihre Interessen partnerschaftlich zu vertreten. Das Umfeld der Kunden ist somit ein ganz wesentlicher Mitentscheider für die Lebensführung der Kunden selbst. Es empfiehlt sich im Übrigen, den Prozess der Entwicklung eines Leitbildes als Unternehmen mittels einer externen Unternehmensberatung anzugehen, wir haben die Erfahrung gemacht, dass die Mitsprache dort ungehemmter und freier von persönlichen Subjektivitäten gerät.

Die dritte Leitidee ist die eines konsensorientierten Managements. Auf der Handlungsebene ist nämlich das Management der ersten, noch mehr das der zweiten Leitungsebene für den Aufbau und die Pflege von unternehmenspolitischen Verständigungspotentialen mit allen internen und externen Anspruchs- und Interessengruppen verantwortlich. Aus der Sicht des Unternehmens geht es dabei um die Schaffung tragfähiger Beziehungen zu allen Gruppen, von deren Unterstützungs- und Kooperationsbereitschaft die langfristige Erfolgs- und Existenzsicherung des Unternehmens abhängt. Es gibt keine einsamen Entscheidungen des Managements, wenn das Leitbild konsensorientiert auch auf Kapitalgeber, den Staat oder die Presse zugeht, umso möglicher Interessen der direkt Betroffenen, also der Kunden stellvertretend zu antizipieren und zu berücksichtigen. Im übrigen tut es dem Management gut, sich in regelmäßigen Abständen auf den einmal gehabten Konsens erneut zu verständigen, ein solcher unternehmenspolitischer Konsens ist in dynamischen Zeiten keine statische Größe, er steht in immer kürzer werdenden Abständen jeweils neu zur Disposition, zumindest zur Diskussion.

Zwischen all den differenten, teilweise auch diffusen Interessengruppen ist für das Leitbild eines sozialen Unternehmens ein Konsens herzustellen hinsichtlich der Werte und Normen, die das Unternehmen – in seiner Weise oder Mischung oder überhaupt einzigartig – am Markt der sozialen Möglichkeiten verkörpert und vertritt. Dennoch ist – abgesehen vom charismatischen Unternehmensvater – ein Leitbild darum unverzichtbar, weil das Unternehmen nach außen als vernünftiges, handlungsfähiges und als Einheit sich darstellendes „Subjekt" auftreten muss.

Inhalte des Leitbildes

Ein Leitbild, ich sagte es oben, besteht wesentlich und erstens und zunächst einmal aus einem Wertegefüge. Dieses ist wohl zuerst durch die Gründerpersönlichkeiten verkörpert worden, und diese hat in dieser Phase des Unternehmens auch ihre unzweifelhafte Faszination auf Kunden und Mitarbeitende und die Umwelt ausgeübt, sonst wäre ja das Unternehmen nicht entstanden oder hätte keine zweite Generation erlebt. Mit dem Ausscheiden der Gründer müssen deren Werte, die diese ins Unternehmen eingebracht haben und die dasselbe in seiner Zeit so attraktiv haben erscheinen lassen, festgeschrieben werden. Dabei haben es heute soziale Einrichtungen schwer - die Evidenz des Sozialen, von Solidarität und Subsidiarität hat in den vergangenen Jahren der Kostendiskussion erheblich gelitten. Der ökonomische Zusammenbruch des Sozialstaates, die absehbare vollständige Überlastung der Sozialsysteme, lassen die alten Aussagen, was sozial sei, heute bisweilen überkommen und schal erscheinen. Dennoch hat das Wort ‚sozial' seine argumentative Kraft nicht verloren, insbesondere dort, wo es in Negation zum schlagenden Argument wird. Wenn etwas bis heute als ‚nicht sozial' oder ‚nicht sozialverträglich' bezeichnet werden kann, ist es im gesellschaftlichen Diskurs bereits kaum mehr vermittelbar. Dennoch: Die Parameter des Sozialen haben sich verschoben, man denke nur an die Diskussion um die Zumutbarkeit und den Umfang von Selbstbeteiligung an den Krankheitskosten, eine Debatte, die so vor wenigen Jahren noch undenkbar gewesen ist. Das Leitbild eines Unternehmens der Sozialwirtschaft muss Antwort geben auf die Frage: Was ist das Soziale wert?

Viele Betriebe des Sozialwesens gehören zu kirchlichen oder kirchennahen Unternehmen. Hier potenziert sich die Wertediskussion des Sozialen. Wenn es schon schwer erklärlich ist, was sozial heute bedeutet, so ist es noch schwerer, in diesem Zusammenhang die Besonderheit christlich motivierter Arbeit zu beschreiben und in einem Leitbild zu postulieren. Denn die zunächst ehrliche und bedingungslose Nächstenliebe der Wohlfahrt des vorletzten Jahrhunderts ist im Sozialstaat der letzten fünfzig Jahre des letzten Jahrhunderts unter den generellen Korruptionsverdacht durch staatliche Alimentation geraten. Von dieser nicht selten unausgesprochenen Unterstellung loszukommen wird nicht möglich sein, denn das Proprium kirchlicher Arbeit ist tatsächlich oft genug den Wachstumsoptionen und Lockungen sozialstaatlich bereitgestellter Geldmittel erlegen: Alles was über irgendwelche Töpfe nur irgendwie voll finanziert aussah, war mit einem Mal christlich und kirchlich und glaubensmäßig wichtig und wird – mit dem Ausdruck des Bedauerns in Zeiten schmaler öffentlicher Kassen gerne wieder zurückgegeben, wenn die Finanzierung nicht weiter so gesichert erscheint wie bislang.

Dabei sind die Standpunkte christlicher Sozialarbeit derzeit und in Zukunft eher begreiflich zu machen und auch einer kritischen Öffentlichkeit gegenüber leichter herauszuarbeiten, als noch vor einer Generation. Die Säkularisierung auch des Sozialwesens lässt neue geistige, ja sogar geistliche Spielräume zu, insbesondere in der ethischen Ausrichtung evangelischer oder katholischer Einrichtungen am Markt sozialer Dienstleistung. Wenn unsere Einrichtungen schon in ihrem Leitbild deutlich machen können, welche Werthaltung sie beispielsweise zum gesellschaftlich hochrelevanten Thema des würdigen Sterbens einnehmen, werden sie bestimmte klar abgegrenzte Positionen einnehmen, sich aber anderen Optionen bewusst verschließen, ich erinnere an das allein medizinisch indizierte und medizintechnisch ermöglichte Festhalten am Leben eines lebenssatten alten Menschen, ich erinnere ebenso an das fünfte Gebot, das die Tötung jeden Lebens verbietet und das selbstverständlich in christlichen Häusern auch für die Möglichkeiten „euthanastischer Hilfestellungen" zu gelten hat.

Werte, so steht es in meinem Lexikon, sind „durch Schätzung und Abwägung entstandene Übereinkommen zwischen Menschen über das ihnen Zu- bzw. Abträgliche; sie sind unverzichtbar, weil sie in sinngebender Weise soziale Normen rechtfertigen und begründen, die für ein abgestimmtes, berechenbares Verhalten in einem Unternehmen unerlässlich sind." Sie lassen sich, so entnehme ich der Literatur, in der Regel auch noch viel später auf die Orientierungsmustern der Gründerväter und -mütter zurückführen. Derzeit findet allerdings ein Wandel der Werte und eine Nivellierung der Normenbefindlichkeit in den Unternehmen des Sozialwesens statt, wie es bislang einmalig ist: Die gesetzlichen Vorgaben, die im sozialen Bereich in der Regel mit Finanzierungszusagen verbunden sind, lassen wenig Spielraum mehr für die eigengeprägte Interpretation der von ihnen erfassten Lebensbereiche. Und die dazu ausgegebenen Durchführungsbestimmungen schreiben bis ins Detail vor, welche Situation welcher Einstellung und Beurteilung zu unterliegen habe. Bisher klassische Freiräume unternehmensindividueller oder auch personaler Wertauffassungen werden durch staatliche Vorgaben in einer Weise eingeebnet, wie das bislang so nicht bekannt war. Was Qualität in der Pflege ist, wie individuelle Zuwendung inhaltlich und zeitlich auszusehen hat, wer welche Daten von wem an welche Stellen zu übermitteln hat, das alles wird mit dem einleuchtenden Argument der Transparenz und Vergleichbarkeit der Leistungserbringung vereinheitlicht. Dass damit die Werthaltungen des Gesetzgebers und der Bürokratie die profilierten Wertegebäude unterschiedlichster Sozialanbieter oft ohne größere Reflexion und Phantasie der Liebe zu der jeweiligen sozialen Arbeit planieren, sollte an dieser Stelle nur vermerkt werden.

Kleiner Exkurs: Dabei spielt meines Erachtens das „herkömmliche ökonomische Selbstmissverständnis", wie es Peter Ulrich nennt, eine ganz entscheidende Rolle. In vielen betriebswirtschaftlich denkenden Köpfen besteht ein tiefer Graben zwischen der ökonomischen Sachlogik und den spezifischen Wertvorstellungen von Unternehmen und ihren Mitarbeitern über deren wertegesteuerten Umsetzung in den Alltag der Menschen. Die phantasievollere, tendenziell aber schwächere Position nimmt dabei die gewachsene, wertgebundene und liebenswürdige Haltung ein, die die Auswüchse ökonomischer Unsensibilität andauernd begrenzen und im Zaum halten muss. Daher ist sowohl der unternehmenspolitische Dialog als auch die Einbeziehung beispielsweise der Kostenträger und der staatlichen Kontrollbürokratie als externer Einspruchsgrößen in die Bildung eines Unternehmensleitbildes so wichtig im Sinne einer offenen Unternehmensverfassung (vgl. oben). Ob eine solche, theoretisch und unternehmensethisch interessante Überlegung der

Einbeziehung externer Faktoren ins offene Unternehmensleitbild in der Praxis durchhaltbar oder gar unumgänglich sind, muss jedes einzelne Unternehmen im Prozess seiner Leitbildfindung für sich entscheiden; der Versuch könnte lohnend sein.

Inhalt des Leitbildes ist neben den Wertvorstellungen, die dort verbal, aber auch emotional eine beherrschende Stellung einnehmen sollten, natürlich auch der Unternehmenszweck: Was machen wir und warum und wie machen wir es? Es sollte also möglichst präzise Antwort gegeben werden auf die Frage, welche Grundbedürfnisse das Unternehmen für seine Zielgruppen erfüllen möchte, und damit auch, wer diese Zielgruppen tatsächlich sind. Hilfreich ist es darüber hinaus, auszusagen, was das Unternehmen *nicht* zu machen sich in der Lage sieht und warum es neue Arbeitsschwerpunkte für sich ablehnen würde. Die Leitfrage, die bei dieser Antwort hilft, leuchtet schnell ein: „Was ginge den Menschen, unserer Gesellschaft verloren, wenn es das Angebot dieses speziellen Unternehmens nicht mehr gäbe?"

Und ein dritter Inhalt, der im Leitbild aufscheinen muss, ist seine Werbewirksamkeit. Ein Leitbild ist keine Bestandsaufnahme, sondern - wie der Name schon sagt – ein Bild des Unternehmens, was in die Zukunft leiten soll. Darum sollte es mitreißend formuliert sein und Management und Mitarbeiter sowohl im Kopf als auch im Herzen treffen. Und es sollte alle Kräfte im Unternehmen in eine Richtung zu bündeln in der Lage sein; ein gelungenes Leitbild verleiht dem Unternehmen Schubkraft, weil alle wissen, dass sie an einem Strang ziehen.

Natürlich gibt es im Alltag immer gegenläufige Bewegungen, es gibt unternehmerische Irritationen, es gibt Grenzüberschreitungen, die das Leitbild so noch nicht hergibt. Daher muss ein Leitbild alle paar Jahre auf seine Tauglichkeit und weitere Gültigkeit hin unter die Lupe genommen werden, vom Management sowieso, aber auch von den Mitarbeitenden, sonst wird es stumpf und bedeutungslos.

Neulich war in der Presse zu lesen, dass der deutsche Profi-Fußball in der Krise stecke. Das wussten wir ja alle schon. Interessant war die Diagnose: Eine Wirtschaftsprüfungsgesellschaft hatte sich im Auftrag des Deutschen Fußballbundes die Mühe gemacht, die 36 Profi-Vereine der ersten und zweiten Liga zu untersuchen, und die Credit-Reform sollte ein Rating der bekannten Vereine vornehmen. Dabei wird festgestellt, dass die Schwächen des Managements dieser Vereine immer dieselben sind: Es existiere kein Leitbild, keine Strategie, daher selbstverständlich auch keine Kontrolle derselben in Form von Aufsichtsräten oder einem ausgebauten Rechnungswesen, kurz: die Techniken des Managements seien unterentwickelt. In diesem Zusammenhang fällt der entscheidende, der entlarvende Satz: „In den Vereinen stehe die sportliche Leistung im Vordergrund und weniger das betriebswirtschaftliche Denken."

Wenn es eines Tages auch über soziale Unternehmen heißt, dort stehe das soziale Denken und Handeln zu sehr im Vordergrund und nicht das betriebswirtschaftliche Denken, dann sind wir leitbildmäßig wohl am Ende. So ein Satz darf nicht fallen.

Gemeint ist er ganz anders. Gemeint ist, dass zur Unterstützung des fachlichen Know-how, des sportlichen hie, des sozialen dort, wirtschaftswissenschaftlich fundierte Instrumente des Managements durchaus hilfreich sein könnten, in vielen Fällen sogar lebensrettend. Das stimmt dann für den Fußball genauso wie für das Sozialwesen. Aber dann muss auch immer klar sein, dass in unserer Branche die soziale Leistung immer im Vordergrund stehen wird und nicht in erster Linie das betriebswirtschaftliche Denken. Das sagen unsere Leitbilder aus.

Übrigens: Der FC Bayern schneidet bei diesem Rating mit Abstand am besten ab. Kennen Sie dessen Leitbild? Nein, ich auch nicht. Ich kenne nur Beckenbauer, Rummenigge und Hoeneß, Sie auch. Die sind das Leitbild. Aber das dürfte auf Dauer nicht genügen.

Das Leitbild – Managementinstrument für die Sozialwirtschaft in Alltag und Krise

Prof. Dr. Michael Vilain

1. Die Leitbilddiskussion in der Sozialwirtschaft

Die Beschäftigung mit Werten und Leitbildern ist bestimmt nicht neu. Sie hat typischerweise in Zeiten markanter Umbrüche und damit einhergehender Phasen der Neuorientierung Konjunktur (Belzer, 1998). Für den einzelnen Betrieb können hierfür auslösende Faktoren gravierende Umweltänderungen, Neugründungen, Fusionen oder ein neues Management sein. Ebenso wirksam ist die Erosion traditioneller Werte und Milieus im Umfeld gesellschaftlicher Großorganisationen sowie die Neuorientierung in Politik und Verwaltung, die als Folge sozialgesetzlicher Veränderungen (z.B. SGB VIII - KJHG) neue Steuerungsmodelle präferieren. Prospektive Pflegesätze, Leistungsvereinbarungen, Qualitätskontrollen, Dokumentationsverfahren und Anbieterwettbewerb haben so den ohnehin vorhandenen öffentlichen Legitimationsdruck verstärkt und das Selbstverständnis in Teilen der Sozialwirtschaft gründlich erschüttert. Es ist daher sicherlich kein Zufall, wenn eine intensivere Auseinandersetzung in vielen Bereichen der Sozialwirtschaft eingesetzt hat. Leitbilder bieten sich hier als Konzeptionen längst überfälliger Neu- und Umorganisation an. Sie sollen sozialen Einrichtungen bei der Formung und Entwicklung der eigenen Identität helfen. Als Teil des normativen Managements bilden sie einen handlungsleitenden Rahmen für das strategische und operative Management, werden als wichtige Führungsinstrumente angepriesen und sollen schließlich sogar Hilfe bei der Vermeidung und Bewältigung von Krisen sein. Sie können auch als zentraler Bestandteil eines Change-Management-Prozesses begriffen werden (Böttcher, 2002). Soweit die Theorie.

In der Praxis tauchen jedoch zahlreiche Probleme auf. So stehen oftmals gegensätzliche Interessen der Organisationsmitglieder der Erstellung und Umsetzung von Leitbildern im Wege. Gelegentlich werden Leitbilder als PR-Gag missverstanden und finden sich in der Ausprägung eines „Lightbildes". Sie haben dann nach ihrer werbewirksamen Verkündung in der Regel keine weitere Relevanz für die Binnenbeziehungen in der Organisation. Nicht selten werden sie als Argument für Kostenreduktionen und anstehende Reorganisationsmaßnahmen vorgeschoben und entpuppen sich als regelrechte „Leidbilder". Unter solchen Umständen wächst das Misstrauen der Mitarbeiter schnell.

Verfolgt man jedoch andere, ernstgemeinte Vorsätze, gibt es einige Faktoren, die den Erfolg beeinflussen und daher bedacht werden müssen.

2. Leitbilder als Bindeglied zwischen normativem und strategischem Management

2.1 Charakteristika, Funktionen und Gestaltung betrieblicher Leitbilder

Ein Leitbild bezieht sich zuallererst immer auf ein vorhandenes Wertesystem und wird daraus hergeleitet. So sind und waren die Wohlfahrtsverbände, die nach wie vor den größten Teil nichtstaatlicher sozialer Dienstleistungen in der Bundesrepublik abdecken, zumeist eng mit bestimmten Milieus und anderen gesellschaftlichen Großgruppen verknüpft (Boeßenecker, 2005, S. 81 ff.).

Verband	Zugrundeliegendes Wertesystem	Bezugsgruppe
AWO	sozialistisches/ sozialdemokratisches	Arbeitermilieu
DCV	christlich-katholisches	Katholiken
DW	christlich-evangelisches	Evangelen
ZWST	jüdisches	jüdische Gemeinden
DRK	weltanschauliche und politische Neutralität	bürgerliches Milieu (Adel)
DPWV	pluralistisch-demokratisches	vielfältige

Die mit den entsprechenden Milieus verbundenen Wertvorstellungen und die an gesellschaftlichen Großgruppen ausgerichtete Organisationsstruktur dienten gleichsam als innerer „Kompass". Dieser normative Rahmen, der sich in einer ähnlichen Sprache und in gemeinsamen Vorstellungen über gesellschaftliche Großthemen äußerte, wurde gleichsam von allen, zumindest aber der überwiegenden Zahl der Organisationsmitglieder geteilt. Diese gemeinsame Identität gab den Weg vor, definierte was im alltäglichen Leben richtig und was falsch war.

Mit dem Wegbrechen traditioneller sozialer Milieus und einer einsetzenden Professionalisierung der Hilfeleistung begann dieses in sich stimmige Wertegerüst zu erodieren. In den Organisationen und Einrichtungen lässt sich heute vielmehr ein Nebeneinander von sozialarbeiterischen und sozialpädagogischen Angeboten mit Dienstleistungscharakter, ökonomischen Entscheidungsprämissen und traditionell wertgebundenen Orientierungen entdecken, deren innerer Zusammenhang immer stärker konstruiert werden muss. Immer mehr Mitgliedern ist angesichts umfangreicher Aufgaben- und Geschäftsfelder der Entstehungshintergrund und der ursprüngliche Zweck der Organisation fremd oder wird gar als anachronistisch abgelehnt. Vor diesem Hintergrund hat die Debatte um das Leitbild wieder an Fahrt gewonnen.

Das Leitbild – Managementinstrument für die Sozialwirtschaft in Alltag und Krise

Wichtiger Bestandteil eines Leitbildes ist die meist in engem Zusammenhang mit der Gründungsgeschichte stehende *Vision* der Organisation. Eine Vision ist eine geistige Vorstellung oder ein Bild von einem wünschenswerten Zustand oder von Umweltbedingungen, wie sie gegenwärtig noch nicht existieren. Visionen haben die Kraft, menschliches Streben und Handeln auf ein imaginäres, weit in der Zukunft liegendes Ziel hin auszurichten. Auch die Gründung des Deutschen Roten Kreuzes beruhte auf der Vision eines Mannes, Henry Dunant, der als reisender Geschäftsmann Zeuge eines Krieges wurde. Die verstörenden Eindrücke, welche die Schlacht und die Lage der verwundeten Soldaten bei Dunant hervorriefen, führten ihn zu der Frage wie dieses Leid zu lindern sei:

„Welchen Nutzen hätte eine Schar tatkräftiger, begeisterter und mutiger Helfer auf dem Felde der Vernichtung bringen können in jener unheilvollen Nacht [...] als Tausende von Verwundeten vor Qual stöhnten und herzzerreißend um Hilfe riefen, Tausende, die nicht nur unter furchtbaren Schmerzen, sondern auch unter einem entsetzlichen Durst litten." (Dunant, S.110)

Die Lösung schien ihm ein internationales Hilfswerk, welches das Leid für Menschen in solchen Situationen, unabhängig von der Nationalität, der ethnischen oder religiösen Zugehörigkeit lindert. Aus dieser Vision leitet sich über hundert Jahre später trotz mancher Veränderung der Organisation, die Mission, die gesellschaftliche Großaufgabe bzw. der *Zweck der Unternehmung* bis heute ab:

„Wir vom Roten Kreuz sind Teil einer weltweiten Gemeinschaft von Menschen in der internationalen Rotkreuz und Rothalbmondbewegung, die Opfern von Konflikten und Katastrophen sowie anderen hilfsbedürftigen Menschen unterschiedslos Hilfe gewährt, allein nach dem Maß ihrer Not" (Auszug aus dem Leitbild des DRK; vgl. Abbildung 4).

Die Definition der *raison d'être* einer Organisation muss immer auch beinhalten, welche menschlichen Grundbedürfnisse sie befriedigen will und wie sie dieses Ziel zu erreichen versucht. So könnte ein Automobilhersteller das Bedürfnis nach Mobilität befriedigen oder ein Energieerzeuger den Wunsch nach Strom oder Wärme. Im vorliegenden Beispiel des DRK ist es das Bedürfnis nach Linderung menschlichen Leids.

Das Bewusstsein der *Geschichte* einer Organisation trägt in besonderer Weise zur Identitätsbildung ihrer Mitglieder bei. Damit sind vor allem die neben der „offiziellen Geschichtsschreibung" mehr oder weniger informell kursierenden Geschichten, Anekdoten und Rituale angesprochen. Sie sind immer auch ein Spiegel des Zustandes einer Organisation in der Vergangenheit und tradieren ihr Wesen bis in die Gegenwart.

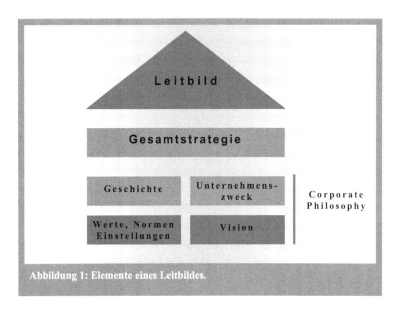

Abbildung 1: Elemente eines Leitbildes.

Leitbilder werden gelegentlich als Verfassung oder Grundgesetz einer Organisation bezeichnet. Ein Vergleich, der in mancherlei Weise zutreffend ist. Auch eine Verfassung ist zunächst nicht mehr als etwas Schrift auf Papier. Sie hat keine eigene, unmittelbare Kraft. Vielmehr müssen alle ihr unterworfenen gesellschaftlichen Kräfte dazu beitragen, ihr Anerkennung und Respekt zu verschaffen. Dort, wo eine Verfassung funktioniert, wird es wohl wenig ernsthafte Gegner geben, die ihren Sinn anzweifeln. Ihr Ziel ist es, die grundlegenden Aspekte menschlichen Zusammenlebens zu definieren. Sie muss also mit der wahrgenommenen Lebenswelt in Zusammenhang stehen ohne hierbei kurzfristigen Moden oder Schwankungen unterworfen zu sein. Es kommt also auf die richtige Mischung zwischen Abstraktion und konkretem Realitätsbezug an.

Auch ein Leitbild muss versuchen, die zeitüberdauernden Aspekte eines Betriebes zu erfassen. Es befasst sich mit der Regelung des Zusammenlebens von verschiedenen Personengruppen wie Führungskräfte, Mitarbeiter, Kunden und Klienten oder Kooperationspartner. Um die grundsätzlichen Problemlagen, die es zu beschreiben gilt, zu verbessern, verfolgen zahlreiche Betriebe spezifische Handlungskonzepte. Damit können weltanschaulich-ideologisch geprägte Methoden und Vorgehensweisen (z.B. anthroposophische Konzepte oder Montessori-Pädagogik) oder bestimmte wissenschaftliche Verfahren angesprochen sein. Sie stehen in engem Zusammenhang mit dem *Wertegerüst* einer Organisation. Diese können einen deutlichen Bezug zu religiösen (z.B. Diakonie und Caritas), bürgerlichen oder anderen weltanschaulichen Vorstellungen aufweisen. Darüber hinaus entwickelt jede Organisation eine eigene Kultur mit Normen und Werten, die mit den gesellschaftspolitischen Grundlagen harmonieren können oder aber auch nicht. So können fachliche Vorstellungen mit den Werten einer Organisation kollidieren. Beispielhaft sei hier auf die Frage von Schwangerschaftsabbrüchen in kirchlichen Krankenhäusern verwiesen.

Aus allen diesen Aspekten ergibt sich ein Organisations- und Leistungsprofil, das Aussagen darüber ermöglicht, was das Besondere an den angebotenen Produkten oder Diensten ist und worin sie sich von anderen Anbietern unterscheiden. Abbildung 1 fasst die wesentlichen Elemente eines Leitbildes noch einmal zusammen.

2.2 Das Leitbild als Referenzpunkt des betrieblichen Planungssystems

Ein gutes Leitbild ist das schriftlich ausformulierte Bindeglied zwischen der Philosophie und den Werten eines Betriebes einerseits und den Zielen und die sich darauf beziehenden Strategien und Teilkonzepte andererseits. Die sich an das Leitbild anschließende strategische Planung hat dann die Aufgabe, weitere Leitlinien für bestimmte Unternehmensbereiche zu entwickeln. Das können Führungsleitlinien für den Umgang zwischen Vorgesetzten und Mitarbeitern, Personalrichtlinien für die Anwerbung, Auswahl und Qualifikation von Mitarbeitern oder Planungen für die betrieblichen Funktionsbereiche (Produktion, Vertrieb, Öffentlichkeitsarbeit, Finanzen oder Rechnungswesen/ Controlling) sein.

Die strategische Ebene wiederum bildet die Grundlage für das operative Planungssystem. Hier werden die für einzelne Teilbereiche formulierten Ziele und Strategien in Projekte, Programme und Pläne übersetzt, die dann im Rahmen des dispositiven Managements auf die konkrete Situation heruntergebrochen werden. Die Planung erreicht ein Höchstmaß an Konkretisierung, indem im Rahmen von Arbeits-, Zeit-, Budget- oder Ablaufplänen festgelegt wird, wer, was, mit welchen Mitteln und bis wann erledigen soll. Abbildung 2 verdeutlicht noch einmal die Position von Leitbildern im betrieblichen Planungsprozess.

Leitbild	Grundsätze „Unternehmensverfassung"
Ziele und Strategien Teil-Konzepte	Strategische Planung
Programme, Projekte Pläne	Operative Planung
Budgets, Zeit-, Aktivitäts-, Ablauf- und Arbeitspläne	Dispositive Planung

Abbildung 2: Das Leitbild als Ausgangspunkt des betrieblichen Planungssystems.

Ein Leitbild bringt damit zum einen die Erwartungen an die Mitglieder der Organisation zum Ausdruck, zum anderen wird das Selbstverständnis des Betriebes nach außen dokumentiert (Belzer / Brandel / Stöbe, 1995).Damit es diese wichtige Aufgabe übernehmen kann, müssen eine Reihe von Eigenschaften erfüllt werden: (Kiessling / Spannagl, 2000, S. 63 f).

- **Wahrheitsfunktion:** Das Leitbild muss an der erlebten Realität der Mitarbeiter ansetzen. Übertreibungen oder Luftschlösser erregen eher Misstrauen.
- **Klarheitsfunktion:** Die Formulierung soll deutlich und einprägsam sein.
- **Vollständigkeitsfunktion:** Alle wichtigen Interaktionsbereiche der Organisation müssen erfasst werden.
- **Konsensfunktion:** Das Leitbild sollte möglichst von allen Mitgliedern der Organisation getragen werden und muss auch für alle gleichermaßen Anwendung finden.
- **Orientierungsfunktion:** Anspruchsgruppen müssen an den Formulierungen des Leitbildes ihre Erwartungen ausrichten können. Für Spender und die öffentliche Hand spiegelt das Leitbild wider, inwiefern die Ziele förderungswürdig sind. Darüber hinaus kann es auch für schwierige Entscheidungen handlungsleitenden Charakter entfalten.
- **Motivationsfunktion:** Die festgehaltenen Perspektiven und Visionen sollen motivierend und sinnstiftend auf alle Mitglieder der Organisation wirken.
- **Erinnerungsfunktion:** Durch die Verschriftlichung eignet sich das Leitbild insbesondere als „Gedächtnisstütze". Auch wenn es einmal einige Zeit weniger Bedeutung im Bewusstsein des Alltags hatte, kann es schnell wieder in Erinnerung gerufen werden.

– **Beweisfunktion:** Das Leitbild belegt „schwarz auf weiß" das gemeinsame Werte- und Verhaltensgerüst.
– **Herleitungsfunktion:** Aus dem Normcharakter ergibt sich, dass es sich in besonderer Weise dazu eignet, Pläne, Strategien oder Konzeptionen abzuleiten.

Diese Forderungen haben auch Auswirkungen auf die formale Gestaltung des Leitbildes. Die Tatsache, dass es keine eindeutigen Gestaltungsregeln gibt, mag auch der Grund dafür sein, dass die Praxis in Bezug auf Umfang und Form alles, von umfassenden epischen Abhandlungen bis hin zu waschzettelartigen Kurzthesen, anzubieten hat. Einige Überlegungen sollten aber bedacht werden: Umständliche und langatmige Fassungen werden selten von den Mitarbeitern und erst recht nicht von Außenstehenden gelesen, geschweige denn verinnerlicht. Allzu kurze Fassungen hingegen erschweren jedoch die Interpretation und bleiben meist zu abstrakt um eine Orientierungshilfe sein zu können.

Als ausreichend haben sich in der Praxis Konzepte bewährt, die ein bis fünf Seiten umfassen. Optimal sind dabei Varianten mit einer einseitigen, leicht zu merkenden Kurzfassung und einer mehrseitigen Erklärung mit Interpretationshilfen im Anschluss. Leitbilder sollen motivieren. Sie müssen daher in einer eingängigen Weise formuliert werden, wobei durchaus Metaphern oder eine affektiv gestaltete Sprache verwendet werden können. Um alle Mitarbeiter einzubeziehen, sollten sie in der „wir-Form" geschrieben sein, sich eher auf die Gegenwart als auf eine entfernte Zukunft beziehen und über eine positive Formulierung die Stärken der Organisation betonen.

Statt:

„Das Bestreben der XY Organisation ist es, Hilfebedürftige nicht abzuweisen", wäre also besser:

„Wir sind ein zuverlässiger Partner für Menschen in Not"

Für die Akzeptanz ist weiterhin von entscheidender Bedeutung, dass der Inhalt einen klaren Bezug zu den Erfahrungen der Mitarbeiter aufweist. Luftschlösser oder Widersprüche werden sehr schnell enttarnt. Darunter leidet dann die Glaubwürdigkeit des gesamten Leitbildes. Der Formulierung sollte also größte Aufmerksamkeit gezollt werden. Sie soll schließlich prägnant sein und für einen langen Zeitraum fortbestehen. Abbildung 3 zeigt beispielhaft das Leitbild des Deutschen Roten Kreuzes.

Leitsatz und Leitbild des Deutschen Roten Kreuzes
verabschiedet durch das Präsidium des Deutschen Roten Kreuzes am 14.9.1995
und den Präsidialrat des Deutschen Roten Kreuzes am 29.9.1995

Der Leitsatz

Wir vom Roten Kreuz sind Teil einer weltweiten Gemeinschaft von Menschen in der internationalen Rotkreuz und Rothalbmondbewegung, die Opfern von Konflikten und Katastrophen sowie anderen hilfsbedürftigen Menschen unterschiedslos Hilfe gewährt, allein nach dem Maß ihrer Not.
Im Zeichen der Menschlichkeit setzen wir uns für das Leben, die Gesundheit, das Wohlergehen, den Schutz, das friedliche Zusammenleben und die Würde aller Menschen ein.

Die Leitlinien

Der hilfebedürftige Mensch
Wir schützen und helfen dort, wo menschliches Leiden zu verhüten und zu lindern ist.

Die unparteiliche Hilfeleistung
Alle Hilfebedürftigen haben den gleichen Anspruch auf Hilfe, ohne Ansehen der Nationalität, der Rasse, der Religion, des Geschlechts, der sozialen Stellung oder der politischen Überzeugung. Wir setzen die verfügbaren Mittel allein nach dem Maß der Not und der Dringlichkeit der Hilfe ein. Unsere freiwillige Hilfeleistung soll die Selbsthilfekräfte der Hilfebedürftigen wiederherstellen.

Neutral im Zeichen der Menschlichkeit
Wir sehen uns ausschließlich als Helfer und Anwälte der Hilfebedürftigen und enthalten uns zu jeder Zeit der Teilnahme an politischen, rassischen oder religiösen Auseinandersetzungen. Wir sind jedoch nicht bereit, Unmenschlichkeit hinzunehmen und erheben deshalb, wo geboten, unsere Stimme gegen ihre Ursachen.

Die Menschen im Roten Kreuz
Wir können unseren Auftrag nur erfüllen, wenn wir Menschen, insbesondere als unentgeltlich tätige Freiwillige, für unsere Aufgaben gewinnen. Von ihnen wird unsere Arbeit getragen, nämlich von engagierten, fachlich und menschlich qualifizierten, ehrenamtlichen, aber auch von gleichermaßen hauptamtlichen Mitarbeiterinnen und Mitarbeitern, deren Verhältnis untereinander von Gleichwertigkeit und gegenseitigem Vertrauen gekennzeichnet ist.

Unsere Leistungen
Wir bieten alle Leistungen an, die zur Erfüllung unseres Auftrages erforderlich sind. Sie sollen im Umfang und Qualität höchsten Anforderungen genügen. Wir können Aufgaben nur dann übernehmen, wenn fachliches Können und finanzielle Mittel ausreichend vorhanden sind.

Unsere Stärken
Wir sind die Nationale Rotkreuzgesellschaft der Bundesrepublik Deutschland. Wir treten unter einer weltweit wirksamen gemeinsamen Idee mit einheitlichem Erscheinungsbild und in gleicher Struktur auf. Die föderalistische Struktur unseres Verbandes ermöglicht Beweglichkeit und schnelles koordiniertes Handeln. Doch nur die Bündelung unserer Erfahrungen und die gemeinsame Nutzung unserer personellen und materiellen Mittel sichern unsere Leistungsstärke.

Das Verhältnis zu anderen
Zur Erfüllung unserer Aufgaben kooperieren wir mit allen Institutionen und Organisationen aus Staat und Gesellschaft, die uns in Erfüllung der selbstgesteckten Ziele und Aufgaben behilflich oder nützlich sein können und/oder vergleichbare Zielsetzungen haben. Wir bewahren dabei unsere Unabhängigkeit. Wir stellen uns dem Wettbewerb mit anderen, indem wir die Qualität unserer Hilfeleistung, aber auch ihre Wirtschaftlichkeit verbessern.

Abbildung 3: Leitbild des Deutschen Roten Kreuzes. Quelle: Deutsches Rotes Kreuz (2009), o.S.

Bereits der *Prozess der Leitbilderstellung* hat wesentlichen Einfluss auf die Akzeptanz des Ergebnisses. Schon mit den ersten Vorbereitungen zur Erstellung des Leitbildes beginnt die Schaffung einer Corporate Identity, so dass es sicherlich nicht verkehrt wäre zu sagen, der Weg sei auch Teil des Zieles. Dieser Weg beginnt mit der Entscheidung darüber, wer an diesem Prozess mitwirken darf. Während sich in kleineren Einrichtungen oder Vereinen alle Mitarbeiter beteiligen können, wird dies mit zunehmender Organisationsgröße schwieriger. Hier muss anhand nachvollziehbarer Kriterien versucht werden, eine repräsentative Gruppe zu bilden, die sich hierarchie- und abteilungsübergreifend konstituiert. Schon die Vorbereitungen erzeugen dabei oftmals beträchtliche Aufmerksamkeit, die für eine spätere Umsetzung durchaus nutzbar ist. Ferner ist zu bedenken, dass sich bereits in dieser frühen Phase die Erwartungen der Mitarbeiter ausbilden. Damit wird deutlich, wie wichtig es ist, diesen Prozess von Anfang an planvoll und wohl überlegt anzugehen, um nicht hier schon Abwehrverhalten bei den Beteiligten zu erzeugen.

Oftmals beginnt die konkrete Arbeit mit einem Workshop und wird bei Bedarf um weitere Treffen ergänzt. Alle Beteiligten stellen die Situation dar, wie sie sich ihnen präsentiert, suchen in der Geschichte der Organisation nach Vorbildern und Bezügen und versuchen wichtig erscheinende Wertvorstellungen zu beschreiben. Da ein solches Vorhaben konfliktgeladen ist, empfiehlt es sich, eine externe Moderation hinzuzuziehen. Die „Leitbild-Gruppe" einigt sich auf einen Entwurf und stellt ihn einer internen Öffentlichkeit mit der Bitte um ein Feedback vor. Eine solche Feedback-Schleife ist umso wichtiger, je größer die Zahl der Personen ist, die nicht an der Leitbilderstellung teilnehmen kann. Die Bedenken und Anregungen führen dann zu einer Überarbeitung des Entwurfes und die endgültige Version wird schließlich innerhalb und außerhalb des Betriebes bekannt gemacht. Mit der Fertigstellung des Leitbildes beginnen dann die Arbeiten für das strategische und operative Management: Führungsleitlinien, Pläne und Projekte müssen für betriebliche Funktions- und Managementbereiche auf ihre Übereinstimmung mit dem Leitbild überprüft und modifiziert oder gar vollständig neu entwickelt werden.

3. Leitbilder als Führungsinstrumente

Führung als Wechselspiel zwischen Befehl und Gehorsam zu sehen, reicht für moderne Dienstleistungsbetriebe schon lange nicht mehr aus. Mitarbeiter wollen wissen, warum sie etwas tun sollen, welcher Sinn sich hinter ihrem Handeln und dem der Vorgesetzten verbirgt. Nur wer auf Dauer versteht, welchem Zweck seine Arbeit dient, wird auch dauerhaft motiviert sein. Für soziale Einrichtungen gilt dies aufgrund der spezifischen Situation in einem Hilfesystem und der spezifischen, stärker intrinsischen Motivation der Mitarbeiter sicherlich noch mehr als für kommerzielle Unternehmen. Der Rückgriff auf ein gelebtes Leitbild kann diese Legitimation leisten. Führungsentscheidungen können mit Bezug auf ein Leitbild besser legitimiert werden und so auch Maßstab für das Handeln von Vorgesetzten und Mitarbeitern (Deutsches Rotes Kreuz Berlin (2009), o.S.):

„Wir pflegen einen kooperativen Führungsstil, der verlangt, auf die unserer Leitung anvertrauten Menschen eingehen und mit ihnen umgehen zu können."

„Offener, höflicher, aber auch einfühlsamer Umgang mit unseren Helfern und Mitarbeitern schafft Glaubwürdigkeit und Vertrauen in der Führung."

Die im Leitbild und den Führungsleitlinien vorgesehenen Pflichten für Vorgesetzte und Mitarbeiter können noch weiter gehen und dann auch eine umfassende

Verantwortung für die persönliche Entwicklung des Personals definieren, wie am Beispiel des DRK deutlich wird:

„Zu unserer Aufgabe als Führungskräfte gehört auch die gezielte Auswahl sowie die systematische Qualifizierung unserer Helfer und Mitarbeiter im Rahmen unserer Personalentwicklung. So wie wir uns selbst zu eigener Fortbildung verpflichten, ermuntern wir sie zur Weiterentwicklung ihres Wissens und Könnens."

Neben dieser Legitimations- und Orientierungsfunktion kommt dem Leitbild insbesondere im Rahmen der Führung eine weitere wichtige Aufgabe zu. Da Werte ein wichtiger Bestandteil intrinsischer Motivation sind, erzeugt die Entwicklung und Umsetzung gemeinsamer Visionen mitunter beträchtliche Anreize. Mitarbeiter, die an ein gemeinsames Ziel glauben, sind auch bereit unter schwierigen Umständen und bei vergleichsweise schlechter Bezahlung an deren Realisierung mitzuarbeiten. Aktuelle Erfahrungen zeigen darüber hinaus, dass es sogar Führungskräfte gibt, die aus besser bezahlten Positionen in freier Wirtschaft und Industrie in Verbände und Vereine überwechseln, nur um „etwas Sinnvolles" tun zu können. Ehrenamtliche arbeiten sogar per definitionem ohne finanzielle Gegenleistung für die Ziele eine Organisation.

Wenn Konsens über die Vorbildfunktion des Leitbildes besteht, ist die Wahrscheinlichkeit hoch, dass dieses auch als Verhaltenskorrektiv wirksam ist. Negativ abweichendes Verhalten kann schon von Kollegen aufgedeckt und sanktioniert werden und so für Vorgesetzte entlastend wirken. Ebenso können im Leitbild empfohlene Umgangsformen Einfluss auf die Austragungsmodi von Konflikten und den Umgang mit Fehlern nehmen. Damit erzeugen sie mehr Sicherheit im Miteinander von Vorgesetzten und Mitarbeitern.

Die Auswahl und Entwicklung von Personal stellt eine originäre Führungsaufgabe dar. Leitbilder unterstützen diese Aufgabe, indem sie Kriterien für das Personalmarketing an die Hand geben. Insbesondere Tendenzbetriebe wie Parteien, Gewerkschaften, Wohlfahrtsverbände und Kirchen verlangen neben fachlichen Qualifikationen von ihren zukünftigen Mitarbeitern oftmals eine Sozialisation im Sinne ihres Leitbildes. Solche Voraussetzungen werden durch eine Formulierung im Leitbild transparent. Sie helfen Führungskräften bei der Begründung ihrer Personalentscheidungen und schaffen damit mehr Akzeptanz bei den Betroffenen.

4. Leitbilder in Krisenzeiten: Durch Kommunikation zu mehr Glaubwürdigkeit

Wie kann aber nun ein Stück Papier bei der Bewältigung von Krisen helfen? Die Antwort kann nur lauten: Überhaupt nicht. Ein Text auf einem vergessenen Stück Papier ist bereits seinem Wesen nach kein Leitbild, schließlich erfüllt es seine „leitende" Funktion nicht. Damit wird auch deutlich, dass nur ein „aktives", vorgelebtes und internalisiertes Leitbild in Krisenzeiten einen Wert haben kann.

Krisenzeiten sind immer auch Konfliktzeiten. Konflikte entstehen aufgrund von Schulddebatten und den damit verbundenen negativen Konsequenzen oder aufgrund unterschiedlicher Auffassungen über die richtige Lösung eines Problems. Oft entstehen in solchen Zeiten neue Gräben oder latente Konflikte vertiefen sich zu verhärteten Frontstellungen, unter denen die Lösung des Problems und letztendlich der gesamte Betrieb leidet. Ein von allen akzeptiertes Leitbild in Verbindung mit darauf fußenden Führungsleitlinien kann in solchen Situationen einen positiven Einfluss auf die Austragung von Konflikten haben, indem es „Spielregeln" beschreibt:

„Im Falle der Auseinandersetzung arbeiten wir die unterschiedlichen Standpunkte heraus, bewerten sie mit sachgerechter Kritik und führen sie einer sachlichen Verständigung zu. Gebotene Kritik sollte offen, aber auch förderlich und aufbauend sein..." (Führungsgrundsätze des DRK).

Derart regulierende Mechanismen wirken deeskalierend und betonen die Stärken einer konstruktiv geführten Auseinandersetzung.

Krisen haben immer auch etwas mit der Verteidigung des jeweiligen Status quo und mit Abteilungs- und Bereichsdenken zu tun. Deren Überwindung wird für Führungskräfte umso leichter sein, je mehr sie auf die Einsicht der Mitarbeiter vertrauen können, dass alle auf ein gemeinsames, übergeordnetes Ziel hinarbeiten. Unter solchen Umständen sind letztlich alle Beteiligten auch eher bereit, schmerzhafte Einschnitte zum Wohle des Ganzen hinzunehmen.

Ein konsequent umgesetztes Leitbild kann aber durchaus auch externe Wirkungen entfalten. Für Außenstehende ist eine Bewertung gemeinnützig sozialwirtschaftlicher Betriebe schwierig oder gar unmöglich. Im Gegensatz zu kommerziellen Unternehmen, deren Zweck – Erzielung eines Residualeinkommens für die Eigentümer – eindeutig ist, stehen hier ja häufig diffuse Globalziele – wie „Wohl des Kindes", „Minderung des Leids" oder „menschenwürdiges Leben" – an der Spitze der Zielhierarchie. Ersatzweise neigen daher öffentliche und private Geldgeber dazu, sich an den formulierten Zielen eines solchen Betriebes zu orientieren oder sich mit dem Wertegerüst der Organisation zu identifizieren, solange eine gewisse Übereinstimmung zwischen den erklärten Zielen und der wahrgenommenen Realität existiert. Die gelungene Kommunikation eines gut formulierten Leitbildes hat daher positiven Einfluss auf die Akquisition von Ressourcen. Dies allerdings nur solange, wie es der Organisation gelingt, das Vertrauen einer breiten Öffentlichkeit zu erhalten. Da jeder Betrieb auf allen Ebenen Kontakte zu Kunden, Klienten, Lieferanten, Behörden, Geldgebern etc. unterhält, dringen interne Probleme und Unzufriedenheit immer auch nach außen. In Krisenzeiten sind Betriebe häufig auf zusätzliche Unterstützung durch externe Geldgeber angewiesen. Politiker und Verwaltung entscheiden dabei oft auf der Grundlage der wahrgenommenen Bedeutung der Organisation und ihrer Ziele für das Gemeinwohl. Das organisationsintern wirkende Leitbild selbst und die davon überzeugten Mitarbeiter sind dann ein wichtiges, oftmals unterschätztes „Aushängeschild" einer Organisation.

Um den handlungsleitenden Charakter auch in den Außenbeziehungen entfalten zu können, muss ein Leitbild zuallererst einmal *bekannt* sein. Daneben muss es von allen Betroffenen *akzeptiert* werden. Dies ist die Voraussetzung dafür, dass sich die Organisationsmitglieder damit *identifizieren* und schließlich auch entsprechend *handeln*.

Die Kommunikation beginnt, wie oben erläutert wurde, bereits im Rahmen der Erstellung. Spätestens aber mit dem Vorliegen eines Entwurfes muss ein breites Meinungsbild eingeholt werden. Dies kann geschehen, indem es zunächst in zentralen Gremien wie Vorstand, Aufsichtsrat oder anderen Leitungsgremien vorgestellt wird. Ferner können interne Medien wie Mitteilungsblätter, Betriebs- oder Vereinszeitschriften, Newsletter, Schwarze Bretter, Rundschreiben usw. eingesetzt werden. Dort, wo es regelmäßige interne Fortbildungen oder Trainings gibt, bietet sich die Möglichkeit an, das Leitbild in diesem Rahmen zu thematisieren. Ebenso können bereits existierende Arbeitskreise (z.B. Qualitätszirkel) das Thema aufnehmen, diskutieren und auch auf die Relevanz für das Arbeitsfeld hin überprüfen. In jedem Fall sollte Raum für ein Feedback gegeben sein. Die Rückmeldungen sind ein erstes wichtiges Indiz für die spätere Akzeptanz und sollten unbedingt Berücksichtigung bei einer Überarbeitung finden. Nach einer solchen Feedbackschleife muss das Leitbild in größerem Umfang kommuniziert werden.

Zu denken ist an die Herstellung und Verteilung von Broschüren oder an eine künstlerische „Übersetzung" des Leitbildes im Rahmen von Veranstaltungen. Ferner können Betriebs- oder Mitarbeiterversammlungen genutzt werden, das Leitbild in die Breite zu kommunizieren.

Spezielle Arbeitsgruppen oder aber einfach nur Teamsitzungen und Mitarbeiterbesprechungen können sich mit der Frage der bereichsspezifischen Umsetzung des Leitbildes befassen. Abbildung 4 zeigt, welche Fragen dabei eine Rolle spielen können.

> Welche Anforderungen ergeben sich aus dem Leitbild für unsere Organisationseinheit?
> Was muss ich in meiner Arbeitsorganisation ändern?
> Wo muss ich mein Verhalten ändern?
> Was soll erörtert werden?
> Welche Ziele ergeben sich?
> Wie wollen wir bei der Umsetzung vorgehen?
> Wer macht was, bis wann und mit welchen Mitteln, welcher Unterstützung?
> Wann und in welcher Form werden die Ergebnisse festgestellt
> Wie gestaltet sich das weitere Vorgehen?

Abbildung 4: Checkliste: Konkretisierung von Leitbildern.
In Anlehnung an: Kiessling, W.F./ Babel, F. (2007), S. 65 f.

Leitbilder sollten Gegenstand und Orientierungsrahmen bei Besprechungen auf den verschiedenen Hierarchieebenen (Gesamtleitung, Abteilungsleitung, Team) eines Betriebes sein. Immer wenn Pläne, Projekte oder auch Verhaltensoptionen und -weisen besprochen werden, sollte auch ein Gedanke auf die Übereinstimmung mit den übergeordneten Zielen verwendet werden. Auf diese Weise werden sie zu einer Richtschnur für Entscheidungen.

Die Kommunikation des Leitbildes beginnt jedoch nicht erst mit dessen Fertigstellung. Schon in der Phase der Erstellung wird es bei den Beteiligten oder auch bei Beobachtern zu einer frühen, aber durchaus nachhaltigen Meinungsbildung kommen. Diese frühe Phase ist daher bereits für die Kommunikation selbst von großer Bedeutung. In diesem Zusammenhang muss auf zahlreiche Erfahrungen bei der Implementierung von Leitbildern verwiesen werden. Dabei haben sich insbesondere reine top-down-Ansätze, d.h. „von oben" verordnete Weltbilder, als nachteilig erwiesen. Eine Lebens- oder Organisationsphilosophie lässt sich eben nicht einfach auf Anweisung erzeugen und umsetzen. Vielmehr zeigt sich, dass die gemeinsame Erarbeitung durch alle Beteiligten – oder wo dies nicht möglich ist, wenigstens durch eine repräsentative Auswahl von Mitarbeitern – im Rahmen von Workshops neben motivierenden Effekten auch eine höhere Akzeptanz zur Folge hat. Schon der Prozess der Leitbilderstellung selbst ist also ein wesentlicher Schritt für dessen spätere Umsetzung.

Neben der internen spielt aber auch die externe Kommunikation eine Rolle. Denkbare Zielgruppen sind hier: Klienten und Kunden, Vertreter des öffentlichen Lebens und der Politik, Anwohner, Zulieferer, Kooperationspartner, Lobbygruppen oder eine anonyme Öffentlichkeit. So vielfältig wie die möglichen Zielgruppen sein können, sind auch die Formen der Ansprache. So ist es möglich, die Leitsätze des Betriebes einem bestimmten Personenkreis zuzusenden. Dies kann in Form eines Briefes oder einer Broschüre erfolgen. Mittels einer Pressekonferenz kann eine größere Öffentlichkeit angesprochen werden oder es kann im Rahmen von öffentlichen Veranstaltungen, in Reden oder bei anderen Anlässen Erwähnung finden.

Die ultimative Messlatte für die Wirksamkeit eines Leitbildes ist jedoch das Handeln der Mitarbeiter und Vorgesetzten selbst. Das Leitbild lebt durch dieses Handeln und kommuniziert sich dadurch gleichzeitig auch am effizientesten. Die zugrundeliegenden Werte werden dann zum Maßstab der Beurteilung für Kollegen und Vorgesetzte. Das gilt in besonderer Weise für die Bewertung von Handlungen und Leistungen der Mitarbeiter. Handlungen, die in besonderer Weise dem im Leitbild formulierten Ideal entsprechen, bedürfen des öffentlichen Zuspruchs; solche, die sich im klaren Gegensatz dazu befinden, müssen hingegen nachvollziehbar sanktioniert werden.

Damit Leitbilder eine dauerhafte Wirkung entfalten können, bedarf es aber des Vertrauens der Mitarbeiter. Sie müssen sich darauf verlassen können, dass das Leitbild Selbstzweck ist und nicht vorgeschobenes Argument für Kostensenkungen oder Stellenkürzungen. Es darf ferner nicht der Verdacht aufkommen, dass sich die Führungskräfte selbst von den Anforderungen ausnehmen. Dieses Vertrauen ist gerade am Anfang sehr fragil und schon eine Enttäuschung kann dazu führen, dass dem Leitbild mit Misstrauen oder gar Ablehnung begegnet wird, was schnell zu seiner Wirkungslosigkeit führen würde. Damit wird deutlich, dass ein Leitbild, soll es seine positiven Wirkungen entfalten, kontinuierlicher und glaubwürdiger Kommunikation bedarf.

5. Zusammenfassung und kritische Überlegungen

Ein Leitbild lässt sich als eine Art „Unternehmensverfassung" verstehen, die eine schriftliche Zusammenfassung der normativen Aspekte einer Organisation ist. Gleichzeitig eignet es sich als Ausgangspunkt des betrieblichen Planungssystems. Als Brücke zwischen diesen beiden Bereichen transportiert es sinnvoll zusammengefasste Elemente wie Wertorientierungen, Geschichte der Organisation, Vision und Zweck in das strategische und damit auch ins operative und dispositive Management. Ein sinnvoll gestaltetes und umgesetztes Leitbild kann dabei erhebliche Steuerungs- und Führungswirkungen entfalten. Dazu müssen allerdings einige Bedingungen erfüllt sein. Entscheidend ist die Kommunikation während und nach der Leitbilderstellung. Nur ein allen Mitarbeitern bekanntes und von allen akzeptiertes Leitbild kann zu einer Identifikation führen und letztendlich handlungsleitende Bedeutung erlangen.

Eine Schwierigkeit ergibt sich jedoch aus dem Wesen des normativen Managements. Da Output und Outcome meist nur schwer mess- und operationalisierbar sind, erweist sich das normative Management als weniger kompatibel mit einem betrieblichen Controlling als andere Bereiche des Managements. Ersatzweise müssen zumeist Hilfsgrößen als Kennzahlen herangezogen werden. Deren Aussagekraft ist mitunter jedoch als beschränkt oder zweifelhaft einzustufen. Obwohl hier mit neueren Controlling-Verfahren wie etwa der Balanced Score Card wichtige Fortschritte bei der Integration sogenannter „softer" Faktoren erreicht wurden, bleiben doch Probleme. Das deutet an, was viele Praktiker selbst erfahren mussten: Leitbildentwicklung und -umsetzung reduziert nicht nur Unsicherheiten, sondern verlangt vor allem von den Führungskräften zunächst einmal den Umgang mit Unsicherheit.

Abschließend ist noch darauf hinzuweisen, dass Leitbilder selbst zu Krisen beitragen können. Dies insbesondere, wenn sie unzulänglich formuliert wurden oder die Umwelt der Organisation fundamentalen Änderungen unterworfen ist. Unzweckmäßig formulierte Leitbilder können Krisen vor allem dann verschärfen, wenn wichtige Maßnahmen mit dem Verweis auf das Leitbild oder auf Traditionen und althergebrachten Erfahrungen nicht rechtzeitig oder gar nicht ergriffen werden. Leitbilder können sich unter solchen Umständen eher zu besitzstandswahrenden Instrumenten für Traditionalisten als zu sinnstiftenden Motoren einer besseren Zukunft der Organisation entwickeln.

Literatur:

Belzer, V./ Brandel, R./ Stöbe, S. (1995): Leitbilder in der öffentlichen Verwaltung – Projektdokumentation und Arbeitshilfe für die Praxis. Erschienen in der Grauen Reihe des Instituts Arbeit und Technik (IAT), Nr. 5

Belzer, V. (Hrsg.) (1998): Sinn in Organisationen? Oder: Warum haben moderne Organisationen Leitbilder?

Boeßenecker, K.-H. (2005): Spitzenverbände der Freien Wohlfahrtspflege. Eine Einführung in Organisationsstrukturen und Handlungsfelder der deutschen Wohlfahrtsverbände. 2. Aufl., Weinheim

Böttcher, T. (2002): Unternehmungsvitalisierung durch leitbildorientiertes Change Management. Mering

Deutsches Rotes Kreuz (2009): Leitbild. Fundstelle: http://www.drk.de/ueber-uns/zahlen-fakten/leitlinien.html (12.11.2009).

Deutsches Rotes Kreuz Berlin (2009): Führungsgrundsätzen des DRK Berlin. Fundstelle: http://www.drk-berlin.de/leitbild.htm#Fuehrung. (12.11.2009).

Graf, P./ Spengler, M. (2008): Leitbild- und Konzeptentwicklung. 5., überarb. und erw. Aufl., Augsburg

Hardtke, A./ Prehn, M. (Hrsg) (2001): Perspektiven der Nachhaltigkeit. Vom Leitbild zur Erfolgsstrategie, Wiesbaden

Kiessling, W. F. / Babel, F. (2007): Corporate Identity: Unternehmensleitbild – Organisationskultur. 2. Aufl., Augsburg.

Praxiserfahrung mit der Einführung einer Balanced Scorecard

Prof. Dr. Gabriele Moos, Remagen

1. Ausgangslage

Die Tradition der Vollkostendeckung und ein Mangel an Wettbewerb haben dazu beigetragen, dass sich ein zielorientiertes Management von sozialen Organisationen nur langsam entwickelt hat. Ein weiterer Grund für die erst zögerliche Einführung unternehmerischer Steuerungsinstrumente liegt auch in der Schwierigkeit, die Instrumentarien der Betriebswirtschaft in die Welt sozialer Organisationen zu übertragen. Was ist das Ziel einer sozialen Organisation in finanzwirtschaftlicher Sicht? Kostendeckung oder Überschusserzielung? – um nur mögliche Beispiele zu nennen. Da das Managementdenken weithin durch die Welt gewinnorientierter Unternehmen geprägt ist, stellt sich oft die Frage nach der Übertragbarkeit unternehmerischer Steuerungsinstrumente der kommerziellen Welt auf das spezifische Umfeld einer sozialen Organisation (Moos / Peters 2008).

Derzeit agieren alle sozialen Einrichtungen in einer Umwelt, die sich mit hohem Tempo verändert. Sind soziale Einrichtungen unter diesen Bedingungen überhaupt noch steuerbar? Die Veränderungen der sozialpolitischen Rahmenbedingungen und der steigende Effizienzdruck zwingen alle sozialen Einrichtungen zunehmend, ein neues unternehmerisches Selbstverständnis zu entwickeln (Moos / Klug 2009). Die Notwendigkeit zur Entwicklung eines unternehmerischen Selbstverständnisses zeigt sich in folgenden Punkten:

– Soziale Unternehmen gründen mit Kapital ein Unternehmen und halten es in Gang. Sie sind Unternehmer.
– Soziale Unternehmen geben Menschen Arbeitsplätze. Sie sind Arbeitgeber.
– Soziale Unternehmen müssen mit Erfolg und Misserfolg leben. Sie sind Risikoträger.
– Soziale Unternehmen benötigen Überschüsse, um Sicherungskapital in Form von Rücklagen zu schaffen und um weiteres Wachstum über Investitionen zu finanzieren. Sie sind Innovatoren.

Die zentrale Zielsetzung eines gewinnorientierten Wirtschaftsunternehmens ist es, für seine Eigentümer einen langfristigen Ertrag auf das eingesetzte Kapital zu erwirtschaften. Diese Zielsetzung gilt nicht für soziale Organisationen im Nonprofit-Sektor. Vielmehr steht bei diesen Einrichtungen die Verfolgung des vorgegebenen ideellen Zwecks im Vordergrund. Die ideelle Zielsetzung ist in Deutschland ebenso wie in den meisten übrigen Ländern mit einem strikten Verbot der Ausschüttung von Gewinnen verbunden. Legt man die Definition von Schwarz zugrunde, dann sind alle Nonprofit- Organisationen als zielgerichtete, produktive und soziale Systeme zu verstehen (Schwarz 1998, S. 17).

Daraus leitet sich ab, dass das Management von sozialen Organisationen ebenso wie das Management in gewinnorientierten sozialen Unternehmen folgende Aufgaben zu erfüllen hat (Schwarz 1998, 45f):

- Ziele setzen und deren Realisierung planen, durchführen und kontrollieren
- Ressourcen aus der Umwelt beschaffen und sie im Sinne einer optimalen Zielerfüllung einsetzen
- Strukturen gestalten, Aufgaben, Kompetenzen und Verantwortung innerhalb der Organisation festlegen (Aufbau- und Ablauforganisation).

Die Bedeutung der Strategieorientierung für den Erfolg sozialer Einrichtungen ist offensichtlich. Wer Wettbewerbsvorteile erzielen will, muss die Erfolgswirksamkeit seiner Strategien regelmäßig überprüfen. Sind wir mit unserer Strategie erfolgreich? Erfolgt ihre Umsetzung plangemäß? Sind unsere Entscheidungen tatsächlich an einer Strategie ausgerichtet?

2. Die Balanced Scorecard (BSC) als Managementinformations- und Kennzahlensystem

In den letzten Jahren hat sich auch in vielen sozialen Unternehmen die Balanced Scorecard (BSC) als Managementinformations- und Kennzahlensystem durchgesetzt (Scherer / Alt 2002). Die BSC geht auf Kaplan/Norton (Kaplan / Norton 1996) zurück, die eine konsequente Verbindung von Vision, Strategie und operativer Geschäftsplanung in ihrem Modell erreicht haben. Nicht nur Finanzgrössen, sondern auch Kundenbeziehungen, Geschäftsprozesse und Mitarbeiter bzw. die Innovationskraft eines Unternehmens rücken in den Mittelpunkt der Betrachtung. Mit der Ableitung von Zielen aus der Vision werden Kennzahlen und Maßnahmen entwickelt, die dem Controlling und damit der Unternehmensleitung zur Überwachung dienen. Die BSC hat eine lange vorherrschende Vergangenheitsorientierung von Finanzkennzahlen abgelöst und durch eine zukunftsorientierte Betrachtungsweise ersetzt.

Vor dem Hintergrund des zunehmenden Wettbewerbs in der Sozialwirtschaft wird die Bedeutung der Strategieorientierung für den Erfolg offensichtlich (Schwien, 2009). Wer Wettbewerbsvorteile erzielen will, muss die Erfolgswirksamkeit seiner Strategien regelmäßig überprüfen. Sind wir mit unserer Strategie erfolgreich? Erfolgt ihre Umsetzung plangemäß? Sind unsere Entscheidungen tatsächlich an einer Strategie ausgerichtet?

Die BSC kann einer sozialen Einrichtung helfen, ihre Ziele besser zu erreichen. Unter der Voraussetzung, dass eine Organisation ihre strategischen Ziele kennt, kann sie mit Hilfe dieses Instruments eine Ergebnisbewertung und Messung der Zielerreichung vornehmen. Ziele, die sich nicht messen lassen, eignen sich nicht zur Geschäftssteuerung.

Die BSC baut auf einer Vision für die Organisation auf. Es wird davon ausgegangen, dass aus der Vision klar formulierte und messbare strategische Ziele abgeleitet werden und diese - in den erfolgsbestimmenden Perspektiven „ausbalanciert" - dem Management aber auch den Mitarbeitern die Richtung weisen. Der Ansatz ist insbesondere für Organisationen in der Sozialwirtschaft interessant, weil finanzielle mit nicht-finanziellen Erfolgsgrößen verknüpft werden. Gerade bei der Produktion sozialer Dienstleistungen sind neben den harten Finanzkennzahlen auch die subjektiven und qualitativen Faktoren (weiche Faktoren) zu messen. Erst die Verknüpfung von langfristigen und kurzfristigen Zielen mit Kennzahlen macht die BSC zu einem umfassenden Führungssystem. Die BSC soll die Führung einer Organisation durch die Konzentration auf die wichtigsten Zielgrößen und für alle Hierarchieebenen verbindlichen Kennzahlen unterstützen. Ausgehend von der formulierten Vision und der Strategie müssen immer eindeutig messbare Ziele abgeleitet werden. Die Voraussetzung für das Arbeiten mit der BSC liegt darin, dass alle Führungsebenen und die Mitarbeiter mit den entscheidenden Steuerungsgrößen und den wichtigsten Kennzahlen vertraut gemacht werden. Über die Ziele einer Organisation müssen klare Vorstellungen herrschen.

Die Balanced Scorecard unterscheidet vier Perspektiven:

- Finanzen
- Kunden
- Interne Prozesse
- Lernen und Entwicklung

Die Finanzperspektive, beschreibt typischerweise die Steigerung des Unternehmenswertes, d.h. für das jeweilige Geschäft relevanten Erfolgsgrößen.

Die Kundenperspektive, stellt die Frage, welche Kundenerwartungen zu erfüllen sind, um die finanziellen Ziele zu erreichen. Auf der Ebene der Kundenperspektive werden somit die zentralen Erwartungen der Kundensegmente abgetragen und durch Kennzahlen operationalisiert. In sozialen Organisationen können Klienten, Angehörige, Kostenträger oder Arbeitnehmer relevante Kundengruppen darstellen. Hier tauchen allgemeine Größen wie Kundenbindung, Marktanteile sowie Kundenzufriedenheit auf. Die Interne Prozessperspektive soll beantworten, bei welchen Prozessen hervorragendes geleistet werden muss, um die Kunden zu begeistern. Voraussetzung ist dabei, die erfolgskritischen Prozesse (z.B. Betreuungsprozesse) in der Organisation zu identifizieren.

Abb. 1: Die Balanced Scorecard

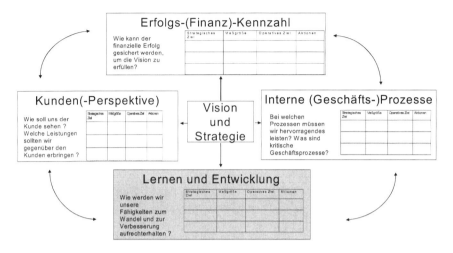

Die Kennzahlen auf der Prozessebene helfen dabei vor allem bei der Überprüfung und Verbesserung von Verfahren in der internen Ablauforganisation.

Abb. 2: Ursache-Wirkungsketten

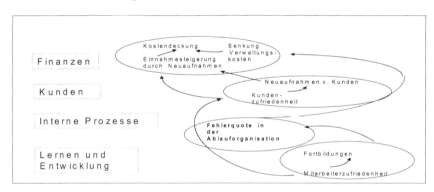

Die interne Prozessperspektive identifiziert somit die kritischen internen Prozesse, welche den größten Einfluss auf die Kundenzufriedenheit und die Unternehmenszielerreichung haben. Doch die Optimierung interner Prozesse setzt Kompetenzen voraus, die auf der vierten Ebene als Lern- und Entwicklungsperspektive beleuchtet werden. Im Mittelpunkt der Lern- und Entwicklungsperspektive steht die Frage: Welche Mitarbeiterkompetenzen und welche Entwicklungsschritte sind zur Optimierung der Prozesse, und damit zur Erreichung der langfristigen Ziele der Organisation notwendig? Auf der Ebene der Lern- und Entwicklungsperspektive können beispielsweise die Mitarbeiterzufriedenheit oder die Managementkompetenzen der Leitung einer sozialen Einrichtung durch Kennzahlen verdeutlicht werden.

3. Erfahrungen aus der Praxis

Die Kommunikation und Transparenz ist ein wichtiger Erfolgsfaktor für die Einführung einer Balanced Scorecard. Durch die aktive Kommunikation und durch das Herunterbrechen der Scorecards auf alle Ebenen des Unternehmens, müssen sich alle verantwortlichen Mitarbeiter in der Organisation mit den Zielen auseinandersetzen. Eine Balanced Scorecard sollte in einem Top-Down Ansatz eingeführt werden. Die Vorgabe von strategischen Zielen ist die Aufgabe der Leitung einer sozialen Einrichtung. Bei der Auswahl der Kennzahlen sollte darauf geachtet werden, dass die Kennzahlen bereits in Managementfunktionen der Organisation vorhanden sind, also nicht extra erhoben werden müssen. Zudem sollen die Kennzahlen nicht als rückwärtsgewandte Indikatoren informieren, sondern zukunftsgerichtete Leistungstreiber darstellen. Auch sollen die Kennzahlen so gewählt werden, dass sie nicht nur ihre „eigene" Zieldimension messen, sondern auch mit zumindest einer anderen Zieldimension einer anderen Perspektive systematisch verknüpft sind. Die Veränderung eines durch eine Kennzahl gemessenen Zielwertes muss insofern zumindest zusätzlich für eine andere Kennzahl einer anderen Perspektive relevant sein. Es sollen nur solche Kennzahlen ausgewählt werden, die durch die Organisation auch beeinflusst werden können. Eine Kennzahl wie die „Geburtenquote" ist demnach vielleicht für die Strategie eines Kindergartens interessant, nicht aber für die Balanced Scorecard einer Suchtberatungsstelle. Zudem sollen nur relativ wenige Kennzahlen ausgewählt werden, damit eine zielgerichtete Steuerung nicht durch einen „Kennzahlenfriedhof" verhindert wird. Als Faustregel gilt: 4 Perspektiven mit je 5 Kennzahlen.

Abb. 3: Beispiele für Ziele und Kennzahlen

Vision: Wir wollen die führende soziale Einrichtung in der Region sein.	
Finanzen Strategisches Ziel: Wachstum Kennzahl: Erträge aus Pflegeleistungen um 0,5 % p.a. steigern.	Prozesse Strategisches Ziel: Optimierung der Abläufe Kennzahl: Anzahl der Überstunden um 10 % p.a. senken.
Kunden Strategisches Ziel: Kundenanteil erhöhen Kennzahl: Anteil der Neuaufnahmen um 10 % p.a. steigern.	Lernen und Entwicklung Strategisches Ziel: Mitarbeiterzufriedenheit erhöhen. Kennzahl: Fluktuation auf unter 10 % p.a. innerhalb eines Jahres senken.

Der Prozess der Einführung einer Balanced Scorecard verläuft in fünf Schritten:

Schritt 1: Entwicklung einer Unternehmensvision. Aus dieser Vision wird dann die Strategie für das Unternehmen formuliert. Die formulierte Strategie unterscheidet sich maßgeblich von Leitbildern dadurch, dass auch die strategischen Ziele (z.B. Marktanteil, relative Marktstärke, Portfolio etc.) in Kennzahlen formulierbar sind. Dieser erste Schritt bereitet vielen sozialen Einrichtungen große Probleme, da die Leitbilder häufig wenig Anknüpfungspunkte für die Entwicklung einer Strategie liefern (Moos / Klug 2009).

Schritt 2: Vision und Strategie werden den Mitarbeitern vermittelt und in den Sozialmarkt kommuniziert.

Schritt 3: Auf Unternehmensebene, und dann auf einzelnen Organisationsebenen werden die strategischen Ziele in Balanced Scorecards umgesetzt. Ziele werden formuliert, mit Kennzahlen operationalisiert und in Aktionen umgesetzt. Aus diesen Zielformulierungen entstehen letztlich Leistungsvereinbarungen innerhalb der Organisation sowie aus den formulierten Aktionen Verantwortlichkeiten für operative Tätigkeiten.

Schritt 4: Feedback und Initiierung von Lernprozessen

Die Organisation beobachtet, kontrolliert und steuert sich nun über die Kennzahlen aus der Balanced Scorecard. Sie überprüft hierbei zum einen die Erreichung einzelner Unternehmensziele, aber auch die empirische Balance zwischen Zielebenen der einzelnen Perspektiven.

Schritt 5: Umsetzung in Managementfunktionen

Aus gemessenen Abweichungen zu definierten Zielwerten entsteht für die Organisation ein Warnsignal, das unterschiedliche Unternehmensbereiche betreffen kann. Solche Warnsignale können Hinweise für das Marketing, für das Prozessmanagement, für das Personalmanagement, für das Qualitätsmanagement oder auch für das strategische Management geben.

4. Fazit

Die Balanced Scorecard ist nicht nur für privatwirtschaftliche Unternehmen, sondern für alle sozialen Einrichtungen ein wirkungsvolles Managementinstrument. Die besondere Stärke der Balanced Scorecard ist im mehrdimensionalen Ansatz zu sehen, der über die alleinige finanzielle Perspektive hinausgeht. Die Vorteile der Balanced Scorecard hinsichtlich Transparenz und Präzisierung haben die Kehrseite, dass sie eine klare Top-Down-Umsetzung mit sich bringen und den Freiheitsgrad der einzelnen Mitarbeiter einschränken. Die Balanced Scorecard berücksichtigt auf der Ebene der Gesamtorganisation keine operativen Ziele, sondern allein strategische Ziele. Die Einführung der Balanced Scorecard erfordert klare Hierarchien und Kompetenzaufteilungen.

Insgesamt lassen sich folgende wesentliche Schlussfolgerungen ziehen:

- die „Balanced Scorecard" ist für soziale Organisationen ein bedeutsames und interessantes strategisches Management- und Controllinginstrument. Die Herausforderung besteht darin, die in vielen sozialen Organisationen entwickelten Leitbildern mit den vier strategischen Ebenen der Balanced Scorecard zu verknüpfen
- die Strategie einer sozialen Organisation bildet den Grundstein und ist damit Voraussetzung für die erfolgreiche Umsetzung des Ansatzes der Balanced Scorecard
- die Einführung einer Balanced Scorecard verlangt eine Verknüpfung des fachlichen und des betriebswirtschaftlichen Controllings
- die Beschränkung auf eine Auswahl von relevanten Steuerungsgrößen ist, insbesondere auch im Hinblick auf den Aufbau eines Berichtswesens, entscheidend für die erfolgreiche Einführung der Balanced Scorecard
- für die Einführung und Umsetzung der Balanced Scorecard ist ausreichend Zeit einzuplanen. Wer sich für die Einführung dieses Instrumentes entscheidet, sollte vor allem viel Zeit für die Erhebung der Kennzahlen und für die inhaltliche Diskussion zur Verfügung stellen

Literatur

Beck, G. (1999): Controlling, Augsburg

Bono, M. (2006): NPO-Controlling- Professionelle Steuerung sozialer Dienstleistungen, Stuttgart

Eisenreich, T. / Halfar, B. / Moos, G. (2004): Soziale Unternehmen mit Kennzahlen führen und steuern, Baden-Baden

Eschenbach, R. (1998): Führungsinstrumente für die Nonprofit Organisation, Stuttgart

Friedag H.R. / Schmidt W. (2002): Balanced Scorecard, Freiburg im Breisgau

Kaplan, R.S. / Norton, D.P. (1996): Translating strategy into action, Boston

Kattnigg, A. (1990): Ansätze für Controlling in Sozialhilfeeinrichtungen, Linz

Meyer, D.(1999): Wettbewerbliche Neuorientierung der Freien Wohlfahrtspflege, Berlin

Moos, G. (2003): Einführung einer Balanced Scorecard in einem Unternehmen der Sozialwirtschaft, In: König, J. / Oerthel, C. / Puch, H.-J. (Hrsg.): Soziale Arbeit im gesellschaftlichen Wandel – Ziele, Inhalte, Strategien, Starnberg, S. 225-229

Moos, G. / Peters, A. (2008): Betriebswirtschaftslehre für soziale Berufe, München

Moos, G. / Klug, W. (2009): Basiswissen Wohlfahrtsverbände, München

Pracht, A. (2002): Betriebswirtschaftslehre fürs Sozialwesen, Esslingen

Scherer, A. G. / Alt, J. M. (2002): Balanced Scorecard in Verwaltung und Non-Profit-Organisationen, Stuttgart

Schwarz, P. (1998): Management-Brevier für Nonprofit-Organisationen, Stuttgart

Schwien, B. (2009): Ganzheitliche Unternehmenssteuerung in Nonprofit-Organisationen, Stuttgart

Stoll, B. (2003): Balanced Scorecard in sozialen Organisationen, Berlin

Weber, M. (1999): Kennzahlen – Unternehmen mit Erfolg führen, Planegg

Prozessoptimierung – Verbindung von Strategie und Organisation

Elisabeth Laskewitz

Vorwort

Das Forum 3 der diesjährigen Tagung steht unter der Überschrift „Leitung und Management". Da mag es verwunderlich erscheinen, dass in diesem Zusammenhang ein Vortrag zur Prozessoptimierung gehalten wird. Ist das nicht Sache der Organisatoren, wie die Prozesse nun genau ablaufen, welche Mitarbeiter und welche technischen Hilfsmittel zum Einsatz kommen? Ich meine: Nein! Prozessoptimierung, wie ich sie verstehe, ist Chefsache", weil sie nur wirklich gelingt, wenn sie strategisch angelegt wird.

Die nachfolgenden Ausführungen orientieren sich am Beispiel des Krankenhauses. Sie sind jedoch übertragbar auf nahezu alle sozialwirtschaftlichen Organisationen und Unternehmen, sowie der Ansatz der Geschäftsprozessoptimierung vor einigen Jahren erfolgreich von der Privatwirtschaft auf den Krankenhausbereich übertragen wurde.

Ausgangssituation auf dem Health Care Markt

Die Krankenhäuser bewegen sich inmitten eines Interessengeflechts interner und externer Partner, die bestimmte Ansprüche stellen. Politik und Kostenträger wollen Kostendämpfungsziele durchsetzen und melden Steuerungsansprüche an, Patienten erwarten eine exzellente Behandlung und Versorgung. Dann sind da noch die niedergelassenen Ärzte, die einerseits verstärkt als Wettbewerber der Krankenhäuser auftreten und andererseits als Haupteinweiser die Funktion eines „Absatzmittlers" einnehmen und somit als VIPs behandelt werden sollten. Auch die eigenen Mitarbeiter sind zum einen eine betriebswirtschaftlicher Faktor, dessen Kostenstruktur beeinflusst werden muss und zum anderen die wichtigste Komponente der Krankenhausleistung, deren Motivation ganz wesentlich über Qualität entscheidet.

Um in dieser Situation erfolgreich werden oder bleiben zu können, muss sich ein Krankenhaus strategisch und organisatorisch neu ausrichten. Die Vorteile, die durch die Entwicklung einer Strategie erzielt werden können, liegen auf der Hand: Ein Krankenhaus, das über eine Strategie verfügt, ist in der Lage zu agieren, anstatt lediglich zu reagieren – zu gestalten, anstatt zu verwalten. Denn eine Strategie ist immer zukunfts- und erfolgsgerichtet, das heisst, sie dient dazu, die einmal entwickelte Vision des Krankenhauses zu erreichen.

Als Konsequenz der Reformgesetze sind die Krankenhäuser außerdem gefordert, die medizinischen, pflegerischen und administrativen Leistungsprozesse wirtschaftlicher zu erbringen, ohne dass die Prozess-, Sozial- und Ergebnisqualität des Versorgungsauftrages Einschränkungen erfährt. Damit steht das Krankenhausmanagement vor der Aufgabe, vermeintlich gegensätzliche Ziele wie „Steigerung der Qualität bei sinkenden Kosten" durch intelligente Organisations- und Führungskonzepte miteinander in Einklang zu bringen.

Prozessoptimierung als ganzheitlicher Beratungsansatz

Die Methodik der Geschäftsprozessoptimierung wurde ursprünglich für den produzierenden Sektor entwickelt und später erfolgreich auf Organisations- und Wirtschaftlichkeitsuntersuchungen im öffentlichen wie privaten Dienstleistungssektor und im Gesundheitswesen übertragen. Der Geschäftsprozessansatz greift über bestehende Aufbauorganisationsstrukturen hinaus, indem alle Aktivitäten zur Erreichung bestimmter Leistungen in einem Geschäftsprozess zusammengeführt werden. Er ist somit ideal geeignet, auch Fragen der Aufgabenkritik sowie der horizontalen und vertikalen Aufgabenverlagerung zu behandeln und analytisch zugänglich zu machen.

Der Ansatz der Geschäftsprozessoptimierung zielt gleichzeitig auf mehrere Aspekte:

- Er zielt auf die simultane Ausschöpfung von Ergebnissteigerungs-, Zeiteinsparungs-, Kostensenkungs- und Qualitätsverbesserungspotentialen.
- Er bindet kurzfristig realisierbare Maßnahmen in eine langfristige, strategisch abgesicherte Entwicklungsrichtung ein.
- Er optimiert nicht nur organisatorische Verfahren, sondern auch betriebswirtschaftliche Führungs- und Steuerungssysteme.
- Er hilft Verbesserungen abzusichern, indem bei den Mitarbeitern Verhaltens- und Einstellungsänderungen ausgelöst werden.

Der Zusammenhang zwischen Prozessoptimierung und Strategie

Das Ziel einer Prozessoptimierung ist also nicht die kurzfristig wirksame Kostenreduzierung. Angestrebt wird vielmehr die Erschließung von Potenzialen durch dauerhafte Leistungssteigerung. Damit liefert sie einen praktikabeln Ansatz, Strategie und Organisation eines Unternehmens bereichsübergreifend zu verbinden – und dies flexibel und bei gebremsten Kosten.

Die Prozessoptimierung bezieht alle Managementfelder ein. Unter strategischen Gesichtspunkten sind die Felder Markt und Umfeld – Marktstrategie – sowie Produktspektrum und Marktzugang – Leistungsstrategie von besonderer Bedeutung. Die Strategie bildet die Basis, aus der Vorgaben und Ziele für die Prozessgestaltung und -organisation abgeleitet werden. Hierzu einige Beispiele:

– Die Entscheidung eines Hauses, Aufgaben nicht mehr selbst, sondern in Kooperation mit Dritten bzw. durch externe Dienstleister zu erbringen, führt dazu, dass Prozessketten ganz oder teilweise entfallen und somit Rumpfprozesse übrig bleiben, die komplett anders organisiert werden müssen.
– Wenn es die strategische Entscheidung eines Hauses ist, sich vom Krankenhaus zum „Gesundheitszentrum" mit stationärem, ambulantem und rehabilitativem Leistungsangebot zu entwickeln, muss sich die Prozessorganisation viel stärker am Weg des Patienten durch das Gesundheitszentrum orientieren.
– Wenn die Strategie eines Hauses vorsieht, sich am Markt durch besondere Patientenzufriedenheit zu profilieren, reicht es nicht, bestimmte Services anzubieten, sondern die gesamte Prozessorganisation muss darauf abzielen, den Bedürfnissen der Patienten zu entsprechen. Das bedeutet, dass Wartezeiten und Verweildauern minimiert werden und alle Prozesse so effizient gestaltet werden, dass das Personal ausreichend Zeit für die Betreuung hat.

Die Brücke zwischen der Strategie und der Prozessoptimierung bilden die Ziele, die aus der Strategie abgeleitet werden. Diese können quantitativer und qualitativer Art sein. Üblicherweise werden solche Ziele nur vom Gesamtziel auf die Bereichs- oder Stationsebene heruntergebrochen (wenn überhaupt!). Sie sollten jedoch auf der Prozessebene Anwendung finden. Wenn beispielsweise die Verkürzung der Wartezeiten für Patienten ein Ziel ist, dann sind hiervon einige bereichsübergreifende Prozesse betroffen: Aufnahme (Verwaltung und Station), Diagnostik (Station und diagnostische Funktionsbereiche), Therapie (z.B. Station und OP) etc. Meines Erachtens ist es sogar unerlässlich für die Erreichung solcher Ziele, sich am Geschäftsprozess zu orientieren, anstatt in abgegrenzten Funktionsbereichen zu denken und zu handeln.

Was sind eigentlich Geschäftsprozesse?

Vielfach werden „Geschäftsprozesse" mit „Abläufen" gleichgesetzt. Die Ablauforganisation ist aber nur eine von mehreren Faktoren, nur eine der Ansatzmöglichkeiten zur optimalen Gestaltung eines Geschäftsprozesses. So sind z.B. der

Informationsfluss und die DV-Unterstützung auf die spezifischen Anforderungen und die Durchgängigkeit im Geschäftsprozess auszurichten. Geeignete Controllinginstrumente und damit Führungsinformationen ermöglichen die Überprüfung der Zielerreichung und die Weiterentwicklung der Organisation.

Auch ist die Prozessbetrachtung nur eine mögliche Methode zur Strukturierung der Aufgaben; sie bietet sich immer an, wenn komplexe Leistungen erbracht werden, was im Krankenhaus mit Sicherheit der Fall ist. Ein Geschäftsprozess hat einen genau definierten Auslöser (Auftrag) und sichtbare / bewertbare Ergebnisse (Leistungen / Output). Daher zielt der Ansatz auch nicht auf eine Optimierung einzelner Funktionen, Abteilungen oder Stationen, sonder auf die Optimierung des gesamten Prozesses, der zu einer bestimmten Leistung bzw. einem bestimmten Ergebnis führt.

Wir unterscheiden zwei Prozessarten, die Kernprozesse und die Unterstützungsprozesse. Kernprozesse eines Krankenhauses sind dadurch gekennzeichnet, dass sie direkt zur Erbringung extern verrechenbarer Leistungen führen. Es sind also Prozesse, die nah am Patienten sind und in Abrechnungsgrößen identifizierbar einfließen. Unterstützungsprozesse demgegenüber haben die Bereitstellung von Ressourcen und internen Diensten zum Inhalt und unterstützen somit die Kernprozess, die Finanzverwaltung oder das Personalmanagement.

Als ein wesentliches Element eines Optimierungsprojektes wird der gesamte Aufgabenbestand in solche Prozesse strukturiert und jeder Prozess in Teilprozesse gegliedert, die jeweils wieder definierte Teilleistungen bzw. Teilergebnisse abliefern.

Der Ablauf eines Projektes zur Prozessoptimierung

Zur Durchführung eines Projektes zur Geschäftsprozessoptimierung (GPO) hat sich ein Vorgehensmodell bewährt, das in vier Phasen zerfällt:

– Situationsanalyse
– Detailanalyse
– Organisationsoptimierung
– Realisierung

Diese Phasen laufen im Prinzip sequentiell und bauen aufeinander auf, enthalten jedoch die Möglichkeit von Rückkopplungsschleifen. Da es sich bei einer GPO um eine komplexe Fragestellung handelt, die das gesamte Krankenhaus betrifft, sind begleitendes Projekt- und Veränderungsmanagement unerlässlich.

Phase 1 – Situationsanalyse

Die Situationsanalyse dient dazu, einen Überblick und eine Einschätzung über die Prozesse, die strategische Positionierung und die Hauptproblemfelder zu erhalten. Da der Ansatz der Geschäftsprozessoptimierung ja die gesamte Organisation einbezieht, ist es wichtig, am Anfang die Felder zu lokalisieren, auf denen der größte Handlungsbedarf besteht und mit deren Verbesserung die größte Wirkung erzielt werden kann. Somit werden in der Situationsanalyse die Weichen für das weitere Vorgehen gestellt.

Die vorgefundenen Prozesse werden in einem Prozessmodell abgebildet, das die Prozesse, die Beteiligten und die Beziehungen untereinander enthält. Unter Einbeziehung der vorliegenden Strategien bzw. der fixierten Unternehmensziele einerseits und der identifizierten Hauptproblemfelder andererseits erfolgt die Festlegung der Optimierungsziele für das weitere Projekt.

Phase 2 – Detailanalyse

Diese Phase dient im Wesentlichen dazu, die Ursachen und Zusammenhänge für die Schwachstellen zu ermitteln. Es erfolgt pro Prozess eine Erhebung und Analyse der wichtigsten qualitativen und quantitativen Parameter:

- Leistungen, Aufwand und Kosten
- Schnittstellen
- Probleme und Störungen
- Steuerungsmechanismen und –instrumente
- Technikunterstützung.

Am Ende dieser Phase ist eine Standortbestimmung möglich, es herrscht Klarheit über die Schwachstellen und die Verbesserungsansätze zu deren Überwindung.

Phase 3 – Organisationsoptimierung

Die Optimierung der Organisation erfolgt über die Neugestaltung der Prozesse. Dazu ist es zunächst erforderlich, Ziele für jeden Prozess zu definieren. Es kann sich dabei im Wesentlichen um Zeit-, Kosten- oder Qualitätsziele handeln, für die, wenn möglich quantitative Ausprägungen festgelegt werden. Ein (vereinfachtes) Beispiel aus dem Finanz- und Rechnungswesen, Prozess „Ausgangsrechnungen":

- *Prozessstruktur:* Der Prozess beginnt mit der Rechnungslegung und endet beim Geldeingang
- *Zeitziel und Ausprägung:* Verkürzung der Durchlaufzeit um 50 % (basiert auf vorheriger Messung)
- *Kostenziel und Ausprägung:* Reduktion des Personalaufwands um 30 %
- *Qualitätsziel und Ausprägung:* Die Rechnung sei sofort korrekt, ausgedrückt durch eine Senkung der Stornoquote um 50 %.

Der nächste Schritt besteht darin, aus den Zielen Anforderungen an die neue Organisation abzuleiten, mit deren Hilfe die Ziele erreicht werden können. Bezogen auf das obige Beispiel könnten dies sein:

- *Zeitziel Durchlaufzeitverkürzung:* Veränderung des Belegflusses; Veränderung der Mahnfristen
- *Kostenziel Aufwandsreduktion:* Bessere Kommunikation mit den Leistungsstellen; EDV-Unterstützung für die Forderungsverfolgung
- *Qualitätsziel „Rechnung sofort korrekt":* Bessere Qualität der Eingangsbelege; Verbesserung des Kontaktes zu den wichtigsten Kostenträgern/ Rechnungsempfängern.

Erst jetzt macht es Sinn, mit der Neugestaltung der Prozesse zu beginnen, d.h. den konkreten Ablauf eines Prozesses und die Beteiligten zu bestimmen, die dazugehörigen Schnittstellen und Informationsflüsse sowie die personellen und informationstechnischen Ressourcen festzulegen. Definiert werden auch Verantwortung und Kompetenzen sowie Planungs- und Steuerungsinstrumente für die Prozesse. Dies alles hat natürlich Auswirkungen auf die zukünftige Aufgaben- und Führungsstruktur, den Personal- und Technikeinsatz sowie das Führungs- und Steuerungssystem insgesamt. Die Bündelung der Auswirkungen führt zum Entwurf für die neue Organisation.

Phase 4 – Realisierung

Der Entwurf für die neue Organisation stellt das Ziel dar, das im Laufe der Realisierungsphase erreicht werden soll. Der Erfolg der Realisierung ist eng verbunden mit der Qualität der Umsetzungsplanung und der Ergebniskontrolle. Neben diese eher technischen Voraussetzungen ist das Veränderungsmanagement eine wichtige Rahmenbedingung für eine positive Gestaltung des notwendigen Wandels.

Es werden zunächst im Rahmen der Realisierungsplanung die konzeptionell erarbeiteten Einzelmaßnahmen gebündelt und abgrenzbare Projekte mit eindeutiger

Ergebnis- und Realisierungsverantwortung definiert. Die Umsetzungsmaßnahmen werden außerdem thematisch in

- organisationsbezogene Maßnahmen und
- ressourcenbezogene Maßnahmen
  - Personal
  - Informationstechnik
  - Finanzressourcen
  - Sachressourcen

aufgeschlüsselt. Für jedes Projekt und Maßnahmenbündel werden die für die Umsetzung verantwortlichen Organisationseinheiten benannt, Abhängigkeiten zu weiteren Maßnahmen und der Realisierungszeitraum definiert. Damit kann mit der Realisierung unmittelbar begonnen und der Fortschritt in der Realisierung jederzeit überwacht werden. Es empfiehlt sich, ein Gremium einzusetzen, das die Realisierung insgesamt steuert und überwacht und für den Kontakt zwischen den unterschiedlichen Projekten sorgt.

Unverzichtbar: Projektmanagement und Veränderungsmanagement

Projekte zur ganzheitlichen Prozessoptimierung im Krankenhaus sind komplex und verlaufen parallel zum normalen Tagesgeschäft. Außerdem führen sie oftmals zu umfangreichen und tief greifenden Veränderungen für alle Beteiligten. Es ist somit unerlässlich, erprobte Methoden zur Projektdurchführung und für das Management der Veränderungen anzuwenden.

Während der Situations- und Detailanalysephasen kommen im Wesentlichen Erhebungs- und Auswertungsmethoden zum Einsatz. Wichtig sind hier interaktive Methoden wie Interview und Workshop, aber auch der Einsatz schriftlicher Erhebungsinstrumente (Erhebungs-/ Fragebogen). Die Auswertung der Ergebnisse erfolgt mit Hilfe statistischer Methoden, für ihre Bewertung wenden wir, hauptsächlich im Rahmen von Workshops, die Portfolio-Analyse und die SWOT-Analyse an. Die methodische Unterstützung der Organisationsoptimierung erfolgt mittels Prozessdesign und –modellierung, aber auch durch Kreativitätstechniken bei der Suche nach neuen Lösungen. Für die Begleitung der Realisierung kommt eine Coaching-Unterstützung (Team-Coaching, Methoden-Coaching) zum Einsatz.

Die Notwendigkeit, die Mitarbeiter auch in der Veränderungssituation selbst und nach der Optimierung aktiv bei der Bewältigung der Verhaltensänderungen zu unterstützen, ist Bestandteil der Diebold-Philosophie in Beratungsprojekten und deren Realisierungsbegleitung.

Die Erfahrung zeigt, dass die Dimension der Verhaltensänderung der Mitarbeiter häufig in der Organisationsentwicklung nicht nachhaltig berücksichtig wird.

Die Hilfestellung bei der Veränderung des Verhaltens der Mitarbeiter in einer optimierten Organisation ist u.a. auch deshalb von hoher Bedeutung, weil die Zufriedenheit der Patienten auch entscheiden von sog. „weichen" Faktoren abhängt.

Es bieten sich unterschiedliche Module und Werkzeuge an, die Mitarbeiter in ihren Veränderungsmaßnahmen zu unterstützen. Die Maßnahmen müssen konsequent geplant und auf die jeweilige Organisationsstruktur hin angepasst werden.

Methoden/Instrumente werden projektspezifisch eingesetzt.

Für die Gesamtorganisation	Kommunikationskonzept	Kontinuierliche Information
Für das Projektumfeld	Akzeptanzanalyse	
	Kick-off / Workshops / Interviews	Personalentwicklung
Im Projektteam	Prozeßorientiertes Projektmanagement	
	Teambildung / Feedback	
	Projektstart / Durchführung / Projektende	

Das Veränderungsmanagement ist während der gesamten Projektdauer erforderlich und stellt einen entscheidenden Erfolgsfaktor dar.

3. Controlling

Controlling mit Kennzahlen

Klaus-Dieter Pruss

A. Einleitung

Beschäftigt man sich mit dem Aufbau eines innerbetrieblichen Controllings, wird schnell die Forderung nach einem Kennzahlensystem formuliert und der Nutzen einer eigenen Controlling-Abteilung aus Kosten- und Zeitgründen kritisch hinterfragt. Schnell konzentrieren sich die Überlegungen auf die Frage, ob ein System aus einschlägigen wirtschaftlichen Kennzahlen nicht effektiver sei und bessere Ergebnisse liefer als eine große Controlling-Abteilung, die auch nur das vorhandene Datenmaterial auswertet. Zudem liefern gute EDV-Programme heute bereits eine reichhaltige Auswahl betriebswirtschaftlicher Kennzahlen, die gemeinhin zur Steuerung von Unternehmen verwendet werden. Warum also das Rad neu erfinden und eigene Kennzahlen oder Steuerungsinstrumente entwickeln? Schließlich muss man ja nicht jedem neuen Modetrend hinterherlaufen und ihn sofort umsetzen. Die alte kennzahlenorientierte Bilanzanalyse liefert genug Kennzahlen, die schon immer zur Steuerung eines Unternehmens oder einer Organisation ausgereicht haben. Legt man Schwellenwerte fest, bei deren Über- oder Unterschreitung Handlungsbedarf gegeben ist, lässt sich der Erfolg eines Unternehmens punktgenau steuern, bzw. der Misserfolg vorhersagen. Folgt man diesem Gedankengang, benötigt die Organisation nur ein Kennzahlensystem, das aus harten Kennzahlen besteht und deren Daten leicht zu erheben sind. Alle Kennzahlen sollen selbstverständlich der Zielerreichung der Organisation dienen, die langfristig ein mindestens ausgeglichenes Ergebnis vorweisen und ihre Zahlungsfähigkeit zu jedem Zeitpunkt gewährleistet sehen möchte. So scheint das Problem gelöst, vorausgesetzt, das System ist installiert und mit Leben gefüllt.

Hier wird deutlich, dass die vorstehende Betrachtungsweise nicht zielführend sein kann. Einerseits möchte man Aussagen zur zukünftigen Zahlungsfähigkeit und zum Zukunftserfolgspotential erhalten und verwendet andererseits ein Kennzahlensystem, welches den Jahresabschluss als Informationsbasis, also die Vergangenheit, zugrunde legt. Auch wenn diese Kennzahlen aufgrund der leistungsfähigeren EDV unterjährig problemlos und zeitnah zu erheben sind, bleiben sie mit dem Mangel behaftet, dass sie nur Geschäftvorfälle der Vergangenheit einbeziehen. Häufig mangelt es auch an der Objektivität dieser Kenngrößen: Wird z.B. die Möglichkeit zur Bildung und Auflösung stiller Reserven genutzt, kann nicht einmal der Erfolg der abgelaufenen Periode korrekt ausgewiesen werden.

Kennzahlen gehören zu den klassischen Instrumenten des Controllers, der für die Geschäftsleitung die zur Steuerung des Unternehmens notwendigen Informationen in einer verständlichen und aussagekräftigen Weise zur Verfügung zu stellen hat. Gemeinhin unterstellt man, dass monetäre, das Ergebnisziel betreffende Kennzahlen im Vordergrund stehen. Zwei Kriterien, die dem heutigen Informations- und Steuerungsbedürfnis einer Organisation nicht mehr gerecht werden. Einerseits ist der qualitative Grad der Zielerreichung aussagekräftiger als z.B. die Einhaltung oder Unterschreitung eines Budgets oder die Über- oder Unterschreitung eines Schwellenwertes, andererseits ist die Informationsbereitstellung allein für die Unternehmensführung nicht ausreichend, um die Teilbereiche einer Organisation sinnvoll in den Zielerreichungsprozess mit einzubinden.

Schließlich sind ein logisch aufgebauter Kostenstellenrahmen und eine exakte Buchführung die Grundvoraussetzungen aller weiteren Betrachtungen. Dies dürfen wir getrost als Pflicht bezeichnen, die Kür zeigt sich in dem weiteren Ausbau eines Kennzahlensystems, das quantitativen und qualitativen Ansprüchen gerecht wird und die entscheidenden Teilbereiche mit in den Entscheidungsprozeß einbindet. Es ist eine spannende Aufgabe, die vorhandenen Ansätze zu überarbeiten und praxistauglich zu machen. Insbesondere ist es unerlässlich, über die EDV kostengünstige Möglichkeiten der Informationsgewinnung zu entwickeln und damit die Zugriffszeiten zu den dringend benötigten Steuerungsparametern deutlich zu verringern. Aber bei aller Euphorie darf die Kosten/Nutzen-Relation nie aus den Augen verloren werden. Ein Kennzahlensystem soll unterstützend und erleichternd wirken und nicht zum Selbstzweck werden. Kennzahlen, die auf dem Datenfriedhof landen, sind zu vermeiden. Nachfolgend wird kritisch überprüft, ob betriebswirtschaftliche Kennzahlen wirklich hart sind und ob sie zur Steuerung einer Organisation im heutigen Umfeld ausreichen. Auch wird ein idealtypischer Aufbau eines Kennzahlensystems beschrieben und die Einbindung und Messbarkeit qualitativer Daten in ein Kennzahlensystem an einem Beispiel aus der Praxis diskutiert werden. Dieser Beitrag möchte einige kritische Denkanstöße im Umgang mit Kennzahlen liefern.

B. Kennzahlen – harte Fakten?

I. Betriebswirtschaftliche Kennzahlen und ihre Entstehung

Vielfach wird die Forderung nach neuen, die Organisation beschreibenden Kennzahlen artikuliert. Da Kennzahlen definitionsgemäß relevante Zusammenhänge in verdichteter, quantitativ messbarer Form widergeben, wird der Focus unmittelbar auf die Beschreibung betriebswirtschaftlicher Zusammenhänge gelenkt. Ausgeblendet wird dabei, dass zur wahren Einschätzung des Zustandes einer Organisation nur die qualitativen Kriterien die umfassende und abschließende Beurteilung liefern können und eine notwendige Ergänzung der „harten Fakten" bedeuten. Doch immer der Reihe nach.

Kennzahlen dienen der Befriedigung des Informationsbedürfnisses des Verantwortlichen und helfen ihm, die anstehenden Entscheidungen fundiert vorzubereiten. Damit erhält er die Möglichkeit der Steuerung seines Bereiches im Rahmen seiner Kompetenzbefugnis. Als Datenquellen dienen im Allgemeinen die Bilanz, die Buchhaltung, die Aufwands- und Ertrags- und Kostenrechnung sowie die Statistik. Allgemein fasst man diese Betrachtungen unter dem Oberbegriff der „Kennzahlenorientierten Bilanzanalyse" zusammen. Hierbei kann es sich um absolute Zahlen wie Einzelzahlen, Summen, Differenzen und Mittelwerte oder um Verhältniszahlen wie Beziehungs-, Gliederungs- oder Indexzahlen handeln. Jeder Nutzer hat sicherlich seine eigenen Präferenzen und Erwartungen entwickelt und ist von der Aussagekraft seines Berichtssystems überzeugt. Handelt es sich um Kennzahlen mit selbständigem Erkenntniswert, ist sicher eine hinreichende objektive Aussagekraft gegeben, die allerdings von der jeweiligen Buchungsroutine des Buchhalters abhängt. Zudem geht in die bilanztechnische Bewertung von Vermögenspositionen eine subjektive Einschätzung des Managements ein, bzw. geht einer Bewertung die strategische Entscheidung zur Bildung stiller Reserven des Managements voraus.

Wenn die Buchhaltung dezentral in verschiedenen Einrichtungen durchgeführt wird, die zu einem gemeinsamen Trägerverbund zusammengeschlossen sind, leidet die Aussagekraft der dezentral erstellten Auswertungen erheblich. Es hängt hierbei davon ab, wie detailliert die Organisationsanweisung abgefasst ist und wie häufig eine Überprüfung dieser Vorgaben erfolgt. Unter Berücksichtigung dieser Vorbehalte ist dann aber ein interner Vergleich anhand ausgesuchter Kennzahlen möglich. Wichtig ist allerdings, ob es sich um Standardkennzahlen oder um betriebsindividuelle Kennzahlen handelt. Standardkennzahlen eignen sich unter Berücksichtigung ihrer Entstehung auch zum betriebsübergreifenden Vergleich und ermöglichen so eine Aussage zu dem Stand einer Organisation oder eines Teilbereiches im Verhältnis zum wirtschaftlichen Umfeld. Allerdings eignet sich nicht jede Kennzahl ohne weiteres zum Vergleich mit anderen Unternehmen, wenn diese eine heterogene Struktur aufweisen. An dieser Stelle sind zunächst weitere Berechnungen notwendig, um eine Vergleichbarkeit herzustellen.

Ungleich schwieriger wird die Interpretation von Kennzahlen mit unselbständigem Erkenntniswert. Hier bedarf es zunächst der weiterführenden Interpretation durch den Anwender oder seines Informationslieferanten, bevor der Aussagegehalt der Kennzahl entsteht. In diesem Fall hängt die Qualität der Aussage zwingend von der subjektiven Auslegung des Einzelnen ab. Für einen weiterführenden Vergleich zwischen mehreren Bereichen oder Organisationen bedarf es zunächst der Verständigung auf eine gleichlautende Festlegung des Aussagegehaltes dieser Kennzahl. In der Regel wird dieser Bereich aus betriebsindividuellen Kennzahlen bestehen, so dass zusätzlich das Problem der Erhebung dieser Zahlen berücksichtigt werden muss.

Konkrete Aussagen in absoluten Zahlen sind in den wenigsten Fällen möglich, dennoch lässt sich treffsicher eine Tendenz ablesen und erkennen, wo sich Handlungsbedarf abzeichnet.

In der Regel wird eine Gegenüberstellung von gleichen Kennzahlen aus verschiedenen Zeiträumen (Zeitvergleich) oder eine Gegenüberstellung von Soll- und Istzahlen aus einem Zeitraum (Soll-Ist-Vergleich) gewählt.

Aussagen über die Wirtschaftlichkeit und die finanzielle Sicherheit gehören zum Standardrepertoire eines Controllers. Hierfür verfügt er über ein entsprechendes Instrumentarium und insbesondere über die Kennzahlen, die EDV unterstützt unproblematisch zu erheben sind. Die Bilanzanalyse kennt zur Beurteilung der künftigen Zahlungsfähigkeit die finanzwirtschaftlichen Kennzahlen und zur Betrachtung der künftigen Ertragskraft die erfolgswirtschaftlichen Kennzahlen.

II. Finanzwirtschaftliche Kennzahlen

1. Investitionsanalyse

Im Focus der Betrachtung stehen die Vermögensstruktur und die künftige Zahlungsfähigkeit der Organisation. Insbesondere versucht man Aussagen über die Selbstliquidationsperiode zu erhalten, also den Zeitraum zu bestimmen, in dem ein Vermögensgegenstand bei normalem Geschäftsablauf wieder zu Geld wird. Ein Grundstück bindet Kapital langfristig, ein Warenvorrat für einen Zweckbetrieb bedeute nur eine kurzfristige Bindung. Man unterscheidet die

$$\text{Anlagenintensität} = \frac{\text{Anlagevermögen}}{\text{Gesamtvermögen}} \times 100$$

$$\text{Finanzanlageintensität} = \frac{\text{Finanzanlagevermögen}}{\text{Gesamtvermögen}} \times 100$$

$$\text{Vorratsintensität} = \frac{\text{Vorratsvermögen}}{\text{Gesamtvermögen}} \times 100$$

$$\text{Investitionsquote} = \frac{\text{Nettoinvestitionen zum Sachanlagevermögen}}{\text{Sachanlagevermögen zum Periodenanfang}} \times 100$$

Unterziehen wir den Aussagegehalt dieser Kennzahlen einer kritischen Betrachtung, so erkennen wir, dass eine hohe Anlagenintensität einerseits eine Sicherheit darstellt, andererseits der Mittelrückfluss in ferner Zukunft liegt. Dies spricht für eine hohe Kapitalbindung und ist daher eher negativ zu bewerten. Noch differenzierter lässt sich eine hohe Investitionsquote betrachten. Sie zeugt einerseits von einer wachsenden und innovativen Organisation, andererseits auch von einem hohen Kapitalbedarf. Bereits hier zeigt sich, dass der Aussagegehalt von der Interpretation des Betrachters abhängt, obwohl die Datenbasis unter der einleitenden Einschränkung als sicher gilt. Es handelt sich um eine sogenannte harte Kennzahl.

2. Finanzierungsanalyse

Das Ziel dieses Abschnittes ist die Einschätzung der Finanzierungsrisiken. Naturgemäß beschert eine Eigenkapitalquote von 100 % der Einrichtung eine größtmögliche Sicherheit. Das Finanzierungsrisiko ist gleich Null. Häufig erhält eine soziale Organisation aber zinsgünstige oder zinslose Darlehen der öffentlichen Hand bzw. Zinszuschüsse z.B. der „Aktion Mensch" für innovative Konzepte oder Maßnahmen, die von öffentlichem Interesse sind. Hier ist der Einsatz eigener Mittel gar nicht angeraten, auch wenn sie vorhanden wären. Die Gewährung von Zuschüssen findet hier keinen Niederschlag, obwohl sie meist mit einer Zweckbindung von mehreren Jahrzehnten verbunden ist und unter Umständen zu Rückzahlungsverpflichtungen in empfindlichem Umfang führen kann, wenn die Verwendung zum ursprünglichen Zweck aufgrund geänderter Rahmenbedingungen nicht mehr möglich ist. Häufig verwendete Kennzahlen sind:

$$\text{Statischer Verschuldungsgrad} = \frac{\text{Fremdkapital (FK)}}{\text{Eigenkapital (EK)}} \times 100$$

$$\text{Eigenkapitalquote} = \frac{\text{EK}}{\text{Gesamtkapital}} \times 100$$

$$\text{Anspannungsgrad} = \frac{\text{FK}}{\text{Gesamtkapital}} \times 100$$

$$\text{Intensität langfristigen Kapitals} = \frac{\text{EK + lfr. FK}}{\text{Gesamtkapital}} \times 100$$

$$\text{Fremdkapitalzinslast} = \frac{\text{Zinsen + ähnliche Aufwendungen}}{\text{FK}} \times 100$$

Hierzu gibt es Finanzregeln, die zum Ziel haben, bei gegebener Vermögensstruktur die Kapitalstruktur so zu gestalten, dass die Zahlungsfähigkeit langfristig gesichert ist. Es gibt vertikale und horizontale Finanzierungsregeln. Die vertikale Untersuchung bedeutet die Betrachtung der Passivseite der Bilanz, die horizontale stellt die Beziehung zwischen der Vermögens- und der Kapitalstruktur her. Es zeigt sich an diesem Beispiel, dass auch die Theorie Zweifel an einem solchen Soll-Ist-Vergleich ceteris paribus einzelner Finanzregeln hat. Einerseits lässt sich feststellen, dass die Finanzregeln häufig nicht eingehalten werden, da zur Beurteilung der tatsächlichen Lage und der Kreditwürdigkeit weitere subjektive Einschätzungen hinzugezogen werden. So bezeichnet die vertikale Finanzregel eine Quote von Eigenkapital zu Fremdkapital von 1 : 1 als erstrebenswert, eine von 1 : 2 als solide und eine von 1 : 3 als noch zulässig. Da aber Stand 1997 deutsche Unternehmen nur über weniger als 20 % Eigenkapital verfügen, muss es augenscheinlich weitere Kriterien zur Beurteilung des Finanzierungsrisikos eines Unternehmens oder einer Organisation geben. Im Zeitverlauf ist die Eigenkapitalquote deutscher Unternehmen sogar auf 16 % gesunken, wobei sie sich derzeit aufgrund guter Renditen bei 25 % (Monatsbericht 08.2004 Bundesministerium der Finanzen, S. 67ff) eingependelt hat. Als Fazit kann man festhalten, dass Kennzahlen aus diesem Bereich Indikatoren unter vielen sind, die zur Beurteilung des Risikos herangezogen werden können, jedoch in ihrer Aussagekraft eingeschränkt sind, wenn sie nicht in einen logischen individuellen Gesamtzusammenhang gebracht werden. So lässt sich festhalten, dass die Einhaltung der Finanzierungsregeln nicht unbedingt die Zahlungsfähigkeit garantiert und umgekehrt die Missachtung der Finanzierungsregeln nicht zwangsläufig zur Zahlungsunfähigkeit führt (Wöhe, 2000, S. 772).

3. Liquiditätsanalyse

Das Risiko der Zahlungsunfähigkeit soll mittels einer Kennzahl beschrieben werden. Die Liquiditätskennzahl gibt an, welcher Teil der kurzfristigen Verbindlichkeiten durch vorhandene liquide oder teilliquide Mittel gedeckt ist. Die heftige Kritik an diesen Kennzahlen ist ihre Vergangenheitsorientierung. Es wird ein Zustand zu einem bereits vergangenen Zeitpunkt beschrieben, wobei der Empfänger dieser Kennzahl Aussagen zur künftigen Zahlungsfähigkeit benötigt. Die geläufigsten Kennzahlen sind:

$$\text{Liquidität 1. Grades} = \frac{\text{Zahlungsmittel (ZM)}}{\text{kurzfr. Verbindlichkeiten}} \times 100$$

$$\text{Liquidität 2. Grades} = \frac{\text{ZM + kurzfr. Forderungen (kF)}}{\text{kurzfr. Verbindlichkeiten}} \times 100$$

$$\text{Liquidität 3. Grades} = \frac{\text{ZM + kF + Vorräte}}{\text{kurzfr. Verbindlichkeiten}} \times 100$$

Net working Capital = Umlaufvermögen - kurzfr. Verbindlichkeiten

Cash-Flow = Jahresüberschuß
+ Abschreibungen
- Zuführung zu langfristigen Rückstellungen

$$\text{dynamischer Verschuldungsgrad} = \frac{\text{Fremdkapital}}{\text{Cash-Flow}}$$

III. Erfolgswirtschaftliche Kennzahlen

1. Ergebnisanalyse

Man gliedert die Kennzahlen dieses Bereiches in Aufwand-Ertrag-Relationen und Ertrag-Ertrag- bzw. Aufwand-Aufwand-Relationen. Mit ersteren möchte man die Wirtschaftlichkeit der Organisation beurteilen; mit letzteren sollen Stärken und Schwächen der Organisation herausgearbeitet werden. Hilfsmittel sind für die Wirtschaftlichkeitsbetrachtung die Personal-, die Abschreibungs- und die Materialaufwandquote. Die Aufwandsarten werden in Bezug zur Gesamtleistung der Organisation gesetzt. Für die Untersuchung der Stärken und Schwächen verwendet man die Umsatzquoten, die jeweils den Umsatz von Teilbereichen der Organisation ins Verhältnis zum Gesamtumsatz setzen. Aber auch Relationen, die einzelne Aufwandarten, wie z.B. den Personalaufwand, ins Verhältnis zum Gesamtaufwand setzen, finden an dieser Stelle Verwendung, da sie Aufschluss über die Kostenstruktur der Organisation liefern. Die Anwendung dieser Kennzahlen setzt jedoch voraus, dass man aussagekräftige Vergleichszahlen zur Verfügung hat, die entweder aus einer längerfristigen Zeitreihe stammen, oder noch besser aus einem Branchenschnitt bestehen.

2. Rentabilitätsanalyse

Hier begegnen uns die wohl bekanntesten Kennzahlen, die häufig das Herzstück der betriebswirtschaftlichen Analyse bedeuten. Aus der Erkenntnis, dass ein Unternehmensvergleich aufgrund unterschiedlicher Größen nicht in absoluten Zahlen erfolgen kann, hat man eine Ergebnisgröße ins Verhältnis zu einer Kapital- oder Vermögensgröße gesetzt. Eine aussagekräftige Erfolgsanalyse kann erst mittels Rentabilitätskennziffern erfolgen, da hier unterschiedliche zur Erfolgserzielung eingesetzte Kapital- und Umsatzgrößen berücksichtigt werden. Für soziale Organisationen ist die Aussagekraft jedoch begrenzt, da man bei der Analyse selbstverständlich eine Gewinnerzielungsabsicht unterstellt, die so unkommentiert nicht einfach in den Non-Profit-Bereich zu übertragen ist. Beispielhaft seien genannt:

$$\text{Eigenkapitalrentabilität} = \frac{\text{Gewinn}}{\text{Eigenkapital (EK)}} \times 100$$

$$\text{Gesamtkapitalrentabilität} = \frac{\text{Gewinn + Fremdkapitalzinsen}}{\text{EK + Fremdkapital (FK)}} \times 100$$

$$\text{Umsatzrentabilität} = \frac{\text{Gewinn}}{\text{Umsatz}} \times 100$$

$$\text{Return on Investment (ROI)} = \frac{\text{Ergebnisgröße}}{\text{Gesamtkapital}} \times 100$$

Uneinigkeit in der Literatur besteht bei der Wahl der Ergebnisgröße für den ROI. So finden sowohl der Jahresüberschuss, das Jahresergebnis vor Ertragsteuern als auch das ordentliche Betriebsergebnis parallel Verwendung. Eine Analyse auf dieser Grundlage setzt also zwingend weitere Informationen voraus, bevor voreilig Schlüsse aus einem Unternehmensvergleich gezogen werden. Der ROI hat einige systematische Erweiterungen erfahren, indem Zähler und Nenner erweitert und so alt bekannte Kennzahlen als Bestandteile des ROI sichtbar wurden. So lässt sich der ROI durch geschickte Erweiterung auch als Umsatzrentabilität X Kapitalumschlag definieren. Leicht erkennt man Wechselwirkungen zwischen den einzelnen Kennzahlen, die eine isolierte Betrachtung ad absurdum führen. Diese Aufschlüsselung hat dann auch zur Bildung von Kennzahlensystemen geführt, deren bekannteste Ausprägung das Du Pont-Kennzahlensystem ist.

3. Break-Even-Point

Schließlich ist im Rahmen der Break-Even-Analyse die Bestimmung des Kostendeckungspunktes ein brauchbares Hilfsmittel, um die Kosten und Erlösstrukturen transparenter zu machen. Es wird relativ einfach die kritische Leistungsmenge bestimmt, bei deren Überschreiten die Organisation die Verlustzone verlässt und in die Gewinnzone eintritt. Dieser Sachverhalt lässt sich auch graphisch darstellen. Allerdings liegen dieser Betrachtung Annahmen zugrunde, die nicht mit der Praxis verträglich sind. So werden z.B. proportionale Kostenverläufe oder die in der Praxis kaum mögliche Spaltung der Gesamtkosten in fixe und variable Bestandteile unterstellt. Es gibt weitere Kritikpunkte, dennoch lassen sich mit diesem Mittel auf der Grundlage individueller Anpassungen und entsprechender Erläuterungen hinreichend genaue Aussagen zur kritischen Leistungsmenge treffen. Die Anwendung setzt jedoch eine genaue Kenntnis der Strukturen und Besonderheiten des Unternehmens voraus.

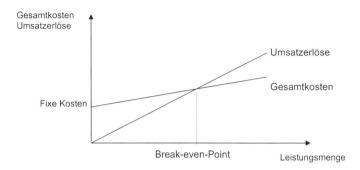

IV. Möglichkeiten und Grenzen betriebswirtschaftlicher Kennzahlen

Nachdem man erkennen muss, dass auch betriebswirtschaftliche, sogenannte harte Kennzahlen ihre Schwächen haben, stellt sich die Frage, welche Kennzahlen aus diesem reichhaltigen Sortiment der Entscheider, der Verantwortliche eines Teilbereiches oder das Management benötigen und ob nicht vielmehr Aussagen zur Qualität der eigenen Arbeit benötigt werden? Gerade die mangelnde Vollständigkeit dieser Kennzahlen ist ein Hauptkritikpunkt an den bestehenden Informationssystemen. So lassen sich keine Erkenntnisse zur Qualität des Managements, zur Qualität und Effizienz der geleisteten Arbeit, zur Marktstellung des Unternehmens, zu Entwicklungspotentialen etc. aus den genannten Größen ablesen. Weiter sind diese Informationen nicht zukunftsbezogen und weisen bereits bei der Datengewinnung Mängel in der Objektivität auf, wie wir zuvor gesehen haben.

Entscheidend ist jedoch in jedem Fall, dass diese Kennzahlen in ein Kennzahlensystem eingebunden werden, um die Interdependenz zwischen den einzelnen Kenngrößen erfassen zu können.

Schließlich muss geklärt werden, woher diese zusätzlichen Informationen stammen, wer sie bereitstellt, wer sie aufbereiten kann und auf welchem Weg sie kommuniziert werden können. Management Institute haben die Problemstellung erkannt und nehmen sich dieser Aufgabe entsprechend an: „Wer ein Unternehmen mit Zahlen steuern soll, kann nicht immer frohe Botschaften verkünden. Deshalb ist es unumgänglich, durch gute Präsentationen und kommunikative Fähigkeiten zu überzeugen. Unsere Lehrgangskonzeption trägt dem Rechnung (Schreiber, 2001).

C. Aufbau eines kennzahlengestützten Informationssystems

I. Voraussetzungen und Anforderungen

Das Informationssystem soll nicht nur zur Beschreibung des aktuellen Zustandes der Organisation dienen, sondern die Möglichkeit eröffnen, das Management bei den Steuerungs- und Planungsaufgaben zu unterstützen. Zielvorgaben dienen der Steuerung einer Organisation. Über abgeleitete Teilziele lassen sich untergeordnete Hierarchieebenen (vertikale Koordination) und über Bereichsziele (horizontale Koordination) alle dezentralen Einheiten beim Erreichen des Gesamtzieles einbeziehen. Die Koordination dieser Teilziele kann über Kennzahlen erfolgen, wenn sie bereits die Ziele darstellen, die mit dem betreffenden Bereich vereinbart wurden. Der Vorteil liegt darin, dass es sich sowohl um monetäre als auch um nicht monetäre Zielvorgaben handeln kann. Eine solche Koordination der Unternehmensabläufe ist unter dem Namen „Management by objectives" bekannt. Die Zielgrößen, in diesem Fall das verständigte Kennzahlenbündel, sind der Maßstab, an dem der Zielerreichungsgrad der Organisationseinheit oder des Aufgabenträgers gemessen wird. Dies bezeichnet man als „Performance Measurement". Die bekannteste Ausprägung ist die „Balanced Scorecard", die 1992 von Kaplan und Norton entwickelt wurde (Norton, 1997, S.67 ff.)

Das Kennzahlensystem muss intern so gestaltet sein, dass es das Zielsystem, die Organisationsstruktur und den Aufbau des Planungs-, Steuerungs- und Kontrollsystems berücksichtigt. Weiterhin darf es nicht dazu führen, dass die zusätzlich benötigten Informationen dauerhaft zu einem unvertretbaren Mehraufwand bei den beteiligten Organisationseinheiten führen. Schon bei der Kreierung neuer Kennzahlen muss darauf geachtet werden, dass sich dieser Informationsfluss automatisieren und in bestehende oder neu anzuschaffende EDV-Lösungen integrieren lässt. Der Aufbau eines geeigneten Kennzahlensystems ist eine der wichtigsten Aufgaben des Controllers.

Das Zielsystem der Organisation muss sich an den Interessenspartnern der Einrichtung orientieren und diese in die Zielbildung einbinden. Das System wird jedoch nur mit Leben gefüllt, wenn man eine echte Einflussnahme auf die Zielbildung durch die Mitarbeiter auf allen Ebenen zulässt, sie als die eigentlichen Innovationsträger anerkennt. Nur so kann eine Weiterentwicklung des Zielsystems langfristig zu einer Möglichkeit der Feinsteuerung führen. Aus der Verbindlichkeit der Dokumentation der Prozesse saugt der Controller Nektar, da er hier die Basis für eine automatisierte Bereitstellung der benötigten Daten vorfindet. Dies insgesamt sind aber gerade die Gestaltungsprinzipien des Qualitätsmanagements. Es wird deutlich, dass die Auswertung qualitativer Ziele und ihre Vernetzung mit dem betriebswirtschaftlichen Kennzahlensystem untrennbar mit einer vorhergehenden Auseinandersetzung mit den Hauptwertschöpfungsprozessen einer Organisation verbunden sind. Das Qualitätsmanagement ist eine Antwort hierauf und bietet geradezu die Idealvoraussetzung für den Controller, das Leistungsnetzwerk zu durchschauen. Durch diese Transparenz ist es möglich, im Dialog mit den Organisationseinheiten Zusammenhänge und Interdependenzen zwischen Kennzahlen zu erkennen und ihre Wirkung auf den jeweiligen Prozess oder Teilprozess zu beschreiben. Schließlich wird es so gelingen, ein Kennzahlensystem zu schaffen, das eine geordnete Gesamtheit von Kennzahlen enthält, die in einer Beziehung zueinander stehen und so als Gesamtheit über einen Sachverhalt vollständig informieren (Horváth, 1998, S. 549). Betrachtet man die Zielhierarchie eines Einrichtungsverbundes, ergeben sich aus den strategischen und operativen Verbundzielen die Einrichtungsziele. Diese spalten sich wieder auf in die Ziele der Gruppen und sonstigen Organisationseinheiten, in die Prozessziele, in die Projektziele und die pädagogischen Ziele.

Aus den obigen Ausführungen wird deutlich, dass die Konstruktion einer Kennzahlenpyramide mit der Bildung einer Spitzenkennzahl nicht zielführend sein kann. Hier wendet man eine rein stellenspezifische Aufspaltung der Unternehmensziele an, die die sachspezifische Aufspaltung ergänzt und setzt als Vorgabeinstrument Zielwerte und Zielabweichungen an. Die Verbindung qualitativer und monetärer Kennzahlen widerspricht einer Vereinigung zu einer Spitzenkennzahl, darüber hinaus gehen die Zerlegung und Beschreibung der Unternehmensstruktur in Prozesse deutlich weiter als ein kennzahlengestütztes Informationssystem, da z.B. an der Erreichung eines Prozesszieles regelmäßig mehrere Organisationseinheiten beteiligt sind. Dieser Informationsgehalt würde sonst nicht in die Steuerungsinstrumente einfließen. „Unternehmen allein über die Finanzzahlen zu führen, gleicht dem Verfolgen eines Fußballspieles via Anzeigentafel." (Weber, J. / Hamprecht, M. / Goeldel, H., S. 21)

Die Betrachtung einer Organisationsleistung aus vier unterschiedlichen Perspektiven (Norton, 1997, S.9), die Kaplan und Norton (Kaplan, Norton, 1997, S. 9) ihrer bahnbrechenden Konstruktion der Balanced Scorecard zugrunde gelegt haben, stellt zum ersten Mal eine umfassende Rückkopplung der Unternehmensstrategie sicher. Mit der finanzwirtschaftlichen, der betriebsablaufinternen Perspektive, der Kunden- und der Innovations- und Wissensperspektive ist die Ausgewogenheit des Kennzahlensystems gewährleistet, es stellt die Balance zwischen monetären und nichtmonetären Kennzahlen her.

In jedem Fall ist eine Balanced Scorecard immer unternehmensindividuell und deutlich mehr als ein Kennzahlen- bzw. Meßsystem. Ein solches kann jedoch eine wertvolle Unterstützung bei der Umsetzung der Balanced Scorecard darstellen.

II. Der Jugendhilfekompass – ein innovativer Ansatz

Ausgehend von den vier Perspektiven der Balanced Scorecard wurde der Versuch unternommen, den Trägerverbund im Focus der vier Perspektiven abzubilden. Schnell wurde jedoch deutlich, dass hier den Besonderheiten der Jugendhilfe Rechnung getragen werden musste. Die Kundenperspektive wurde aufgrund der Dreiecksbeziehung Kind/Jugendlicher, dem Jugendamt und der Einrichtung in die Kundenperspektive K/J und die Kundenperspektive JA aufgespaltet. Im zweiten Schritt wurde festgelegt, welche strategischen Erfolgsfaktoren für die Abbildung der Organisation von entscheidender Bedeutung sind. Hier wurden die Stabilität, die Entwicklung der Leistungsqualität, die Liquidität und der Flow zugrunde gelegt. Die Perspektiven und die Erfolgsfaktoren wurden matrixförmig angeordnet, so dass in den Schnittfeldern die Kennzahlen einzutragen waren, die aus den verschiedenen Sichtweisen heraus am treffsichersten die Wirkung auf die jeweiligen Erfolgsfaktoren beschrieben. Das Ergebnis ist verblüffend, obwohl meist nicht nur eine Kennzahl zur Beschreibung ausreicht, sind nur weniger als 10 % dieser Kennzahlen auch dauerhaft nicht EDV-technisch zu erheben. Voraussetzung ist jedoch eine leistungs- und ausbaufähige Software, die in den gesamten Betriebsablauf integriert ist. Insellösungen erschweren hier den Zugang zu den Daten. Der Jugendhilfe-Kompass ist der erste Zugang zu einem Performance Measurement und wird mit zunehmender Abbildung in der Software-Lösung weitere Ergänzungen erfahren, so dass er den Entscheidern in allen Organisationseinheiten die dringend benötigten Informationen bereitstellen kann. Eine interessante Aufgabe, die alle an diesem Projekt Beteiligten mit Spannung weiter verfolgen werden.

Literatur:

Bernhard (Report BSC, 2001):zitiert nach Weber / Hamprecht / Goeldel, S.21

Horváth, P.(1998): Controlling, München, 7. Auflage, S. 549

Kaplan, R.S./ Norton, D.P./ Horváth, P./ Kuhn-Würfel (1997): Balanced Scorecard- Strategien erfolgreich umsetzen, Stuttgart, 1. Aufl., S. 67 ff.

Schreiber, P.: Neuß-Grevenbroicher Zeitung vom 17.02.2001, Fortbildung/Unterricht

Wöhe, G.(2000): Einführung in die Allgemeine Betriebswirtschaftslehre, München, 20. Auflage, S. 772.

Erfolgsfaktoren des Controllings in Nonprofit-Organisationen

Prof. Dr. Werner Heister, Hochschule Niederrhein und APOLLON Hochschule der Gesundheitswirtschaft

Controlling – häufig fälschlicherweise mit „Kontrolle" gleichgesetzt – bezeichnet ein funktionsübergreifendes Steuerungsinstrument mit der Aufgabe der Koordination von

- Planung,
- Informationsversorgung und
- Kontrolle.

Das Controlling bedient sich dazu unterschiedlicher *Informationslieferanten*. Das Rechnungswesen (intern und extern) ist der wichtigste Informationslieferant des Controllings. Neben dem Rechnungswesen bedient sich das Controlling jedoch weiterer Quellen wie etwa der Dienstplanung, der Personalabrechnung oder der Materialwirtschaft.

Die nachfolgende Übersicht verdeutlicht den *roten Faden des Controllings*.

Abb. 1: Der rote Faden des Controllings.

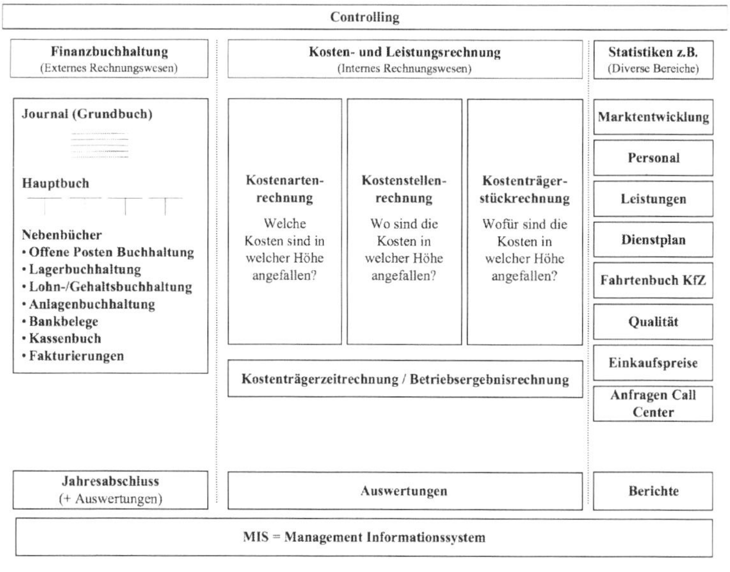

Quelle: Heister, 2008, S. 5

Die *Erfolgsfaktoren* für Controlling in Nonprofit-Organisationen sind:

- Eine professionelle Controlling-Philosophie (Controlling-Grundverständnis).
- Geeignete Controlling-Konzepte.
- Die Berücksichtigung der Spezifika von NPOs.
- Geeignete EDV-Systeme.
- Gut ausgebildete und motivierte Mitarbeiter.
- Einen Blick über den Tellerrand hinaus.

Die Erfolgsfaktoren werden nachfolgend erläutert.

1. Eine professionelle Controlling-Philosophie (Controlling-Grundverständnis)

(Bildquelle: Heister)

Bei einer plakativen Erläuterung des Begriffs „Controlling" wird häufig das Bild eines Schiffes genutzt. Dabei ist der Controller der Steuermann, nicht jedoch der Kapitän. Der Steuermann unterstützt den Kapitän.

Controller unterstützen die Unternehmensleitung, die Führungskräfte etc. darin, die richtige Richtung einzuschlagen, um die Ziele des Unternehmens zu erreichen. Eine Tätigkeit – die „unternehmenslebensrettend" sein kann.

Somit ist die Verantwortung im Unternehmen klar verteilt:

- Die Geschäftsleitung hat die Ergebnisverantwortung, die Geschäftsführung steuert.
- Die Controller sind Informationsverantwortlich, also dafür verantwortlich, dass die für die Steuerung notwendigen Informationen/Daten vorliegen.

Aber was bedeutet „Steuerung" in diesem Kontext. Nachfolgend zwei hilfreiche Sichtweisen:

(1) In einer ersten Differenzierung hat Coenenberg, 2009, S. 9 drei wesentliche Ebenen der Steuerung unterschieden, nämlich die *Liquidität*, den *Erfolg* und die *Erfolgspotentiale*. Hier liegt ein wichtiger Ansatz für NPOs.

Die erste Ebene der Unternehmenssteuerung ist die Ebene der *Liquidität*, also der Zahlungsfähigkeit. Wenn ein Unternehmen seinen Zahlungsverpflichtungen nicht mehr nachkommen kann, dann muss es entsprechend den gesetzlichen Verpflichtungen Konkurs anmelden. Somit ist ein wesentliches Ziel eines Unternehmens, stets die Zahlungsfähigkeit zu erhalten.

Die zweite Ebene der Unternehmenssteuerung betrifft den *Erfolg*. Und der Erfolg ist das was übrig bleibt, wenn man die Aufwendungen von den Erträgen abzieht bzw. die Kosten von den Leistungen, je nachdem, welche Ebene der Betrachtung man wählt.

Die dritte Ebene der Unternehmenssteuerung ist die Ebene der *Erfolgspotentiale = strategische Erfolgspositionen*. Strategische Erfolgspositionen sind besondere Fähigkeiten, mittels derer ein Unternehmen seine Ziele (z.B. Gewinnmaximierung) mittel- bis langfristig erreichen kann bzw. ggf. sogar wesentlich bessere Ergebnisse erzielen kann, als die Konkurrenz. Strategische Erfolgspositionen können beispielsweise außergewöhnliche Leistungen des Unternehmens sein, aber auch die ausschließliche Bearbeitung bestimmter Märkte und/oder die Fähigkeit, spezifische Kernkompetenzen zu nutzen.

Strategische Erfolgspositionen sind nicht nur kurzfristig, sondern auch mittel- bis langfristig wirksam. Strategische Erfolgspositionen sind oftmals durch Patente etc. vor Nachahmung geschützt bzw. eine Nachahmung erfordert einen großen Einsatz von Zeit und z.B. finanziellen Ressourcen.

Strategische Erfolgspositionen müssen nachhaltig sein (Nachhaltigkeit), dürfen für die Wettbewerber nicht leicht kopierbar sein (Einmaligkeit) und müssen sich auf beachtliche Geschäftsfelder beziehen (Bedeutsamkeit) (Vgl. zu strategischen Erfolgspositionen insbesondere Pümpin / Amann, 2005).

Typische strategische Erfolgspositionen liegen in den Orientierungen (alphabetisch sortiert) Innovation, Kosten, Kunden, Qualität, Technologie bzw. Verkauf/ Vertrieb.

(2) In einer zweiten Differenzierung werden „*Effektivität*" und „*Effizienz*" unterschieden und damit auch strategische und operative Aspekte angesprochen, Es ist notwendig, sowohl strategisch als auch operativ zu steuern:

– Im Vordergrund des „Strategischen Controlling" steht die Frage: „Tun wir die richtigen Dinge?". Damit ist die Effektivität und somit die zielorientierte Wirksamkeit angesprochen.

- Gegenstand des „Operativen Controlling" ist die Frage: „Tun wir die Dinge richtig"? Dies zielt auf die Effizienz und somit die ressourcenorientierte Wirksamkeit.

Und was trägt der *Controller zur Steuerung* bei? Eine gute Übersicht gibt das Controllerleitbild der IGC (International Group of Controlling):

„Controller gestalten und begleiten den Management-Prozess der Zielfindung, Planung und Steuerung und tragen damit eine Mitverantwortung für die Zielerreichung.
Das heißt:
- Controller sorgen für Strategie-, Ergebnis-, Finanz- und Prozesstransparenz und tragen somit zu höherer Wirtschaftlichkeit bei.
- Controller koordinieren Teilziele und Teilpläne ganzheitlich und organisieren unternehmensübergreifend das zukunftsorientierte Berichtswesen.
- Controller moderieren und gestalten den Management-Prozess der Zielfindung, der Planung und der Steuerung so, dass jeder Entscheidungsträger zielorientiert handeln kann.
- Controller leisten den dazu erforderlichen Service der betriebswirtschaftlichen Daten- und Informationsversorgung.
- Controller gestalten und pflegen die Controllingsysteme."
Quelle: http://www.igc-controlling.org/DE/_leitbild/leitbild.php; 27.6.2010

2. Geeignete Controlling-Konzepte

Ein *Controlling-Konzept ist ein gedanklicher Entwurf des Controllings.* Es besteht idealerweise aus den Teilen:

- Ziel
- Analyse und Prognose
- Strategien
- Maßnahmen
- Kontrolle

2.1 Ziel des Controllings

Die Festlegung von Zielen des Controllings und im Controlling ist sehr bedeutend, um sich selbst und den Mitarbeitenden eine Handlungsorientierung zu geben.

Ein Ziel ist ein zukünftig angestrebter Zustand, der beschrieben wird durch

- Zielinhalt,
- Zielausmaß und
- Zielzeitbezug

Ziele sollten realistisch, d.h. mit den zur Verfügung stehenden Mitteln im geplanten Zeitraum erreichbar sein.

Werden in einem Unternehmen mehrere Ziele gleichzeitig verfolgt, entsteht ein Zielsystem. Die einzelnen Ziele können jeweils zueinander in folgenden Zielbeziehungen stehen:

- Komplementär (Zielharmonie), Zielerreichungen ergänzen sich gegenseitig.
- Konfliktär (Zielkonflikt), die Steigerung der Zielerreichung bei Ziel 1 führt zu einer Verringerung der Zielerreichung von Ziel 2.
- Antinomistisch, die Ziele schließen sich gegenseitig aus.
- Indifferent, die Ziele stehen in keiner Zielbeziehung zueinander.

Folgende Anforderungen können an das Zielsystem gestellt werden:

- Realistisch, d. h. das Zielsystem muss mit den gegebenen Ressourcen und den gegebenen Zeithaushalt erreichbar sein.
- Operational, die Ziele müssen klar verständlich sein.
- Konsistent, die Ziele dürfen sich nicht widersprechen.
- Transparent, die Ziele müssen den Mitgliedern der Organisation verständlich sein.
- Organisationskongruent, für jedes Ziel muss ein Verantwortlicher in der Organisation benannt sein.
- Geordnet, insbesondere bei konfliktären Zielen müssen Prioritäten (Zielhierarchie) vorgegeben sein.
- Schließlich muss das Zielsystem aktuell, vollständig und durchsetzbar sein.

Grundsätzlich werden zwei Zielarten unterschieden. Einerseits die Formalziele, die auch Erfolgsziele genannt werden, und auf der anderen Ebene die Sachziele, die in einer Mittel-Zweck-Beziehung zum Formalziel stehen.

- Die *Formalziele* sind z.B. die Ziele Gewinn/Rentabilität, aber auch die Größen Wirtschaftlichkeit und Produktivität.
- *Sachziele* sind einerseits die konkreten Leistungsziele im Rahmen des Unternehmens, d. h. welche Produkte in welchen Stückzahlen sowie auf welchen Märkten angeboten werden. Andererseits werden auch Finanzziele vorgegeben. Hier wird das finanzwirtschaftliche Gleichgewicht beschrieben hinsichtlich Liquidität, Verschuldungsgrad, Art der Kapitalbeschaffung usw. Eine weitere

Dimension sind dann Führungs- und Organisationsziele. Hier werden Ziele für die Art der Organisationsstruktur und für die Verteilung von Führungsfunktionen vorgegeben. Schließlich können noch soziale und ökologische Ziele genannt werden. Hier wird das Verhalten zu Mitarbeitern und Kunden sowie Lieferanten, aber auch der Umwelt beschrieben. Die Sachziele geben den Mitarbeitern eine klare Handlungsorientierung.

Fazit: Eine präzise Zielplanung ist ein wichtiger Erfolgsfaktor.

2.2 Analyse und Prognose

Die Analyse und Prognose zielt z.B. darauf, objektive oder zumindest intersubjektiv nachprüfbare Informationen zum z.B. Bedarf an Controlling bereitzustellen, erhoben beispielsweise durch Befragung der Betroffenen. Aber auch durch Betrachtung der Entwicklungen in anderen Unternehmen.

Diese Informationen dienen als Grundlage für die Planung, Entscheidung, Umsetzung und Kontrolle von Maßnahmen im Rahmen des Controlling-Managements.

Es geht letztendlich darum, *die richtigen Informationen im richtigen Umfang in der richtigen Form zur richtigen Zeit am richtigen Ort für die richtigen Adressaten bereitzuhalten.*

Hier dominiert die Betrachtung der Kolleginnen und Kollegen als interne Kunden. Auch die internen Kunden erwarten, dass Dienstleistungen (des Controllings) „umfassend gut" entsprechend ihrer Bedürfnisse und Wünsche erbracht werden.

Das geht nur mit gut gesteuerten *Prozessen*. Es empfiehlt sich ein Benchmarking, also ein Vergleich der eigenen Prozesse im Controlling mit anderen, sehr gut aufgestellten Unternehmen und Organisationen.

Fazit: Eine präzise Analyse und Prognose ist ein wichtiger Erfolgsfaktor.

2.3 Strategien und Maßnahmen

Im strategischen und operativen Controlling gibt es grundlegende Instrumentenmuster (Muster von *Instrumenten*), die in unterschiedlichen funktionalen Bereichen zu unterschiedlichen Zwecken etc. eingesetzt werden, z.B. Portfolios.

Portfolios gibt es in der strategischen Planung, dem strategischen Personalmanagement, dem strategischen Logistikmanagement etc. Wenn Sie im Unternehmen also einmal die Methode „Portfolio" – insbesondere auch den Mitarbeitenden – vertraut gemacht haben, so können Sie diese in unterschiedlichen Bereichen nutzen. Ein anderes Beispiel: Die Balanced Scorecard. Oder die ABC-Analyse.

Darüber hinaus können Sie aus dem erwerbswirtschaftlichen Bereich bekannte Muster auf den Nonprofitbereich übertragen.

Ein Beispiel: Abgeleitet aus Portfolios, die im erwerbswirtschaftlichen Bereich eingesetzt werden, ist die Übertragung der Grundidee auf die konkrete Situation der Organisationen im sozialen Bereich möglich.

Nachfolgend wird in diesem Sinne das „Beitrag²-Portfolio" nach Heister vorgestellt (Beitrag hoch 2, weil der Beitrag zum ideellen Ziel und der Beitrag zum finanziellen Ziel sich im Idealfall potenzieren können).

Das Portfolio ist dabei zunächst eine zweidimensionale Betrachtung mittels einer Matrix, bei der über die Größe der zu betrachtenden Objekte eine dritte Dimension eingeführt werden kann (Hinweis: E = Engagement, die Nummerierung steht für die Geschäftsfelder 1 bis 6).

Betrachtet wird nachfolgend:

− Das Ergebnis des Geschäftsfeldes (Gewinn/Verlust; niedrig; hoch) und der Beitrag zu den ideellen Zielen der Organisation (Zielbeitrag niedrig/hoch).
− Der Beitrag zum ideellen Ziel. Dieser leitet sich aus der Einschätzung von Experten ab und kann beispielsweise auf einer Intervallskala (1 = sehr geringer Beitrag zum ideellen Ziel; 2 = geringer Beitrag zum ideellen Ziel; 3 = mittlerer Beitrag zum ideellen Ziel; 4 = hoher Beitrag zum ideellen Ziel; 5 = sehr hoher Beitrag zum ideellen Ziel) gemessen werden.
− Die gesamtwirtschaftliche Bedeutung für das Unternehmen: Die Größe der Kreise verdeutlicht die Bedeutung des Geschäfts im Sinne des Geschäftsumfangs (etwa Umsatz mit Entgeltzahlern).

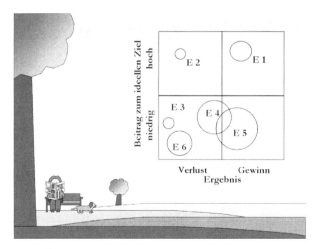

Abb. 2: Das Beitrag²-Portfolio nach Heister
(Comics Dipl.-Kfm. Dipl.-Theol. P. Plaumann)

E 1 bis E 6 stellen einzelne Strategische Geschäftsfelder der Organisation dar. Entsprechend lassen sich Normstrategien ableiten:

Abb. 3: Normstrategien im Beitrag²-Portfolio

- Ist der Zielbeitrag eines verlustträchtigen Geschäftsfeldes niedrig, so empfiehlt sich als Normstrategie der Ausstieg aus diesem Engagement: „Abstoßen/ Engagement beenden".
- Ist der Zielbeitrag eines gewinnträchtigen Geschäftsfeldes niedrig, so empfiehlt es sich, die Gewinne abzuschöpfen („Melken") und zur Finanzierung anderer Felder zu nutzen.
- Ist der Zielbeitrag eines verlustträchtigen Geschäftsfeldes hoch, so sollte dieses Geschäftsfeld beibehalten und möglichst durch andere Geschäftsfelder finanziert werden.
- Ist der Zielbeitrag eines gewinnträchtigen Geschäftsfeldes hoch, so handelt es sich um eine Schlüsselaufgabe, die forciert werden sollte: „Pushen".

Fazit: Präzise Strategien und Maßnahmen sind wichtige Erfolgsfaktoren.

2.4 Kontrolle

Die Kontrolle (Audit) im Rahmen des Controllingkonzeptes gliedert sich in die Maßnahmenkontrolle und die Erfolgskontrolle.

- Im Rahmen der *Erfolgskontrolle* wird überprüft, ob die gesetzten Ziele erreicht wurden.
- Im Rahmen der *Maßnahmenkontrolle* wird überprüft, ob die eingesetzten Maßnahmen verbessert werden können.

Fazit: Eine präzise Kontrolle ist ein weiterer wichtiger Erfolgsfaktor.

3. Die Berücksichtigung der Spezifika von Nonprofit-Organisationen

Gibt es wesentliche, gegenüber erwerbswirtschaftlichen Unternehmen bestehende, allgemeine *Spezifika von Nonprofit-Organisationen* und insbesondere solche, die für das Controlling relevant sind?

Tendenziell wird diese Frage sicherlich zu häufig mit einem schnellen ‚Ja' beantwortet. Gute Kenner von Nonprofit-Organisationen meinen allerdings, daß es diese Spezifika nicht oder nur sehr eingeschränkt existieren. Ohne die Frage abschließend behandeln zu können, sind im folgenden Bereiche angeschnitten, die im Controlling von Nonprofit-Organisationen zumindest besonders zu beachten sind.

(1) Sachziele vor Formalzielen

Eine Organisation ist dann erfolgreich, wenn die Mission erfüllt wird. Daraus werden konkrete Ziele abgeleitet, vorwiegend *Sachziele*. Das strategische und operative Controlling haben sich im Schwerpunkt an der *Mission*, also dem Zweck der Organisation, und den daraus abgeleiteten Sachzielen auszurichten. *Formalziele* haben eine eher nachrangige Bedeutung. Die mehrheitlich qualitative Ausrichtung der Ziele hat Auswirkungen auf die Entwicklung einer adäquaten Controllingkonzeption.

(2) Beachtung von Qualität und Wirtschaftlichkeit

Qualitätsdimensionen haben neben quantitativen Messgrößen zur Wirtschaftlichkeit im Controlling von Einrichtungen des Sozialwesens eine wesentliche Bedeutung. Hier können sich Operationalisierungs- und Quantifizierungsprobleme ergeben. Insofern sind geeignete Instrumente zu entwickeln.

(3) Ausbildung und Motivation der MitarbeiterInnen

Die Notwendigkeit von Controlling wird häufig nicht gesehen, weil angenommen wird, Organisationen des Sozialwesens etc. dürften keinen Gewinn erzielen. Dies ist irreführend. Statt eines Gewinnverbots sollte man von einer *Überschußverwendungsbeschränkung* sprechen. Gewinn ist nicht Hauptzweck, aber Gewinnstreben ist auch nicht ausgeschlossen. Auch in Organisationen des Sozialwesens etc. können beispielsweise in Teilbereichen Gewinne angestrebt werden, um andere Aktivitäten bzw. Wachstum zu finanzieren. Durch die Fehleinschätzung sinkt tendenziell die Motivation der MitarbeiterInnen zur Berücksichtigung betriebswirtschaftlicher Kriterien. Geeignete Schulungs- und Motivationsmaßnahmen sind. *Schwach ausgeprägtes betriebswirtschaftliches Gedankengut* schafft tendenziell größere Probleme.

(4) Nutzung geeigneter Steuerungsinstrumente

Die *Finanzbuchhaltung* wird häufig statt einer eigenständigen Kosten- und Leistungsrechnung zu Controllingzwecken ‚missbraucht'. Auf diese Aufgabe sind weder die Finanzbuchhaltung als betriebswirtschaftliches System mit bestimmten Zwecken noch die gängigen Finanzbuchhaltungsprogramme in der Regel ausgerichtet. Für die Einrichtungen des Sozialwesens sind hier *geeignete Steuerungsinstrumente* zu entwickeln und zweckmäßige Anwendungssoftware zu nutzen.

Statt einer zweckmäßigen Kostenrechnung wird häufig ein - gesetzlichen Vorschriften genügendes - Nachweiswesen installiert, das jedoch keine ausreichenden Informationen zur Steuerung der Wirtschaftlichkeit bereitstellen kann.

(5) Berücksichtigung von Prozessen

Ein wichtiges Element des Controllings von Einrichtungen des Sozialwesens ist ein *Benchmarking* mit Wettbewerbern. Dabei sind die Prozesse der Einrichtungen besonders zu vergleichen. Die eigentliche *Wertschöpfung* in den Einrichtungen erfolgt nicht in Strukturen oder Abteilungen, sondern ausschließlich in *Leistungsprozessen*. In *Verwaltungsprozessen* stecken oftmals große *Kostensenkungspotentiale*.

(6) „Verleichtigung"

„Verleichtigung" - eine neue Wortschöpfung, die ausdrücken will: Die Verständlichkeit, Übersichtlichkeit und Zeitnähe sind wesentliche Qualitäts-Anforderungen an das Controlling von Einrichtungen des Sozialwesens.

4. Geeignete Controlling- und EDV-Systeme

Welche Kosten- und Leistungsrechnung ist für uns die richtige? Dies ist eine häufig gestellte Frage, deren Beantwortung entscheidend zum Erfolg des Controllings beiträgt. *Kosten- und Leistungsrechnungssysteme* haben im Allgemeinen die folgende Struktur:

Abb. 4: Das System der Kostenrechnung 1 (Quelle: Heister)

Die Kosten- und Leistungsrechnung dient vorwiegend der Ermittlung des kurzfristigen Betriebserfolges, der Wirtschaftlichkeitsrechnung und Budgetierung und der Vorbereitung unternehmerischer Entscheidungen. Teilbereiche der Kosten- und Leistungsrechnung sind die Kostenarten-, die Kostenstellen- und die Kostenträgerstückrechnung sowie die Betriebsergebnisrechnung (Kostenträgerzeitrechnung).

Die *Kostenartenrechnung* dient der Erfassung der einzelnen Kostenarten, die entweder aus der Finanzbuchhaltung übernommen oder als kalkulatorische Kosten eigens erfasst werden. Die entscheidende Frage lautet: *Welche Kosten sind angefallen?* Aufgabe der Kostenartenrechnung ist die Erfassung und Bewertung der Kosten und Einteilung in Klassen, wie z.B. Personalkosten, Sozialkosten, Sachkosten (Abschreibungen, Roh-, Hilfs- und Betriebsstoffe, Energiekosten, kalkulatorische Kosten etc.).

Die *Kostenstellenrechnung* dient der verursachungsgerechten Verteilung der Kosten. Die entscheidende Frage lautet: *Wo sind die Kosten angefallen?* Dabei differenziert die Kostenrechnung Einzel- und Gemeinkosten. Einzelkosten sind solche Kosten, die bestimmten Verrechnungseinheiten (z.B. Kostenstellen, Kostenträger (also ein Produkt oder eine Dienstleistung), Projekten, Aufträgen) verursachungsgerecht zu geordnet werden können.

Die Kostenträgerrechnung stellt als *Kostenträgerstückrechnung* die eigentliche Kalkulation dar (Vor-, Nachkalkulation) und als *Kostenträgerzeitrechnung* die Betriebsergebnisrechnung. Die entscheidenden Fragen lauten: *Wofür sind die Kosten angefallen?* und *Wie erfolgreich ist die Organisation?*

Die Kosten- und Leistungsrechnung kann als Ist-, Normal- oder Plankostenrechnung, jeweils auf Voll- oder Teilkostenbasis ausgerichtet sein:

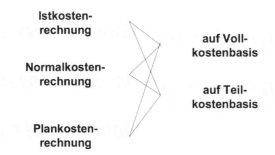

Abb. 5: Das System der Kostenrechnung 2 (Quelle: Heister)

Bei einer *Istkostenrechnung* werden die in einer Abrechnungsperiode tatsächlich angefallenen Kosten erfasst und verrechnet. Häufig werden hierbei kalkulatorische Größen eingerechnet. Die periodengerechte Abgrenzung der Kosten kann erhebliche Schwierigkeiten bereiten. Die Unzulänglichkeiten der Istkostenrechnung liegen in der häufig mangelnden Aktualität und dem dafür notwendigen immensen Aufwand und häufigen Aktualisierungsbedarf.

Die *Normalkostenrechnung* verrechnet Normalkosten, das sind Kosten, die aus dem Durchschnitt der Istkosten aus den vergangenen Perioden ermittelt werden. Eine Normalkostenrechnung ist zwar weniger aufwendig und flexibler, aber auch ungenauer.

Bei der *Plankostenrechnung* gehen im Gegensatz zur Ist- und Normalkostenrechnung zukünftig erwartete Werte in die Verrechnung ein. Die Plankostenrechnung kann als starre Plankostenrechnung unabhängig von Beschäftigungsänderungen und als flexible Plankostenrechnung abhängig von Beschäftigungsänderungen betrieben werden. Bei der starren Plankostenrechnung werden die geplanten Kosten nicht an eine Veränderung der Auslastung angepasst. Wenn beispielsweise bei einer 85 % Auslastung eines Pflegeheims ein bestimmter Betrag (z.B. 80.000 Euro) für Sachkosten geplant wurde, so werden die angefallenen Istkosten immer mit diesem Planwert verglichen, auch wenn die Auslastung im Ist auf 92 % gestiegen ist. Der Vergleich der Plankosten mit den Istkosten ist hier natürlich problematisch. Die starre Plankostenrechnung sollte somit nur angewandt werden, wenn keine Beschäftigungsänderung vorliegt. Sofern die Auslastung variiert, ist es sinnvoll eine flexible Plankostenrechnung einzurichten, bei der die variablen Kosten auf die tatsächliche Auslastung umgerechnet werden. Die Ist-, Normal- und Plankostenrechnung sollten nicht als echte Alternativen sondern sich ergänzende Systeme gesehen werden.

Neben dieser Differenzierung kann die Kostenrechnung noch nach dem Umfang der verrechneten Kosten in die Vollkosten- und die Teilkostenrechnung differenziert werden. Anders ausgedrückt: Ist-, Normal- und Plankostenrechnungssysteme können entweder als Vollkostenrechnung oder als Teilkostenrechnung gestaltet sein. Bei der *Vollkostenrechnung* werden sämtliche Kosten auf die Produkte etc. verrechnet, bei der *Teilkostenrechnung* nur jeweils ein ganz bestimmter Teil, z.B. nur die variablen Kosten.

Eine allgemeingültige Empfehlung für ein Kostenrechnungssystem kann nicht gegeben werden. Eine Empfehlung für die konkrete Ausgestaltung der Kostenrechnung kann jeweils nur im Einzelfall nach den konkreten Bedingungen der Organisation gegeben werden.

Es wird aber deutlich, dass die reine Kostenerfassung (Kostenartenrechnung) nur der erste Schritt innerhalb einer verantwortlichen Unternehmertätigkeit sein kann.

Häufig ist die folgende Überlegung sehr hilfreich. Neben einer klassischen, regelmäßigen Kostenrechnung sind insbesondere Analysen nach Bedarf zu erstellen. Wenn beispielsweise ein regelmäßiger Bedarf zu einer Nachkalkulation nicht besteht, so reicht möglicherweise eine jährliche Nachkalkulation aus, die mit einem einfachen Tabellenkalkulationsprogramm erstellt wird.

Jede Kosten- und Leistungsrechnung muss wie jedes Controllingsystem vor der Einführung auf Wirtschaftlichkeit überprüft werden. Es ist gegebenenfalls wirtschaftlicher, Informationen nur in bestimmten konkreten Entscheidungssituationen zu erfassen und auszuwerten. Controlling-Analysen werden hier nicht regelmäßig durchgeführt, sondern nach Bedarf.

Untersuchen Sie stets, ob Sie die durch ein Kostenrechnungssystem (eine Erweiterung der Kostenrechnung) erhaltenen Informationen für eine exaktere Entscheidungsgrundlage benötigen. Entscheiden Sie, ob ein ggf. höherer Personalaufwand, Zeitaufwand, EDV-Aufwand etc. sich auszahlt.

Weiterhin stellt sich die Frage nach der ‚richtigen' Software für das Controlling. Zunächst ist zu entscheiden, inwieweit *Standardsoftware* oder *Individualsoftware* eingesetzt wird. Individualsoftware ist eigens für den Anwendungsfall erstellt und bietet damit eine optimale Anpassung an konkrete Problemlösungen. Standardsoftware ist hingegen für die Allgemeingültigkeit und mehrfache Nutzung erstellt. Standardsoftware ist kostengünstig, ermöglicht die Verteilung der Kosten auf mehrere Nutzer, bietet Zeitersparnis bei der Anpassung, hilft bei der Kompensierung von Personalengpässen und Know-How-Defiziten und ist durch ständige Anpassungen und Updates zukunftssicher.

Dann ist die Entscheidung bezüglich eines bestimmten Produkts zu treffen. Hier sind strategische und operative Kriterien zu berücksichtigen. Die *Auswahl von Software* kann durch ein Scooring-Modell (Punktebewertungsmodell) unterstützt werden. Dabei sind sowohl strategische als auch operative Kriterien zu berücksichtigen.

Kriterien zur Beurteilung von Hardware, z.B.: Technische Daten (Leistungsfähigkeit, Prozessor, Schnittstellen, Speicherkapazität, Größe des Bildschirms etc.), Kompatabilität mit anderen Systemen, Zuverlässigkeit und Entwicklungsstand, Ausbaufähigkeit, Art des Betriebssystems, Service und Garantie.

Strategische Kriterien zur Beurteilung von Software sind insbesondere Abbildbarkeit der unternehmensspezifischen Besonderheiten ohne Hinzuprogrammierungen, Möglichkeit von Hinzuprogrammierungen ohne Gefährdung der Releasefähigkeit, Flexibilität der Softwareeinstellung (Customizing), Marktstellung des Softwarehauses, Breite des Beraternetzes. *Operative Kriterien* sind nach ISO/ICE 25000 z.B. Funktionalität (Angemessenheit, Richtigkeit, Interoperabilität, Ordnungsmäßigkeit, Sicherheit), Zuverlässigkeit (Reife, Fehlertoleranz, Wiederherstellbarkeit etc.) (vgl. http://de.wikipedia.org/wiki/ISO/IEC_9126;03.10.2010).

Ein weiterer Erfolgsfaktor liegt jedoch darin, die *EDV* insgesamt als wichtige Grundlage des Controllings zur *Chefsache* zu machen. In vielen Organisationen wird die Bedeutung des Informationsmanagements schlichtweg verdrängt: „Die EDV muss einfach gut laufen, sie kostet sowieso zuviel Geld!" Dabei wird jedoch übersehen, dass die EDV zunehmend ein wesentlicher Teil des Lebensnervs der Organisationen wird. Eine wesentliche Voraussetzung für den Erfolg des Informationsmangements ist damit das Engagement, mit dem Geschäftsführer, Vorstände etc. sich dem Informationsmanagement widmen, wie etwa das folgende Beispiel des Sulzer-Konzerns verdeutlicht: „Sowohl die Konzernleitung wie auch der Informatikleiter beschränken sich nicht auf technologische Details. Sie regeln zu allererst die strategischen, kulturellen und organisatorischen Fragen. Und setzten diese politisch geschickt durch. Hier liegt der Schlüssel zur erfolgreichen Informatik. Jeder Manager hat das notwendige Rüstzeug dazu, er muß nur die Informatik durch neue, betriebswirtschaftliche Augen betrachten" (Koch/Wittwer 1997).

5. Gut ausgebildete und motivierte Mitarbeiter im Controlling

Welche *Qualifikationen* muß ein Controller mitbringen? Eine gute Übersicht über die Aufgaben eines Controllers gibt das Controllerleitbild der IGC (International Group of Controlling; vlg. *http://www.igc-controlling.org/DE/_leitbild/leitbild.php; 27.6.2010.*

Controller leisten begleitenden betriebswirtschaftlichen Service für das Management zur zielorientierten Planung und Steuerung. Das heißt, Controller sorgen für Ergebnis-, Finanz-, Prozeß- und Strategietransparenz und tragen somit zu höherer Wirtschaftlichkeit bei; Controller koordinieren Teilziele und Teilpläne ganzheitlich und organisieren unternehmensübergreifend ein zukunftsorientiertes Berichtswesen; Controller moderieren den Controlling-Prozess so, dass jeder Entscheidungsträger zielorientiert handeln kann; Controller sichern die dazu erforderliche Daten- und Informationsversorgung; Controller gestalten und pflegen die Controllingsysteme. Controller sind interne betriebswirtschaftliche Berater aller Entscheidungsträger und wirken als Navigator zur Zielerreichung.

Wesentliche „Vokabeln" bzw. „Keywords" für Ihre Arbeit sind – alphabetisch sortiert: Analysen, Berichtswesen, Budget, Durchführung, Finanzbuchhaltung, Kennzahlen, Kontrolle, Kostenrechnung, operativ, Planung, Portfolios, Soll-Ist-Vergleich, strategisch, Weiterentwicklung, Wirtschaftlichkeit, Wirtschaftlichkeitsuntersuchungen.

Entscheidende Charakteristika: Analytisches Denkvermögen, Belastbarkeit, Durchhaltevermögen, Eigenverantwortung, Einsatzbereitschaft, Engagement, Ergebnisorientierung, Flexibilität, Innovationskraft, Kommunikationsfähigkeit, Konsequenz, Kooperationsbereitschaft, Koordinationsfähigkeit, Kreativität, Motivationsfähigkeit, Organisationstalent, Planungstalent, prognostisches Denken, Selbständigkeit, statistisches/mathematisches Verständnis, strikte Zielorientierung, Systematisches Denken, Teamgeist, Technisches Verständnis, Überzeugungsfähigkeit, unternehmerisches Denken, Verhandlungsgeschick.

In jedem Fall sollte das Grundverständnis der Controller-Rolle den Grundgedanken des *Internen Marketing* beinhalten, der zu folgender Grundphilosophie und folgendem konkreten Vorgehen führt.

- Die *Grundphilosophie*: Betrachte Deinen Kollegen als internen Kunden des Controlling.
- Das *konkrete Vorgehen*, z.B.: Betrachten Sie z.B. die Empfänger von Berichten, Informationen etc. als Ihre Kunden. Ermitteln Sie regelmäßig die Informationsbedürfnisse der Informationsempfänger. Stellen Sie die entsprechenden Informationen kundenorientiert zur Verfügung. Erläutern Sie Instrumente, Berichte und Maßnahmen ausreichend. Schulen Sie die Informationsempfänger ausreichend. Führen Sie regelmäßig Feedback-Gespräche durch und monitoren Sie Ihre Maßnahmen und Erfolge!

Für das Controlling führt der Grundgedanke des Internen Marketing insbesondere zu folgendem konkreten Vorgehen:

- Betrachten Sie die Empfänger von Berichten, Informationen etc. als Ihre Kunden.
- Ermitteln Sie regelmäßig die Informationsbedürfnisse der Informationsempfänger.
- Stellen Sie die entsprechenden Informationen kundenorientiert zur Verfügung.
- Erläutern Sie Instrumente, Berichte und Maßnahmen ausreichend.
- Schulen Sie die Informationsempfänger ausreichend.
- Führen Sie regelmäßig Feedback-Gespräche durch und monitoren Sie Ihre Maßnahmen und Erfolge!

6. Über den Tellerrand hinaus denken

In den letzten Jahren haben Themen rund um „Neuro-..." wie Neuroökonomie, Neuromarketing und Neurofinance sowie Neuroleadership stark an Bedeutung gewonnen. Gemeint sind damit Themen und Bereiche, die sich mit den Strukturen der Nervenzellen (Neuronen) und deren Zusammenwirken als Teil der Vernetzung im Gehirn beschäftigen und gleichzeitig das Denken, Fühlen und Handeln im Zusammenhang mit wirtschaftlichen Entscheidungen zum Inhalt haben.

Ziel der Anstrengungen in den genannten Bereichen ist die Verbindung und Nutzung von Erkenntnissen insbesondere aus den Neurowissenschaften, der Psychologie sowie einzelnen Teilbereichen der Ökonomie und der Wirtschaftswissenschaften. Im Vordergrund stehen folgende Gedanken:

- Der Homo Oeconomicus, der rationale Entscheider, ist „out".
- Die Erforschung von Gründen, Motiven und Bedürfnissen und deren Beeinflussbarkeit ist „in". Hierzu werden die Wirtschaftswissenschaften und Neurowissenschaften unter Zuhilfenahme der Psychologie verbunden.

- Eine wesentliche Frage lautet: Wie arbeiten einzelne Nervenzellen und Bereiche des Gehirns bei einem bestimmten Verhalten zusammen?
- Es wird der Überlegung Rechnung getragen, dass Entscheidungen nicht nur rational, sondern auch emotional getroffen werden und auch von impliziten, unbewussten Abläufen im Gehirn bestimmt sind.
- Zentrales Ziel ist es, ein besseres Verständnis des Konsumenten- und Nutzerverhaltens zu erlangen und danach entsprechende Marketingziele, Marketingstrategien und insbesondere Marketinginstrumente auszuwählen und diese effektiv und effizient einzusetzen.

Die hierbei zu verzeichnenden Ergebnisse sind teilweise beachtlich: Bernd Weber (Universität Bonn) untersuchte beispielsweise die Bedeutung von Rabattsymbolen. Das Ergebnis: Rabattsymbole sind offenbar bei manchen Menschen so tief im Gedächtnis eingepflanzt, dass bereits das Auftauchen von Rabattsymbolen die Erwartung einer Belohnung auslöst. Mit anderen Worten: Bei Rabattsymbolen wird offenbar die „Kaufhürde" heruntergesetzt und man ist eher bereit etwas zu kaufen, was man sonst wohl nicht kaufen würde. Können somit auch schwer erreichbare Zielgruppen von Kunden effizienter angesprochen und zum Kauf einer Dienstleistung oder eines Produktes im Gesundheitssektor überzeugt werden? (Vgl. Borchard-Tuch in der taz - Wissenschaft - vom 28.4.2006).

Aber nicht immer geht es um die Nachfrage nach Produkten und Leistungen. In anderen Projekten untersuchen die Forscher beispielsweise in interdisziplinärer Zusammenarbeit, wie Autocockpits so optimiert gestaltet werden können, damit in Krisensituationen (z.B. beim Autofahren kurz vor dem Crash) die Informationen sicher verarbeitet werden können. Nun bezeichnen wir Manager-Informationssysteme ja teilweise auch als „Cockpit", das zeigt die Relevanz z.B. einer solchen Fragestellung auch im Rahmen des Controllings.

Eine weiteres Beispiel mit Controllingrelevanz: Unternehmensführung: „Zum Entscheiden geboren" – so urteilt der bekannte Hirnforscher Ernst Pöppel und gibt seiner Veröffentlichung den Untertitel „Hirnforschung für Manager". Ständig neue Entscheidungen zu treffen und getroffene entweder zu bestätigen oder zu revidieren, das ist das Metier der Manager. Und deshalb – so Pöppel – sei es erst recht notwendig zu wissen, wie entschieden wird. Hierzu trägt der Fachmann einiges an interessantem Wissen bei und räumt mit manchen (Vor-) Urteilen auf.

So stellt er etwa fest:

- Entscheidungen sind nicht nur rational, sondern in hohem Maße emotional fundiert.
- Multitasking ist nicht möglich.
- Pro Tag fällen Manager mehrere Zehntausende von unbewussten Entscheidungen, was nachfolgendes Beispiel verdeutlichen soll: Es beginnt bereits morgens,

wenn es um die Farbe der Socken geht und verteilt sich über den ganzen Tag, von den Business-Entscheidungen in der Organisation bis hin zur abendlichen Entscheidung, wann sie nach dem langen Arbeitstag nun endlich mit der Arbeit aufhören und nach Hause fahren.
– Häufig muss in Sekundenschnelle entscheiden werden.

Oftmals wiederholte und ähnliche Entscheidungen laufen viel schneller ab, es wird viel intuitiver und sicherer geurteilt, weil sich die Erkenntnisse und Erfahrungen mit der Zeit im Gehirn festgesetzt haben und die Entscheidungsfindung läuft fast schon wie von selbst. An dieser Stelle muss auch darauf aufmerksam gemacht werden, dass manche Entscheidungen, die sich über mehrere Jahre neutral festgesetzt haben, reflektiert werden sollten, sonst läuft man in Gefahr, nicht mit den heutigen Entwicklungen und Trends z.B. im Controlling in Einklang zu stehen und konform zu sein.

Die Literaturliste im Bereich der Neuroökonomie steigt übrigens stetig, vgl. stellvertretend z.B. Elger, C. E., 2009; Häusel, H.-G., 2009a; Häusel, H.-G., 2009b, Pöppel, E., 2008. Wann kommen die ersten umfangreicheren Ansätze eines Neurocontrollings?

Literatur

Coenenberg, A.G. / Fischer, T.M. / Günther, T. (2009): Kostenrechnung und Kostenanalyse 7. Aufl., Stuttgart: Schäffer-Poeschel

Elger, C. E. (2009): Neuroleadership. Erkenntnisse der Hirnforschung für die Führung von Mitarbeitern, 1. Aufl. Freiburg im Breisgau: Haufe

Häusel, H.-G. (2009a): Brain View. Warum Kunden kaufen, 2. Aufl. Freiburg im Breisgau: Haufe

Häusel, H.-G. (2009b): Think Limbic. Die Macht des Unbewussten verstehen und nutzen für Motivation, Marketing, Management, 4., aktualis. Aufl. Freiburg im Breisgau: Haufe

Heister, W. (2008): Rechnungswesen in Nonprofit-Organisationen, Stuttgart: Schäffer-Poeschel

Koch, H. P. / Wittwer, J. (1997): Informationsmanagement ist Chefsache. Manager und Informatikspezialisten im Team, Zürich: Orell Füssli

Pöppel, E. (2008): Zum Entscheiden geboren. Hirnforschung für Manager, München: Hanser

Pümpin, C. / Amann, W. (2005): SEP. Strategische Erfolgspositionen. Kernkompetenzen aufbauen und umsetzen, Bern Stuttgart Wien: Haupt Verlag

Basel II: Quo vadis Controlling? oder „Sic transit gloria mundi!" (So vergeht der glorreiche Ruhm)

Prof. Dr. Hans-Christoph Reiss

Das Controlling hat das bestehende Informationsbedürfnis der Führungskräfte mit den sich entwickelnden Anforderungen der Stakeholder der Organisation zu verbinden. Kreditinstitute sind es, die mit den Baseler Eigenkapitalrichtlinien („Basel II") ein Rating der Sozialwirtschaft im Hinblick auf ihre Kreditwürdigkeit und Marktfähigkeit geschaffen haben. Auch wenn die Finanzmarktkrise der letzten Monate die Sozialbranchen nicht direkt getroffen hat: Klassische Informationen zur Eingrenzung des finanzwirtschaftlichen Risikos sind zur Vermeidung von Bestandsrisiken notwendigerweise auch durch andere (strategie- und wettbewerbsrelevante) Informationen zu ergänzen. Wie kann das Controlling alle betrieblichen Planungs- und Kontrollsysteme sowie das Berichtswesen auf diese Anforderungen dauerhaft ausrichten?

A. Ansatzpunkte zur Bewältigung von Krisen

Die Notwendigkeit ein Risikomanagement im Sinne einer Bewusstmachung von Risiken und Chancen in Führungs- und Durchführungsprozessen zu implementieren, war eine erste Folge für die Sozialbranche. In dieser lagen schon vor der Finanzmarktkrise Branchenstrukturprobleme vor:

– Deckelung von Entgelt- bzw. Budgetsteigerungsraten durch die Leistungsträger
– Politischer Druck zur Ambulantisierung von Leistungsangeboten
– Zunehmende Qualitätsanforderungen der MDKs
– Verlangen der Kunden und Marktpartner nach größerer Transparenz von Angeboten und Anbietern
– Höhere Souveränität der Kunden / Leistungsempfänger
– Gestiegene Regelungs- und Prüfdichte (z.B. durch Heimaufsicht, MDK)
– Weiterentwicklung der Finanzierungssysteme (Leistungsentgelte, Fallpauschalen, persönliches Budget)

Bei hohem Bedrohungspotenzial für eine positive Fortbestehensprognose in sozialwirtschaftlichen Unternehmen erscheint es dringlicher denn je zu fragen, wie welche Risikomanagementstrukturen zur Prophylaxe im Unternehmen zu verankern sind (Reiss 2002, S. 70 f). Dem Controlling als zentrale führungsunterstützende Instanz kommt hier ein ganz besonderer Stellenwert zu.

Für weitere Betrachtungen empfiehlt es sich – zweitens - anhand bestehender bzw. erkannter Risikoformen zu differenzieren: Differenzierungsmerkmale hierzu können überaus vielfältig sein. Im Zusammenhang mit der Sozialwirtschaft wird eine Betrachtung vorgenommen, die zunächst unterscheidet in die vom Gesetzgeber durch das Gesetz zur Kontrolle und Transparenz im Unternehmensbereich (KonTraG) eingebrachten Regelungen.

Diese *Regelungen des KonTraG* beziehen sich auf die Verbesserung der Unternehmensüberwachung auf den Ebenen der Vorstände, der Aufsichtsräte und der Haupt- bzw. Gesellschafterversammlungen (in Kapitalgesellschaften) sowie auf Abschlussprüfungen und deren Ergebnisse. Für die Unternehmungen, für die die Notwendigkeit von Sanierung und Restrukturierung bereits festgestellt ist, die diese Aktivitäten – oder auch ihre bloße Marktpräsenz – mit der Hilfe von Kreditinstituten refinanzieren müssen bzw. abzusichern suchen (und wer tut dies nicht?), gilt, dass seit dem Jahr 2004 die Vergabebestimmungen für Kredite sich erheblich veränderten. Im Grundsatz muss von einer Verschärfung der Anforderungen ausgegangen werden, die basierend auf der in Basel vom „Basler Ausschuss für Bankenaufsicht" unter Einbeziehung europäischer Großbanken verabschiedeten *Eigenkapitalvereinbarung als „Basel II"* bezeichnet wird. Basel II ist somit als eine direkte Konsequenz der Kreditinstitute auf das KonTraG zu werten und stellt die Nachfolge zu dem im Jahre 1988 erstmals verabschiedeten Bericht zu Eigenkapitalvereinbarungen (Basel I oder auch „Baseler Akkord") dar. Die Verschärfung der Anforderungen wird unmittelbare Auswirkungen auf die Strukturen und Arbeitsinhalte des Controllings haben.

Den dritten Aspekt stellt die *Beschäftigung mit dem Unternehmenswert und der Unternehmensbewertung* dar: Im Zuge der Gestaltung von Kooperationen zwischen Marktpartnern bis hin zur Gestaltung von Fusionen gibt es die Notwendigkeit von Analysen, die eine exakte, marktadäquate und selbstverständlich realistische Evaluation der Unternehmensdaten zulässt. Diese bezeichnet man als „Due Diligence" (gebührende Sorgfalt). Die Due Diligence beschreibt die Überprüfung der Potenziale einer Organisation. Sie geht dabei über eine reine Prüfung der finanzwirtschaftlichen Zusammenhänge und Potenziale weit hinaus, bezieht das gesamte Management der Organisation (der Unternehmensteile bzw. Leistungs- und Arbeitsfelder) mit ein. Auch Lieferanten, Kunden, Konkurrenten etc. werden einbezogen. Aus diesem Bezug zum Unternehmenswert lassen sich letztlich ebenso wieder Hinweise auf die Basis aller Informationstransfers, die verschiedenen Steuerungsebenen, entnehmen. Ebenso ergeben sich auch hier zukünftig Anforderungen für das Controlling einer Unternehmung.

B. Anforderungen aus dem Risikoverständnis des KonTraG

Nach den Regelungen des KonTraG ist der Vorstand einer AG (gemäß § 91 Abs. 2 AktG) verpflichtet, geeignete Maßnahmen zu treffen, insbesondere ein Überwachungssystem einzurichten, um den Fortbestand der Unternehmung zu sichern und gefährdende Entwicklungen früh erkennen zu können. Zu diesem Zweck ist neben bzw. im Zusammenhang mit einem Planungs- und Kontrollsystem, einem internen Überwachungssystem und einem Frühwarnsystem ein Risikomanagementsystem zu installieren. Diese zweifellos primär auf erwerbswirtschaftliche Unternehmungen (zumal in der Rechtsform der AG organisierte) gerichtete Kodifizierung, ist entsprechend auf Sozialunternehmungen übertragend anzuwenden.

Wesentlich ist in jedem Fall, dass der Risikobegriff, der zur Grundlage dieser Bestimmungen herangezogen wurde, von dem Risikoverständnis abweicht, dass für die beiden noch nachfolgenden Ansatzpunkte zu nennen sein wird. Der Gesetzgeber beschreibt als relevantes Risiko alleine die Möglichkeit des Eintretens einer negativen Entwicklung einer Unternehmensaktivität. Der Risikobegriff des Gesetzgebers stellt somit auf die Gefahren ab und nicht auf die Chancen einer unternehmerischen Handlung. Mit dieser Definition bezieht er sich nicht alleine auf die Gefahr, dass etwas Negatives eintritt, sondern richtet sein Augenmerk auch darauf, dass etwas Positives nicht realisiert wird. Diese verlustorientierte Sichtweise (Gläubigerschutzfunktion) unterscheidet sich vom Risikoverständnis der beiden anderen Ansatzpunkte erheblich (Lange, 2001, S. 136 f).

Bedeutung erlangt die Interpretation des Gesetzes für die Sozialwirtschaft insbesondere dadurch, dass aus diesen Zusammenhängen heraus ersichtlich wird, dass damit generell die Möglichkeit der negativen Abweichung von geplanten Größen gemeint ist (Wall, 2001, S. 211).

Zur Bewältigung der erkannten Risikopositionen sind die Aufgaben im Risikomanagementprozess zwischen den klassischen internen Kontroll- und Steuerungsorganen, der Internen Revision und dem Controlling aufzuteilen. Während der Internen Revision insbesondere die Aufgaben mit Bezug zu organisatorischen Sicherungsmaßnahmen im Hinblick auf ein Überwachungssystem obliegen, hat das Controlling die Versorgung der Managementebenen mit risikorelevanten Informationen wahrzunehmen.

C. Anforderungen aus dem Risikoverständnis in Verbindung mit den Eigenkapitalrichtlinien für Banken – Basel II

Die Grundlage für die Diskussionen um die Auswirkungen von „Basel II" bildet die aus Bankensicht notwendig gewordene gezielte Risikobewertung und –auswahl bei der Vergabe von Krediten. Die Einführung von Mindeststandards für Finanzinstitute geht auf die 1988 in Basel getroffenen Vereinbarungen zurück, eine Eigenkapitaldecke von mindestens 8 % für eine risikogewichtete Summe (hier: die Summe des Kreditgeschäfts mit Unternehmungen) vom Kreditnehmer zu fordern (bei zulässigen Ausnahmen) und damit das Kreditausfallrisiko zu begrenzen (Basel I) und eventuelle Verluste auffangen zu können. D. h. für 100 € Kredit an eine Unternehmung hat die Bank 8 € Eigenkapital zu hinterlegen. Dies entspricht einem Anrechnungssatz von 100 %.

Diese pauschalierte Risikogewichtung entspricht weder der tatsächlich gegebenen Risikoverteilung zwischen Unternehmungen und Privatpersonen, noch der Verteilung von Risiken innerhalb beider Kundengruppen. Heute erscheint der Kreditwirtschaft und der Bankenaufsicht eine deutlich differenziertere Beachtung der „guten" und der „schlechten" Kreditnehmer notwendig, weil die geforderte Eigenkapitalunterlegung für die eine Gruppe zu hoch, für die andere zu niedrig erscheint. Die im Grundsatz einheitliche Behandlung Aller führt zu einer Quersubventionierung zwischen Kreditnehmern (BFS, 2002, S. 4 ff). Daher kann der 100 %-ige Anrechnungssatz zwischen 20 und 150 % variieren, in Abhängigkeit von der Beurteilung von vier Parametern:

- der Ausfallwahrscheinlichkeit (Probability of Default (PD))
- der Höhe des Kredits bei Ausfall (Exposure at Default (EAD))
- der Verlustquote (Loss Given Default (LGD)) und
- der Restlaufzeit (Materity (M))

Das Verfahren der Kreditvergabe gemäß Basel II sieht vor, dass jede Unternehmung vor Kreditvergabe einer Evaluation – einer *systematischen Bewertung von Risiken* – *(„Rating")* unterzogen wird. Faktisch hatten die Banken allerdings bereits vor dem Inkrafttreten dieser Regelungen zu Basel II begonnen, bestehende Kreditengagements auf die Einhaltung der Ratingkriterien zu überprüfen. Sie verifizieren damit das hausspezifische Ratingvorgehen und können zugleich feststellen, von welchem ihrer aktuellen Kreditkunden ihnen welche Informationen zur marktnäheren Beurteilung des Kreditrisikos fehlen.

Die Bonität wird anhand der Kriterienbereiche

- Kapitalstruktur
- Wettbewerbsfähigkeit
- Fremdfinanzierungsmöglichkeiten
- Fremdfinanzierungsquote
- Erträge
- Informationsqualität und
- Managementqualitäten

beurteilt. Wie ersichtlich ist, umfasst dieser Katalog von Kriterienbereichen sowohl klassische „harte" Daten, die bereits in der Vergangenheit regelmäßig aus Jahresabschlüssen, zur Kapitalausstattung sowie zur Liquidität und Rentabilität erhoben wurden – oder erhoben werden sollten. Aber auch sogenannte „weiche" Faktoren wie die Beurteilung des Einsatzes von Planungsinstrumentarien, Kenntnissen zu Markt- und Rahmenbedingungen der Unternehmung und zu Fähigkeiten und Potenzialen des Managements sind heranzuziehen (BFS, 2002, S. 8 f). Gefragt sind also Fertigkeiten und Fähigkeiten, die es ermöglichen Unternehmensstrategien zu entwickeln, umzusetzen und zu überwachen. Zukunftsfitness ist das Ziel für die Unternehmungen: „Blinde-Kuh-Spiele" oder „Aus-dem-Bauch-heraus-entscheiden" (TÜV Unternehmensberatung, 2002) darf es nicht mehr geben.

Aus dieser Darstellung lässt sich unschwer folgern, dass der Risikobegriff, der dem Agieren nach Basel II zugrunde gelegt wird, ein umfassenderer ist als der auf den der Gesetzgeber rekurriert: Ein Risiko besteht demnach in einem Abweichen in Richtung der Chancenbewertung wie in Richtung der Gefahrenbeurteilung (im Gegensatz zur Interpretation des Begriffs im KonTraG, das gemäß § 252 Abs. 1 Nr. 4 HGB ausschließlich alle vorhersehbaren Risiken und Verluste umfasst) (Lange, 2001, S. 136).

Die Folgerungen aus dieser Risikobetrachtung, die sich für die Gestaltung eines Controllingsystems in einer Sozialunternehmung ergeben, sind immens. Eine Kreditvergabe der Banken gemäß „No risk, no fun" gehört demnächst (genauer: ab sofort) der Vergangenheit an. Die Banken führen diese Änderungen jeweils mit einem individuell gestalteten Verfahren zur Anwendung von „Basel II" durch. Nur die Grundelemente sowie die vereinbarten Parameter sind immer identisch. Berücksichtigt eine Sozialunternehmung im Hinblick auf die zur Verfügung zu stellenden Informationen alle bankenindividuellen Ratingsysteme wird sich die Vielfalt der benötigten (entscheidungsrelevanten) Informationen wenig verändern, aber der Anspruch an die Auswertungsmöglichkeiten wird sich deutlich erhöhen.

D. Anforderungen aus der Risikover- und –bearbeitung in der Due Diligence

Der Begriff Due Diligence ist im internationalen Kontext der Unternehmenskäufe und –verkäufe (Mergers & Acquisitions (M&A)) eine feste Größe.

Mit der Due Diligence-Analyse werden i. d. R. bei Unternehmensübernahmen die Gewährleistungen des Verkäufers und die Erwartungen des Käufers auf ihre Entsprechung hin geprüft. Vorgehen und Inhalte entsprechen dabei eher einer Durchsicht von betriebswirtschaftlich und wirtschaftsrechtlich relevanten Materialien der Unternehmung denn einer Prüfung. Der Begriff des Due Diligence-Review meint folglich insbesondere die *Durchführung von Plausibilitätstests* von (dokumentierten) Annahmen, die einer Bewertung zugrunde liegen – wie Gewinne, Cashflows, Budgets, Planungsrechnungen, Substanzwerte, Kosten vorgesehener Restrukturierungen und Investitionen usw. Die Due Diligence ist aber *keine Unternehmensbewertung* und ersetzt oder ergänzt auch keine Abschlussprüfung.

Ziel ist es alleine eine Risikominimierung für den Kooperationspartner bzw. Käufer zu erlangen. Denn für diesen ist es von außerordentlichem Interesse die Chancen und Risiken des Marktes und die Stärken und Schwächen der betreffenden Unternehmung vor Abschluss der Verhandlungen klar zu erkennen (Helbing, 2002, S. 159). Im Hinblick auf das zu bearbeitende Risiko bzw. den zugrunde liegenden Risikobegriff ist festzustellen, dass die Due Diligence keine Erweiterung gegenüber der Begrifflichkeit aus den Eigenkapitalrichtlinien von Basel II erfordert.

Praxisnahe Untersuchungen zu Due Diligence beziehen sich weitestgehend noch auf den erwerbswirtschaftlichen Bereich unserer Volkswirtschaft. Diese zeigten zuletzt, dass bei den im Zeitraum von 1997 bis zum Jahr 2000 durchgeführten Akquisitionen zu 74 % eine Due Diligence durchgeführt wurde (Berens / Strauch, 2002, S. 5). Hohe Misserfolgsquoten von derartigen Transaktionen werden auf nicht oder nicht adäquat durchgeführte Due Diligence zurückgeführt.

Weitere Ergebnisse dieser Untersuchungen sind für die weiteren Betrachtungen von Interesse, auch wenn durch sie die Risikobetrachtungen, die sich auf die Notwendigkeiten zur Gestaltung von Controllingsystemen – zumal in der Sozialwirtschaft – richten, nicht verändern.

Die Sozialwirtschaft – ohne Hervorhebung einer bestimmten Branche – ist mit einem verstärkten Wettbewerb und einer zurückgehenden Finanzierungsbereitschaft der öffentlichen Hand konfrontiert. Der Kosten- und Leistungsdruck wächst zusehends. Diese Entwicklungen haben bereits in der Vergangenheit vielfach zu wirtschaftlichen Schieflagen und einer Gründungswelle gemeinnütziger und gewerblicher Tochtergesellschaften geführt. *Die Due Diligence sollte daher für die Sozialwirtschaft nicht alleine auf der Ebene der Unternehmensverkäufe und Fusionen ansetzen, sondern sehr viel früher:* Als adäquaten Ausgangspunkt sehen wir bereits die Betrachtung von Chancen und Risiken von Rechtsformänderungen oder Auslagerungen von Betriebsteilen in GmbHs an. Wenigstens aber bei der Gestaltung von Kooperationen, die über den Charakter reiner „Arbeitsgemeinschaften" hinausgehen, z. B. das gemeinsame erreichen eines bestimmten wirtschaftlichen Ziels zum Gegenstand haben, scheint bereits geeigneter Anlass zu sein.

Es wird der Versuch unternommen, die aus der Studie von Berens / Strauch, 2002, zu entnehmenden Daten den Erwartungen für Due Diligence in der Sozialwirtschaft einander gegenüber zu stellen: 218 Käuferunternehmen und 1.932 deutschen Zielunternehmen beteiligten sich, in 1.432 Fällen (74 %) fand eine Due Diligence statt. Eine entsprechende Studie zur Sozialwirtschaft, die diese Hypothesen überprüfen könnte, steht noch aus.

Basel II: Quo vadis Controlling? oder "Sic transit gloria mundi!"

Kriterien	Studie von Berens / Strauch	Hypothesen zur Anwendung der Due Diligence i.d. Sozialwirtschaft
Ziel / Schwerpunkt	• Risiken im Zielunternehmen (45 % der Nennungen) • Bestimmung des Unternehmenswertes • Unternehmensanalyse • Bestimmung von Synergieeffekten	• Risiken im Zielunternehmen • Unternehmensanalysen • Bestimmung von Synergien und Synergieeffekten • Unternehmenswertermittlung
Review-Inhalte	• Finanzen und Steuern (95 %) • Rechtsfragen (90 %) • Strategie und Marktkenntnisse (85 %)	• Finanzen • Strategie und Marktkenntnisse • Führungsfragen, Organisation und Personalaspekte • Rechtsfragen
Dauer	• 16 Personentage (50 % davon im Zielunternehmen)	• 10 Personentage (entspricht etwa dem Ø der betrachteten Dienstleistungsunternehmen in der Studie)
Informationsquellen	• Gespräche mit Mitarbeitern • Betriebsbesichtigungen • Präsentationen des Managements • Offenlegung von schriftlichen Dokumenten	• Gespräche mit Mitarbeitern • Offenlegung von schriftlichen Dokumenten • Betriebsbesichtigungen • Präsentationen des Managements
Instrumente	• Checklisten (83 %) • Planungs- und Bewertungsprogramme (35%)	• Checklisten • Planungs- und Bewertungsprogramme
Wirtschaftliche und wirtschaftsrechtliche Relevanz	• Kaufpreisminderung um bis zu 67 % • Unternehmenswertminderung um bis zu 54 % • 78 % der Käuferunternehmen sehen keinen oder nur geringen Einfluss auf die Potenzialidentifikation	• Kaufpreisminderungen • Unternehmenswertminderungen • Potenzialidentifikation
Kosten	• Ø 210.000 € bei einem Median von 75.000 € • Bei 70 % aller Akquisitionen: unter 1 % des Kaufpreises	• Zwischen 25.000 und 35.000 € (Orientierungsgröße hierfür: Anzahl der Mitarbeiter und Umsatzvolumen)
Berichterstattung	• Ø drei Berichte über Teilreviews bzw. Gesamtberichte • 76 % Gesamtbericht, dann Bericht zu Finanzen, Bericht zu Rechtsfragen • Umfang der Berichte zwischen 23 bis 100 Seiten	• Teilreviews, insbesondere zu Finanzen, zu Strategie und Marktkenntnissen sowie zu Führungsfragen, Organisation und Personalaspekten, zu Rechtsfragen • Gesamtberichte • Umfang: 20 bis 100 Seiten

E. Controlling im Wandel durch Basel II: Optimierung des Mix der Controlling-Tools auf hohem Niveau

Die Risikoeinschätzungen der Banken im Hinblick auf die Sozialwirtschaft stellt die Bank für Sozialwirtschaft präzise und nüchtern fest (BFS, 2002, S. 34 f), wenn sie zunächst auf das historisch unterdurchschnittliche Kreditausfallrisiko dieser Branchen aufgrund des hohen Engagement mit öffentlichen Mitteln verweist. Durch den beschriebenen Wandel der Rahmenbedingungen der Sozialbranchen hat sich diese Situation jedoch gravierend geändert. Als Grund wird aber auch – dies ist erheblich – Missmanagement genannt. Entsprechend fällt auch die Beurteilung des Zusammenhangs dieser Darstellung mit dem Thema „Basel II" aus: Ein unmittelbarer Zusammenhang erscheint der BFS nicht zwingend, wohl aber überprüfenswert. Reiss, 2002, S. 69 f stellt fest:

„Das Controlling und seine Instrumente entwickeln sich in immer kürzeren Zeitabständen weiter. Für Organisationen wird es dabei zunehmend schwieriger die Entwicklungsgeschwindigkeiten der Anbieter und Berater und das durch dieses generierte bzw. geweckte Informationsbedürfnis mit der Entwicklung ihres unternehmerischen Gesamtsystems in Übereinstimmung zu bringen. Das Gesamtmodell der Organisation spielt hierbei eine gravierende Rolle. Die zentralen Fragen, die die aktuellen Anforderungen i. S. der geforderten Zukunftsgerechtigkeit benennen, sind:

- Welche Strategien werden in den Controllingbereichen der Sozialdienstleistungsunternehmen verfolgt?
- Wie verändern sich die Funktionen und mit diesen die Personen des Controllings?
- Über welche besonders wichtigen Ressourcen und Fähigkeiten verfügt das Controlling?
- In welcher Weise sollte sich das Controlling als Dienstleistungsbereich für die Führungskräfte weiterentwickeln?

Grundlage aller Weiterentwicklungen ist aber zunächst die profunde Kenntnis des Controlling-Basiswissens aus den Kerninstrumenten funktionaler Optimierung: der Kostenrechnung, der Finanzplanung und der Investitionskontrolle. Diese sind als historische Instrumente des Controllings in einem integrierten Gesamtverständnis von Steuerung zu interpretieren und weiter zu entwickeln.

Die Instrumente des Prozessmanagements und des Qualitätsmanagements haben hier einen nicht mehr zu diskutierenden Einfluss. Dies gilt in gleicher Weise für EDV- und Telekommunikationsnetze sowie moderne strategische Managementerkenntnisse. Sind diese – im Grunde traditionellen – Anforderungen, die an das Controlling im Zusammenhang mit Risikomanagementsystemen gestellt werden, erfüllt, bedeutet dies, dass die Organisation über entsprechende Steuerungsinstrumente in den Führungsetagen verfügt. Diese Anforderungen sind jedoch noch längst nicht in allen Sozialunternehmen erfüllt. Damit das Controlling sich vom Kontrollinstrumentarium des misstrauischen

Aufpassens und Nachprüfens zu einem Coaching der Führungskräfte entwickeln kann, ist eine Neupositionierung immer verknüpft mit Veränderungen im Umfeld einer Organisation. Diese sind in den Sozialbranchen insbesondere in den Ambitionen des Gesetzgebers zu sehen: die Kundensouveränität der Leistungsempfänger zu stärken und (natürlich) Kosten weiter zu senken – oder zumindest die Leistungsentgelte."

Das Problem für die Sozialwirtschaft besteht tatsächlich in ihrer Sonderstellung am Markt. Nur wenige Banken verfügen über hinreichende Erfahrungen in diesen Märkten. Doch gilt auch hier, dass mit Basel II nicht generell die im Vergleich zu erwerbswirtschaftlichen Unternehmen des produzierenden Gewerbes oder der Dienstleistungsbranchen kleinen oder gemeinnützigen Einrichtungen betroffen sein werden, sondern solche mit der beschriebenen Weise schlechten Struktur (BFS, 2002, S. 35 f). Die Einrichtung, die den Anforderungen an eine zukunftsgerechte Gestaltung ihres Controlling nicht gerecht wird, sich außer Stande sieht, die vier eben genannten Fragestellungen klar zu beantworten, wird durch die abnehmende Finanzierungssicherheit Existenzrisiken zu bewältigen haben.

Unternehmen wir den Versuch diese vier Fragestellungen zu beantworten:

Welche Strategien werden in den Controllingbereichen der Sozialdienstleistungsunternehmen verfolgt?

Die Strategien der Controller in den Unternehmungen der Sozialwirtschaft werden sich mit Bezug zu Basel II darauf konzentrieren müssen, den abnehmenden Finanzierungsanteil der öffentlichen Hand durch Kreditfinanzierungen abdecken zu können. Die Refinanzierung dieses Kapitalbedarfs hat schließlich über die Leistungspreise (Entgeltsätze) zu erfolgen. *Ein zukünftig höherer Kapitalbedarf bedeutet für das Controlling auf der Ebene der Geschäftsführung z. B.*

- Stringente Kontrolle der Ausstattung mit Eigenkapital bzw. der Aufbau desselben
- Schaffung bzw. Unterstützung der Suche nach Möglichkeiten der Eigenkapitalbeschaffung
- Abbau des bestehenden Modernisierungsstaus in der Infrastruktur der Unternehmung
- Marktspezifische Beobachtung und Analyse der Nachfragepotenziale in den verschiedene Zielgruppen je Branchensegment (wenn möglich in Zusammenarbeit mit dem Marketing)

– Veränderung der innerbetrieblichen Betrachtungshorizonte hin zur Prozessorientierung und damit auch zu prozessbezogenen Rechnungen
– Implementierung von Handlungsmustern für den Wandel von Objekt- zu Subjektförderungsmaßnahmen

Die Absicherung der Steuerungswirkung in der Form visualisierter Informationsweitergabe an die Führungskräfte wird bereits heute mit einigen Softwareprodukten nachvollziehbar beschrieben. Zukünftig ist als Routineprozess die Leistung des Controllings mit der (einfachen) Lesbarkeit von Führungsinformationen verbunden (weil individuell gestaltbar), die durch außerordentlich komplexe Datenverarbeitungs- und Organisationsaktivitäten generiert wurden. Das Controlling muss diese nicht selbst generieren, es muss aber wissen, dass die zur Verfügung stehenden Systeme dies zu leisten im Stande sind. Daher gilt die Aussage von Stata nach wie vor, dass das Controlling verstehen muss, dass „... keep organizational learning in mind as a goal of information system design" (Stata, 1989, S. 63 ff).

Aus der Sicht des Controllings heißt dies für die Sicherstellung einer konzeptionell abgesicherten strategischen Unternehmensentwicklung, dass es für die Leistungseinheiten einfache Strategiebilder einfordern muss. *Die Mitarbeiter brauchen i. d. R. ein überschaubares, leicht vermittelbares Konstrukt aus Zielen*. Dies können Maßnahmen und Aktivitäten sein, die wenigstens innerhalb von zwei Wirtschaftsjahren realisiert werden können, wie z. B.:

– Schaffung von transparenten Kostenstrukturen mit der Anbindung von Verantwortlichkeiten an Managementaufgaben, auch auf niedrigen Hierarchiestufen
– Generierung der Kosten-/ Leistungs-Zusammenhänge sowie von Handlungsmustern (Handlungsempfehlungen / Handlungsanweisungen) bei Abweichungen
– Schaffung integrierter Planungsmodelle: Finanzmitteleinsatz (Finanzplanung), Erfolgsplanung (in G.u.V.) und Beständerechnungen (Bilanzen)
– Sicherstellung einfacher, aber funktionsfähiger Berichtssysteme mit termingerechtem Reporting
– Bereitstellung von Simulations- und Sensitivitätsanalytik zur eigenständigen Erarbeitung von kostenstellenbezogenen Handlungsspielräumen
– Unterstützung beim Contracting im Zuge von Leistungs- und Entgeltvereinbarungen

Wie verändern sich die Funktionen und mit diesen die Personen des Controllings?

Die soeben beschriebenen Aufgabenstellungen entsprechen in praxi dem, was man mit den Aufgaben des operativen Controllings verbindet. Genau hier ergibt sich eine Veränderung in den Funktionen insofern, als das die Integration des Controllings in erfolgswirtschaftlich und finanzwirtschaftlich relevante Entscheidungen der Geschäftsführung die klassische *Trennung in operatives und strategisches Controlling auflöst* (dies war in der Controllingpraxis ohnehin selten ein Thema). Mit dem Instrumentarium der Balanced Scorecard wird dieser Weg bereits beschrieben (siehe Abbildung).

Neu wäre die *Funktion des „Risk Auditors"* und damit die Bereitstellung einer Person als Ansprechpartner für die Banken in finanzwirtschaftlichen Belangen. Besteht für ein Unternehmen die Notwendigkeit einen Kapitalbedarf über den Kreditmarkt zu decken, hat das Controlling bereits vor dem Beginn des Ratingverfahrens der Bank(en) – prospektiv – alle Management- und Kostenstellenebenen der Unternehmung auf die zu erwartenden Ratingkriterien hin zu briefen. Es schafft Abhilfe in den Bereichen, in denen einzelne Kriterien gemäß ihrer Beurteilung zu einem schlechten Testat führen können.

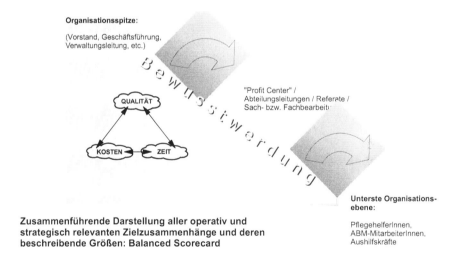

Auch die *Begleitung von Due Diligence-Prozessen* ist erforderlich. Dabei ist es gleichgültig, ob die Unternehmung das übernehmende ist oder das Zielunternehmen. Bei einer beschriebenen Intensität von Due Diligence Reviews in Dienstleistungsunternehmungen von durchschnittlich 67,2 Personentagen (Berens / Strauch,

2002, S. 60 ff) mit ca. 10 Personentagen externer Beratung verbleiben wenigstens 57 Personentage, die von beiden beteiligten Parteien wahrzunehmen sind.

Zudem hat das Controlling das *Risikomanagement zu gestalten*. Eine regelmäßige und systematische Identifikation, Bewertung, Berichterstattung, Steuerung bzw. Überwachung von Risiken (Elfgen / Sieler, 2001, S. 379) ist sicherzustellen. Wohl gemerkt: Sicherstellen meint nicht (zwingend) auch zugleich selbst wahrnehmen!

Trotz der geschilderten Funktionserweiterungen muss das Controlling sich nicht grundsätzlich in Veränderungsprozesse begeben. Vielmehr muss es seine *Kenntnisse professionalisieren* und diese Professionalität auch von anderen Mitarbeitern einfordern: Professionalität bedeutet neben fachlichen Fähigkeiten immer auch betriebswirtschaftliche Zusammenhänge erkennen und bearbeiten können.

Die *Qualifizierung des Managements* sowie der Anwender in den Kostenstellen wird bzw. ist Aufgabe des Controllings – in den geschilderten Zusammenhängen. Damit wird deutlich, dass mit diesem Funktionen auch Fertigkeiten zu verändern sind.

Über welche besonders wichtigen Ressourcen und Fähigkeiten verfügt das Controlling?

Die Ressourcen des Controllings sind traditionell inhaltlicher und technischer Natur: Die *Beherrschung des traditionellen Rechnungswesens* (des internen wie des externen), die Steuerung der dazu zu zählenden Aktivitäten wie die Vorbereitung und Unterstützung von Abschlussprüfungen etc. sowie die Sicherstellung der *Transfers der leistungsbedingten Anforderungen an die Hard- und Software* zum Softwarelieferanten sind nichts Neues.

Aktueller ist da schon – obwohl substanziell auch nicht neu – die Forderung nach der Fähigkeit *Moderator und Coach* von unterschiedlichsten Ebenen in der Hierarchie sein zu können (dazu schon Reiss, 1993, S. 85 ff und S. 151 ff). Der Controller ist und bleibt „*Ziele-Vermittler*". Er hat Hartnäckigkeit zu beweisen – auch gegenüber der Geschäftsführung.

In welcher Weise sollte sich das Controlling als Dienstleistungsbereich für die Führungskräfte weiterentwickeln?

Eindringlicher denn je ist die Forderung zu erheben, das Controlling möge die Möglichkeiten eingeräumt bekommen, *Berichtssysteme und das Reporting zu automatisieren* – auf dem für die Unternehmung bestmöglichen Standard.

Standard ist heute nicht mehr der Transfer von Papier. Auch nicht der Transfer und die Kommunikation papierloser Information sind von ausreichender Qualität. Gefordert und durch Basel II geradezu unverzichtbar geworden ist die *individualisierte, funktionsbezogene Kommunikation von Betriebsdaten unter Berücksichtigung von Interpretationsmustern.* Formuliert eine Unternehmung in seinem Leitbild das Bild des verantwortungsvoll agierenden Mitarbeiters mit der Bereitschaft auch Ergebnisverantwortung zu übernehmen (mit allen Konsequenzen!), ist es nicht als ausreichend anzusehen, dies erst ab der zweiten oder dritten Hierarchieebene einzufordern. Data-Warehouse-Konzepte (siehe Abbildung) lassen die Integration Aller auf allen Ebenen der Organisation längst zu.

Das ist der Ansatzpunkt, die *Qualifizierung des Managements* im Hinblick auf allgemeine betriebswirtschaftliche Inhalte zu betreiben. Die Gesamtorganisation ist von dem Risiko zu entlasten, dass nicht hinlänglich qualifiziertes Personal nahezu unkontrollierbare Effekte hervorruft. Das heißt im Speziellen: Komponenten des Risikomanagements müssen *Personal- und Organisationsentwicklung* „mitbedienen", z. B. durch ein risikoorientiertes Berichtswesen, dass in der Lage ist, Einzelrisiken aufzuzeigen und zu separieren. Fragenkataloge, anhand derer diese Inhalte aufgearbeitet werden können, liegen in ausreichendem Maße, wenn auch nicht an zentraler Stelle, vor (z. B. bei Wäscher, 2002, S. 247 und Gänßlen / Meissner, 2002, S. 462 ff).

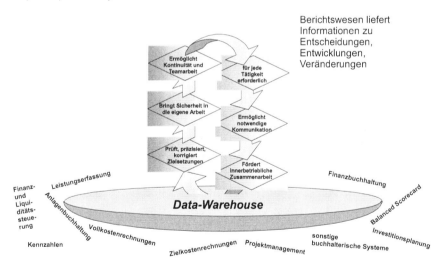

F. Entwicklungstendenzen für das Controlling zur Risikobewältigung aus Basel II

Die genannten Möglichkeiten zur Risikobewältigung müssen unter Beachtung der mit ihrem Einsatz verbundenen Kosten im Hinblick auf das Erreichen des angestrebten bzw. für zulässig gehaltenen Risikoniveaus beurteilt werden, um eine Entscheidung über ihren Einsatz treffen zu können. Der Nutzen aus den Ratings liegt auch – und ganz besonders – bei den Sozialunternehmungen selbst. Eine Geschäftsführung tut sich leichter z. B. dem Aufsichtsrat aus externer Sicht darstellen zu lassen, wo Schwachpunkte aber auch wo die Stärken der Unternehmung wahrgenommen werden. Bestehen Zweifel, ob der Fähigkeit der Unternehmung, bestehende Risiken zu beseitigen bzw. mit ihnen sachgerecht umzugehen, kann eine Due Diligence vielleicht mit der Maßgabe eine Fortbestehensprognose zu erstellen, sinnvoll sein.

Schließlich bleibt die Weiterentwicklung von risikoorientierten Instrumentarien eine ständige Aufgabe des Controllings. Aber ohne die bekannten, traditionellen und die modernen Instrumente einzusetzen, ist eine Risikoorientierung des Controllings nur von begrenzter Dauer, bis es dann doch abschließend heißt: „Sic transit gloria mundi!"

Literatur:

Berens, W./Strauch, J.(2002): Due Diligence bei Unternehmensakquisitionen – eine empirische Untersuchung, Frankfurt a. M. / et al

(BFS) Bank für Sozialwirtschaft (2002): Auswirkungen von Basel II auf die Sozialwirtschaft, Köln

Elfgen, R./Sieler, C.(2001): Risikomanagement als Beratungsleistung, Der Aufbau von Risikomanagement-Systemen in Industrieunternehmen, in: Lange, K. N./Wall, F. (Hrsg.): Risikomanagement nach dem KonTraG: Aufgaben und Chancen aus betriebswirtschaftlicher und juristischer Sicht, München, S. 375 – 397

Gänßlen, S./Meissner, S. (2002): Basel II und Unternehmensrating, in: controller magazin, 27 5, S. 462 – 465

Helbling, C. (2002): Prozess der Unternehmensbewertung. Teil D: Due-Diligence-Review, in: Peemöller, Volker H. (Hrsg.): Praxishandbuch der Unternehmensbewertung, Berlin, S. 157 – 175

Helbling, C. (2002): Prozess der Unternehmensbewertung. Teil G: Besonderheiten der Bewertung von kleinen und mittleren Unternehmen (KMU), in: Peemöller, Volker H. (Hrsg.): Praxishandbuch der Unternehmensbewertung, Berlin, S. 187 – 197

Lange, K. N. (2001): Anforderungen an die Berichterstattung über Risiken in Lagebericht und Konzernlagebericht, in: Lange, K. N./Wall, F. (Hrsg.): Risikomanagement nach dem KonTraG: Aufgaben und Chancen aus betriebswirtschaftlicher und juristischer Sicht, München, S. 131 – 159

Reiss, H.-C. (2002): Zukunftsgerechtes Controlling über Systemintegration, in: Sozietät Prof. Dr. Reiss & Partner (Hrsg.): Sozialwirtschaftliche Managementtagung 2002, Tagungsdokumentation, S. 68 – 88

Reiss, H.-C.(1993): Controlling und Soziale Arbeit, Neuwied

Stata, R. (1989): Organizational Learning – The Key to Management Information, in: Sloan Management Review, Spring, S. 63 – 74

TÜV Unternehmensberatung(2002): Zukunftsinitiative Mittelstand: Rating als Chance!, in: Rating@tuev.sued.de

Wäscher, D. (2002): Was bedeutet das „Rating" von Unternehmen nach Basel II?, in: controller magazin, 27 3, S. 246 – 247

Wall, F. (2001): Betriebswirtschaftliches Risikomanagement im Lichte des KonTraG, in: Lange, K. N./Wall, F. (Hrsg.): Risikomanagement nach dem KonTraG: Aufgaben und Chancen aus betriebswirtschaftlicher und juristischer Sicht, München, S. 207 – 235

Zukunftsgerechtes Controlling über Systemintegration

Prof. Dr. Hans-Christoph Reiss

A. In search of excellence – das Controlling vor konsequenter Kundenorientierung

Das Controlling und seine Instrumente entwickeln sich in immer kürzeren Zeitabständen weiter. Für Organisationen wird es dabei zunehmend schwieriger die Entwicklungsgeschwindigkeiten der Anbieter und Berater und das durch dieses generierte bzw. geweckte Informationsbedürfnis mit der Entwicklung ihres unternehmerischen Gesamtsystems in Übereinstimmung zu bringen. Das Gesamtmodell der Organisation spielt hierbei eine gravierende Rolle. Die zentralen Fragen, die die aktuellen Anforderungen i. S. der geforderten Zukunftsgerechtigkeit benennen, sind:

– Welche Strategien werden in den Controllingbereichen der Sozialdienstleistungsunternehmen verfolgt?
– Wie verändern sich die Funktionen und mit diesen die Personen des Controllings?
– Über welche besonders wichtigen Ressourcen und Fähigkeiten verfügt das Controlling?
– In welcher Weise sollte sich das Controlling als Dienstleistungsbereich für die Führungskräfte weiterentwickeln?

Grundlage aller Weiterentwicklungen ist aber zunächst die profunde Kenntnis des Controlling-Basiswissens aus den Kerninstrumenten funktionaler Optimierung: der Kostenrechnung, der Finanzplanung und der Investitionskontrolle. Diese sind als historische Instrumente des Controllings in einem integrierten Gesamtverständnis von Steuerung zu interpretieren und weiter zu entwickeln. Die Instrumente des Prozessmanagements und des Qualitätsmanagements haben hier einen nicht mehr zu diskutierenden Einfluss. Dies gilt in gleicher Weise für EDV- und Telekommunikationsnetze sowie moderne strategische Managementerkenntnisse. Sind diese – im Grunde traditionellen – Anforderungen, die an das Controlling im Zusammenhang mit Risikomanagementsystemen gestellt werden, erfüllt, bedeutet dies, dass die Organisation über entsprechende Steuerungsinstrumente in den Führungsetagen verfügt. Diese Anforderungen sind jedoch noch längst nicht in allen Sozialunternehmen erfüllt. Damit das Controlling sich vom Kontrollinstrumentarium des misstrauischen Aufpassens und Nachprüfens zu einem Coaching der Führungskräfte entwickeln kann, ist eine Neupositionierung immer verknüpft mit Veränderungen im Umfeld einer Organisation. Diese sind in den Sozialbranchen insbesondere in den Ambitionen des Gesetzgebers zu sehen: die Kundensouveränität der Leistungsempfänger zu stärken und (natürlich) Kosten weiter zu senken – oder zumindest die Leistungsentgelte.

Sozialwirtschaftliche Unternehmungen sind (i. d. R.) auf Märkten tätig. Da jede unternehmerische Tätigkeit untrennbar mit der Übernahme von Risiken verbunden ist, umfasst Unternehmungsführung stets auch das Risikomanagement im Sinne einer Bewusstmachung von Risiken und Chancen im Führungs- und Durchführungsprozess. Seit 1998 ist in Deutschland der Umgang mit Risiken durch das Inkrafttreten des Gesetzes zur Kontrolle und Transparenz im Unternehmensbereich – KonTraG – kodifiziert. Danach ist der Vorstand einer AG gemäß § 91 Abs. 2 AktG verpflichtet, geeignete Maßnahmen zu treffen, insbesondere ein Überwachungssystem einzurichten, damit den Fortbestand der Gesellschaft gefährdende Entwicklungen früh erkannt werden. Zu diesem Zweck ist neben bzw. im Zusammenhang mit einem Planungs- und Kontrollsystem, einem internen Überwachungssystem und einem Frühwarnsystem ein Risikomanagementsystem zu installieren. Diese zweifellos primär auf erwerbswirtschaftliche Unternehmungen (zumal in der Rechtsform der AG organisierte) gerichtete Kodifizierung, ist entsprechend auf Sozialunternehmungen zu übertragen.

Zur Bewältigung der erkannten Risikopositionen stehen der Unternehmung grundsätzlich folgende Alternativen zur Verfügung:

- Risikovermeidung: Die Unternehmung unterlässt risikoträchtige Aktivitäten (z. B. Geschäfte mit existenzgefährdenden Risiken). Diese Vorgehensweise ist im Einzelfall anwendbar, sie kann jedoch keinen generellen Charakter haben.
- Risikoüberwälzung: Das Risiko wird auf andere übertragen. Bei versicherbaren Risiken sind dies i. d. R. Versicherungsunternehmungen, jedoch können auch nicht-versicherbare Risiken durch entsprechende Vertragsklauseln auf Geschäftspartner übertragen werden (z. B. Factoring anstelle Forderungen selbst einholen).
- Risikokompensation: Die Unternehmung selbst übernimmt das Risiko, sie schließt jedoch gleichzeitig ein gegenläufiges Geschäft ab, z.B. ein (Finanz-) Termingeschäft, so dass sie sich weitgehend oder vollständig dem Risiko entzieht.
- Risikoakzeptanz: Der Verzicht auf risikobeeinflussende Maßnahmen hat zur Folge, dass die Unternehmung das Risiko weiterhin zu tragen hat und somit angemessene Reserven bereithalten muss.

Die genannten Möglichkeiten zur Risikobewältigung müssen unter Beachtung der mit ihrem Einsatz verbundenen Kosten im Hinblick auf das Erreichen des angestrebten bzw. für zulässig gehaltenen Risikoniveaus beurteilt werden, um eine Entscheidung über ihren Einsatz treffen zu können.

Die Kontrolle bezieht sich auf Einführungs- und Durchführungsmaßnahmen zur Risikobewältigung. Als Instrument zur (vereinfachten) Risikodarstellung und -kommunikation wird in der Praxis ein sog. Ampel-System eingesetzt: Für jeden (Geschäfts-)Bereich werden die relevanten Risiken aufgelistet und hinsichtlich ihrer wirtschaftlichen Bedeutung anhand der Parameter Schadenshöhe und Eintrittswahrscheinlichkeit beurteilt.

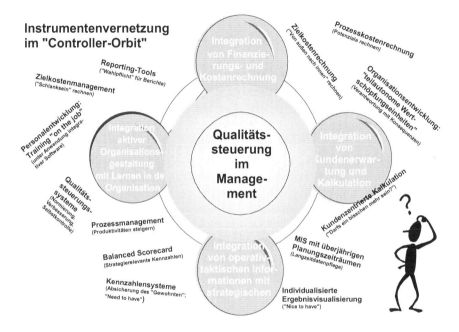

Beide Kategorien werden je nach Ausprägung (bedeutend, mittel, gering) mit den Ampelfarben rot, gelb, grün belegt. Darüber hinaus erfolgen Angaben zu bestehenden Regelungen, Verantwortlichkeiten und Handlungsbedarf in bezug auf einzelne Risiken.

Idealerweise verbindet man ein derartiges System mit bestehenden Unternehmenssystemen – z. B. mit dem Berichtssystem, dem Kennzahlensystem, dem Informationssystem.

Durch die Vielzahl der verschiedenen Werkzeuge, die Breite des Spektrums aus dem sich diese generieren und deren zunehmende Vernetzung, ist speziell eine für das Controlling neue komplexe Situation entstanden: Die „Kunden" der Controllinginformation stellen außerordentliche Ansprüche an Flexibilität und Schnelligkeit in der Informationsversorgung. Im Controller-„Orbit" befindet sich eine derart hohe Vielfalt von Instrumenten (Abbildung 1), dass dem Controlling geradezu eine qualitätssteuernde Aufgabe zufällt. Will Controlling zukunftsgerecht sein und bleiben, muss es sich künftig als Coach der Führungskräfte und als interner Berater der Organisation qualifizieren. Grundlage hierfür sind die im Folgenden näher beschriebenen Grundzüge des Planens, Steuerns und Kontrollierens.

B. Prozessorientiertes Verständnis der Leistungserbringung

Das Controlling muss in der Lage sein, den Prozess der Leistungserbringung in den betriebswirtschaftlichen Dokumentationssystemen zu integrieren. Zur Verankerung der Grundgedanken des Prozessmanagements ist dies aber noch nicht ausreichend. Die Erhöhung des „Kundennutzens", der Produktivität und der Rentabilitäten stehen zwar zunächst im Vordergrund. Mit dem prozesshaften Abbilden der Leistungsabläufe wird aber noch nicht mehr bewirkt als dies eben Gegenstand der klassischen Prozessoptimierung ist. Die Leistung des Controllings wird wieder auf die klassische operative Aufgabe zurückgeworfen, Erfolgsfaktoren zu ermitteln und schließlich diese den Leitungskräften in den verschiedenen Verantwortungsbereichen zu vermitteln. Soweit dies nicht mit den klassischen betriebswirtschaftlichen Größen möglich ist, wird es (i. S. eines Prozessmanagementansatzes) zunächst auf Zeitgrößen als Bewertungs- und Beurteilungsmaßstab zurückgreifen. Ist diese Aufgabe mit steuerungsgerechter Wirkung erfüllt, wird schließlich die Korrelation zwischen den derart ermittelten Faktoren und den Leistungsprozessen aufgedeckt. Im schlechtesten Falle muss man sich dies als das Verbleiben bei einem Budgetierungsvorgehen vorstellen. In einem modernen und auf Wettbewerbsfähigkeit und interne Effektivität hin geprägten Controllingsystem wird man transparente und wettbewerbskritische Erfolgsfaktoren nicht mehr in erster Linie durch die Strukturorganisation und die Effizienz einzelner Leistungsbereiche bestimmen – ohne deren Wert und Nutzen für eine Steuerung der Unternehmensbereiche und des Gesamtunternehmens zu negieren.

Entscheidend für ein zukunftsgerechtes Controlling wird aber dessen Fähigkeit sein, die Abstimmung einzelner Leistungsbereiche im Gesamtzusammenhang aufeinander zu dokumentieren. Die Zielsetzung heißt „bestmögliche marktorientierte Gesamtleistung" mit der Orientierung am „Kundenwert". Die aggregierten Leistungsprozesse werden dabei umfassender betrachtet und bewertet als bei klassischen Geschäftsprozessoptimierungen. Der Kundenwert gibt hier ein komplexes Maß wieder, das letztendlich eine Aussage zur Profitabilität und damit zur Rentabilität des Kunden formuliert.

Kritische Geister werden an dieser Stelle aufmerken: „Sieh an, also doch nur wieder die klassische Form eines Unternehmenscontrollings ohne den realen Bezug zu den Sozialbranchen! Typisch für die BWLisierung des Sozialen!"

Weit gefehlt! Der Kundenwert ist für soziale Dienstleistungsunternehmen so wichtig, weil er zum einen voraussetzt, dass man weiss, wen man als Kunden überhaupt betrachtet und zum anderen weil der Kundenwert Aussagen darüber erlaubt

- wer als Kunde in Frage kommt (kommen soll) (Kundenfokussierung)
- wie intensiv Kunden betreut werden (markt- und marketinggerechte operative Steuerung der Ressourcen) und
- wann kundenbezogene Maßnahmen gestartet werden müssen (Timing von strategischen Maßnahmen).

Diese kundenwertbezogenen Erfolgsfaktoren als Leistungsergebnis des Controllings müssen kompatibel mit den Strategien gestaltet sein, um Reaktionszeiten geschäftsfeldspezifisch zu verringern. Hinzu kommt das Problem, dass bei Anwendung der traditionellen Kostenrechnung ein passives Rechnen ex post erfolgt. Notwendig ist jedoch ein aktives, handlungsbegleitendes Controlling im Sinne einer Feed-Forward-Steuerung. Dies erlaubt die Unterstützung von Produktivitäts- und Rentabilitätsanalysen durch eine prospektive Wertanalyse. Defensive Beschränkungen der Produktion erfolgen dann eben so wenig, wie fatalistische Verhaltensweisen hingenommen werden. Erscheinen Kostenpotenziale als nicht beeinflussbar (wie z. B. im Personalkostenbereich), sind wenigstens die Einsätze und Produktivitäten der MitarbeiterInnen als Kostenpotenziale – diese sind integraler Bestandteil der Marktleistung – sinnvoll rationalisierbar. Die MitarbeiterInnen werden motiviert, ein den Anforderungen des (politisch geförderten und gewollten) Marktes entsprechendes Leistungsbündel auf der Grundlage ihrer Evaluationsergebnisse zu beschreiben, dass auch den sozialen, politischen, verwaltungstechnischen und kaufmännischen Restriktionen gerecht wird. Die auf beiden Ebenen – der der Evaluation und der des Controllings – kundenwertbezogene Analyse der Leistungsketten in den Bereichen der sozialen Arbeit, bietet für die Trägerorganisationen die Möglichkeit, Kostenentlastungen zu realisieren. Die unterschiedlichen Bedarfslagen der verschiedensten Zielgruppen und / oder die Bearbeitungsbedingungen und -zuständigkeiten werden hierbei nicht beeinträchtigt.

Um diese kundenwertbezogene Ausrichtung des Handelns nach innen wie nach außen zu dokumentieren, ist die Gesamtheitlichkeit des mentalen Organisationsmodells als Gegenstand der Instrumentierung durch das Controlling zu öffnen. Als Instrument bietet sich die sogenannte Balanced Scorecard an. Diese stellt bekanntermaßen eine Weiterentwicklung der traditionellen Kennzahlensysteme dar, die einerseits auf einer Verknüpfung von operativen und strategischen Zielzusammenhängen basiert, andererseits die (nachlaufenden) traditionellen kennzahlenbezogenen Informationen um (vorsteuernde) prozessbezogene Größen ergänzt.

C. Ganzheitlichkeit des mentalen Modells

Ziel des Risikomanagements ist es, die Erhaltung und erfolgreiche Weiterentwicklung der Unternehmung durch die Bewusstmachung und die Limitierung von Risiken sicherzustellen. Betrachtet man das Risikomanagement als Prozess, so wird deutlich, dass das Risikomanagement wesentlich durch die Unternehmensphilosophie geprägt wird, in der auch die Risikoneigung und das Risikoverhalten der oberen Führungskräfte zum Ausdruck kommen.

Diese Entwicklungen sind in dem durch das Controlling aufgezeigten Planungs- und Kontrollsystem, das Teil eines umfassenden Führungskonzeptes ist, integrierbar oder bereits aufgenommen worden. Hierbei misst man der Unternehmungsphilosophie und Unternehmungskultur als wesentlichen Komponenten eines Führungskonzeptes sowie dem visionsorientierten, vernetzten und dialogischen Führen besondere Bedeutung zu.

Die Unternehmungsphilosophie, die die gemeinsamen bzw. abgestimmten Wertvorstellungen (Werthaltungen) der obersten Führungskräfte der Unternehmung beinhaltet, beeinflusst grundlegend das Denken, Entscheiden und Handeln aller Führungskräfte und damit letztlich aller MitarbeiterInnen der Unternehmung.

Somit bildet die Unternehmungsphilosophie auch die Basis für die Unternehmungskultur. Diese charakterisiert sich durch unternehmungsgeschichtlich gewachsene, gelebte und zumindest partiell gestaltbare Denk-, Entscheidungs- und Verhaltensmuster der MitarbeiterInnen. Ihnen liegen Grundannahmen, Werte und Normen zugrunde, die auf Erfahrungen aus der Unternehmungsvergangenheit sowie auf Einflüssen aus den Unternehmensumfeldern basieren und wesentlich durch die (gemeinsamen) Werthaltungen der obersten Führungskräfte geprägt werden. Sie werden durch verschiedene Erscheinungsformen und auch Symbole zum Ausdruck gebracht. In der Literatur zur Unternehmungskultur betrachtet man in diesem Zusammenhang die sehr weitgehend übernommene Einteilung der Unternehmungskultur in die drei interdependenten Ebenen Grundannahmen, Werte und Normen sowie Artefakte.

Wesentliches Element der Unternehmungskultur bildet das Führungsverhalten: Vorbildfunktion und Offenheit, Verantwortungsklarheit und Initiative, Werteverständnis und auch menschliche Wärme werden als Merkmale von Führungstypen immer wichtiger.

Betrachtet man die Bedeutung der Unternehmungsphilosophie für die Unternehmungspolitik bzw. generelle Zielplanung sowie deren gemeinsamen, prägenden Einfluss auf die Unternehmungskultur, so wird deutlich, dass das Führungskonzept in einer erweiterten Sicht um diese beiden Gestaltungsobjekte zu ergänzen ist. Dies gilt umso mehr, da die Unternehmungskultur ihrerseits die Entwicklung von Unternehmungsphilosophie und Unternehmungspolitik beeinflusst. Wettbewerbliche Überlegenheit im Markt entsteht aus einem veränderten unternehmenskulturellen Bewusstsein.

Im Rahmen der Diskussion über die Unternehmungsphilosophie und die Unternehmungspolitik ist besonders auf die Bedeutung einer Vision bzw. einer Leitidee der obersten Führung für die Erhaltung und insbesondere für die erfolgreiche Weiterentwicklung einer Unternehmung hinzuweisen. Hierbei bildet die Vision das Zukunftsbild der obersten Führung(kraft) über die angestrebte künftige Entwicklung der Unternehmung bzw. die Vorstellung von der zukünftigen Rolle eines Unternehmens in bezug auf Unternehmenszweck, -ziel und -selbstverständnis.

Die Vision kann als Gegenstand der Unternehmenspolitik angesehen werden. Sie beeinflusst maßgeblich auch die strategische und operative Planung, insbesondere die Auswahl von Strategien, Strukturen und Führungssystemen mit spezifischen Führungskräften. In der Regel sind es einzelne obere Führungskräfte, die eine Vision entwickeln. Nur durch Führungskräfte mit Vision – durch „Leader" mit kraftvoller Vorstellung über das gewollte Zukunftsbild der Unternehmung (und / oder des Trägers und / oder des Verbandes), mit einem auch strategischen Willen kann das gewollte Zukunftsbild auch im Wettbewerb umgesetzt werden.

Die Leistung des Controllings wird darin bestehen, hierarchieebenenübergreifende, durchgängige Ziel- und Leistungsketten für alle MitarbeiterInnen zu bilden. Besser: die Aufgabe der Moderation zur Bildung dieser Ketten im Zusammenhang mit der Balanced Scorecard zu übernehmen. Es hilft den verantwortlichen Leitungskräften damit, ihre eigene Leistung im Rahmen des ganzheitlichen Modells der Unternehmung zu verbessern. Mit der dauerhaften Pflege des einmal in seinen Grundzügen erstellten Modells kann das Controlling dann wieder betraut sein, da es der laufenden Führungsunterstützung dienen soll. Damit werden die Führungskräfte allerdings nicht von ihrer Aufgabe exkulpiert, Ziele, Konzeptionen, Aufgaben, Lösungsmethoden und -verfahren sowie die Ergebnisse von Arbeitsprozessen zu kommunizieren und zu bewerten. In einem arbeitsteiligen Prozess kann das Controlling, welches primär Planungs- und Kontrollaufgaben wahrzunehmen hat, Unterstützung i. S. der Aktivierung des Managements geben. Sein Agieren ist dann auf interne Beratung fokussiert.

D. Aktives Management von Lernprozessen

Gerade in Organisationen, in denen Leistungen nach vorgegebenen Preiskatalogen von mehr oder weniger öffentlich-rechtlich geprägten Finanzierungsträgern abgerechnet werden, ist ein aktives Management von Lernprozessen zukünftig ein wesentlicher Kern der Controllerarbeit, die sich schließlich im Design der Informationssysteme, in der Darstellung der Information und der Qualität des Dargestellten ausdrückt. Um aber zunächst das mentale Modell der Unternehmung in der Organisation zu verankern, ist eine neue Unternehmenskultur von Nöten. Eine ausschließliche Fortschreibung von Rationalisierungsmaßnahmen wird nicht die Schnelligkeit und Flexibilität liefern, die in den Markt- und in den Geschäftsstrukturen benötigt wird. Weitere Kostenreduzierungen, mit der einzigen Maßgabe, die Leistungsentgelte weiter zu reduzieren, wäre genau das, was durch die traditionelle Form der Wahrnehmung des Controllings das falsche Signal an Finanzierungsträger und an die Mitarbeiterschaft darstellen würde. Um das controllingspezifische Know How bei den MitarbeiterInnen zu verbessern, müssen mentale Veränderungen Platz greifen. Die klassischen Grundfragen für eine ethische und wirtschaftliche Selbstbestimmung der Sozialwirtschaft sind – wie gehabt – vom Wertprofil der wichtigsten Entscheidungsträger in der Form wirtschafts- und unternehmensethischer Grundsätze zu durchdenken:

– Was tun wir?
– Warum tun wir dies?
– Wie tun wir dies?

Zur Selbstbestimmung wird folglich auf die Bedeutung von gemeinsamen Werten und Normen als verhaltenssteuernde Elemente der Sozialunternehmen hingewiesen. Gefragt ist in Zukunft (mehr als heute) die Wahrnehmung gesellschaftlicher Verantwortung durch die verbandlichen Vertreter der Sozialunternehmen (und natürlich auch der Finanzierungsträger, ohne das diese in die hiesige Betrachtung weitereinbezogen würden). Dazu wird es erforderlich das „mechanische" Verändern des Prozesserneuerns und -optimierens in neue Denkstrukturen zu überführen. Sommerlatte fordert in diesem Zusammenhang „Rethinking" und nicht nur „Reengineering" zu betreiben.

Controllinginstrumente sind hier nicht im Bereich der Betriebswirtschaftslehre zu suchen, sondern entstammen den Lehr- und Forschungsgebieten der Individual- und Organisationspsychologie. Die Konstruktionslogik des klassischen Managementprozesses lässt in macht- und rollenorientierten Organisationen keine Entwicklung von internen Zugehörigkeitsgefühlen, keine Entfaltung von Initiative und keine Entwicklung unabhängiger Urteilsfähigkeit innerhalb der Mitarbeiterschaft zu. Heute wird dies zunehmend gefordert – auch in der betriebswirtschaftlichen

Managementliteratur: Dabei ist dies als Forderung an Führungskräfte, ihre MitarbeiterInnen in diese Richtung zu fördern, überhaupt nicht neu. Bereits vor zehn Jahren habe ich dies für die sozialwirtschaftlichen Unternehmungen und die Wohlfahrtsverbände beschrieben. Die Aktivitäten des Controllings werden durch Lernprozesse und durch Organisationsentwicklungsprozesse in zunehmendem Maß bestimmt. Diese sind auf die Steuerung der internen Lernprozesse der MitarbeiterInnen gerichtet und verlangen, bisherige Erfahrungen und Erkenntnisse, gepaart mit dem bisherigen Verhalten mit neuem Wissen, neuen Erkenntnissen und Erfahrungen so zu verbinden, dass neues Verhalten wettbewerbliche Überlegenheit im Markt erlaubt.

Da diese Prozesse mit der Komplexität der Steuerungssituation in der sich die Sozialunternehmen befinden an Kompliziertheit zugenommen haben, wird ein wachsender Anteil der beruflichen Aufmerksamkeit von MitarbeiterInnen und Vorgesetzten für das Management dieser internen Arbeitsbeziehungen beansprucht. Dies beeinflusst die Qualität der Managemententscheidungen sehr weitreichend. Anders als in einfachen Organisationen früherer Zeiten, in denen das persönliche Geschick der Einzelnen im direkten Umgang miteinander stehenden Funktionsträger oder das Organisationsprinzip der Hierarchie dazu ausgereicht hat, bedarf es heute eines erheblichen Ausmaßes an Professionalisierung der Aufgaben der Menschenführung, der Handhabung von Widersprüchen, der Steuerung von Teamprozessen, des Projektmanagements usw.

Es wäre jedoch falsch, Antworten auf Fragen der organisationsbezogenen Selbstbestimmung ausschließlich auf der individuellen Verhaltensebene zu suchen. Über die Befähigung von MitarbeiterInnen zur „strategischen Wachsamkeit" hinaus, muss eine Organisation auch in der Lage sein, ihre Kultur in Frage zu stellen. Handlungsmuster, die sich in Vergangenheit bewährt haben, können unter veränderten strategischen Bedingungen in der Gegenwart schon nicht mehr adäquat sein.

Um auf der Ebene der Gesamtstrategie über die Fragestellung „Wer sind wir?" kreative Aussagen treffen zu können, muss das Controlling – wieder einmal mehr - die Position des „Hofnarren" einnehmen, der vorherrschende Orientierungen der Leitungskräfte schonungslos mit Gegenmeinungen konfrontiert und mit strategischen Planungsinstrumenten die erfassten Geschehnismöglichkeiten beherrschbar macht. Dies wird die Herausforderung für das Controlling in den nächsten Jahren sein.

E. Abbildung des Funktionsmodells der Organisation im Informationssystem

Die Überschrift zu diesem Kapitel lässt Verwunderung zu: Bei einzelwirtschaftlicher Betrachtung der Umsetzung des gerade Dargestellten in die Handlungszusammenhänge einer Sozialunternehmung wird manche Leitungskraft vielleicht verwundert fragen: „Wieso, haben wir nicht unsere Organisation längst in der EDV-Struktur abgebildet? Wenn wir dies nicht hätten, könnten wir überhaupt eine geordnete Leistungserbringung sicherstellen und eine präzise Rechnungslegung dokumentieren?"

Ich möchte Sie beruhigen – allerdings auch nur ein wenig: Die Anwendungen ihrer EDV sind sicher auf die bestehende Organisation und die gerade gültigen Handlungsparameter hin festgelegt. Jedoch: Es werden so lediglich abwicklungsorientierte Aufgabenbereiche unterstützt. Aggregierter, aber dennoch differenzierungsfähige Leistungsprozesse erfahren diese Unterstützung durch die Datenverarbeitung nicht. Die bisherigen Anwendungen erlauben (in aller Regel) keinen Überblick über die Zusammenhänge für und zwischen den Leistungsprozessen. Dabei versprechen die Anbieter von Softwareprodukten gar zu gerne, dass die Informations- und Kommunikationssysteme (selbstverständlich) eindeutig auf die datenmäßige Abbildung des Funktionsmodells der Organisation ausgerichtet seien. Insofern ist eine steuerungsgerechte Konstruktion der betrieblichen Informationssysteme sicher gegeben. Informationsermittlung, Informationsauswertung, Informationsversorgung und schließlich die Informationsmoderation können mit den im Markt der Verwaltungs- und Abrechnungssoftware vorhandenen Produkten ermöglicht werden. Zunächst konzeptionell, dann auch in das informationstechnisch zu bearbeitende Funktionsmodell umgesetzt sind vor allem interne Informationsbedarfe und externe Informationsbedarfe noch stringenter zu trennen als bisher. Die bestehenden Informations- und Kommunikationsstrukturen sind konsequent auf eine geradezu systematische Trennung dieser Anforderungen hin zu gestalten (siehe Abbildung 2).

Bei dem hier zu nennenden Berichtswesen handelt es sich explizit um das betriebsinterne Berichtswesen. Das Erfordernis, über wichtige Entscheidungen, Entwicklungen oder Veränderungen im Sozialbetrieb informiert zu sein, bedarf keiner gesonderten Begründung (mehr). Die Notwendigkeit von Informationen ist eindeutig, weil sie

- für jede Tätigkeit erforderlich ist
- die notwendige Kommunikation ermöglicht
- die innerbetriebliche Zusammenarbeit fördert
- die eigenen (organisationsinternen) und fremden (organisationsexternen) Zielsetzungen prüft, ggf. präzisiert oder korrigiert

- Sicherheit in die eigene Arbeit bringt
- Kontinuität und Teamarbeit ermöglicht

Diese Reihe ließe sich noch fortsetzen. Auch wenn diese Anforderungen weitgehend erfüllt sind, ist das Informationsbedürfnis zahlreicher MitarbeiterInnen oft nicht ausreichend befriedigt. Die planvolle Verteilung der Ressource „Information" kann nur mit Unterstützung aus den oberen Führungsebenen gelingen.

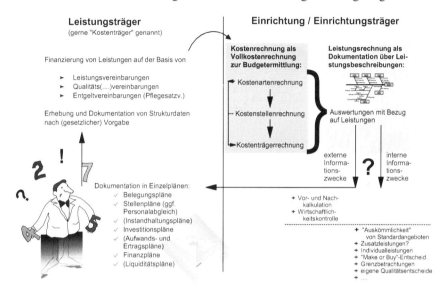

Aus der Perspektive der Leitungskräfte steht zunächst deren eigenes Informationsbedürfnis im Vordergrund. Schneller und gezielter Zugriff auf Informationen setzt voraus, dass Anforderungen an die informationelle Grundstruktur im Unternehmen klar definiert sind. Daten müssen mit Blick auf die Fragestellungen des Managements ausgewertet und ggf. auf „Tastendruck" am Computer abrufbar sein. Dabei kann es aber nicht nur darum gehen, das bisherige Berichtswesen mit Datenverarbeitung in ein routiniertes elektronisches Reporting zu übersetzen. Schließlich soll die Informations- und Kommunikationstechnik die Flut von Informationen auf unterschiedlichen Ebenen des Unternehmens reduzieren. Zur Controllingaufgabe wird die Gestaltung der betrieblichen Informationslandschaft noch aus einem anderen Grund:

Ohne Überprüfung der bestehenden bürokratischen Regelsysteme wird sich der Einsatz moderner Informations- und Kommunikationstechnologie nicht effektiv nutzen lassen. Es sind vor allem rückständige Strukturen der Arbeitsteilung, die eine besondere Affinität zum Informationsmanagement aufweisen. Je arbeitsteiliger die Organisationsstrukturen angelegt sind, desto mehr informationelle Schnittstellen müssen berücksichtigt werden. Das wiederum schafft einen hohen Koordinationsaufwand, der sich hemmend auf das Tempo des Informationsflusses auswirkt. Das Controlling wird damit zur institutionellen Ebene, die das Berichtswesen als Führungsinstrument maßgeblich mit zu gestalten hat. Die Sicherung der Steuerungswirkung in der Form visualisierter Informationsweitergabe an die Führungskräfte wird bereits heute mit einigen Softwareprodukten nachvollziehbar beschrieben. Zukünftig ist als Routineprozess die Leistung des Controllings mit der (einfachen) Lesbarkeit von Führungsinformationen verbunden, die durch außerordentlich komplexe Datenverarbeitungs- und Organisationsaktivitäten generiert wurden. Stata beschreibt die Zukunftsaufgabe, die das Controlling hat daher mit der Aussage „... keep organizational learning in mind as a goal of information system design". Dem ist aus Sicht des Controllings für die Sicherstellung einer konzeptionell abgesicherten strategischen Unternehmensentwicklung nichts hinzuzufügen.

Literatur:

Hahn, D. / Hungenberg, H. (2001): PuK – Planung und Kontrolle / Planungs- und Kontrollsysteme / Planungs- und Kontrollrechnung. Wertorientierte Controlling-konzepte, Wiesbaden
Mertes, M. (2000): Controlling in der Kirche, Gütersloh
Moos, G. (2001): Risikomanagement, in: Sozialmarkt aktuell, o. Jg., Heft 13, S. 2 – 3
Reiss, H.-C. (1993): Controlling und Soziale Arbeit, Neuwied
Reiss, H.-C. (1998): Evaluation und Controlling, in: Merchel, J. (Hrsg.): Qualität in der Jugendhilfe, S. 396 – 410
Reiss, H.-C. (2001): Controlling, in: Otto, H.-U. / Thiersch, H. (Hrsg.): Handbuch Sozialarbeit / Sozialpädagogik, Neuwied – Kriftel, S. 227 – 231
Schein, E. (1984): Coming to a New Awareness of Organizational Culture, in: Sloan Management Review, Heft 4, S. 3 ff
Schubert, B. (2000): Controlling in der Wohlfahrtspflege, Münster
Schubert, B. (2001): Risikomanagement in der Sozialwirtschaft, in: Nachrichtendienst des Deutschen Vereins (NDV), 81. Jg., Heft 2, S. 43 – 48
Sommerlatte, T. (1996): Controllingsysteme 2005: Szenarien aus der Sicht eines Unternehmensberaters, in: Steinle, C./ Eggers, B. / Lawa, D. (Hrsg.): Zukunftsgerichtetes Controlling, Wiesbaden, S. 367 – 380
Stata, R. (1989): Organizational Learning – The Key to Management Information, in: Sloan Management Review, Spring, S. 63 – 74
Weber, J. / David, U. / Prenzler, C. (2001): Controller Excellence. Strategische Neuausrichtung der Controller, Vallendar

4.
Steuerung und Risiko

Erkenntnisse und Irritationen durch Benchmarking

Prof. Dr. Bernd Halfar/Stefan Löwenhaupt/Thomas Rinklake

1. Einleitende Bemerkungen

Angestiftet durch Anregungen eines Benchmarking - Projektes der Firma IBM in der Chip-Herstellung und durch amerikanische Erfahrungen im Dienstleistungssektor haben wir Mitte der 90er Jahren in der deutschen Sozialwirtschaft die ersten Benchmarking-Datenbanken aufgebaut. Mit der branchenüblichen zeitlichen Verzögerung hat dieses Verfahren in der Sozialwirtschaft, über manche sprachlichen Umwege („Benchmarketing"), erst in den letzten Jahren verbreitete Anwendung gefunden. Vermutlich hat der Trend zur Budgetierung und Preisvereinheitlichung durch die Seite der Finanzierungsträger den Bedarf nach Vergleichswissen auf Seiten der Anbieter deutlich gefördert. Benchmarking ist ein reifes Produkt, ein Verfahren, das wissenschaftlich in seiner Substanz fundiert abgehandelt ist. In der Fachliteratur tauchen kaum noch neue Aspekte auf und in Diskussionen ist der Begriff Benchmarking schon so eingebürgert, dass er in seiner inflationären Verwendung seine Präzision und Bezeichnungsfähigkeit einbüßt. Real Madrid ist der Benchmark für Bayern München, Asien für Europa, Dresden für Chemnitz, die Verschuldung Deutschlands für die Verschuldung Italiens und unsere alten Mathematiknoten für die aktuellen Mathematiknoten unserer Kinder.

So engagiert in der deutschen Sozialwirtschaft auch Benchmarkingprojekte betrieben und auch neu aufgesetzt werden, so verwunderlich erscheint es doch, dass ausgerechnet die sozialen Organisationen, im Gegensatz zur Industrie, gerne dazu neigen, das Verfahren des Benchmarkings eindimensional zu verkürzen und auf einen Kosten-Betriebsvergleich zu reduzieren. Während das industrielle Benchmarking stark mit dem Qualitätsmanagement und dem Prozessmanagement verknüpft wurde, ist dieser Gedanke, wonach sich das exzellente Ergebnis zwar im betriebswirtschaftlichen Ergebnis zeigt, aber von dort nur selten zu erklären ist, manchen sozialen Organisationen und Verbänden noch nicht so nahe und präsent.

Insofern kursieren, trotz des Reifegrads des Verfahrens, immer noch falsche Annahmen, was Benchmarking eigentlich ist und was es kann und was es soll.

2. Fünf falsche Annahmen, die einem häufiger begegnen, als einem lieb ist

Fehlannahme 1: Benchmarking ist Betriebsvergleich

Für das Konzept oder das Verfahren „Benchmarking" gibt es in der Literatur nahezu so viele Definitionsversuche bzw. Begriffsklärungen wie Autoren. Reduziert man diese Definitionsversuche auf ihren Kern, so bleiben letztlich drei Aspekte übrig, die aus Sicht der meisten Autoren konstitutiv für das Konzept sind. Demnach ist Benchmarking:

– Der organisierte und systematische Vergleich von Unternehmen / Organisationen / Betrieben oder Einrichtungen hinsichtlich relevanter Merkmale auf der Ebene der Organisationsstrukturen, -prozesse und -ergebnisse.
– Das bewusste und systematische Lernen aus dem Vergleich.
– Die gezielte Adaption von vorgefundenen Problemlösungen.

Damit knüpft die heute in den Sozial- und Wirtschaftswissenschaften gebräuchliche Verwendung des Begriffes an seine ursprüngliche Bedeutung an, denn der englische Begriff Benchmark[1] stammt eigentlich aus der Topographie, wo er eine landschaftlich hervorgehobene Stelle bezeichnet, an der man sich orientieren kann. Im übertragenen Sinne wird mit Benchmarking nun ein Verfahren bezeichnet, mit dessen Hilfe Unternehmen, Organisationen und Behörden organisiert und systematisch im Rahmen eines Vergleichs nach Alternativen, und zwar besseren, Problemlösungen bei anderen Unternehmen und Organisationen suchen. Sie suchen gewissermaßen den weithin sichtbaren Benchmark, das Unternehmen, das auf Grund seines wirtschaftlichen Erfolges, seiner Qualität oder Innovationsfähigkeit aus der Unternehmenslandschaft hervorragt. In der klassischen Benchmarking-Literatur spricht man in diesem Zusammenhang auch von der Suche nach dem „Best in class" oder dem „Best in Process".

Ausgangspunkt des Benchmarking ist demnach die Annahme, dass das „Rad bereits erfunden ist", d.h. in irgendeinem anderen Unternehmen bereits eine sinnvolle Lösung für das eigene Problem existiert und man diese Lösung, wenn man sie erst einmal kennt, entsprechend erfolgreich übernehmen kann. Handlungsleitende Fragen sind deshalb: "Unter welchen Rahmenbedingungen machen es andere besser?", „Wie könnte ich genauso gut, möglichst sogar noch besser werden?", „Wie weit bin ich vom Qualitätsstandard der anderen weg?" und „Wo liegen meine Stärken, wo meine Schwächen"?

---

[1] Gelegentlich findet man den Begriff auch im EDV-Bereich; In diesem Zusammenhang versteht man unter Benchmarks Kennzahlen, die Auskunft über die Rechengeschwindigkeiten von PC's geben.

Über die Bearbeitung dieser Fragestellungen erlaubt das Konzept dann 1.) eine Analyse eigener Stärken und Schwächen, 2.) eine Positionierung der eigenen gegenüber anderen Organisationen und 3.) ein systematisches Lernen auf der Basis des Vergleichs. Die Unterscheidung zwischen Positionierung und Lernen ist dabei alles andere als trivial:

- **Positionierung**
  Im Vergleich mit anderen (besseren) wird klar, welche Wettbewerbsposition eine Einrichtung einnimmt. Durch die vorliegenden Daten (sei es durch "harte" Zahlen aus dem Rechnungswesen oder aber auch durch Indikatoren für qualitative Merkmale, wie zum Beispiel für Kundenzufriedenheit, Fehlerfreiheit bei Prozessen oder Mitarbeiterkompetenz) erhält die Einrichtung wichtige Informationen darüber, in welchen Bereichen sie besonders gut ist, aber auch, wo im Vergleich zu den Konkurrenten die eigenen Schwächen liegen. Benchmarking-Teilnehmer berichten hier von einem "Schwarz-auf-weiß"-Effekt. Damit ist gemeint, dass Probleme häufig bereits "irgendwie" registriert wurden, man aber zumeist keine Datenbasis oder keinen spezifischen Anlass hatte, diese anzusprechen. Durch die systematische Analyse und Darlegung im Rahmen eines Vergleichs erhält man Datenmaterial, mit dem man arbeiten kann. In diesem Sinne wird in Benchmarking-Projekten Qualität "gemessen", weshalb die Festlegung der "Messgrößen", also der zu vergleichenden Prozesse und Dimensionen sowie die genaue Form der Abfrage eine besonders wichtige Rolle spielt.

- **Lernaspekt**
  Vergleichsdenken ist nicht neu. Im Gegenteil: Vergleichen ist elementarer Bestandteil unser aller Alltagshandelns. Allerdings finden Vergleiche vielfach unbewusst und wenig strukturiert statt. Beim Benchmarking wird das Denken in Vergleichen jedoch explizit gemacht, klar systematisiert und – das ist entscheidende - um die Perspektive des „Lernens" ergänzt.
  Das eigentliche Benchmarking fängt erst dann an, wenn die entsprechenden "Messdaten" vorliegen. Die Daten alleine, auch wenn dies manchmal erwartet wird, pfeifen noch keine klar verständliche Melodie, sie müssen erst komponiert werden. Insofern muss sich an die Datenaufbereitung ein Lernprozess anschließen, wie er hinsichtlich verschiedener Phasen in der Organisationsentwicklung beschrieben wird. Die Benchmarking-Daten bieten also zunächst das Arbeitsmaterial, um die „Welt der Möglichkeiten" zu entfalten und neue Lösungsmöglichkeiten zu generieren. Da Qualität kein zusätzliches Merkmal zu typischen Strukturen und Prozessen in einer Organisation ist, das man direkt messen könnte, sondern sich gewissermaßen in den alltäglichen Organisationsstrukturen und –prozessen "versteckt", muss aus den Vergleichsdaten „gelesen" werden; d.h. diese Daten müssen interpretiert, Zusammenhänge entdeckt und insbesondere die Übertragung auf die eigene Problemsituation geleistet werden.

Historisch gesehen sind Betriebsvergleiche "Vorläufer" des Benchmarking. Im reinen Betriebsvergleich liegt der Schwerpunkt auf der Darstellung der Unterschiede (Positionierungsaspekt), während das Benchmarking stärker nach den Ursachen der Unterschiede und damit nach den erfolgreichen Lösungen fragt (Lernaspekt). Benchmarking setzt somit voraus, dass aus den Vergleichsergebnissen auch Konsequenzen in Form konkreter Maßnahmen gezogen werden. Im Mittelpunkt des Betriebsvergleichs steht dagegen in der Regel – nomen est omen – das Vergleichen von Kennzahlen. Je mehr Unternehmen Daten liefern, desto verlässlicher können Abweichungen des Wertes der eigenen Organisation vom Mittelwert als beachtenswert klassifiziert werden. Benchmarking kommt dagegen, genau genommen, mit zwei Vergleichseinrichtungen aus: Die eigene Einrichtung und eine Einrichtung, die bessere Praktiken hat und von der man deshalb lernen möchte (vgl. Camp 1994).

Dass man im Bereich der Sozialwirtschaft häufig Betriebsvergleich und Benchmarking synonym setzt, hat letztlich mit der Tatsache zu tun, dass man in der Sozialarbeit und Pflege häufig nicht weiß, wer denn eigentlich der Branchenbeste ist, von dem man etwas lernen könnte. Dies ist zum einen Resultat einer immer noch unbefriedigenden Datenlage, hat zum anderen aber auch damit zu tun, dass unklar ist, anhand welcher Kriterien zu entscheiden wäre, welche Sozialeinrichtung die Beste ist und welche nicht; welche ökonomischen, pädagogischen oder personalwirtschaftlichen Kriterien besonders relevant sind. Weil man eben nicht weiß, wer der Ferrari, der Mercedes oder der Opel, der Bulthaup, Miele oder Quelle ist, wird diese Unübersichtlichkeit des Sozialmarktes notwendigerweise durch eine Art Blindflug über das Gelände ausgeglichen. In die Benchmarking-Studien werden dann möglichst viele Einrichtungen einbezogen, in der (nicht unbegründeten) Hoffnung, unter diesen befände sich zumindest eine Einrichtung, die in einigen zentralen Geschäftsbereichen bessere Ergebnisse vorzuweisen hat als die eigene Einrichtung.

Fehlannahme 2: Benchmarking ist ein Instrument aus der Welt der betriebswirtschaftlichen Zahlen

Prinzipiell lassen sich verschiedene Arten des Benchmarking hinsichtlich ihres Objektbereichs, ihrer Zielgröße und der Vergleichsparameter unterscheiden.

Übersicht 1: Objekte, Zielgrößen und Vergleichsparameter beim Benchmarking in der Sozialwirtschaft

Parameter	Art des Parameters			
Objekt	Produkte / Leistungen	Fachliche Methoden / Standards / gesetzl. Regelungen	Strukturen	Arbeitsprozesse
Zielgröße	Kundenzufriedenheit	Aufträge	Kosten	Fehler	Zeit
Vergleichs-parameter	(Einrichtungs-) Intern	(Einrichtungs-) extern / wettbewerbsorientiert	(Einrichtungs-) extern / funktional	
	Gleiche Funktion (z.B. Vergleich von Wohngruppen einer Einrichtung)	Gleiches Feld soz. Dienstleistungen (z.B. WfB's), Gleiche Objektbereiche (z.B. Berufsbildungsbereich)	Generische Funktion (unabhängig vom Feld sozialer Arbeit, cross over in den gewerblichen Bereich möglich)	

Im Hinblick auf die Benchmarking-Objekte verdeutlicht die Übersicht, dass betriebswirtschaftliche Daten ein mögliches Objekt von vielen sind. Die in der Praxis dominierende Fokussierung auf betriebswirtschaftliche Daten entspringt vor allem dem Irrtum, diese seien im Vergleich zu Daten, die Dienstleistungsprozesse abbilden, leichter zu erheben und zu analysieren. Die Erfahrungen der letzten Jahre haben dabei ganz deutlich gezeigt, dass die Erhebungen betriebswirtschaftlicher Daten mindestens soviel Aufwand erfordern wie Erhebungen von Befragungs- oder Prozessdaten. Dies gilt insbesondere deshalb, weil auch ein breit angelegter Vergleich von Einrichtungen voraussetzt, dass Daten in irgendeiner Form standardisiert erfasst werden. Üblicherweise behilft man sich hier mit einer fiktiven Mustereinrichtung, an deren Systematik die Daten aus dem Rechnungswesen den realen Einrichtungen angepasst werden - ein in der Regel aufwendiger Vorgang. Gerade die Umrechnung von Gemeinkosten des Trägers auf die zu benchmarkenden Einrichtungen verlangt von den Teilnehmern die „Simulation einer Vollkostenrechnung" – und ist nicht immer ganz unkompliziert.

Darüber hinaus existiert zudem eine Form offensiver Erkenntisverweigerung gegenüber der Tatsache, dass betriebswirtschaftliche Daten für sich genommen wenig Ansatzpunkte für Verbesserungs- und Lernmaßnahmen bieten. Viel interessanter als die Frage nach den relativen Kosten für das Angebot „x" ist ja die Frage, wie die Prozesse organisiert sind, die zu diesem Ergebnis geführt haben und wie zufrieden beispielsweise die Bewohner eines Altenpflegeheims mit einem Angebot sind, das zwar konkurrenzlos günstig, dafür aber leider auch konkurrenzlos schmal ist. Erst wenn Kunden- und Mitarbeiterdaten sowie Kosten und Prozesse auf aufeinander bezogen sind, kann ein halbwegs abgerundetes Bild darüber entstehen, ob eine unternehmerische Praxis auch tatsächlich best practice ist.

Fehlannahme 3: Benchmarking ist eine Excel-Tabelle bei Entgeltverhandlungen

Dieser Irrtum ist eng mit dem vorangegangenen verknüpft. Regelmäßig werden Wünsche an uns herangetragen, ein Benchmarking zu organisieren, das auf Daten basiert, die die Kostenträger im Rahmen von Entgeltverhandlungen erheben. Einmal abgesehen davon, dass es sich hierbei in der Regel um Kalkulationsdaten handelt, und deshalb eher „Best Planning" als „Best Practice" erhoben wird, kann ein derartiges Vorgehen durchaus sinnvoll sein. Verschaffen sich die beteiligten Einrichtungen damit doch zumindest eine informationelle Chancengleichheit zu den Kostenträgern und können mit diesen dann auf Augenhöhe verhandeln.

Nur: Dies ist kein Benchmarking! Denn die Daten lassen keine Rückschlüsse darauf zu, wie ein extrem günstiger Kostensatz in der Praxis umgesetzt wird. Ohne zusätzliche Informationen kann man dann nur „lernen", dass einzelne Einrichtungen eine Dienstleistung offensichtlich günstiger bereitstellen können als andere. Die Gründe und Konsequenzen dieser Preispolitik bleiben aber unklar.

Fehlannahme 4: Benchmarking ist ein zusätzliches Managementverfahren

In den letzten Jahren haben sich eine ganze Reihe von Verfahren zum umfassenden und systematischen Qualitätsmanagement für Soziale Dienstleister etabliert:

Übersicht 2: Qualitätsmanagement und Benchmarking

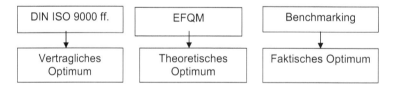

Während das ISO-Verfahren die mit dem Vertragspartner vereinbarten Qualitätsstandards zum Gegenstand hat und das EFQM-Modell die „ideale Organisation" (theoretisches Optimum) zur Referenzgröße erhebt, orientiert sich das Benchmarking an dem am Markt faktisch vorfindbaren Optimum, also an der Organisation mit den besten Strukturen, Prozessen und Ergebnissen.

Die vordergründigen Unterschiede weichen jedoch zunehmend der Erkenntnis, dass die einzelnen Verfahren ein und denselben Gegenstand nur aus unterschiedlichen Perspektiven beleuchten, und letztlich alle Perspektiven auch notwendig sind. Im Rahmen der EFQM- und ISO-Modelle wird inzwischen ja sogar explizit ein Benchmarking der Einrichtung / Organisation gefordert. Darüber hinaus kann im Anschluss an ein Benchmarking auch ein Qualitätssicherungssystem entlang der 20 Punkte der Normen-Reihe ISO 9001ff aufgebaut werden, wenn das Benchmarking besondere Schwächen im Prozessmanagement offenbart hat. Umgekehrt können aber auch bereits zertifizierte Organisationen das Bedürfnis verspüren, sich mit anderen im Rahmen eines Einrichtungsvergleichs zu messen, zu positionieren und neue Ideen für die eigene Arbeit zu finden.

Darüber hinaus lassen sich im Rahmen des Benchmarkings auch Kennzahlen und Erkenntnisse gewinnen, die in ein Managementinformationssystem oder eine unternehmenseigene Balanced Scorecard (Kaplan/Norton, 1996) integriert werden können und dort zur Grundlage strategischer Entscheidungen gemacht werden. Insofern ist Benchmarking keine neue „Management-Sau, die durchs Dorf getrieben wird", sondern eher eine – allerdings notwendige - Komplettierung oder Ergänzung bestehender Systeme bzw. das Fundament für den pragmatischen Aufbau eines Qualitätsmanagement- und Qualitätssicherungssystems.

Die Notwendigkeit für dieses Verfahren ergibt sich dabei in zweierlei Hinsicht:

1. Die Organisationssoziologie lehrt uns, dass der Erfindungsreichtum von Organisationsmitgliedern durch den eigenen Erfahrungshorizont sowie durch die Strukturen und Ressourcen des sozialen Systems Organisation begrenzt ist - die Organisation schmort bei der Suche nach Fehlern und neuen Ideen gewissermaßen im eigenen Saft. Benchmarking ermöglicht es, über den eigenen Tellerrand hinauszublicken und alternative Problemlösungen zu finden.
2. Eine Befragung von Mitarbeitern oder die Messung von Organisationsstrukturen, -prozessen und –ergebnissen ist regelmäßig mit dem Problem konfrontiert, wie diese Messergebnisse einzuordnen sind: Ist z.B. eine Mitarbeiterzufriedenheit von 2,8 auf einer Skala von 1 (sehr zufrieden) bis 5 (sehr unzufrieden) nun gut oder schlecht und wie zufrieden sind die Mitarbeiter in vergleichbaren Einrichtungen im Mittel? Zur Beantwortung dieser Frage liefert Benchmarking ein Referenzsystem, das die Einordnung von Messergebnissen zulässt und zumindest ein relatives Qualitätsurteil zulässt.

Fehlannahme 5: Man kann Äpfel mit Birnen nicht vergleichen

Üblicherweise wird grundsätzlich zwischen internem, zum Beispiel zwischen einzelnen Einrichtungen eines großen Trägers, und externem, wettbewerbsorientiertem Benchmarking sowie funktionalem bzw. generischem Benchmarking unterschieden. Letzteres ist dabei besonders fruchtbar, weil z.B. Prozesse von Unternehmen verglichen werden, die nicht zur eigenen Branche gehören. Dabei können Teilprozesse, Arbeitsabläufe und Vorgänge verglichen werden, auch wenn sich das Endprodukt bzw. die eigentliche Dienstleistung voneinander unterscheidet. So wird von einer Fluggesellschaft berichtet, die die Be- und Entladung ihrer Maschinen mit Boxenstops bei Autorennen verglichen haben soll. Ein Wohlfahrtsverband könnte sich z.B. überlegen, was er von einem großen Automobilkonzern über dessen Fort- und Weiterbildungsmanagement lernen könnte.

Im Bereich sozialer Dienstleistungen werden zumeist Vergleichsringe für ein bestimmtes Arbeitsfeld oder bestimmte Einrichtungstypen (z.B. Werkstätten für Menschen mit Behinderungen, Altenpflegeheime, Kindergärten) als branchenbezogenes, externes Benchmarking organisiert. Nicht zuletzt deshalb, weil auf diese Weise die Rahmenbedingungen (gesetzliche Grundlagen, Qualifikationsprofile der Mitarbeiter, Personaleinsatz etc.) für die Analyse konstant gehalten werden können. Damit werden allerdings erhebliche Potenziale verschenkt, denn echte Innovation stellen sich in aller Regel nicht durch Optimierung gegebener Strukturen und Verfahren ein, sondern vielmehr gerade dadurch, dass diese mit einem völlig neuen Ansatz / Konzept konfrontiert werden.

3. Und täglich grüßt das Murmeltier - Erfahrungen in Benchmarking-Projekten, die so häufig und stabil auftreten, dass man glauben kann, sie wären normal.

An Benchmarkingzirkeln teilnehmende Organisationen erhalten höchstdetaillierte, umfangreiche Informationen über sich und den Wettbewerb. Benchmarking ist in der Analysephase wie Organisationsröntgen. Doch die Reaktionsweisen von Organisationen auf ihre Röntgenbilder sind nicht immer so, dass man sich nicht wundert.

Erfahrung 1: Massiv unerwünschte und unerwartete Ergebnisse werden auf methodische Mängel zurückgeführt

In einer gegebenen Menge von „n" Teilnehmern in einer Vergleichsgruppe ist die Wahrscheinlichkeit „merkwürdig" hoch, dass immer eine Einrichtung bei der Betrachtung eines bestimmten Merkmals den ungünstigsten Wert aufweist: d.h. sie nimmt in einem Ranking den letzten Platz ein. Eine gängige Reaktion auf diesen Befund ist die Methodenkritik. Zunächst wird zunächst einmal die Repräsentativität der Erhebung auf dem Prüfstand gestellt. Die reflexartige Forderung nach Repräsentativität überdeckt die Suche nach besseren Lösungen als dem originären Benchmarkingziel durch einen diffusen akademischen Forschungsdrang. Psychologisch ist das in gewisser Weise nachvollziehbar. Wer kann schon etwas gegen Repräsentativität haben? Repräsentativität ist im Zusammenhang mit brachenbezogenen Betriebsvergleichen ja auch durchaus eine sinnvolle Kategorie, im Zusammenhang mit Benchmarking ist diese Kategorie allerdings kaum von Bedeutung. Bereits die erste Einrichtung, die bessere Werte aufweist als die eigene Einrichtung kann ein interessanter Benchmarking-Partner werden – unabhängig davon, wie repräsentativ diese Einrichtung für die Branche ansonsten ist.

Neben der Repräsentativität, wird in diesem Zusammenhang auch gerne eine gepflegte Diskussion zum Thema Kategorienbildung geführt: haben denn wirklich alle Teilnehmer die Daten in der gewünschten Form erhoben oder haben es sich einige zu leicht gemacht, und ihre Daten nicht, so wie gefordert, neu kategorisiert? Könnte dies nicht das überaus positive Ergebnis der übrigen Teilnehmer erklären?

Erfahrung 2: Man schließt die kognitive Dissonanz, der eigene Wert sei schlecht, durch eigene Interpretationsleistungen aus

Im Benchmarking wird eine ganze Reihe von Daten erhoben, deren Ausprägung sich im Prinzip in der Verantwortung einzelner Personen oder Funktionsgruppen befinden. Besonders heikel, und entsprechend sorgfältig zu berechnen und zu kommunizieren, sind in diesem Kontext auch empirische Daten über Führungsstile und Managementqualität. Schlechte Werte sind die Quelle kognitiver Dissonanzen, zum Beispiel zwischen Selbstbild und (empirisch hartem) Realbild. Solche kognitive Dissonanzen müssen damit rechnen, dass sie einem psychologischen Reduktionsprozess zum Opfer fallen und letztlich verschwinden. Der hierbei helfende Mechanismus funktioniert so, dass zu schlechten Werten, mehr oder minder plausible gute Werte gesucht (und garantiert gefunden) werden, und dadurch das schlechte Ergebnis als Voraussetzung des guten Ergebnisses, als notwendiger Produktionsfaktor eingeschätzt werden kann. Die miserable Führungsqualität gilt dann als Selbstbeschreibung des harten, konsequenten Sozialmanagers, dessen Ergebnisse man ja an anderer Stelle überprüfen könne.

Erfahrung 3: Man stürzt sich neugierig auf jeden Itemwert, und lässt es gut sein

Die Erfahrung zeigt, dass bei einigen Teilnehmern die Halbwertszeit von Benchmarkingergebnissen relativ begrenzt ist, obwohl im Auswertungsworkshop noch alle Daten mit großem Interesse zur Kenntnis genommen wurden. Dies ist ein Indikator dafür, dass der Transfer von einer Projektstruktur des Benchmarkings in die Alltagsprozesse der Organisation nicht gelungen ist; aus welchen Gründen auch immer. Die Aufmerksamkeitsschwelle reicht dann gerade noch für die projektbezogene Kommunikation, jedoch nicht mehr für die Frage, welche Konsequenzen aus dem Projekt zu ziehen sind und wo es einen Benchmarking-Partner gibt, bei dem sich im Hinblick auf die eigenen Schwachpunkte Hinweise für Verbesserungsmöglichkeiten finden. Die Ergebnisse werden wie ein Forschungsergebnis mit Interesse wahrgenommen, aber nicht ins Organisationslernen umgesetzt.

Erfahrung 4: Man nimmt die Benchmarking Auswertungen, wie die Kanzlerin ein „Weisen-Gutachten" stolz entgegen und sieht die eigene Strategie und Unternehmensführung im Prinzip legitimiert

Menschen nehmen ihre Umgebung durch Filter wahr. Und zwar meistens in der Form, dass sie bevorzugt Informationen wahrnehmen, die ihre politischen, beruflichen, persönlichen Einstellungen und Werthaltungen bestärken. Zwar lernen Menschen auch durch den Vergleich, sie vergleichen sich aber am liebsten so, dass sie im Rahmen des Vergleichs günstig abschneiden. Ungünstige Vergleichsergebnisse werden also tendenziell herausgefiltert und falls vorhanden, gegen positivere ausgespielt: Ja, die Mitarbeiter sind zwar insgesamt leicht unzufriedener als in anderen Einrichtungen! Aber positiv fällt doch auf, dass gerade die Informationspolitik positiver bewertet wurde als in vielen anderen Einrichtungen, so dass wir uns prinzipiell in unserer Strategie bestätigt fühlen. „Dass alle zufrieden sind, war angesichts der schmerzhaften Einschnitte nicht zu erwarten". Obwohl wir mit sehr vielen sozialen Organisationen Auswertungsrunden von Benchmarking-Daten vorgenommen haben, und an dieser Stelle sicherlich ausreichend erfahrungsgesättigt sind, fehlt uns immer noch die methodische Fähigkeit sicherzustellen, dass die präsentierten Daten Organisationen positiv irritieren, zum Nachdenken, zum Suchen von Erklärungen, zur Umsetzung neuer Erkenntnisse führen.

4. Empirische Befunde

Beleuchten wir einige empirische Befunde aus unseren Benchmarking-Datenbanken, so finden wir eine wichtige Botschaft: Viele vermutete, als plausibel, oder gar als theoretisch gesichert geltende, eindeutige Zusammenhänge über „Produktionsfaktoren und Resultate" sozialwirtschaftlicher Einrichtungen finden wir in unseren Datenbanken nicht. Wir fangen mit der schlechten Nachricht an: Für die Branche liefert Benchmarking (noch) keinen handfesten Hinweis, wie denn die spezifische Produktionsfunktion sozialer Dienstleistungen gestrickt sein könnte. Wir verfügen über kein großes Wissen darüber, wie denn qualitative Kausalitäten in sozialen Einrichtungen gebaut sind, wo die zentralen Stellschrauben des Erfolgs zu suchen sind oder wie welche Items mit anderen Items zusammenhängen. Ein Grund, warum wir als Benchmarker vergleichsweise wenig wissen, liegt in dem Verfahren selbst. Benchmarking hantiert ja mit einem relativen Qualitätsbegriff. Qualität wird im Benchmarking automatisch als Relation zu einer anderen Qualität gemessen und insofern ist dieser Qualitätsbegriff zwar leistungstreibend, aber er stört auch die statistische Analyse von Zusammenhängen, die wir für die Diskussion einer spezifischen Produktionsfunktion oder eines branchentypischen Grenznutzenverlaufs benötigen.

Aber dieser bescheidene Erkenntnisstand aus wissenschaftlicher Perspektive bietet keinen Hinweis für eine geminderte Leistungsfähigkeit des Benchmarkings selbst. Denn:

5. Bisher haben wir jeden erwischt

Jede Einrichtung hat eine „individuelle Produktionsfunktion" und verfügt über eigene herauszufindende Leistungstreiber und Leistungsbremsen. Irgendwo im empirischen Material finden sich die Erklärungen für Schwächen und für besonders gute Ergebnisse; allerdings ist es selten, dass die Erklärungen auf der gleichen Dimension auftauchen wie die Merkmale. Insofern: Richtig informativ wird Benchmarking erst, wenn das Verfahren beherrscht wird, wenn aus Daten Informationen, und aus Informationen Wissen wird. Wer Erklärungen für Datenbefunde finden will, muss wissen, wie, wo und wonach er sucht. Benchmarking wird nur als Lernprozess fruchtbar. Aus diesem Grunde besteht auf unserer Seite auch eine Portion Skepsis gegenüber Benchmarking-Zirkeln, die auf Verbandsebene angesiedelt sind und vom Verband organisiert werden. Wenn nicht das Lern- und Entwicklungsinteresse der einzelnen Einrichtungen die Energiequelle darstellen, sondern verbandspolitische Steuerungsinteressen, besteht latent immer die Gefahr, dass die Datenqualität leidet, dass die Einrichtungen dem Steuerungsinteresse des Verbandes durch Datenfakes ausweichen.

Geradezu zur Anthropologie des Benchmarkings scheint eine Erfahrung zu gehören, die man in jedem Projekt macht: Die Teilnehmer springen ständig wie in einer Zwickmühle hin und her. Zu Beginn des Projektes, bei der Klärung, welche Informationen denn eigentlich im Benchmarking erhoben werden sollen, tauchen regelmäßig informative Hochleistungsanforderungen auf. Die Dimensions- und Itemlisten wachsen und wachsen, werden immer ergänzt, und fast niemals abgespeckt. In der Phase der Datenerhebung wird diese Wissenseuphorie durch das Stöhnen der Empirie und dem dringlichen Wunsch nach ganz kargen Datenbögen abgelöst. In der Auswertungsrunde wiederum taucht die polierte Erwartungshaltung auf, dass die Daten nicht nur über Häufigkeitsverteilungen und Erscheinungsformen informieren, sondern auch sich möglichst multivariat selbst erklären. Als Konsequenz hat sich nun in einigen Benchmarkingprojekten der kluge Gedanke breitgemacht und auch durchgesetzt, die Benchmarkinginstrumente nicht aus dem Wissensdurst, sondern aus dem Steuerungsbedarf der beteiligten Einrichtungen zu konzipieren. Wir diskutieren im ersten Schritt nicht das Design der Benchmarking-Module, sondern den Kennzahlenbedarf für die verschiedensten Managementfunktionen der Einrichtung. Welche Kennzahlen mit Benchmarkingwerten benötigt das Controlling, das Qualitätsmanagement, das Immobilienmanagement, das Personalmanagement oder das Risikomanagement?

Neben der Information für das Management produziert ein Benchmarkingverfahren auch Leistungsdaten, die zur Information anderer (zum Beispiel der Klienten, der Angehörigen oder Finanzierungsträger) dienen. Solche Leistungsdaten können dann als Vertragsdaten für Entgeltverhandlungen und für Qualitätsverhandlungen herangezogen werden. Und an dieser Stelle zeigen unsere Daten, dass die Leistungsqualität der Einrichtungen auch von der Prozessqualität, also von den Vorleistungen der Sozialverwaltungen und Sozialversicherungen abhängen, so dass man gemeinsame Benchmarkingprojekte zwischen Finanzierungsträgern und Einrichtungen bzw. Trägern auf die Schnittstellen in den Prozessketten zwischen Finanzierungs- und Leistungsträger legen sollte. Durch solche Benchmarkingdaten könnte nicht nur Qualitätssicherung in hohem Maße stattfinden, sondern auch deutlich werden, inwieweit die Sozialverwaltungen die Folgekosten und Folgequalität beim freien Träger beeinflusst.

6. Praxisbeispiel: „Qualitätsorientiertes Benchmarking Wohnen für Menschen mit Behinderung"

Kennzahlenvergleiche gibt es unter Trägern der Behindertenhilfe seit mehreren Jahren. Diese finden mitunter eher spontan und informell statt, teils aber auch professionell begleitet und von den Verbänden unterstützt. Das „Qualitätsorientierte Benchmarking Wohnen für Menschen mit Behinderung" (QB Wohnen) stellt ein Benchmarkingangebot dar, das neben der finanziellen Situation der teilnehmenden Wohneinrichtungen den Blick insbesondere auch auf Fragen der Prozess- und Ergebnisqualität richtet. Betriebswirtschaft, Betreuung und Teilhabe sind somit keine getrennten Welten. Es werden somit Input-Faktoren mit Outcome-Daten verknüpft und einem Vergleich zwischen den teilnehmenden Einrichtungen unterzogen (Rinklake, 2010).

6.1 Konzeptionelle Eckpunkte

Das Benchmarking-Verfahren umfasst zwei Vergleichs- und Betrachtungsebenen bzw. "Checks". Die erste Vergleichsebene (Check I) zielt auf die Erfassung betriebs- und personalwirtschaftlicher Daten der Wohnstätte. In der zweiten Vergleichsebene wird die Gestaltung von besonders relevanten Prozessen in stationären Wohnangeboten für behinderte Menschen (Einzug/Aufnahme, Hilfeplanung, Angehörigenarbeit, Personalentwicklung, Personalorganisation, Innovation) sowie die Prozess- und Ergebnisqualität (Outcome) abgefragt und mit Rückmeldungen verschiedener Stakeholder unterfüttert (Bewohner, Angehörige/gesetzliche Betreuer, Mitarbeiter sowie Kooperationspartner).

Neben der Unterscheidung der beiden Checks, sind vor allem die folgenden konzeptionellen Eckpfeiler zu beachten:

- Vergleichsobjekt: „Die Wohnstätte"
  Mit einem Vergleich, der auf die Ebene der Wohnstätten begrenzt ist, wird die Vergleichsperspektive der Komplexität von Einrichtungen gerechter. Die Träger gewinnen Daten, die sich auf eine Organisationseinheit beziehen und zielgerichtet zur Steuerung einsetzbar sind.
  Die Wohnstättenebene bietet darüber hinaus die Möglichkeit eines einrichtungsinternen Benchmarkings, wenn mehrere Wohnstätten eines Trägers am Vergleich teilnehmen. Dies ist nicht zuletzt im Zuge von Ambulantisierungs- und Dezentralisierungsprozessen interessant. Auch hier kann Benchmarking an den richtigen Stellen Irritationen auslösen und als Steuerungsinstrument sinnvoll zum Einsatz kommen.
- Multiperspektivische Betrachtung
  Die multiperspektivische Betrachtung des Benchmarking-Projekts ist ideal, um die Konstruktion von strategischen Steuerungsinstrumenten, wie der Balanced Scorecard (BSC) vorzunehmen. Zu unterscheiden sind dabei die vier klassischen Dimensionen:

Finanzperspektive (finanzwirtschaftliche Inputfaktoren und Ergebnisse)

- Kunden- und Marktperspektive (Bewohner-, Angehörigen-, Kooperationspartner-zufriedenheit, Image, Outcome-Daten)
- Prozessperspektive (interne Prozesse, Aufnahme, Hilfeplanung, etc.)
- Mitarbeiterperspektive (Inputfaktoren, Qualifikation, Zufriedenheit, Outcome-Daten)
- Kennzahlenpool für regelmäßige Auswertungen
  Benchmarking ist weder als etwas „Zusätzliches" zu verstehen, noch als etwas, das einmalig durchgeführt wird. Stattdessen ist Benchmarking eben als regel-

mäßiger Datenlieferant für die klassischen Managementaufgaben Controlling/ Unternehmenssteuerung, Qualitätsmanagement und Personalmanagement zu begreifen.

6.2 Ausgewählte Ergebnisse und Erfahrungen

Eine umfassende Erläuterung der bisherigen Benchmarking-Ergebnisse würde an dieser Stelle zu weit führen. Stattdessen soll anhand einiger ausgewählter Ergebnisse und Erfahrungen in knapper Form skizziert werden, welchen Mehrwert Benchmarkinginformationen liefern können. Datengrundlage sind Erhebungsrunden der Jahre 2006 und 2007, an denen gut 160 Wohnstätten teilgenommen haben.

Personalstruktur

Die befragten Wohnstätten beschäftigen in den Jahren 2006 und 2007 gut 6.000 bzw. 4.800 festangestellte Mitarbeiter. In Stellenanteilen ausgedrückt sind dies im Jahr 2006 3.740 und im Jahr 2007 insgesamt 3.232 Stellen.

Abbildung 1: Altersstruktur der festangestellten Mitarbeiter der Wohnstätten (Angaben in Prozent)*

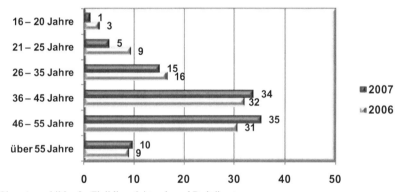

* Ohne Auszubildende, Zivildienstleistende und Praktikanten

Mit jeweils gut 60 % (2006) und knapp 70 % (2007) ist die Mehrheit der festangestellten Beschäftigten zwischen 36 und 55 Jahre alt. Die dazu zusammengefassten Altersgruppen „36 - 45 Jahre" sowie „46 - 55 Jahre" sind jeweils nahezu gleich stark besetzt. Der Abstand zu den benachbarten Altersgruppen ist vergleichsweise groß. Vor dem Hintergrund eines zukünftig höheren Renteneintrittsalters und einer Verlängerung der Lebensarbeitszeit wird schnell deutlich, dass insbesondere die

Altersgruppen der Beschäftigten zwischen 46 und 55 Jahren und der über 55-Jährigen in den kommenden Jahren zunehmen werden. Dieser Trend zeichnet sich bereits im Vergleich der Jahre 2006 und 2007 ab.

Auf die Herausforderungen eines zukünftig alternden und schrumpfenden Erwerbspersonenpotentials (Statistisches Bundesamt, 2009a/b), eines demographisch bedingten Fachkräftemangels (Bruch et al., 2010), einer Abnahme des familialen Betreuungspotenzials (Blinkert/Klie, 2001) sowie einer gleichzeitig zu erwartenden Zunahme der Fallzahlen der Eingliederungshilfe (Deutscher Verein, 2007), müssen auch die Einrichtungen der stationären Behindertenhilfe reagieren. In diesem Zusammenhang werden in der Literatur verschiedene Handlungsfelder eines Demografiemanagements diskutiert, die auch für soziale Organisationen im Allgemeinen und Träger der Behindertenhilfe im Speziellen gelten können. Zu nennen sind die Handlungsfelder Personalbeschaffung, Personalentlohnung, Personalführung, Personalentwicklung, Personalaustritt, Wissensmanagement, Arbeitsgestaltung und Gesundheitsförderung (Deller et al., 2008). Im Benchmarking können die teilnehmenden Wohnstätten unter anderem ihre Personalstruktur in einen Vergleich stellen. Ein Träger mit einer eher ungünstigen Altersstruktur der Mitarbeiter kann sich im Kreis der übrigen Teilnehmer auf die Suche nach Wohnstätten machen, die entweder eine ähnliche Altersstruktur aufweisen bzw. eine deutlich günstigere Altersstruktur. In beiden Fällen geht es darum zu lernen wie andere Träger mit einer ähnlichen Situation umgehen, bzw. Wie sie es schaffen, in einer anderen Situation zu sein.

Fort- und Weiterbildung

Personalentwicklung ist für soziale Dienste und Einrichtungen längst ein unverzichtbares Element, um die professionelle Handlungsfähigkeit zu erhalten und zu verbessern. Durch den demographischen Wandel erhält dieses Thema jedoch – wie oben skizziert – zukünftig weiteren Schwung, indem die Wettbewerbssituation der Wohnstätten um die Dimension eines verstärkten Wettbewerbs um Fachkräfte verschärft wird. Die Wohnstätten sind demnach gut beraten, in ihre Mitarbeiter als der wertvollsten Ressource zu investieren.

Neben flexiblen Beschäftigungsmöglichkeiten wird demnach eine „konzertierte Bildungsoffensive", (Blinkert/Klie, 2001) auch für die Behindertenhilfe unumgänglich sein. Nur so kann der zukünftige Bedarf an professioneller Betreuung unter Berücksichtigung der veränderten Anforderungen an die Mitarbeiter (z.B. Persönliches Budget, Assistenz-Dienstleistungen, Case-Management) gedeckt werden. Es wird darauf ankommen, die Attraktivität des Arbeitsfeldes zu erhöhen und verstärkt zu kommunizieren.

Abbildung 2 zeigt, dass im Jahr 2006 über zwei Drittel der Einrichtungen jährlich eine systematische Fort- und Weiterbildungsplanung erarbeitet haben. In der Erhebungsrunde 2007 beläuft sich der entsprechende Wert auf über 90 %.

Abbildung 2: Erarbeitet Ihre Wohnstätten-Leitung jährlich eine systematische Fort- und Weiterbildungsplanung? (Angaben in Prozent)

In Zeiten wachsender Managementanforderungen an soziale Dienste und Einrichtungen und beständigen Wandels ist es wenig überraschend, dass die Leitungskräfte der Wohnstätten die meisten Fort- und Weiterbildungstage je Mitarbeiter aufweisen (vgl. Abbildung 3). Insgesamt haben die Fortbildungstage pro Mitarbeiter in allen drei betrachteten Beschäftigtengruppen (Leitung, Verwaltung, pädagogische Mitarbeiter) von 2006 auf 2007 zugenommen, wobei die Mitarbeiter der Verwaltung mit einer Zunahme von gut 0,5 Tagen pro Kopf den größten Anstieg vorweisen.

Abbildung 3: Fort- und Weiterbildungstage je Mitarbeiter

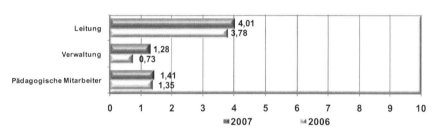

Konfrontiert man diese Ergebnisse, mit den Ergebnissen der Mitarbeiterbefragung, so zeigt sich, dass die Mitarbeiter die besondere Wichtigkeit beruflicher Fortbildung deutlich unterstreichen, indem die durchschnittliche Bewertung mit Werten von 1,7 zwischen „sehr wichtig" und „eher wichtig" (vgl. Tabelle 1) zu verorten ist. Es wird jedoch gleichsam deutlich, dass eine Lücke zur entsprechenden Zufriedenheit mit den Fortbildungsmöglichkeiten vorliegt. Zwar ist die durchschnittliche Zufriedenheit mit den beruflichen Fortbildungsmöglichkeiten in der persönlichen Arbeitssituation noch tendenziell im positiven Bereich angesiedelt, jedoch sind die Differenzen zwischen Wichtigkeit und Zufriedenheit mit jeweils ungefähr 0,7 Bewertungspunkten durchaus beachtlich.

Tabelle 1: Berufliche Fortbildungsmöglichkeiten

	Wichtigkeit berufliche Fortbildungsmöglichkeiten Ø-Wert basierend auf 5er Skala (1=sehr wichtig bis 5=sehr unwichtig)	Zufriedenheit berufliche Fortbildungsmöglichkeiten Ø-Wert basierend auf 5er Skala (1=sehr zufrieden bis 5=sehr unzufrieden)
Erhebungsrunde 2007	1,7	2,4

Managementniveau und Effizienz

In der skizzierten zweiten Vergleichsebene (Check II) des „QB Wohnen" wird unter anderem die Gestaltung von besonders relevanten Prozessen in stationären Wohnangeboten für behinderte Menschen sowie Kriterien der Prozess- und Ergebnisqualität (Outcome) abgefragt.

Die Prozesse werden jeweils mit einem idealtypischen Musterprozess verglichen und bewertet, der von einem Expertenteam beschrieben wurde. Für die teilnehmenden Wohnstätten konnten dabei in den Erhebungsrunden 2006 und 2007 unter anderem die in Abbildung 5 Prozessgüten ermittelt werden. Bei den Prozessen der Perspektive „Kunden und Markt" ist gegenüber der Erhebungsrunde 2007 eine leichte Steigerungstendenz gegenüber der Erhebungsrunde 2006 zu konstatieren. Insbesondere die Prozesse „Einzug" und „Hilfeplanung" erscheinen vergleichsweise gut organisiert. Verbesserungspotential besteht dagegen bei der Ausgestaltung der Innovationsprozesse (Angebotsentwicklung und Beschwerdemanagement) und bei der Angehörigenarbeit.

Abbildung 4: Prozessperspektive Kunden und Markt (Netzdiagramm)

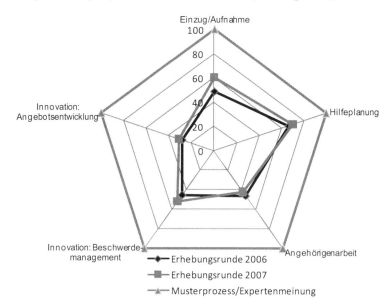

Messlatte Leistung und Effektivität

Selbstbestimmung und Teilhabe am Leben in der Gesellschaft sind die gesetzlich festgeschriebenen Eckpfeiler (SGB IX), an deren Zielerreichung sich die Einrichtungen der Behindertenhilfe letztendlich messen lassen müssen. Der wirtschaftlich effiziente Betrieb ist dabei zweifelsohne unverzichtbar, um eben diesem Auftrag gerecht zu werden. Der unternehmerische Erfolg dient somit der Bereitstellung und Erweiterung von Teilhabemöglichkeiten, die die Lebensqualität der Menschen mit Behinderung fördern sollen.

Das „QB Wohnen" trägt der Teilhabeorientierung als dem originären Auftrag der Behindertenhilfe Rechnung, indem im Rahmen von Check II durch die Prozessanalysen die Leistungserbringung und damit das Ergebnis in das Blickfeld gerückt wird. Was kommt eigentlich an? Was kommt gut bzw. weniger gut an? Mit dem Ergebnis stellt sich fast von selbst die Frage nach der Zufriedenheit der verschiedenen Gruppen ein. Sie lässt sich am besten beantworten, indem man die Beteiligten (Bewohner, Angehörige, Kooperationspartner) selbst befragt.

Die Bewohner der Wohnstätten stellen die Kundengruppe dar, die im Mittelpunkt aller Bemühungen steht. Die Befragung der Bewohner nimmt folglich im Rahmen von Check II eine wichtige Rolle ein. Die Unverzichtbarkeit von Bewohnerbefragungen im Rahmen von Benchmarking ergibt sich aus dem Anspruch der Kunden- beziehungsweise Nutzerorientierung: Wenn die Menschen mit Behinderung als Experten in eigener Sache ernst genommen werden sollen, ist es nicht vermittelbar, auf eine Bewohnerbefragung im Rahmen von Benchmarking zu verzichten. Insofern dient die Befragung zum einen der Lieferung planungs- und handlungsrelevanter Informationen und sendet zum anderen ein wichtiges Signal an die Bewohner, Mitarbeiter und Angehörige, dass der Kundenmeinung eine hohe Bedeutung beigemessen wird. Mit seinem mehrdimensionalen Ansatz erfasst das „QB Wohnen" somit nicht nur verschiedene Aspekte von Teilhabe, sondern realisiert sie selbst.

In die Befragung sollten möglichst alle Bewohner einbezogen werden, die dazu in der Lage sind, allein oder mit Hilfe eines Interviewers, der ausschließlich das Vorlesen und Eintragen übernimmt, den Fragebogen zu beantworten. Im Zweifel sollen dabei keine stellvertretenden Antworten vorgenommen werden. Die Befragung darf nicht durch die betreuenden Mitarbeiter erfolgen, um eine Beeinflussung des Antwortverhaltens zu vermeiden. Stattdessen sollen externe Fachpersonen, z.B. Mitarbeiter anderer Wohnstätten, zum Einsatz kommen. Hier steht zu Recht der Vorwurf im Raum, dass Bewohnerbefragungen im Zusammenhang mit Benchmarking einen unvermeidlichen blinden Fleck aufweisen. Aber das kann kein Argument dafür sein, auf die Befragung der „befragungsfähigen" Bewohner zu verzichten. Vielmehr haben konnten von den teilnehmenden Wohnstätten im Mittel (Median) ca. zwei Drittel der Bewohner repräsentiert werden (Halfar/Rinklake, 2007).

Die Ergebnisse der Befragungen der Jahre 2006 und 2007 zeigen, dass es – mit jeweils ca. 70 % – der Mehrheit der Bewohner in ihrer Wohneinrichtung gut gefällt. Lediglich bis zu 5 % geben an, dass es ihnen schlecht gefällt. Die vollständigen Befragungsdaten halten weitere Urteile und Meinungen der Bewohner bereit. Daneben liegen abermals objektive Daten zu teilhabeorientierten Indikatoren vor. Dabei wird deutlich, dass die Wohnstätten sich stark engagieren, den Bewohnern Teilhabe zu bieten.

Teilhabeförderung erfolgt in der idealtypischen Betrachtung in konsequenter Orientierung am individuellen Hilfebedarf. Daraus folgt, dass die Hilfeplanung *mit* dem einzelnen Bewohner und nicht einseitig *für* den Bewohner erfolgt. Die Meinung des Bewohners und seines gesetzlichen Vertreters steht daher im Mittelpunkt der Hilfeplanung. Die Abbildungen 5 und 6 zeigen in diesem Zusammenhang zum einen, dass die Wohnstätten die Meinung der Klienten bzw. gesetzlichen Vertreter mit großer Mehrheit standardmäßig einholen und dokumentieren und dass die Angehörigen und gesetzlichen Betreuer die Realisierung der Teilhabe äußerst positiv beurteilen. So bezeichnen mit Blick auf die Teilhabe am gesellschaftlichen Leben zwischen 86 % und 90 % die Unterstützung der Bewohner durch die Mitarbeiter der Wohnstätte als „sehr gut" oder „gut".

Abbildung 5: Dokumentieren Sie im Hilfeplan standardmäßig die Meinung Ihres jeweiligen Klienten - bzw. dessen gesetzlichen Vertreters - zu seinem aktuellen Hilfeplan?

Abbildung 6: Wie gut unterstützen die Mitarbeiter Ihren Angehörigen/Betreuten dabei (im Rahmen seiner Möglichkeiten) am gesellschaftlichen Leben teilzuhaben?

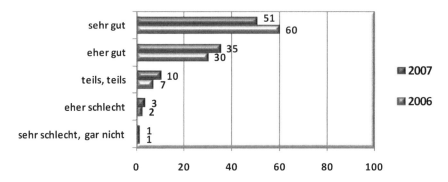

6.3. Ein Dauerthema – Aufwand, Nutzen und Nutzung

Ob sich Benchmarking lohnt oder nicht, ob der Aufwand in einem vernünftigen Verhältnis zum Ertrag für die Organisation steht, ob man nichts Besseres in der Zeit tun könnte: Gestellt ist immer die Frage nach dem Beitrag des Benchmarking-Verfahrens zur betrieblichen Wertschöpfung. Aber diese Wertschöpfung wird durch das Benchmarking der Organisation nicht direkt im Sinne einer Informationsinfusion zugefügt, sondern gelangt nur in die Blutbahn der Organisation, wenn die einzelnen Managementebenen und Managementfunktionen auf die Infusion warten. Neben dieser kulturellen Bereitschaft, die eigene Produktivität zu steigern, darf die methodische Seite nicht unterschätzt werden: die Anlegung eines Datenfriedhofes in Excel ermöglicht zwar einen Vergleich, aber keine kreative Idee. Die

Daten müssen so organisierbar sein, und entsprechend die Instrumente so intelligent vorgestrickt, dass innovative Wertschöpfungskonfigurationen sozialer Dienstleistungen zumindest sichtbar werden können. Die Frage nach der Häufigkeitsverteilung von Fortbildungstagen ist sinnvoll für den Vergleich, aber erst die Verknüpfung dieser Fortbildungsinvestitionen mit verbesserten Prozessqualitäten und deren Verknüpfung mit Wertschöpfung für die Organisation führt zu dem Ergebnis, dass Benchmarking sinnvoll ist. Die Frage nach den Personalkosten ist interessant für einen ersten Vergleich, aber erst die Verknüpfung der Personalkosten mit ihrem Wertbeitrag bringt Ideen für das Management. Ceterum censeo: Benchmarking non Betriebsvergleich est.

Literatur

Blinkert, B. / Klie, Th. (2001): Zukünftige Entwicklung des Verhältnisses von professioneller und häuslicher Pflege bei differierenden Arrangements und privaten Ressourcen bis zum Jahr 2050. Expertise im Auftrag der Enquéte-Kommission Demographischer Wandel des Deutschen Bundestages, Freiburg

Bruch, H. / Kunze, F. / Böhm, S. (2010): Generationen erfolgreich führen. Konzepte und Praxiserfahrungen zum Management des demographischen Wandels, Wiesbaden

Camp, Robert (1994): Benchmarking, München

Deller, J. / Kern, St. / Hausmann, E. / Diederichs, Y. (2008): Personalmanagement im demografischen Wandel. Ein Handbuch für den Veränderungsprozess, Heidelberg

Deutscher Verein (2007): Entwicklung der Fallzahlen in der Eingliederungshilfe. In: NDV Februar 2007, S. 33- 44

Halfar, B./ Rinklake, Th. (2007): Menschen mit geistiger Behinderung geben Auskunft. In: neue caritas 12/2007, S. 13-16

Kaplan, R. S. / Norton D. P. (1996): Balanced Scorecard - Translating Strategy into Action. Harvard Business School Press

Rinklake, Th. (2010): Lernen durch Benchmarking. In: neue caritas 7/2010, S. 23-26

Statistisches Bundesamt (2009a): Bevölkerung Deutschlands bis 2060.12. koordinierte Bevölkerungsvorausberechnung, Wiesbaden

Statistische Ämter des Bundes und der Länder (2009b): Demografischer Wandel in Deutschland Heft 4. Auswirkungen auf die Zahl der Erwerbspersonen, Wiesbaden

Restrukturierung, Sanierung und Insolvenzabwicklung – Kampf gegen Windmühlen oder eine reelle Chance?

Klaus-Dieter Pruss

Die Begriffe Restrukturierung und Sanierung sind gerade im heutigen angespannten wirtschaftlichen Umfeld in aller Munde. Sie werden häufig verwendet, ohne dass es eine allgemein verbreitete Definition gäbe. Vielfach ist es auch ein mentales Problem, gerade bei Unternehmensinhabern, die ihr Unternehmen mit hohem persönlichem Einsatz aufgebaut und es mit viel unternehmerischem Geschick in die Blütezeit geführt haben. Sie erkennen wohl, dass sie im Umfeld der sich rasant ändernden wirtschaftlichen Rahmenbedingungen ihr Unternehmen anpassen müssen. An dieser Stelle versagen häufig die Hausbanken als ihre ersten Ansprechpartner ihrer Unterstützung. Zu viele Restrukturierungsbemühungen haben sie in den letzten Jahren unterstützt und zu groß waren anschließend die Ernüchterung und der Wertberichtigungsbedarf aus diesen Engagements. Dennoch lässt sich die depressive Stimmung, die sich mehr und mehr breit macht, zumindest abmildern, wenn man konsequent zu einem frühen Zeitpunkt die Weichen für die Zukunft richtig stellt.

Damit sind wir beim Thema: Woran kann man den Restrukturierungsbedarf erkennen und was heißt überhaupt Restrukturierung? Kann ich mir selber helfen oder brauche ich Unterstützung? Was passiert, wenn ich den Zeitpunkt verpasst oder die falschen Berater hinzugezogen habe und mir der Gang zum Insolvenzrichter bevorsteht? Wann ist überhaupt der richtige Zeitpunkt? Auf diese und ähnliche Fragen gibt es sicher keine allgemeingültige Antwort. Der nachfolgende Beitrag soll daher Wege aufzeigen, erste Anzeichen ernst zu nehmen und auch im fortgeschrittenen Stadium einer wirtschaftlich prekären Lage nicht die notwendige Energie einzubüßen, die gerade in diesen Situationen unabdingbar ist. Das neue Insolvenzrecht enthält die Möglichkeit, aber auch die Pflicht, früher als bisher zu reagieren, dafür räumt es aber auch eine reelle Chance ein, noch einen Ausweg aus der wirtschaftlichen Notsituation zu finden.

1. Vermeidung einer Unternehmenskrise

Die Crux ist, dass niemand über eine Krisensituation nachdenkt, solange die Auftragsbücher gefüllt sind und die Auslastung der Mitarbeiter hoch ist. Es fehlt meist die Zeit, eine Neuausrichtung der Unternehmung ins Auge zu fassen, weil der Entscheider an seinem Arbeitsplatz gefordert ist. Da auch langfristig die Auftragslage gesichert scheint, wird unterstellt, dass das Konzept der Geschäftsführung so schlecht nicht sein kann. Der Erfolg der vergangenen Jahre gibt dieser These recht. Oft passiert heute aber etwas anderes, sobald die Rahmenbedingungen aufgrund von Gesetzesänderungen teilweise rückwirkend verändert werden oder die Auftraggeber selber aufgrund von veränderten Rahmenbedingungen in eine schwierige Situation geraten, so dass sie ihren Verpflichtungen nicht mehr nachkommen können. Eine häufig praktizierte Antwort hierauf ist Personalabbau, um Kosten zu reduzieren und die Fixkosten zu senken, da man sehr wohl erkannt hat, dass ein Engpass bevorsteht. Erste Auftraggeber ziehen ihre Aufträge zurück, andere bitten um Zahlungsaufschub, wieder andere fallen bereits ganz aus. Diese Situation hat mittlerweile auch die öffentliche Hand erreicht. Auch hier können teilweise Aufträge nicht mehr beendet werden, da das Geld im Haushalt fehlt, oder Aufträge werden im Rahmen der vertraglichen Möglichkeiten zurückgezogen. Weiterer Personalabbau soll die Ausfälle kompensieren, erste Schritte in Richtung Senkung der räumlichen Kapazitäten stehen bevor. Die Notwendigkeit eines anderen Standbeines oder einer Kooperation mit anderen Unternehmen wird sicher von den meisten Verantwortlichen erkannt, doch ist bereits jetzt die Situation eingetreten, dass die Hausbank aufmerksam geworden ist. Der Kontokorrentkredit wird argwöhnisch in Augenschein genommen, ein weiterer Kreditantrag sehr intensiv geprüft und muss mit weitreichenden Sicherheiten hinterlegt werden. Schließlich wird die Kreditlinie gekürzt, der zusätzliche Liquiditätsbedarf muss mit Risikokapital gedeckt werden, das nur zu hohen Zinsen am Markt angeboten wird. Als Ultima Ratio werden Lieferantenkredite in Anspruch genommen, die ihrerseits die Lieferanten unvorbereitet treffen und diese Unternehmen ebenfalls in Zugzwang setzen. Die Kette setzt sich fort.

Zugegebenermaßen ist dies eine sehr abstrakte Darstellung der Problemsituation eines Unternehmens. Bringt man die Kernaussage aber auf den Punkt, ist der richtige Zeitpunkt zum Handeln, wenn das Unternehmen auf dem Höhepunkt seines wirtschaftlichen Erfolges ist. Hier verfügt das Unternehmen über genug Verhandlungsmacht gegenüber seinen Kreditgebern und Gesellschaftern, da das Vertrauen in die Unternehmensführung gegeben ist. Ein gutes Controlling ist eigentlich hier die Keimzelle der notwendigen Veränderungen. Sicher ist es sinnvoll, personelle und räumliche Überkapazitäten abzubauen, doch ist es nur effizient, wenn dies nicht unter einem wirtschaftlichen Druck geschieht. So kann man frei von personalrechtlichen Fragestellungen die tatsächlichen Überkapazitäten abbauen und Mitarbeiter eventuell an einer anderen Stelle des zu erarbeitenden Konzeptes einsetzen oder im Vorfeld in die Erstellung des Konzeptes mit einbinden. Auf diese Weise behält man die Stützen des Unternehmens und kann sich sozialverträglich von anderen trennen bzw. sie zu Stützen an einer anderen Stelle des Unternehmens machen. Ein Controlling deckt früh Schwachstellen auf und gibt Hinweise aus der

Beobachtung des wirtschaftlichen Umfeldes einschließlich der volkswirtschaftlichen Großwetterlage. Zu diesem Zeitpunkt können die finanziellen Ressourcen zu günstigen Konditionen zur Verfügung gestellt werden, bis dahin, dass man neue, von dem Konzept überzeugte, Kapitalgeber gewinnen kann. Eine sinnvolle Restrukturierung ist mithin nur zu wirtschaftlichen Hochzeiten sinnvoll, da alle anfallenden Kosten, wie z.B. externe Berater oder zusätzliche Finanzierungskosten, bei einer positiven Ertragslage nur den halbierten Aufwand darstellen.

2. Abgrenzung Restrukturierung – Sanierung

Geht man bei einer Restrukturierung noch vom vollen Handlungsspielraum einer Unternehmung aus, sind bei einer Sanierung die betroffenen Unternehmen bereits in finanzielle Schwierigkeiten geraten. Die Restrukturierung soll die wirtschaftliche Leistungsfähigkeit erhalten, die Sanierung soll sie wieder herstellen. Die Ursachen liegen in den gleichen Begleitumständen wie bereits beschrieben, also in innerbetrieblichen Umständen, wie mangelnde Effizienz, veraltete Betriebsorganisation, falsche Finanzierungspolitik etc. oder in außerbetrieblichen Faktoren, wie schlechte Konjunkturlage, Gesetzesänderungen, Nachfrage- oder Modeänderungen etc.. Voraussetzung für das Gelingen einer Sanierung ist jedoch, dass die Unternehmensleitung sich Klarheit über die Ursachen der schlechten wirtschaftlichen Situation des Unternehmens verschafft und „prüft, ob durch eine durchgreifende Reorganisation eine Gesundung des Betriebes möglich ist" (Wöhe, 2000, S. 802). Daneben ist die Zuführung neuer finanzieller Mittel zur Verbesserung der Liquiditätslage meist unumgänglich. In diesem Stadium ist es noch möglich, in Eigenverantwortung die Verhandlungen mit neuen Kreditgebern oder Lieferanten zu führen. Mit sinkender Kapitaldecke des Unternehmens sinkt jedoch die Bereitschaft zu zusätzlichen Engagements von dieser Seite. Weiterhin sinkt das Vertrauen in die Verantwortlichen, das Unternehmen wieder aus der Krise zu führen. Schließlich werden die finanzierenden Banken auf die Hinzuziehung namhafter Beratungsunternehmen bestehen, bevor sie einem neuen Engagement zustimmen. Diese Form der Beratung ist dann aber häufig dem eigentlichen Auftraggeber im Hintergrund geschuldet und weniger als Hilfe für das Unternehmen selber zu sehen. Darüber hinaus verfügen die Berater meist nicht über hinreichende Kenntnisse dieses speziellen Branchensegmentes. Eine solche Begleitung dient der Absicherung der bereits herausgelegten Gelder und einer Minimierung des Wertberichtigungsbedarfes des Engagements. Eine Sanierung wird meist nicht ohne die Hinzuziehung externer Berater funktionieren können, so dass man mindestens an dieser Stelle versuchen muss, auf die Wahl des Beraters Einfluss zu nehmen. Es empfiehlt sich auch hier, den frühen Kontakt zu Beratern zu suchen und in Ruhe auszuwählen, bevor die Notwendigkeit den Entscheider einholt. Ergeben sich Zweifel an der Nachhaltigkeit des Unternehmenskonzeptes und der Wahrscheinlichkeit der Fortführungsfähigkeit des Unternehmens werden die Aufsichtsgremien auf die Erstellung einer Fortbestehensprognose aus gutachterlicher Sicht bestehen, auch wenn die Einschaltung eines Gutachters nicht vorgeschrieben ist.

3. Die Fortbestehensprognose

3.1. Begriff der Fortbestehensprognose

„Die Fortbestehensprognose ist eine Schöpfung der Rechtsprechung. Sie soll im Ergebnis eine begründete Aussage darüber treffen, ob das Unternehmen im laufenden und folgenden Geschäftsjahr, also über etwa 18 Monate, mit überwiegender Wahrscheinlichkeit seine geschäftlichen Aktivitäten unter Einhaltung der Zahlungsverpflichtungen fortführen kann" (Gross / Amen, 2002, S. 433).

Bei einem positiven Urteil ist die Lebensfähigkeit des Unternehmens im Planungszeitraum anzunehmen, also die Fortführungsfähigkeit gegeben. Es ist nicht zwingend erforderlich, diese Prognose gutachterlicherseits zu erstellen, die Geschäftsführung sollte in der Lage sein, detaillierte Ausführungen hierzu zu liefern. Im Zweifelsfall wird man in dieser Situation aber auf den objektiveren Blick von außen nicht verzichten wollen und können. Die Erstellung einer solchen Prognose ist indes nicht ganz ungefährlich für den Ersteller, da die Fortbestehensprognose die Grundlage der weiteren Entscheidungen für andere ist. Diese werden bei Nichteintritt der Prognose versuchen den Verantwortlichen gerichtlich in Anspruch zu nehmen, da sie aufgrund der Aussagen weitere finanzielle Mittel in das Unternehmen gegeben haben.

3.2. Pflicht zur Erstellung einer Fortführungsprognose

Bereits aus dem Handelsgesetzbuch (HGB) und dem Aktiengesetz (AktG) ergibt sich die Pflicht zur Erstellung einer Fortbestehensprognose. Nach §252 Abs. 1 Nr. 2 HGB hat die Geschäftsführung „bei der Bewertung von der Fortführung der Unternehmenstätigkeit auszugehen, sofern dem nicht tatsächliche oder rechtliche Gegebenheiten entgegenstehen". Gemäß §90 Abs. 1 Satz 1 Nr. 1 AktG haben die Geschäftsführer an den Aufsichtsrat über grundsätzliche Fragen der Unternehmensplanung zu berichten, also auch über die künftige Liquiditätsplanung und dementsprechend über Maßnahmen zur Wahrung des finanziellen Gleichgewichtes. Dies ist eine der Neuregelungen des AktG.

Anlass für die Erstellung einer Fortbestehensprognose können aber schon Gründe sein, die Zweifel an der Fortführung des Unternehmens aus eigener Kraft aufkommen und den Eintritt eines Insolvenzgrundes befürchten lassen. Als Warnsignale gelten z.B. Umsatzeinbrüche und steigende Vorräte, ausgeschöpfte oder gekündigte Kreditlinien, wie bereits beschrieben, sowie der Verlust der Hälfte des gezeichneten Eigenkapitals oder der Ausweis eines nicht durch Eigenkapital gedeckten Fehlbetrages in der letzten Bilanz oder Planbilanz.

3.3. Aussagen der Fortbestehensprognose

Dient die Fortbestehensprognose zu einem frühen Zeitpunkt noch der reinen Überprüfung der wirtschaftlichen Nachhaltigkeit des Unternehmenskonzeptes, nähert man sich mit zunehmender sinkender Ertragslage und einhergehenden Liquiditätsproblemen der Verpflichtung zur Stellung des Insolvenzantrages. Die Fortbestehensprognose ist also ein Instrument zur Feststellung der Insolvenzgründe und dient so auch gleichzeitig der Dokumentation für die Stellung des Insolvenzantrages.

4. Insolvenz – Ende oder Neuanfang möglich?

4.1. Antragspflicht

Die Geschäftsführer von Kapitalgesellschaften und ihnen gleichgestellten Personengesellschaften sind verpflichtet, innerhalb von drei Wochen nach Eintritt des Insolvenzgrundes einen Insolvenzantrag zu stellen. Dies ist z.B. in § 64 Abs. 1 GmbHG oder in den §§ 177a, 130a HGB, § 92 Abs. 2 AktG, §99 Abs. 1 GenG und in §42 Abs. 2 BGB geregelt. Darüber hinaus hat der Schuldner *das Recht*, bei drohender Zahlungsunfähigkeit (§18 InsO) das Insolvenzverfahren zu beantragen.

4.2. Begriff

„Man spricht von der Insolvenz eines Schuldners, wenn sein Vermögen nicht mehr ausreicht, um alle Gläubiger zu befriedigen" (Bork, 2002, S.1). Auf eine einfache Formel gebracht, bedeutet es, das ein Unternehmen oder die Privatperson überschuldet ist, also:

Vermögen < Schulden = Überschuldung

Unterscheiden muss man hier aber wieder, unter welcher Prämisse man das Vermögen bewertet. Soll das Unternehmen fortgeführt, oder soll das Unternehmen aufgelöst, also liquidiert werden. Hier hält die Fortbestehensprognose die zweistufige Überschuldungsprüfung bereit, die nachstehend erläutert wird.

4.3. Ziele des Insolvenzverfahrens

In § 1 der Insolvenzordnung finden wir hierzu folgende Definition: „Das Insolvenzverfahren dient dazu, die Gläubiger eines Schuldners gemeinschaftlich zu befriedigen, indem das Vermögen des Schuldners verwertet und der Erlös verteilt oder in einem Insolvenzplan eine abweichende Regelung insbesondere zum Erhalt des Unternehmens getroffen wird. Dem redlichen Schuldner wird die Gelegenheit gegeben, sich von seinen restlichen Verbindlichkeiten zu befreien." Auch hier findet man wieder den Hinweis auf die Fortführungsmöglichkeit des Unternehmens und nicht auf eine Zerschlagung in jedem Fall. Während des gesamten Insolvenzverfahrens gilt gem. § 89 InsO ein Vollstreckungsverbot, so dass keine Einzelzwangsvollstreckung möglich ist. Wenn mehrere Gläubiger eine Einzelzwangsvollstreckung auf ein Sicherungsgut betrieben, würde sie aus dem Erlös dieses Gutes nach dem Prioritätsprinzip befriedigt. Ein Wettlauf der Gläubiger wäre die Folge und eine Weiterführung unmöglich gemacht, weil der gesamte Geschäftsbetrieb zum Erliegen käme. Das Insolvenzverfahren gibt dem Gläubiger somit die Zeit, sich auf den Kern des Unternehmens zu besinnen. So erhält das Unternehmen die Möglichkeit, den Gläubigern gemeinsam einen Vorschlag zu unterbreiten, wie sie bei einer Fortführung eventuell besser gestellt werden können gegenüber einer Zerschlagung des Unternehmens.

Hieran lässt sich unschwer erkennen, dass es eine Chance bedeutet, wenn man im Schutze der Insolvenzordnung (InsO), allerdings unter strengen Voraussetzungen, den Versuch unternehmen kann, das Unternehmen doch noch zu sanieren. Dies war im Kern auch die Intention des Gesetzgebers. So wurden die bestehende Konkursordnung, die Vergleichsordnung und die Gesamtvollstreckungsordnung am 01. Januar 1999 durch die neue Insolvenzordnung abgelöst.

4.4. Antragsgründe

4.4.1. Zahlungsunfähigkeit

Der allgemeine Eröffnungsgrund ist gem. §17 InsO die Zahlungsunfähigkeit. „Der Schuldner ist zahlungsunfähig, wenn er nicht in der Lage ist, die fälligen Zahlungsverpflichtungen zu erfüllen. Zahlungsunfähigkeit ist in der Regel anzunehmen, wenn der Schuldner seine Zahlungen eingestellt hat". Meist geschieht dies nicht freiwillig, sondern weil die Kreditinstitute ihre Linien kurzfristig kündigen oder keine weiteren Mittel mehr zur Verfügung stellen. Dies ist eine zeitpunktbezogene Betrachtung, deren Nachweis mittels einer Liquiditätsrechnung geführt werden kann. Hier greift aufgrund der kurzfristigen Betrachtung keine Fortbestehensprognose. Die Abgrenzung zwischen einer kurzfristigen vorübergehenden Zahlungsaussetzung und einer nachhaltigen Zahlungsunfähigkeit hat der BGH zeitlich auf einen Zeitraum von längstens vier Wochen festgelegt, in denen den Gläubigern ein Zahlungsverzug zugemutet werden kann (Gross / Amen, 2002, S. 228).

4.4.2. Drohende Zahlungsunfähigkeit

Die drohende Zahlungsunfähigkeit ist eine neues Instrument der Insolvenzordnung, die dem Schuldner zu einem frühen Zeitpunkt die Möglichkeit einräumt, selber auf die Unternehmenskrise zu reagieren und mittels des „insolvenzrechtlichen Instrumentariums die Sanierungschance zu erhöhen" (Gross / Amen, 2002, S. 229).

Gemäß § 18 InsO „droht der Schuldner zahlungsunfähig zu werden, wenn er voraussichtlich nicht in der Lage sein wird, die bestehenden Zahlungspflichten im Zeitpunkt der Fälligkeit zu erfüllen".

Grundlage ist hier eine zeitraumbezogene Untersuchung, die sich auf einen in der Zukunft liegenden Eintritt der Zahlungsunfähigkeit bezieht. Nach Feststellung dieses Ergebnisses ist das Antragsrecht für den Schuldner gegeben.

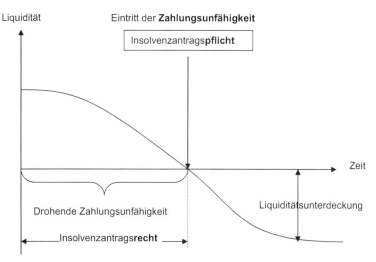

Quelle: Gross, P.J., Amen, M., in: Die Wirtschaftsprüfung, Heft 5/2002, Die Fortbestehensprognose, Düsseldorf, 2002, S. 228

4.4.3. *Überschuldung*

Der letzte Eröffnungsgrund ist die Überschuldung. Gemäß § 19 InsO liegt „Überschuldung vor, wenn das Vermögen des Schuldners die bestehenden Verbindlichkeiten nicht mehr deckt. Bei der Bewertung des Vermögens des Schuldners ist jedoch die Fortführung des Unternehmens zugrunde zu legen, wenn diese nach den Umständen überwiegend wahrscheinlich ist". Hier kommt die Fortbestehensprognose in vollem Umfang zum Tragen. Je nach Prognoseergebnis ist mit Liquidationswerten oder Fortführungswerten zu rechnen.

Daher ist eine *zweistufige Überschuldungsprüfung* durchzuführen. Im ersten Schritt wird festgestellt, ob die Fortbestehensprognose positiv oder negativ ausfällt, also ob von einer dauerhaften Weiterführung des Unternehmens auszugehen ist. Im zweiten Schritt wird dann die Überschuldungsprüfung entweder auf Basis der Fortführungs- oder der Liquidationswerte durchgeführt.

Hier liegt auch ein entscheidender Unterschied zur bisherigen Rechtslage, da der Überschuldungstatbestand auch bei positiver Fortbestehensprognose gegeben sein kann und damit die Antragspflicht bereits ausgelöst wird.

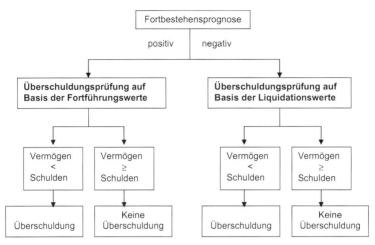

Quelle: Gross, P.J., Amen, M., in: Die Wirtschaftsprüfung, Heft 5/2002, Die Fortbestehensprognose, Düsseldorf, 2002, S. 229

Mit dem Gesetz zur Umsetzung eines Maßnahmenpaketes zur Stabilisierung des Finanzmarktes (FMSTG) vom 17.10.2008 (Artikel 5) wurde der Überschuldungsbegriff neu geregelt. Der § 19 InsO, Abs. 2 erhält zeitlich befristet bis zum 01.01.2011 die Einschränkung: „Überschuldung liegt vor, wenn das Vermögen des Schuldners die bestehenden Verbindlichkeiten nicht mehr deckt, es sei denn, die Fortführung des Unternehmens ist nach den Umständen überwiegend wahrscheinlich." Damit entfällt eine rechnerische Prüfung der Überschuldung bei Vorliegen einer positiven Fortführungsprognose. Die Fortführungsprognose bestimmt also nicht mehr nur allein die Bewertung der Unternehmenswerte, sondern erhält ein zusätzliches Gewicht, da sie die Insolvenzantragspflicht verhindern kann. Am 01.11.2011 erhält § 19 Abs. 2 InsO wieder die alte Fassung.

4.5. Möglichkeiten im Rahmen des Insolvenzverfahrens

4.5.1. Abweisung mangels Masse – Einstellung mangels Masse

Das Verfahren kann bereits kurz nach Antragstellung beendet werden, wenn das Insolvenzgericht den *Antrag mangels Masse abweist*, das heißt, die Vermögenswerte nicht ausreichen, um die Verfahrenskosten zu decken. Ein Ausweg hieraus ist nur die Leistung eines Vorschusses auf die Verfahrenskosten, so dass das Verfahren eröffnet werden kann. „Natürlichen Personen bleibt die Restschuldbefreiung verwehrt, weil es ohne ein eröffnetes Verfahren keine Restschuldbefreiung gibt" (Bork, 2002, S.47).

Eine vorzeitige Beendigung des Verfahren, die *Einstellung mangels Masse*, kommt in Betracht, wenn das Insolvenzgericht nach Anhörung des Insolvenzverwalters, der Gläubigerversammlung und der Massegläubiger zu dem Schluss gelangt, dass die Masse doch nicht ausreicht, um die Verfahrenskosten zu decken.

Wenn die Masse zwar ausreicht, die Verfahrenskosten zu decken, nicht aber die sonstigen Masseverbindlichkeiten, zeigt der Insolvenzverwalter *Masseunzulänglichkeit* an und verwertet die Masse. Der Erlös wird an die Gläubiger verteilt, bevor das Verfahren eingestellt werden kann.

4.5.2. Einstellung wegen Wegfalls des Eröffnungsgrundes

Das Verfahren kann auf Antrag des Schuldners ohne Zustimmung der Gläubiger eingestellt werden, wenn der Gläubiger nachweist, dass keine Zahlungsunfähigkeit mehr besteht bzw. droht und keine Überschuldung vorliegt. Das Verfahren kann hierzu abweichend aber auch mit Zustimmung der Gläubiger eingestellt werden.

4.5.3. Insolvenzplanverfahren

In § 217 bis § 268 ist das so genannte Insolvenzplanverfahren geregelt. Dieses Verfahren erlaubt die Befriedigung aller Gläubiger, die Verwertung der Masse und die Haftung des Schuldners nach Beendigung des Verfahrens abweichend von den Regelungen der Insolvenzordnung. Es setzt aber die einvernehmliche, von allen Beteiligten mitgetragene Lösungsmöglichkeit voraus. Das Insolvenzplanverfahren ist in erster Linie ein Sanierungsinstrument, kann aber unter Umständen auch Grundlage einer Sanierung sein.

4.5.4. Sanierung in der Insolvenz

Bereits in § 1 InsO wird die Erhaltung des Unternehmens mindestens als gleichrangiges Ziel neben der Gläubigerbefriedigung genannt (siehe auch 4.3.). Instrumente hierzu sind der Insolvenzplan oder die übertragene Sanierung. Bei der übertragenen Sanierung wird das Unternehmen auf einen anderen Rechtsträger übertragen und der Verkaufserlös als Verwertungserlös an die Gläubiger des ursprünglichen Unternehmens verteilt. Es kann sich hierbei um eine neu zu gründende Auffanggesellschaft, einen Konkurrenten oder ein branchenfremdes Unternehmen handeln.

4.5.5. Eigenverwaltung

Unter strengen Auflagen und aus Gründen der speziellen Kenntnisse und Erfahrungen, die für die Geschäftsführung des Unternehmens unentbehrlich sind, kann das Insolvenzgericht gem. §§ 270ff. die Insolvenz in Eigenverwaltung anordnen. Die bisherige Geschäftsführung steht in diesem Fall unter Aufsicht eines Sachverwalters. Dies stellt jedoch einen Ausnahmefall dar. In der Regel wird dem Schuldner die Verfügungsbefugnis entzogen und an seiner Stelle der Insolvenzverwalter bestellt. Der Vorteil ist, dass das Verfahren preiswerter ist, jedoch insbesondere aus Sicht der Gläubiger „eher der Bock zum Gärtner" gemacht wird, da die bisherige Leitung des Unternehmens die Situation mit zu vertreten hat.

5. Chancen – Hindernisse – Schwierigkeiten

Die neue Insolvenzordnung hält eine Fülle von Chancen vor, die hier nur angerissen werden konnten, ohne den Anspruch auf Vollständigkeit erheben zu wollen. Vielmehr galt es, das Augenmerk darauf zu legen, das bei allem Handeln, ob vor oder nach dem Insolvenzantrag, auch seitens des Gesetzgebers die Weiterführung und der Erhalt des Unternehmens im Vordergrund stehen. Es stellt sich die Frage, warum nicht mehr Unternehmen gestärkt aus einer Krise hervorgehen, wenn der Erhalt des Unternehmens im Regelfall die beste aller Alternativen ist. Die Antwort ist eigentlich leicht zu finden: In allen Fällen kommt es auf die Einsicht der Handelnden an und darauf, dass eine Einigung trotz der verschiedenen Interessenlagen entsteht. Darüber hinaus gibt es viele konkurrierende Gesetze, die notwendige Maßnahmen auch im Insolvenzfall verhindern. Exemplarisch sei nur auf das Kündigungsschutzgesetz hingewiesen. Hier steht das individuelle Recht des Einzelnen über dem Recht der Gesamtheit aller mit dem Unternehmen verbundenen Beteiligten. Anders als in der Insolvenzordnung ist mir kein Gesetz bekannt, dass in diesem Fall ausdrücklich eine vom Gesetz abweichende Lösung mit Zustimmung der Beteiligten vorsehen würde.

Ein weiterer gravierender Hinderungsgrund ist das psychologische Moment der Geschäftsleitung. Gerade bei Unternehmerfamilien wächst sich eine Krise schnell zu einem Gefühl des persönlichen Versagens aus, das den Blick für Auswege verstellt. Darüber hinaus können auch in Blütezeiten gegebene Versprechen, z.B. die eines sicheren Arbeitsplatzes, notwendige Personalmaßnahmen verzögern und den Gang zum Insolvenzrichter beschleunigen bzw. den Weg aus der Insolvenz verstellen. In dieser Situation ist es häufig angeraten, in die zweite Linie zurückzutreten und professionelle Hilfe anzunehmen. Allerdings ist es unerlässlich, dass die gesamte Kompetenz, die das Unternehmen überhaupt erst erfolgreich am Markt etabliert hat, eingebracht wird. Eine gute und sorgfältige Auswahl der „Ratgeber" scheint zumindest ein ebenso unerlässlicher Bestandteil des Weges aus der Krise zu sein.

Literatur:

Bork, R.(2002): Einführung in das Insolvenzrecht, 3. Auflage, Tübingen, S. 47

Gross, P.J. / Amen, M. (2002) in: Die Wirtschaftsprüfung, Die Erstellung der Fortbestehensprognose, Düsseldorf

Wöhe, G. (2002): Einführung in die allgemeine Betriebswirtschaftslehre, 20. Auflage, München

Risikomanagement-Systeme der internen Revision

Julia Zechmeister

1. KonTraG

Bereits seit Anfang der neunziger Jahre wurden sowohl in den USA, als auch in Großbritannien Aspekte der Unternehmensüberwachung, insbesondere interner Überwachungssysteme („Internal Control"), in den Pflichtenrahmen für die Unternehmensführung aufgenommen.

Auf Grund der in der jüngsten Vergangenheit in Deutschland vermehrt aufgetretenen Insolvenzen und Unternehmensschieflagen großer Aktiengesellschaften entschloss sich der Gesetzgeber zu Überwachungsmaßnahmen verpflichtend für den Vorstand von Aktiengesellschaften einzuführen (§ 91 II AktG). Diese mündeten in das *„Gesetz zur Verbesserung der Kontrolle und Transparenz im Unternehmensbereich"*, 5. Mai 1998 (KonTraG).

Obwohl in das GmbH-Gesetz keine entsprechende Regelung aufgenommen worden ist, ist laut Begründung zum Gesetzentwurf davon auszugehen, dass für die GmbH je nach Größe und Komplexität ihrer Struktur nichts anderes gilt, sog. Ausstrahlungswirkung. Ebenfalls ist davon auszugehen, dass die Neuregelung auch Ausstrahlungswirkung auf den Pflichtrahmen der Geschäftsführer anderer Gesellschaftsformen hat. Alle Kapitalgesellschaften, mit Ausnahme der kleinen Kapitalgesellschaften (max. 50 Mitarbeiter, Umsatz max. 2,72 Mio. EUR), haben ferner im Lagebericht *„auch auf die Risiken der zukünftigen Entwicklung einzugehen"* (§ 289 Abs. 1 HGB).

Die Prüfung der Umsetzung dieser neuen gestiegenen Anforderungen müssen von Wirtschaftsprüfern im Rahmen der Durchführung gesetzlicher Abschlussprüfungen vorgenommen werden (§ 317 HGB). Neben den Wirtschaftsprüfern wird die Interne Revision als einzige unternehmensinterne Abteilung im KonTraG genannt, welche die Abläufe des Risikomanagement-Systems prüfen muss.

Ziel dieses neuen Gesetzes ist es, durch Schaffung von mehr Transparenz eine Verbesserung der Unternehmensüberwachung herbeizuführen, um somit Unternehmenskrisen zu vermeiden.

2. Einführung ins Risikomanagement

Das Erwirtschaften risikoloser Gewinne über einen längeren Zeitraum ist unmöglich. Diese Tatsache macht es für gewinnorientierte Unternehmen unumgänglich, im Rahmen ihrer Geschäftstätigkeit Risiken einzugehen.

Gerade durch den bewussten, kontrollierten Umgang mit Risiken können jedoch Wettbewerbsvorteile realisiert werden. Eine wichtige Voraussetzung, um Wettbewerbsvorteile zu erzielen, ist dabei die Fähigkeit des Unternehmens, das eigene Unternehmensrisiko als zusätzliche Steuerungsgröße zu begreifen.

Für einen sinnvollen und effektiven Umgang mit Risiken ist es unumgänglich, zunächst die Risikolage des Unternehmens einzuschätzen und zeitnah abbilden zu können.

Nicht bei allen diesen Risiken bedeutet die bloße Existenz zugleich auch eine Bestandsgefährdung oder empfindliche Schwächung des Unternehmens.

Entscheidend für eine Beurteilung sind vielmehr die Auswirkungen der einzelnen Risiken auf die Gesamtrisikolage des Unternehmens (Unternehmensrisiko).

Unter *Unternehmensrisiko* wird die Gefahr verstanden, *dass Ereignisse oder Handlungen ein Unternehmen daran hindern, seine Ziele zu erreichen bzw. seine Strategien erfolgreich umzusetzen.*

Im Zusammenhang mit Risikomanagement denkt man zunächst an den Finanzbereich des Unternehmens und die Risiken in Verbindung mit dem Einsatz von derivativen, also abgeleiteten, Finanzinstrumenten.

Es besteht allerdings eine vielfältige Risikolandschaft, die es bei der Einrichtung eines Risikomanagements-Systems zu berücksichtigen gilt. Sowohl Umweltmanagement, Systemausfall, Forschung & Entwicklung, Lieferanten, Kunden, als auch der Markt und ungewisse Rechtslagen stellen Risiken dar.

Einige Risiken waren in aller Munde, Jahr 2000 Problematik, Euro Umstellung, andere wie z.B. die Personalauswahl und –entwicklung sind (noch) nicht in diesem Maße Gegenstand der öffentlichen Diskussion.

Gerade die Risiken aus strategischen Entscheidungen sind diejenigen Risiken, die hinsichtlich einer möglichen Bestandsgefährdung besondere Beachtung verdienen. Ein Grund für die Betonung der strategischen Risiken in der aktuellen Diskussion um Risikomanagement-Systeme ist dabei sicherlich, dass diese Risiken in der Vergangenheit vernachlässigt wurden. Vor allem fehlte ein systematischer und nachvollziehbarer Ansatz beim Umgang mit diesen Risiken bereits in der Phase der Strategieentwicklung.

Denn schon das Nicht-Erkennen von Chancen sowie die mangelnde Fähigkeit, diese konsequent zu nutzen, stellen für Organisationen im Wettbewerb bedeutende Risiken dar.

3. Aufgaben des Risikomanagements

Durch die Implementierung eines Risikomanagement-Systems soll das Ziel erreicht werden, potenziell gefährdende Risiken für das Unternehmen, frühzeitig zu erkennen. Es werden so Handlungsspielräume geschaffen, welche die langfristige Sicherung von bestehenden sowie den Aufbau von neuen Erfolgspotenzialen ermöglichen und somit den Fortbestand des Unternehmens sichern.

Der entscheidende Vorteil von Risikomanagement besteht darin, dass die Wechselwirkungen zwischen den Risiken und Ergebnisbeiträgen aller Produkte, Dienstleistungen, Geschäftsfelder und Unternehmensaktivitäten identifiziert werden können. Somit ist es möglich, Chancen und Risiken des gesamten Unternehmens effektiv bewerten und aktiv steuern zu können.

3.1 Risikomanagement-Stile

Eine präsente Risiko- und Kontrollkultur ist Voraussetzung für den verantwortungsvollen Umgang mit Risiken über alle Hierarchieebenen und Funktionsbereiche des Unternehmens hinweg.

Sie sensibilisiert vor allem für eine risikobewusste Selbstkontrolle der Mitarbeiter. Die Sensibilisierung aller Mitarbeiter für die dem Unternehmen und seinen Aktivitäten innewohnenden Risiken unterstützt maßgeblich das Risikomanagement in allen für den Unternehmenserfolg wesentlichen Strukturen und Abläufen.

Das notwendige Risikobewusstsein wird unterstützt durch eine funktionierende Kommunikation. Dies lässt sich allerdings nur in begrenztem Maße durch explizite Anweisungen, Kontrollmaßnahmen und Sanktionsmechanismen erreichen.

Risikobewusstsein ist Ausdruck einer risikoorientierten Unternehmenskultur. Diese wiederum wird maßgeblich durch den Managementstil und den Umgang mit Risiken durch die Unternehmensleitung geprägt.

Ein Schlüssel zum erfolgreichen Umgang mit Risiken ist eine ausgewogene Balance zwischen Risiken einerseits und einer angemessenen Kontrollstruktur andererseits, die die Entscheidungsträger im Unternehmen motiviert, sich bietende Chancen auch konsequent wahrzunehmen.

Der *„Bürokrat"* beispielsweise wird zwar in der Regel ruhig schlafen können, seine Chancen – und damit sein Entwicklungspotenzial – sind aber deutlich begrenzt.

Der *„Cowboy"* lebt hingegen immer in der Gefahr, von negativen Entwicklungen überrascht zu werden, sodass er sie nicht mehr rechtzeitig abwenden oder in ihren Auswirkungen begrenzen kann.

Der *„kontrolliert handelnde Unternehmer"* ist dagegen derjenige, der wegen der damit verbundenen Gewinnchance Risiken bewusst und kontrolliert eingeht.

Die *„Maus"* hat eine Abneigung gegenüber Risiken und versucht sie zu umgehen.

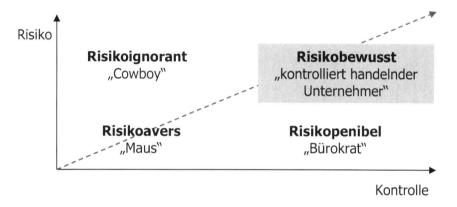

Die konsequente Einbindung aller Unternehmensbereiche in das Unternehmens-Risikomanagement kann schließlich nicht nur einen wertvollen Beitrag zur Steigerung der Effizienz des Risikomanagements selbst leisten, sondern auch Anregungen zur Weiterentwicklung der Unternehmensprozesse insgesamt gegeben.

3.2 Der Risikomanagement-Prozess

Der Risikomanagement-Prozess umfasst alle Aktivitäten zum systematischen Umgang mit Risiken im Unternehmen. Dazu gehören die *Identifikation, Analyse* und *Steuerung* der Risiken im Unternehmen, die *operative Überwachung des Erfolges* der Steuerungsmaßnahmen sowie die *Überwachung der Effektivität und Angemessenheit der Maßnahmen des Risikomanagements*. Letztere fördert durch entsprechende Rückkopplung zu den übrigen Prozessschritten die Stabilität und Weiterentwicklung des Risikomanagement-Prozesses.

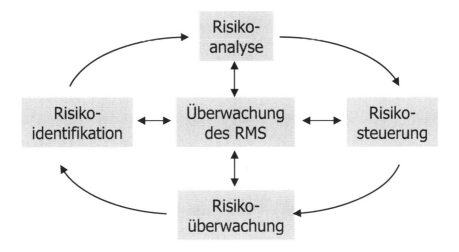

3.3 Risikomanagement-Prozess und Risikoposition

Es ist nochmals zu betonen, dass es sich beim Risikomanagement-Prozess nicht um einen zusätzlichen, von den übrigen Abläufen im Unternehmen losgelösten Prozess handelt.

Vielmehr gilt es, die einzelnen Stufen des Risikomanagement-Prozesses in alle Aktivitäten und Bereiche des Unternehmens zu integrieren, sodass sie immer und überall präsent sind.

Die einzelnen Prozessschritte des Risikomanagements zeigen ihre schrittweise Wirkung auf die Risikoposition des Unternehmens im Zusammenhang. Sie unterstreicht noch einmal, dass es nicht Ziel des Risikomanagements ist, Risiken vollständig aus dem Unternehmensgeschehen zu eliminieren. Dies kann schon allein auf Grund der dann gleichzeitig ausbleibenden Gewinnchancen nicht Sinn und Zweck von Risikomanagement sein.

Ein wirkungsvoller Risikomanagement-Prozess soll die Unternehmensleitung dahingehend unterstützen, das Unternehmensrisiko als zusätzliche Steuerungsgröße aktiv beeinflussen zu können.

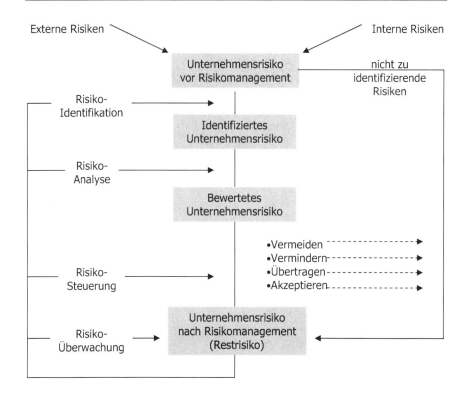

II. Bedeutung und Aufgaben der Internen Revision

1. Die Interne Revision

Interne Revision hat eine prozessunabhängige Überwachungsfunktion, die im Auftrag der Geschäftsführung, Prüfungen in allen Bereichen und Aktivitäten des Unternehmens durchführt. Die Interne Revision ist im Gegensatz zum Controlling nicht weisungsgebunden, da sie ein unabhängiges Urteil über die einzelnen Bereiche des Unternehmens abgeben muss. Das Ziel der Revision ist es, durch mehr oder weniger periodisch, nicht ausschließlich rückschauende Prüfungen abgeschlossener Tatbestände das Unternehmen nach Ordnungsmäßigkeit, Wirtschaftlichkeit u.a. zu beurteilen.

Mit fortschreitender Industrialisierung ist der Stellenwert der Internen Revision immer weiter angestiegen. Entscheidende Impulse erhielt sie durch die Forderung nach funktionsfähigen Internen Kontrollsystemen (IKS) als Führungs- und Überwachungsinstrument der Geschäftsführung.

Das interne Kontrollsystem – kurz IKS – ist ein Instrument der Geschäftsführung zur Gewährleistung einer optimalen Führung, Steuerung und Überwachung der Unternehmung. Voraussetzungen für einen optimalen Wirkungsgrad sind klare Ziele, Planvorgaben und Verfahrensvorschriften. Die Verantwortung für die Einrichtung des IKS, den Ausbau in Übereinstimmung mit Betriebsgröße und Komplexität sowie die Anpassung an sich ändernde endogene und exogene Rahmenbedingungen, liegt bei der Geschäftsführung.

Sowohl Controlling als auch Interne Revision sind Servicefunktionen der Geschäftsführung. Die Interne Revision ist das unternehmensinterne Überwachungsorgan der Unternehmensleitung und gleichzeitig integraler Bestandteil des IKS.

1.1 Aufgabenbereiche der Internen Revision

Zu den traditionellen Aufgabenbereichen der Internen Revision zählen die Prüfungen im Bereich des Finanz- und Rechnungswesens (Financial Auditing), im organisatorischen Bereich (Operational und Management Auditing) und Beratung und Begutachtung (Internal Auditing).

Das Financial Auditing ist die *vergangenheitsorientierte unabhängige* Beurteilung der Aussagefähigkeit, Zuverlässigkeit und Ordnungsmäßigkeit der Aufzeichnungen des Finanz- und Rechnungswesens unter Berücksichtigung der Funktionsfähigkeit des IKS und den Zielvorgaben der Geschäftsführung.

Innenrevision und Abschlussprüfer arbeiten im gleichen Betätigungsfeld, jedoch mit unterschiedlichen Schwerpunkten Durch diffundierende Betätigungsfelder ergibt sich in einigen Fällen eine Zusammenarbeit der Revision und den Wirtschaftsprüfern.

Das *Operational Auditing* ist eine *zukunftsorientierte, unabhängige* und *systematische Beurteilung betrieblicher Tätigkeiten* durch die Interne Revision zur Erhöhung der Wirtschaftlichkeit, d.h. der Kosteneinsparung und Ergebnisverbesserung. Grundlage für die Prüfung bilden die Aufzeichnungen des Finanz- und Rechnungswesens. Ziel dieser Prüfung ist eine Beurteilung des unternehmerischen Ordnungsgefüges, des Wirkungsgrades von Steuereinrichtungen und der Effizienz der Betriebsführung.

Das *Management Auditing* - darunter versteht man eine *zukunftsorientierte, unabhängige und systematische Beurteilung betrieblicher Führungsaufgaben* - dient dem Zweck der Verbesserung der Organisationseffizienz und der Durchsetzung der Anweisungen der Geschäftsleitung. Obwohl Aufzeichnungen des Finanz- und Rechnungswesens die Grundlage bilden, liegt der Schwerpunkt in der Einhaltung der vorgegebenen Führungsanweisungen und des Internen Kontrollsystems.

Systemprüfungen geben darüber Aufschluss, wie zuverlässig und vollständig die Erfassung, Verarbeitung, Kontrolle und Ausgabe der Daten erfolgt.

Auf Grund der neu veränderten Schwerpunktsetzung im Aufgabenbereich der Internen Revision gewinnt die unternehmensinterne Beratung und Begutachtung sowie die Entwicklung von Verbesserungsvorschlägen stark an Bedeutung (Internal Consulting). Die Interne Revision kann also sowohl prüfungsbezogene Beratungsleistungen, als auch prüfungsunabhängige Beratungsleistungen erbringen. Auf Grund des Einblicks, den die Interne Revision im Verlaufe ihrer Prüfungen gewinnt, nutzt das Management diese fundierten Sachkenntnisse und Erfahrungen für gezielte Fragestellungen in Form von Begutachtungen.

Analysen, Bewertungen und Feststellungen werden im Rahmen eines Berichtes an den Vorstand weitergeleitet. Ein guter Bericht sollte ebenfalls noch Empfehlungen, welche von den Feststellungen abgeleitet wurden, beinhalten.

1.2 Prüfungsaufgaben der Internen Revision

Die Prüfungsaufgaben der Internen Revision lassen sich in die Bereiche Ordnungsmäßigkeit, Sicherheit, Wirtschaftlichkeit und das Risiko für das Unternehmen einteilen.

Die Ordnungsmäßigkeitsprüfung soll feststellen, ob Zustände oder Vorgänge einer Norm entsprechen bzw. normgerecht durchgeführt werden und wurden. Die geprüften Ist-Größen werden mit den durch gesetzliche und betriebliche Vorschriften gebildeten Soll-Größen verglichen. Durch Prüfungen der Ordnungsmäßigkeit will die Interne Revision feststellen, ob der tatsächliche Arbeitsvollzug und die erzielten Arbeitsergebnisse den für das Unternehmen geltenden Regelungen in formeller und materieller Hinsicht genügen.

Ebenfalls steht im Rahmen von Sicherheitsprüfungen im Vordergrund, ob unternehmensinterne Richtlinien und Anweisungen ein ausreichendes Sicherheitsniveau gewährleisten und ob diese auch wirksam eingehalten werden.

Eine Wirtschaftlichkeitsprüfung wird durchgeführt, um das Zusammenwirken sämtlicher im Unternehmen vorhandener Ebenen und Systeme unter dem Gesichtspunkt der Wirtschaftlichkeit zu prüfen. Eindeutig formulierte Vorgaben oder Richtlinien gibt es in unserem Unternehmen nur für den Anteil der Forderungen am Umsatz, somit sind wir angehalten, weitere geeignete Soll-Werte eigenständig zu erarbeiten.

Die Prüfung von Vollmachtenregelungen fällt z.B. sowohl unter die Zweckmäßigkeitsprüfung, ist aber auch Teil der Ordnungsmäßigkeitsprüfung.

Im Allgemeinen kann gesagt werden, dass eine von uns durchgeführte Prüfung in den meisten Fällen alle Bereiche umfasst. Wird allerdings eine Sonderprüfung durchgeführt, wird nur ein besonderer Sachverhalt bzw. Teilbereich abgeprüft. Z.B. nur eine Prüfung der Wirtschaftlichkeit oder des Risikos für das Unternehmen.

Mit den durch die enge Zusammenarbeit von Controlling, Rechnungswesen und Rechtsabteilung gewonnenen Informationen, kann der Revisor Verbesserungsvorschläge entwickeln und die verschiedenen Abteilungen beratend unterstützen.

2. Einführung einer Revisionsabteilung

Eine prozessunabhängige, ausschließlich mit prüfungsrelevanten Aufgaben betraute Revisionsfunktion ist denkbar in Unternehmen, die je nach Intensität ihrer Überwachungsbedürfnisse um oder mehr als 200 Mitarbeiter beschäftigen. Von einer Abteilung spricht man, wenn ein Leiter und mindestens ein Mitarbeiter, ausschließlich mit der Wahrnehmung von Revisionsaufgaben beauftragt sind.

Die Anzahl der Mitarbeiter in einer Revisionsabteilung ist von den Besonderheiten des jeweiligen Unternehmens abhängig. Der IB mit seinen ca. 12.000 Mitarbeitern verfügt über eine Revisionsabteilung, in der neben dem Leiter der Revision, noch weitere 5 Kollegen tätig sind.

Die Tätigkeit einer Interne Revision kann allerdings auch extern eingekauft werden. Diesen Einkauf von Know-how bzw. Dienstleistungen nennt man „Outsourcing".

Voraussetzungen für die Objektivität der Internen Revision sind die grundsätzliche Urteilsfreiheit, also die Unabhängigkeit vom Überwachungsobjekt und die Unterstützung durch die Unternehmensführung. Die Interne Revision sollte daher insbesondere keinen Weisungen hinsichtlich der Ausübung ihrer Tätigkeit unterliegen. Ist geplant, eine Revisionsabteilung zu gründen, sollte darauf geachtet werden, dass der Interne Revisor hohe fachliche und persönliche Voraussetzungen erfüllen muss, um die geforderte Qualität und Beratungsleistung sicherstellen zu können. Unbedingt notwendig ist auch eine ausreichende Objektivität, also die Unabhängigkeit vom operativen Geschäft.

Zwar besteht in Deutschland kein einheitliches Berufsbild des Internen Revisors, mit einem Berufsexamen soll dies allerdings sukzessiv eingeführt werden. Das Deutsche Institut für Interne Revision e.V. (IIR) mit Sitz in Frankfurt am Main bietet seit Mai 1998 das CIA-Examen (Certified Internal Auditor) an. Das Examen verlangt einen international einheitlichen Nachweis theoretischer Kenntnisse und praktischer Erfahrungen im Bereich der Internen Revision.

3. Aufgaben der Interne Revision im Rahmen des Risikomanagement

Die Bedeutung der Internen Revision als Kontrollinstrument und Berater der Unternehmensleitung ist unumstritten. Durch ihre Prüf- und Beratungstätigkeit stellt sie sicher, dass die Geschäftstätigkeiten effizient und wirksam überwacht werden. Sie trägt entscheidend zur Transparenz der Unternehmensabläufe bei.

Im Zuge der weitverbreiteten Einführung von Risikomanagement kommt den innerbetrieblichen Überwachungssystemen eine neue Bedeutung zu Teil. Die Interne Revision spielt dabei eine vordergründige Rolle. In Zusammenspiel mit dem Controlling ergänzt sich die Interne Revision funktional dergestalt, dass das Controlling Systeme schafft und in Gang hält, während die Interne Revision diese Systeme prüft.

Verglichen mit der Vergangenheit haben sich die Aufgaben der Internen Revision in Richtung Risikoabschätzung erweitert. Somit ist sie ein wesentlicher Bestandteil des Risikomanagements, welches einen großen Anteil an der Zukunftssicherung des Unternehmens hat.

Als prozessunabhängige Überwachungsinstanz besteht ihre Aufgabe im Rahmen des Risikomanagements in der begleitenden Überprüfung der Wirksamkeit, Angemessenheit und Effizienz des Risikomanagements.

Die Interne Revision kann als zusätzliches Element zur kontinuierlichen Weiterentwicklung der Risikomanagement-Aktivitäten gesehen werden. Überwachung, Qualität und Effizienz des Risikomanagements gehören in diesem Zusammenhang untrennbar zusammen. Dabei ist jedoch zu beachten, dass ihre Möglichkeiten von Art und Umfang ihres Auftrages durch die Geschäftsleitung begrenzt sind.

Bestimmte Überwachungsaufgaben im strategischen Bereich können letztlich nur durch den Aufsichtsrat wahrgenommen werden (vgl. u.a. § 111 Abs. 1 AktG), während im operativen Bereich insbesondere die Unternehmensleitung bzw. die Interne Revision gefordert ist. Risikomanagement bedeutet auch die Übernahme von Verantwortung bezüglich des Eingehens von unternehmerischen Risiken. Diese Aufgabe kann nicht von der Internen Revision erfüllt werden, da sie sonst ihre Kontrollverpflichtung nicht nachkommen könnte.

Zwar sollen sich sowohl die Interne Revision als auch das Risikomanagement um die Kontrolle der Unternehmensrisiken bemühen, jedoch gehört es zu den Kernaufgaben des Managements, die Risikokontrolle im Sinne einer Risikobeherrschung einzuführen.

Aufgabe der Internen Revision ist es dann, die Wirksamkeit dieser Maßnahmen zu überprüfen. Im Gegensatz zum Risikomanagement geht es nicht um eine permanente Kontrolle der operativen Risiken, sondern um eine punktuelle und fokussierte Prüfungstätigkeit. Durch ihre risikoorientierte Berichterstattung über die kritischen Tätigkeiten und Prozesse der gesamten Unternehmung leistet sie einen wesentlichen Beitrag zur umfassenden Beurteilung der Risikoposition des Unternehmens. Ihre unterstützende Mitwirkung im Zusammenhang mit Risikomanagement darf aber nicht dazu führen, dass die Interne Revision selbst zum Risk Manager wird.

Dabei muss die Überwachungsaufgabe der Internen Revision nicht zwingend von einer eigenen Revisionsabteilung wahrgenommen werden. Entscheidend ist nicht die Existenz einer eigenen Internen Revision, sondern die Erfüllung der notwendigen Überwachungsfunktion. Hervorzuheben ist, dass die Revision die einzige Überwachungsinstanz ist, welche im KonTraG genannt wird.

Im Auftrag der Unternehmensleitung prüft die Interne Revision, wie schon erläutert, die Ordnungsmäßigkeit, Zweckmäßigkeit und Wirtschaftlichkeit der übrigen Organisationseinheiten sowie die Abwicklung der Prozesse im Unternehmen.

Sie besitzt als Stabsstelle keine Weisungsbefugnisse und ist losgelöst vom operativen Tagesgeschäft. Zur sachgerechten Erfüllung ihrer Aufgaben ist sie mit einem umfassenden Informations- und Einsichtsrecht ausgestattet.

Ein Teil der Prüfungsmaßnahmen der Internen Revision konzentriert sich auf die Funktionstüchtigkeit des Internen Kontrollsystems. Hier stehen Soll-Ist-Vergleiche im Vordergrund.

Eine effektive Revision ist gleichzeitig aufgefordert, Kontrolldefizite aufzuzeigen. Weiterhin beschränkt sich die Tätigkeit der Internen Revision nicht nur auf abgeschlossene Vorgänge. Da ihre Prüfungsmaßnahmen somit zeitnah erfolgen, kann sie einen wertvollen Beitrag bei der Beurteilung der Angemessenheit und Wirksamkeit des Risikomanagements im Unternehmen leisten.

Mit der Internen Revision hat die Unternehmensleitung die Möglichkeit, einen Teil ihrer Überwachungsaufgaben zu delegieren. Auch die Zusammenarbeit mit dem Abschlussprüfer bei der Festlegung von Prüfungsschwerpunkten erscheint sinnvoll. Die Interne Revision ist mithin üblicherweise Schnittstelle zwischen internen Risikomanagement-Maßnahmen und externer (Risiko-)Überwachung durch den Wirtschaftsprüfer.

Die Prüfungsergebnisse müssen angemessen dokumentiert und entsprechend ihrer Bedeutung der Unternehmensleitung und ggf. dem Aufsichtsrat zur Kenntnis gebracht werden. Im Rahmen des Risikomanagements hat die Interne Revision den Verantwortlichen des Risikomanagement ein Feedback bezüglich allgemeiner Schwachstellen, Kontroll- oder Regelungslücken zu geben.

5.
Qualität und Kosten

Die Erfolgsfaktoren der Sozialwirtschaft: Qualität und Kosten

Prof. Dr. Hans-Christoph Reiss

„Für den Erfolg oder Misserfolg einer sozialwirtschaftlichen Unternehmung sollte nicht nur die rein rechnerische Planerfüllung beurteilt werden, sondern zumindest gleichwertig die Erzielung eines positiven Wirtschaftsergebnisses bei voller Aufgabenerfüllung im Sinne von Satzung und Zweck." (Beck, 1988, S. 60).

In der rein betriebswirtschaftlichen Diktion ist „Erfolg" als das Ergebnis des Wirtschaftens definiert. In der Regel folgt eine weitere Einengung des Begriffs auf das ermittelte und dargestellte Ergebnis einer Erfolgsrechnung, den Gewinn oder Verlust einer Organisation. Hierbei wird ein bestimmtes – leider auch sehr eingeschränktes – Verständnis von Erfolg als Grundlage der Betrachtung angenommen. Erfolg heisst auch für sozialwirtschaftliche Unternehmungen in den Kategorien von Qualität, Sicherheit, Wachstum und Gewinngrößen zu denken und zu handeln. An die Stelle der reinen Gewinngröße tritt ggfs. auch eine anders definierte Erfolgsgröße. Beispielsweise kann dies die Minimierung von Defiziten als Handlungsziel der Organisation genauso sein wie Kostendeckung oder Überschusswirtschaftung zum Zweck der Finanzierung anderer defizitärer Leistungsangebote. Oder auch der Qualitätsaspekt des Sozialmanagements. Dieser ist ein ganz elementarer Aspekt der Sozialwirtschaft und verlangt dringend nach einer Neuausrichtung des Servicegedankens an einem (neuen) Paradigma. Den Boden für ein serviceorientiertes Management im Bereich der Sozialleistungsunternehmungen kann nur das Qualitätsmanagement bereiten.

Was ist „Erfolg"?

Sozialwirtschaftliche Unternehmungen sind Marktpartner – wenn auch mit einer spezifischen, in der Regel nicht primär erwerbswirtschaftlichen Zielorientierung. Entsprechend haben Erfolgsdefinitionen zwar auch den Inhalt, den man aus der betriebswirtschaftlichen Managementliteratur kennt. Aber eben nicht nur, nicht ausschließlich und nicht einmal zwingend mit deren Schwerpunkten in der Erfolgsrealisierung.

Diese betriebswirtschaftliche Sichtweise des Erfolgsbegriffs ist übertragbar und anwendbar, ja sogar als zwingender Bestandteil der Orientierung der Arbeitsinhalte von sozialwirtschaftlichen Unternehmungen anzusehen. Sie kann aber auf der Grundlage der Ziele und Aufgaben der Unternehmen, die sich aus deren Satzung und Leitbild ergeben, nicht die alleinige Erfolgsdimension darstellen. Es gilt vielmehr die betriebswirtschaftliche Erfolgsdimension zu erweitern.

In diesem Zusammenhang jedoch ist mit Widerständen in Organisationen immer dann zu rechnen, wenn die Dimensionen, die Faktoren der Erfolgskontrolle, systematisch messbar gemacht werden sollen oder müssen. Konfliktär ist dies vor allem in solchen Unternehmungen und Handlungsfeldern, in denen messbare Arbeitsergebnisse nicht einfach ermittelbar sind. Dies ist gerade für sozialwirtschaftliche Dienstleistungsbranchen belegbar. Zwar gibt es auch hier vielfältige – auch durchaus brauchbare – Ansätze dieses Problem zu lösen. Dennoch bleibt in Dienstleistungsprozessen, in denen die Kommunikation ein wesentlicher Bestandteil der Problemlösung mit und für den „Kunden" ist, ein bislang ungelöstes Messproblem (Reiss, 1998, S. 398). Messbarkeit ist dann für eine weitere betriebswirtschaftlich motivierte Nutzung von Informationen nur mehr durch Verfahren der Nutzenbeurteilung im Sinne von Kosten-Nutzen-Untersuchungen möglich (z. B. Reiss / Meurer, 1998, S. 19).

Die soziale Arbeit ist mit der Fokussierung auf den Begriff „Evaluation" geprägt (Paffenberger, 1997, S. 302). Substanziell befasst sich der Evaluationsbegriff mehr mit Wirkungsbeurteilungen und Auswertungen von Verfahren, Programmen, Maßnahmen usw. Er hält somit für die betriebswirtschaftliche Beurteilung einiges vor, was die kaufmännische Betrachtung in dieser Form nicht kannte oder zumindest nicht nutzte. Heute sieht man die Inhalte von Evaluation durchaus auch im betriebswirtschaftlichen Kontext als überaus sinnstiftend an, um den Outcome und nicht nur den Output von Leistungsprozessen (besser) beurteilen zu können (Reiss / Brülle / Reis, 1998, S. 55 ff.).

Der Zusammenhang wird deutlich, wenn man nach Möglichkeiten sucht „Erfolg" darstellbar zu machen, um damit Ziele für die Unternehmung und für einzelne Personen / Mitarbeiter zu definieren. Einer Kontrolle geht immer eine Planung voraus. Planbarkeit setzt aber voraus, dass Faktoren beschrieben sind, die geeignet erscheinen, die Strukturen und Prozesse in der Organisation abzubilden sowie deren gewünschtes Ergebnis (als Outcome und als Output) zu dokumentieren (*Erfolgsfaktoren*): Ohne Ziele kein Erfolgserlebnis! Ziele müssen klar definiert sein, weil sie sonst keine verbindliche Grundlage für die Zusammenarbeit darstellen. Die Erfahrung zeigt, dass die besten Erfolge erreicht werden, wenn die Führungs- und Fachkräfte die Möglichkeit haben, sich weitgehend selbst zu leiten und zu kontrollieren. Erfolg ist dann leicht messbar: Erfolg wird durch den Vergleich des Erreichten mit dem Erstrebten ermittelt.

Die Arbeit sozialwirtschaftlicher Unternehmen ist folglich dann erfolgreich, wenn sie den gestellten und vorhandenen Ansprüchen gerecht wird. Der Formulierung von Zielvereinbarungen ist daher eine besondere Rolle bei der Erfolgsbeurteilung zuzuschreiben. Diese umfasst dann beide Dimensionen: Die der klassischen betriebswirtschaftlichen Erfolgsanalyse und die der (outcomeorientierten) Evaluation.

Die zentralen Erfolgsfaktoren: Qualität und Kosten

Dieser Zusammenhang beider Erfolgsdimensionen – der betriebswirtschaftlichen wie der qualitativen – wird in der aktuellen Diskussion um die Beeinflussung der sozialen Arbeit durch die Betriebswirtschaftslehre deutlich. Sozialwirtschaftliche Unternehmungen haben in der letzten Zeit verstärkt Aktivitäten im Bereich des Marketings betreiben müssen, um die Mechanismen von Märkten besser verstehen und für die eigene fachliche Zielerreichung nutzen zu können. Hierbei waren Überlegungen zum Zusammenhang von Kundenbindung und Unternehmenserfolg überaus bedeutsam. Huber / Herrmann / Braunstein, 2000, S. 58 ff. haben sich u. a. dieser Fragestellung angenommen und festgestellt, dass die von Managern gerne unterstellte lineare Beziehung zwischen Bindung von Kunden und Erfolg zu gravierenden Fehlinvestitionen führen kann. Die rein betriebswirtschaftlichen Erklärungsmuster führen nicht weiter. Evaluationen von Maßnahmen zur *Zufriedenheit und Kundenbindung* sind im Marketing notwendig.

Diese Notwendigkeit be- bzw. entsteht aber nicht als Selbstzweck und auch nicht als Automatismus. Marketingmaßnahmen – gleich welcher Art – dienen immer dazu über das Hervorheben bestimmter qualitativer Aspekte eines Arbeitsergebnisses die wirtschaftlichen Zielsetzungen einer Organisation – diese wurden bereits genannt: Sicherheit, Wachstum und Gewinn – zu erreichen. Zwischen erwerbswirtschaftlichen und sozialwirtschaftlichen Unternehmungen besteht jedoch ein gravierender Unterschied in der Gewichtung von Zweck und Mittel: Für erwerbswirtschaftliche Unternehmungen ist die Wahrnehmung der fachlichen Aufgabenstellung Mittel zur Erreichung der genannten Ziele. Für sozialwirtschaftliche Unternehmungen dagegen ist der wirtschaftliche Erfolg das unabdingbare Ziel zur Erhaltung der Möglichkeit, Probleme lösen zu können. Die originär erscheinenden Ziele der Erwerbswirtschaft treten dabei in die zweite Reihe zurück. Dennoch: Gilt auch für die Sozialwirtschaft: „Ohne Moos nichts los!"

Zufriedenheit und Kundenbindung als Wesenbestandteile des Begriffs der „Qualität"

Ob man den terminus technicus „Qualität" der Industrienormen so auf das Sozialmanagement bezieht oder nicht: „Qualität" bleibt für Sozialunternehmungen ein komplexes Maß, das sich aus verschiedenen vorab definierten Eigenschaften von

Leistungen ergibt.[1] Sozialleistungsorganisationen wie Wohlfahrtsverbände brüten über eigenständigen Qualitätssicherungssystemen, die ergänzend zu DIN ISO-Normen (z. B. 8004, 9000, 9004) die Erhöhung von Qualitätsstandards im Gesundheitswesen zum Ziel haben:

- Die Qualität von Leistungen für sozial Bedürftige soll verbessert werden.
- Die Qualität der Zusammenarbeit der Mitarbeiter soll gefördert und auf neue und andere Arbeitsbereiche ausgedehnt werden.
- Durch die Einführung von neuen Arbeitsmitteln, z. B. von EDV-Systemen oder durch Umstrukturierungen in der Aufbauorganisation soll Transparenz - und mit der Transparenz eine Qualitätssteigerung - verbunden werden.
- Letztendlich soll über eine in jedem betrieblichen Bereich gesteigerte Qualität dazu dienen, das Dienstleistungsangebot - und damit auch Zeitgrößen, Kostengrößen einerseits und Verhaltensweisen, Führungsstile etc. andererseits - als eine Verbesserung im Service und damit im Prozess der Leistungserstellung anzusehen.

Hat man die Notwendigkeit zu einem derartigen qualitätsbezogenen Management i. S. einer Serviceorientierung für seine Organisation festgestellt, Maßstäbe und Konzepte zu deren Realisierung bzw. Erreichung jedoch noch nicht klar und nachvollziehbar erarbeiten können, weil diese sich wie bei einem Blick durch eine Milchglasscheibe nur schemenhaft vor dem Hintergrund der bisherigen Strukturen und Verfahrensweisen abzeichnen, ist es sinnvoll, zunächst die Wirkrichtungen einer Serviceverbesserung festzulegen.

Orientierungsrichtungen und Tätigkeitsfelder des Managements der Erfolgsfaktoren Qualität und Kosten

Grundsätzlich können diese Wirkrichtungen einerseits als eine *Orientierung nach außen*, das heisst hin zu den Klienten, der Öffentlichkeit, den Lieferanten, dem Staat als Leistungsfinanzierer, anderen Einrichtungen etc. verstanden werden. Andererseits jedoch muss im Rahmen einer Verstärkung des Sozialmanagements im Bereich des Services auch eine *Orientierung nach innen* in umfangreicherem Maße erfolgen. Das heisst, die Qualität von Leistungen innerhalb einer Organisation muss von und für die Mitarbeiter, einzelne Funktionsbereiche, Vorgesetzte und Abteilungsleiter sowie auch auf den Vorstandsetagen von Sozialleistungsorganisationen verändert und damit verbessert werden.

---

1 Gemäß der Industrienorm DIN 55350 ist „Qualität" die Fähigkeit einer Einheit (von Produkten oder Dienstleistungen), bestimmte vorher festgelegte und klar definierte Anforderungen zu erfüllen (vgl. Albach, 1991, S. 3).

Die zuerst beschriebene Orientierung nach außen bedeutet in dem hier für das Sozialmanagement beschriebenen Kontext eine *zunehmende Klientenorientierung*. Hiermit verbinden sich folgende Fragestellungen, die jeder Mitarbeiter sich in seiner Beziehung zu dem von ihm betreuten persönlichen Klienten zu stellen hat, um eine bessere Serviceleistung im Sinne eines Qualitätszuwachses zu erbringen:

- Wer ist mein Klient?
- Was erwartet mein Klient?
- Was muss ich tun, um seine Bedürfnisse zu befriedigen?
- Wie kann ich fehlerfrei arbeiten?
- Wie kann ich besser werden?
- Was habe ich aus dieser Aufgabe gelernt?
- Wissen meine Kollegen, was ich gelernt habe?

Der andere Weg der Orientierung hin auf eine Serviceverbesserung, und zwar im Hinblick auf eine *Verbesserung mit Innenwirkung*, bedeutet, „Sichtbarkeit schaffen". Das heisst Transparenz in Strukturen, Abläufe und vor allem Informationsprozesse bringen:

- Führen durch Vorbild
- partnerschaftliche Kommunikation und
- gemeinsame Zielbestimmung mit den Mitarbeitern
- Einbeziehung und Förderung der Mitarbeiter bei Entscheidungsprozessen
- die Durchführung einer betreuenden Führung, die Sicherheit und Selbstvertrauen vermittelt
- Hervorhebung der persönlichen Leistung des einzelnen Mitarbeiters
- Verdeutlichung von Visionen für den Einzelnen und die Gesamtorganisation

Diese beiden Orientierungsrichtungen stellen mit den genannten aufgezählten Aspekten die beiden wesentlichen Wege zu einer stärkeren Serviceorientierung von Sozialleistungsorganisationen dar. Sie lassen in einer Analyse auch die Separierung von Kernbestandteilen eines Qualitätsmanagements unter den Aspekten einer Qualitätsverbesserung zu.

Erfolgsfaktor Qualität

Streben wir nach Verbesserungen der Dienstleistungsqualität und damit der Servicequalität von Sozialleistungsorganisationen, haben wir Lehren aus der industriellen Qualitätskontrolle zu ziehen. Diese sind mit *vier Erfolgsfaktoren* zu beschreiben (Mollenhauer / Ring, 1990):

Zunächst ist als erster die *Einführung bzw. Anwendung eines marktorientierten Managementstils* zu nennen. Marktorientierung besteht hierbei insbesondere darin, die Austauschprozesse zur Befriedigung der Bedürfnisse der beteiligten Personen - der Hilfsbedürftigen ebenso wie der Kollegenschaft - als solche Prozesse zu verstehen, die durch den Einsatz eines Mitarbeiters über möglichst viele, wenn nicht alle, Verantwortungsebenen einer Organisation hinweg erstrecken (Planen - Sehen - Tun) (Zur Strukturierung sozialer Märkte, vgl. bereits Reiss, 1993, S. 28 ff).

Der zweite Erfolgsfaktor ist, den *Menschen als Mittelpunkt des gesamten Tuns* zu begreifen. Mitarbeiter sind aktiv am Entscheidungsprozess zu beteiligen. Gleichzeitig wird ein permanentes Streben nach Verbesserung der eigenen Leistung sowie der Gesamtleistung der Organisation, z. B. durch die Förderung der Bereitschaft zur Durchführung von Änderungen in bestimmten Abläufen, gefördert. Zudem sind mit allen Mitarbeiter Ziele zu vereinbaren, gemeinsame Zielkontrollen durchzuführen, deren Ergebnisse zu besprechen, die Meinungen von Mitarbeitern zu beachten und bei der Realisierung von Umsetzungsmaßnahmen zu berücksichtigen.

Der dritte Erfolgsbereich bedeutet eine Abkehr von dem für uns so bequemen Denken in einmal erlernten Bahnen: Eine *Verstärkung des Prozessdenkens* durch die Schaffung von Transparenz in Abläufen und das Sichtbarmachen von Werten als Erfolgsfaktoren für eine Organisation ist erforderlich. Das heisst, es gibt keine Abweichungen mehr, für die es keine Lösungen gibt. Zu dem Know How zur Lösung eines Problems muss folglich das Know Why hinzutreten und Veränderungen in der Kommunikationsstruktur im Sinne eines „Organizational Learning" bewirken.

Als vierter und letzter Erfolgsgarant sei auf die *Umfeldorientierung* der Sozialunternehmungen hingewiesen. Ein serviceorientiertes Sozialmanagement bedeutet mit der bereits beschriebenen Klientenorientierung die „Qualität" als einen elementaren Differenzierungsfaktor mit höchstem Wertschöpfungspotenzial und bestmöglicher Imitationssicherheit (das heisst zum Schutz vor Nachahmern, nicht nur von außerhalb der Organisation, sondern auch von innerhalb) zu verstehen. Zudem gilt Qualität als ein Faktor mit extrem hohem Multiplikatoreffekt dar, wenn sich *nicht* gegeben ist!

Erfolgsfaktor Kosten

Kosten im Rahmen von Erfolgsdimensionen als Kernfaktor zu erfassen, bedeutet Denkweisen bezüglich der Nutzenstiftung von entsprechenden Rechnungssystemen an die veränderten politischen und fachlich-sachlichen Fragestellungen anzupassen. Veränderungen im Verständnis von Kostenrechnung und des Umgangs mit Kostenrechnungsproblemen beruhen heute in der Regel auf zwei wesentlichen Feststellungen:

1. der Verbesserung der Kostendokumentationen zur Vorbereitung von Unterlagen (z. B. zum Zweck des „Contracting").
2. der Optimierung der Innensteuerung.

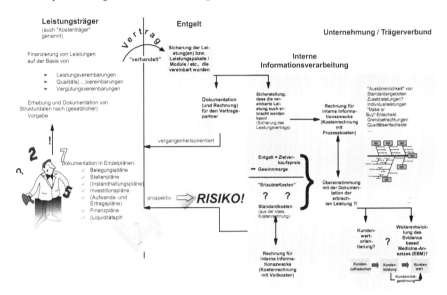

Verhandlungen über Leistungsentgelte (Pflege- und Betreuungssätze) werden i.d.R. dadurch erschwert, dass zwischen Kostenträgern und Leistungserbringern unterschiedliche Einschätzungen über den erforderlichen Personalaufwand bestehen. Eine objektive Bedarfsermittlung war bislang nicht möglich. Untersuchungen haben deutlich gemacht, dass die Denkweisen und die Pflegedokumentationen in Deutschland nur an den Defiziten der Bewohner ausgerichtet sind, nicht aber an deren Fähigkeiten. Pflegeideale und Pflegeethik erscheinen demnach mit Mehrbetreuung eher einlösbar als unter den bestehenden Pflegebedingungen.

In diesem Kontext beschrieb das Urteil des Bundessozialgerichtes vom 14. Dezember 2000 eine besondere Situation: Bei dem diesem Urteil zugrunde liegenden Gerichtsverfahren ging es um eine Nichteinigung zweier Parteien vor einer Schiedsstelle. Die betreffende Einrichtung war weder mit der Höhe, noch mit der Art der Festlegung der Pflegevergütung durch die verhandlungsführende Pflegekasse einverstanden. In dem Urteil stellte das Bundessozialgericht fest, dass die Höhe der leistungsgerechten Vergütung in erster Linie über die Feststellung von Marktpreisen zu bestimmen ist. Dabei – so das Bundessozialgericht – kommt es mithin weder auf die Gestehungskosten (Selbstkosten) des Anbieters noch auf die soziale oder finanzielle Lage des Nachfragers der Leistung an. Auch die als Ursache für besondere Gestehungskosten angeführte einrichtungsspezifische ungünstige Alterssituation des Pflegepersonals, die geltenden Tarifbindungen und übertariflichen Aufwendungen, teure Refinanzierungen können demnach grundsätzliche keine Berücksichtigung mehr finden. Wer einen vergleichsweise zu hohen (Personal-)Aufwand hat, muss – so das Gericht – diesen reduzieren, wenn er nicht das Ausscheiden aus dem Wettbewerb in Kauf nehmen will. Dies hat sich auch mit der aktuelleren Rechtsprechung des 3. Senats des Bundessozialgerichts vom 29. Januar 2009 nicht derartig fundamental geändert. Externe Vergleiche der Einrichtungen sind auch jetzt noch als eine angemessene Vorgehensweise zur Ermittlung leistungsgerechter Vergütungen anzusehen, wenngleich in einem deutlich klarer gegliederten Vorgehen (mit Plausibilitäts- und Angemessenheitsprüfungen). Damit werden die beiden Aspekte – Steuerung aus intern und aus extern motivierten Anlässen – miteinander verbunden. *Benchmarking* ist seither ein Instrumentarium, um prospektiv verhandlungstaktisch notwendige Szenarien zu prüfen.

Unter diesen Gesichtspunkten ist es bedeutsam die deutlichen Mehrkosten im Zusammenhang mit Anpassungen an rechtliche Änderungen öffentlichkeitswirksam zu diskutieren, verbandspolitisch zu thematisieren und deren Ertragsrelevanz lobbyistisch zu unterstützen. Als *Mehrkosten* sind z. B.

- vermehrte Verwaltungsarbeiten,
- geänderte Personaleinsätze,
- höhere Anforderungen an Qualitätssicherung,
- höhere Informations- und Koordinationskosten,
- höhere Prüfkosten,
- höhere Fort- und Weiterbildungskosten sowie durch
- höhere EDV- bzw. Softwarekosten

zu nennen. Ergebnis deren Einbeziehung muss dann vor allem das Erreichen eines höheren monetären Ertrags - letztlich aber auch eines ideellen Ertrags zu Absicherung weiterer zukünftiger leistungsvertraglicher Dispute sein.

Höhere monetäre Erträge erfordern eine differenziertere Dokumentation von Kosten. Die in Gemeinkostenbereichen von Unternehmungen bestehenden Probleme der unzulänglichen Darstellung entsprechender Bezugsgrößen, die die eigentlichen Kostenantriebskräfte darstellen (z. B. Qualitätsansprüche der aufsichtführenden Medizinaldienste, kundenbezogenen Ausstattungsanforderungen), versucht man in jüngerer Vergangenheit mit *Prozesskostenrechnungen* zu reduzieren. Die Prozesskostenrechnung stellt im Vergleich zu den bekannten moderneren Kostenrechnungskonzepten (integrierte Systeme der Vollkosten- und Teilkostenrechnungen, wie der (Plan-) Deckungsbeitragsrechnung) kein neues Konzept dar. Sie führt - über eine reine Produkt- oder Leistungsorientierung hinaus - zu einer Verbesserung von Erstellungsprozessen z. B. von personennahen sozialen Dienstleistungen (i. S. v. Geschäftsprozessoptimierungen). Sie erlaubt die Hebung von „versteckten Produktivitäten" und die Aktivierung von „schlafenden Ressourcen" (Reiss, 2010).

Die von einer Prozesskostenrechnung abgebildeten Kosten sind aus der Schaffung von „mehr Markt" für Leistungen des innerbetrieblichen Rechnungswesens entstanden. Dieses „Mehr" an Markt wird durch die Aktivitäten des Controllings gefördert, die unternehmensinterne Dienstleistung „Rechnungsweseninformation" attraktiver zu gestalten und in Form eines Berichtswesens den verantwortlichen Mitarbeitern zu liefern. Die Zweckmäßigkeit einer Prozesskostenrechnung für die Lösung der in der Sozialwirtschaft bestehenden Koordinationsprobleme kann sowohl in ihrer Gestaltung als Vollkosten- als auch als Teilkostenrechnung gesehen werden. Die Unterscheidung in fixe und proportionale Kosten wird jedoch nicht mehr (wie in der Grenzplankostenrechnung) anhand der einzelnen Leistung vorgenommen, sondern anhand von Prozessgrößen und Prozessleistungen (Meurer / Reiss, 2000, S. 125 ff).

Höhere ideelle Erträge verlangen nach einem verbesserten Öffentlichkeitsbild auf der Basis besserer Qualitätsdokumentationen. Die Einrichtungen und Einrichtungsträger selbst werden dazu übergehen müssen, in diesem Kontext flexible Arbeitszeitmodelle mit den damit verbundenen Vorteilen für die MitarbeiterInnen darzustellen. Zudem besteht die Notwendigkeit *Pflegedienstplanungen mit Budgetverantwortung* unmittelbar zu verknüpfen.

Strategische Wettbewerbsvorteile von sozialwirtschaftlichen Unternehmungen liegen zukünftig nicht mehr primär in der Nutzung kollektiver Strategien (vgl. Reiss, 1993, S. 195 ff) und in der Beherrschung der Dienstleistungserstellungsprozesse (der Erbringung von Pflegeleistungen, Betreuungs- und anderen Hilfeprozessen). Das Management des Marktgeschehens selbst, mit *Kundenzentrierung, Serviceorientierung und Technologieintegration* werden die Erfolgsgaranten der nächsten 20 Jahre sein (Albrecht / Kohmer / Reiss, 2009).

Kundennähe ist im strategischen Kontext mindestens so wichtig wie Kostenbewusstsein in der Leistungserbringung. Es liegt nahe, auf die „Leistungsrechnung" als hinlänglich bekanntes und ausgebautes Teilfeld des internen Rechnungswesens zu rekurrieren. Die in Leistungsrechnungen erfassten Leistungsinformationen sind eine adäquate Basis zur Steuerung von Prozessen, die mit strategischen Wettbewerbsvorteilen verbunden ist. Sie beziehen sich u. a. auf heterogene Leistungsbeziehungen wie die Beziehungen zwischen Klientel und Dienstleister oder auch auf Verwaltungsabläufe. Die mit der Vorbereitung und Durchführung von Prozessen verbundenen direkten Kosten, finden ihren Eingang in eine entsprechend gestaltete Kostenrechnung. Aber nicht nur bei der klientenbezogenen Leistungserbringung, sondern bereits auch bei der Planung, Vorbereitung und Dokumentation derartiger Aktivitäten.

Ergebnis

Der Gedanke, dass eine Verbesserung der Qualitäts- und der Kostenbetrachtung in Sozialunternehmungen sowohl nach innen gerichtet als auch nach außen zum Klienten orientiert, eine Verbesserung der Strukturen, Prozesse und Beziehungen der Akteure zueinander bedeuten muss, ist von zentraler Bedeutung. Damit ist eine Serviceorientierung mit Hilfe von Qualitätsmanagement eine für alle Mitarbeiter umfassende langfristig orientierte und damit auch marktorientierte Organisationskonzeption, die zu ihrer Durchsetzung quasi einer *wertorientierten Sozialwirtschaft* bedarf.

Literatur:

Albach (1991): Qualitätsmanagement in der Wirtschaftsprüfungsgesellschaft, (WZB-Diskussionspapier FS IV 91-31), Berlin

Albrecht, J. / Kohmer, T./ Reiss, H.-C. (2009): Zukunftsfähigkeit von e-Home und eHealth-Lösungen, in: Jahrbuch 2009 / 2010 der Fachhochschule Mainz, Fachbereich Wirtschaft, Mainz, S. 50 - 53

Beck, M. (1988): Zielsetzungen des Wirtschaftsplanes, in: Beck, Martin (Hrsg.): Planung, Wiesbaden, S. 51 – 61

Frisch, W. (1989): Service-Management, Wiesbaden

Hoefert, H.-W. (1990): Sozialmanagement - Orientierung an industriellen Vorbildern?, in: Soziale Arbeit, Heft 1, S. 2-7

Huber, F. / Herrmann, A. / Braunstein, Ch. (2000): Der Zusammenhang zwischen Produktqualität, Kundenzufriedenheit und Unternehmenserfolg, in: Hinterhuber, Hans H. / Matzler, K. (Hrsg.): Kundenorientierte Unternehmensführung, Wiesbaden, S. 49 – 66

Meurer, D. / Reiss, H.-C.(2000): Prozessbeschreibungen und –management im Bereich der Behindertenhilfe – Beispiel in einer Werkstatt für Behinderte, in: DBSH Landesverband Baden-Württemberg / Maus, F. / Beilmann, M. (Hrsg.): Mythos Qualität: Erfahrungsberichte aus der Sozialen Arbeit, Berlin, S. 124 - 139

Mollenhauer, M. /Ring, T. (1990): Total Quality Management - das organisierte Bewusstsein, in: Arthur D. Little (Hrsg.): Management der Hochleistungsorganisation, Wiesbaden, S. 118-128

Pfaffenberger, H.(2010): Evaluation, in: Deutscher Verein für öffentliche und private Fürsorge (Hrsg.): Fachlexikon der sozialen Arbeit, Stuttgart-Berlin-Köln, S. 302

Reiss, H.-C.(1993): Controlling und Soziale Arbeit, Neuwied-Kriftel-Berlin

Reiss, H.-C.(1998): Evaluation und Controlling, in: Merchel, J. (Hrsg.): Qualität in der Jugendhilfe, Münster, S. 396 – 410.

Reiss, H.-C.(2010): Kosten- und Leistungsrechnung, in: Deutscher Verein für öffentliche und private Fürsorge (Hrsg.): Fachlexikon der sozialen Arbeit, Stuttgart-Berlin-Köln, S. 234

Reiss, H.-C. / Brülle, H. / Reis, C.(1998): Neue Steuerungsmodelle in der Sozialen Arbeit – Ansätze zu einer adressaten- und mitarbeiterorientierten Reform der örtlichen Sozialverwaltung?, in: Reis, C. / Schulze-Böing, M. (Hrsg.): Planung und Produktion sozialer Dienstleistungen: die Herausforderung „neuer Steuerungsmodelle", Berlin, S. 55 – 82.

Reiss, H.-C. / Meurer, D.(1998): Kosten- / Nutzeneffekte neuer Verbundformen sozialer Einrichtungen aus betriebswirtschaftlicher Sicht, in: Sozialministerium Baden-Württemberg (Hrsg.): Wirtschaftlichkeit und soziale Verantwortung – Gemeindepsychiatrischer Verbund als Gestaltungsinstrument für die kommunale Psychiatrie, Tagungsbericht, Stuttgart, S. 19 – 26.

Leistungsqualität als Steuerungsgröße

Claudius Deßecker

Vorbemerkungen

Sozialwirtschaftliche Unternehmen stehen unter dem Druck wachsender Leistungsanforderungen und enger werdender Budgets. Dieser scheinbar unauflösbare Widerspruch erfordert einen strategischen Ansatz, in dem die Leistungsqualität, insbesondere in ihrer Auswirkung auf die Kundenzufriedenheit eine zentrale Steuerungsgröße für die Wirtschaftlichkeit wird.

Zwischen Qualität und Rentabilität besteht eine Reihe von quantifizierbaren Beziehungen. Dabei geht es nicht nur vordergründig um die Realisierung höherer Leistungsentgelte und steigender Marktanteile, die Rentabilität und Wachstum beeinflussen. Es gilt diejenigen Werttreiber bezüglich der Leistungsqualität zu identifizieren und mittels Kennzahlen zu quantifizieren, die eine hohe Relevanz für das wirtschaftliche Ergebnis besitzen.

Auf dieser Basis steuert das moderne sozialwirtschaftliche Unternehmen seine Leistungsprozesse auf der Basis standardisiert erhobener Qualitätsparameter.

Qualitätskriterien aus Sicht des Kunden und ihre Operationalisierung

Überlegene Qualität definiert sich im Rahmen einer abnehmerorientierten Wettbewerbsstrategie nicht ausschließlich über objektive, anbieterorientierte Merkmale sondern gerade auch über zunächst rein subjektive und individuelle Gütekriterien. Daraus folgt, dass sich die Qualitätsmessung und –steuerung nicht durchgängig anhand objektiv überprüfbarer Parameter durchführen lässt.

Eine Orientierung an den für die Kunden (Nutzer, Sozialhilfeträger, Angehörige …) relevanten Beurteilungskriterien setzt voraus, dass der Anbieter sozialer Dienstleistungen eine genaue Kenntnis der Eigenschaften hat, die für die Nutzer wahrgenommene Qualität der Dienstleistung definieren.

Die Operationalisierung und Standardisierung von qualitätsrelevanten Prozessen identifiziert werttreibende und wertvernichtende Abläufe. Es ist wesentlich die Faktoren zu kennen, die die Erwartungen der Nutzer hinsichtlich der Qualität der Dienstleistung prägen. Hier können verschiedene Komponenten beobachtet werden, die die Kaufentscheidung und Qualitätserwartung beeinflussen.

Als *Suchkomponenten* werden Merkmale eines Produktes bezeichnet, die dem Kunden schon verfügbar sind, bevor er die Leistung in Anspruch nimmt. Der Nutzer hat im Vorfeld seiner Kaufentscheidung die Möglichkeit, konkrete Vergleiche vorzunehmen.

Zu den Suchkomponenten sind Erfahrungen hinsichtlich des materiellen Umfelds und der Glaubwürdigkeit des Anbieters zu zählen. Faktoren wie die Höhe des Pflegesatzes, die bauliche Ausstattung, Lage und Größe des Heimes oder auch besondere fachliche Spezialisierungen können in sozialwirtschaftlichen Arbeitsfeldern unter den Suchkomponenten angesiedelt werden.

Erfahrungskomponenten der Qualität einer Dienstleistung setzen den Kunden erst während oder nach der Nutzung des Angebots in die Lage, eine Bewertung vorzunehmen. Die direkte Kommunikation mit dem Personal während der Dienstleistung prägt dabei neben den konkreten Nutzeffekten der Teilleistung ganz wesentlich die wahrgenommene Qualität.

Faktoren wie Höflichkeit des Personals, Zugangsmöglichkeiten, Verstehen, Kenntnis des Kundens und seiner Bedürfnisse, Einsatzbereitschaft und Zuverlässigkeit sowie die Qualität der Kommunikation und Information durch den Anbieter gehören zu den Erfahrungskomponenten.

Glaubenskomponenten fließen dort in die Wahrnehmung ein, wo es dem Nutzer nicht möglich ist, die Stimmigkeit und Qualität der Leistung zu beurteilen. Der Nutzer muss sich darauf verlassen können, dass die Fachkompetenz des Anbieters dafür sorgt, dass die Leistungen sowohl von ihrer Notwendigkeit als auch ihrer fachspezifischen Ausgestaltung dem optimalen Qualitätsstandard entsprechen.

Die Nachfolgende Grafik zeigt 10 Determinanten wahrgenommener Qualität, wie sie im Qualitätsmodell von Zeithaml, Berry und Parasuraman beschrieben werden.

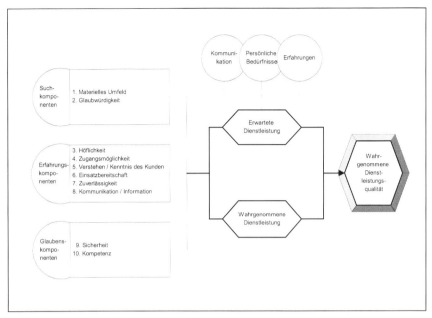

Determinanten der wahrgenommenen Qualität
Quelle: Parasuraman et al. 1984 in Anlehnung an die Darstellung bei Güthoff 1995 aaO. S. 72

Die Untersuchungen von Zeithaml, Berry und Parasuraman ergaben, dass die 10 Determinanten wahrgenommener Qualität auf fünf Qualitätsdimensionen verdichtet werden können. Es handelt sich dabei um die Größen:

- Tangibles   (Greifbares, Handfestes)
- Reliability   (Zuverlässigkeit)
- Responsiveness   (Einsatzbereitschaft)
- Assurance   (Sicherheit, Gewissheit)
- Empathy   (Einfühlungsvermögen)

Die erste Dimension Tangibles bezieht sich auf das materielle Umfeld, die technischen und personellen Möglichkeiten des Anbieters, also das, was wir mit Strukturqualität beschreiben.

Die Dimension Reliability stellt bei Dienstleistungen die Bewertung hinsichtlich der Ergebnisqualität dar. Es geht dabei um die Frage der Verlässlichkeit in der Leistungserbringung, um die Übereinstimmung zwischen Leistungsversprechen und erhaltener Leistung.

Die drei weiteren Qualitätsdimensionen haben ihren Hintergrund in den Faktoren, die Prozessqualität beschreiben.

So bezieht sich Responsiveness auf die generelle Einsatzbereitschaft des Anbieters, die Kunden bei der Dienstleistungsinanspruchnahme zu unterstützen.

Die Dimension Assurance bezieht sich auf die Prozessgrößen Glaubwürdigkeit, Höflichkeit des Personals, Kommunikation mit den Kunden und Qualität der Informationen, beschreibt das Empfinden von Sicherheit durch den Kunden und bezieht sich auf die wahrgenommene Kompetenz des Anbieters.

Empathy schließlich beschreibt das Einfühlungsvermögen des Anbieters hinsichtlich Verständnis und Kenntnis des Kundens und seiner Bedürfnisse, sowie die Bereitschaft, auf individuelle Wünsche einzugehen.

Die Erfahrung zeigt, dass sich die Nutzer bei der Beurteilung der Dienstleistungsqualität vor allem auf die Dimension Reliability stützen. Das Ergebnis der Dienstleistung, das sich im Vergleich zwischen Leistungsversprechen und erhaltener Leistung bewerten lässt, hat für den Kunden die übergeordnete Bedeutung.

Der Anbieter hat durch Anstrengungen in den prozessorientierten Qualitätsdimensionen allerdings durchaus die Möglichkeit, die Erwartungen der Nutzer zu überbieten und eine positive Einwirkung auf das Qualitätsempfinden zu erzielen.

Gerade im Bereich der menschennahen Dienstleistungen erhalten die Dimensionen Assurance und Empathy eine wesentliche Bedeutung. Selbst wenn die versprochenen Leistungen zuverlässig und exakt ausgeführt werden, besteht eine wichtige Größe für die Beeinflussung der wahrgenommenen Qualität in den eher weichen Faktoren wie Höflichkeit, Einfühlungsvermögen oder Vertrauenswürdigkeit.

Diese Zusammenhänge werden in der folgenden Abbildung schematisch dargestellt.

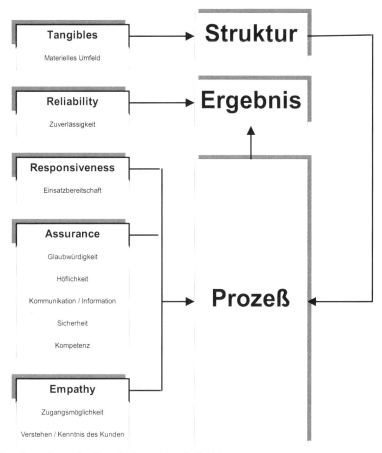

Qualitätsdimensionen, Quelle Deßecker 1997, aaO. S.141

Zur Definition, Entwicklung und Steuerung von Qualität ist es zwingend notwendig, die Kundenforderung bezogen auf das Dienstleistungsprodukt zu kennen.

Die Übersetzung der Qualitätserwartungen der Nutzer der Dienstleistungen orientiert sich an den fünf Qualitätsdimensionen und definiert konkrete Kundenanforderungen an das Dienstleistungsprodukt.

Die nachfolgende Abbildung zeigt ein standardisiertes Verfahren zu ihrer Ermittlung.

Kundenaussage	Qualitätserwartung bezüglich	konkrete Kundenforderung
	1.1 Tangibles	1.1.1
		1.1.2
		1.1.3
	1.2 Reliability	1.2.1
		1.2.2
		1.2.3
	1.3 Responsiveness	1.3.1
		1.3.2
		1.3.3
	1.4 Assurance	1.4.1
		1.4.2
		1.4.3
	1.5 Empathy	1.5.1
		1.5.2
		1.5.3

Ermittlung der Kundenanforderungen Quelle Deßecker 1997, aaO. S.183

Die Kundenforderungen werden im Weiteren in fachlich fundierte Beschreibungen der Anforderungen an die Dienstleistung übersetzt. Daraus ergibt sich die Spezifikation für die Dienstleistungsqualität bezüglich der fünf Qualitätsdimensionen und die Beschreibung des konkreten Dienstleistungsproduktes.

Neben den kundenspezifischen Qualitätsanforderungen fließen in diesem Schritt Faktoren, die sich auf die Fähigkeiten und Möglichkeiten des Anbieters beziehen, in den Designprozess ein. Über die Zielkostenrechnung werden die zulässigen Kosten für die Dienstleistung ermittelt.

konkrete Produktanforderung	Spezifikation der Qualität bezüglich	Dienstleistungsangebot
1.1.1		
1.1.2	1.1 Tangibles	
1.1.3		
1.2.1		
1.2.2	1.2 Reliability	
1.2.3		
1.3.1		
1.3.2	1.3 Responsiveness	
1.3.3		
1.4.1		
1.4.2	1.4 Assurance	
1.4.3		
1.5.1		
1.5.2	1.5 Empathy	
1.5.3		

Entwicklung der Produktspezifikation Quelle Deßecker 1997, aaO. S.184

Die so entwickelten Dienstleistungsprodukte werden in einem Leistungskatalog dargestellt. Er enthält einen Hinweis auf die Ziele, die mit der Dienstleistung realisiert werden sollen und eine Kurzbeschreibung des Verfahrens.

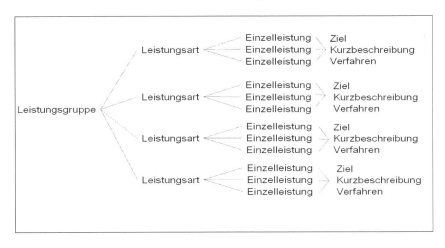

Diese Darstellung ist geeignet, trotz der Komplexität sozialer Dienstleistungen einzelne Dienstleistungsprodukte sowohl in der Wahrnehmung der Nutzer, als auch in der Steuerung durch den Anbieter abzugrenzen.

Neben der Standardisierung einzelner Dienstleistungsprodukte bietet es sich an, ausgehend von ähnlich gelagerten Kundenanforderungen (z.B. Gruppen von Hilfeempfängern mit vergleichbarem Hilfebedarf) Standardleistungspakete zu generieren, in Verbindung mit Vorgabewerten für Fachqualifikation und Zeit errechnen sich daraus Leistungspreise und werden Grundlagen zur Personalbedarfsberechnung geliefert.

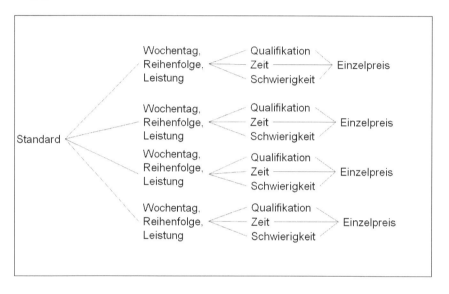

Damit steht ein Instrumentarium zur Verfügung, durch das Leistungsvereinbarungen mit einzelnen Nutzern generiert werden, die über eine Individualisierungsvariable an persönliche Leistungsanforderungen angepasst werden können. Trotz weitgehender Standardisierung auf Anbieterseite erhält der Kunde ein auf seine Bedarfe und Qualitätserwartungen abgestimmtes individuelles Dienstleistungsangebot.

Zur Steuerung der Qualität der Dienstleistungsprozesse werden aus den Einzelvereinbarungen mit den Nutzern Arbeitsvorgaben für das Personal und es entsteht die Grundlage eines umfassenden Planungs- und Dokumentationssystems.

Die folgende Abbildung zeigt die Systematik im Qualitätskreislauf.

Leistungsqualität als Steuerungsgröße

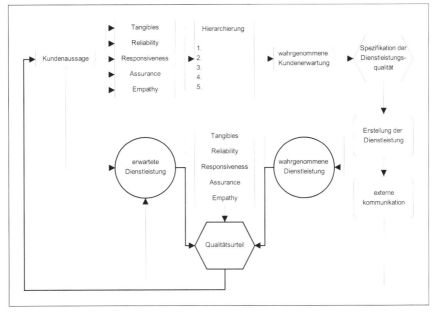

Quelle: Deßecker 1997 aaO. S. 180

Wertreiber der Leistungsqualität

Generell kann man feststellen, dass die Rentabilität eines Unternehmens durch Qualitätsverbesserungen deutlich zu steigern ist. Es gilt nun zu untersuchen, welche Aspekte der vom Nutzer wahrgenommenen Qualität der Dienstleistung eine besondere Relevanz für das wirtschaftliche Ergebnis besitzen. Dazu werden die Faktoren in den einzelnen Qualitätsdimensionen analysiert, die im Leistungsprozess beeinflussbar sind und nachweisbare Auswirkungen auf klassische Werttreiber wie Umsatzwachstum oder Umsatzrentabilität haben.

Die Dimension Tangibles, also materielles Umfeld, technische und personelle Möglichkeiten bezieht sich auf Faktoren, wie sie in Leistungs- und Qualitätsvereinbarungen und in der Festlegung der Leistungsentgelte enthalten sind. In der klassischen Betrachtung spielen hier Größen wie Personalschlüssel, Fachkraftquote, Gruppengrößen, Ausstattung oder Öffnungszeiten eine Rolle.

Die Identifikation der Werttreiber aus der Sicht der vom Nutzer wahrgenommenen Qualität die sich aus dem Leistungserstellungsprozess ableiten lässt, ergibt in der Dimension Tangibles folgende wesentliche Größen.

Beeinflussbar-keit						Auswir-kung			Werttreiber	Messgröße
									Auslastung Personal pro Zeiteinheit (Schicht)	Summe Leistungszeiten / Schichtzeit
									Eingesetzte Sachmittel	Sachmittel Ist / Sachmittel Soll

In der Dimension Reliability spielen Werte, die direkt aus der Leistungsdokumentation abgeleitet werden können eine Rolle. Zu betrachten ist die Durchführungsquote vereinbarter Leistungen, die Quote der Zielerreichung, ein Soll – Ist Vergleich bezüglich der eingesetzten Fachqualifikation, die Relation von Vorgabezeit und Durchführungszeit und nicht zuletzt der Vergleich der Plan- und Istkosten. Die Beeinflussbarkeit hängt im direkten Leistungsgeschehen naturgemäß auch sehr stark von der Beteiligung der Nutzer ab, dieser Sachverhalt wird in den weiteren Qualitätsdimensionen noch aufgegriffen.

Beeinflussbar-keit						Auswir-kung			Werttreiber	Messgröße
									Durchführung	Istwert / Sollwert
									Zielerreichung	Istwert / Sollwert
									Fachqualifikation	Istwert / Sollwert
									Durchführungszeit	Planzeit / Istzeit
									Leistungskosten	Istkosten / Plankosten
									Hilfebedarf	Ertrag Maßnahmepauschale/Plätze

In der Qualitätsdimension Responsiveness ist die Wahrnehmung des Nutzers bezüglich der Einsatzbereitschaft des Personals ihn bei der Inanspruchnahme der Dienstleistung zu unterstützen, angesprochen. Die Beeinflussbarkeit der Werttreiber in diesem Bereich ist generell hoch, die Auswirkung bezieht sich zunächst als vorgelagerte Größe auf die Wertreiber Durchführung und Zielerreichung, Bewertungen durch die Nutzer korrelieren allerdings auch mit Messgrößen wie Fluktuationsrate, Höhe des Leistungsentgelts und Auslastung.

Beeinflussbar-keit						Auswir-kung			Werttreiber	Messgröße
									Durchführung	Istwert / Sollwert
									Zielerreichung	Istwert / Sollwert
									Einsatzbereitschaft	Bewertung Nutzer
									Fluktuation	Neuaufnahmen / Planplätze
									Auslastung	Belegung / Planplätze
									Hilfebedarf	Ertrag Maßnahmepauschale/Plätze

Die Prozessgrößen Glaubwürdigkeit, Höflichkeit des Personals, Kommunikation mit den Kunden, wahrgenommene Sicherheit und Kompetenz des Anbieters in der Qualitätsdimension Assurance beziehen sich ebenso wie die Elemente der Qualitätsdimension Empathy in ihren Auswirkungen ebenfalls auf die Größen Fluktuation, Auslastung und durchschnittlicher Hilfebedarf. Außerdem sind Zusammenhänge mit den Werttreibern Durchführung und Zielerreichung vorhanden.

Beeinflussbarkeit			Auswirkung			Werttreiber	Messgröße
						Durchführung	Istwert / Sollwert
						Zielerreichung	Istwert / Sollwert
						Glaubwürdigkeit	Bewertung Nutzer
						Höflichkeit	Bewertung Nutzer
						Kommunikation	Bewertung Nutzer
						Qualität der Information	Bewertung Nutzer
						Wahr-genommene Sicherheit	Bewertung Nutzer
						Wahr-genommene Kompetenz	Bewertung Nutzer
						Verständnis und Kenntnis des Kunden	Bewertung Nutzer
						Ermöglichung individueller Wünsche	Bewertung Nutzer
						Fluktuation	Neuaufnahmen / Planplätze
						Auslastung	Belegung / Planplätze
						Hilfebedarf	Ertrag Maßnahmepauschale/Plätze

Die so ermittelten Wertreiber und ihre Messgrößen sind individuell auf das jeweilige Unternehmen und einzelne Geschäftseinheiten abzustimmen und in ihren Ursachen – Wirkungsbeziehungen grafisch darzustellen, wie die folgenden Beispiele schematisch zeigen.

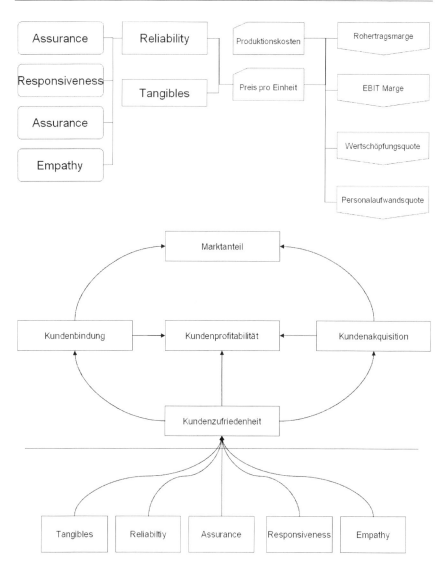

Die Beeinflussung der Werttreiber hängt ganz wesentlich von Verhalten und Aktivitäten des Personals im Primärbereich ab. Zu einer optimalen Prozess- und damit Qualitätssteuerung ist es notwendig, Zusammenhänge zwischen Verhalten und Wertschaffung transparent zu machen.

Idealerweise können Entlohnungssysteme wertschaffendes Verhalten belohnen und wertvernichtendes Verhalten sanktionieren. Diese Zusammenhänge müssen ins Bewusstsein des Personals gerückt werden, damit es gelingen kann, die gesamte

Organisation auf die Wertschaffung auszurichten. Der Focus der Betrachtung auf die Leistungsqualität schafft eine erhöhte Bereitschaft des Personals im Primärbereich, diesen Weg zu beschreiten.

Literatur:

Parasuraman, A. / Zeithaml, V.A. / Berry, L.L. (1984): A Conceptual Model of Service Quality and Its Implications for Future Research, Working Paper No. 84-106, Marketing Science Institut, Cambridge (MA)

Parasuraman, A. / Zeithaml, V.A. / Berry, L.L. SERVQUAL (1986): A Multiple Item Scale for Measuring Customer Perceptions of Service Quality, Working Paper No. 86-108 des Marketing Science Institute, Cambridge (MA)

Güthoff, J. (1995): Qualität komplexer Dienstleistungen. Konzeption und empirische Analyse der Wahrnehmungsdimensionen, Wiesbaden

Plädoyer für die Ungewissheit! Welche Qualität wollen wir und welche können wir uns künftig leisten?

Prof. Dr. Wilfried Schlüter

Die Bestrebungen des Gesetzgebers, den viel zitierten freien Wettbewerb auch im Altenhilfesektor zu verankern, stellen das Management von sozialen Dienstleistungsunternehmen, wie z. B. Alten- und Pflegeeinrichtungen, vor neue Anforderungen. Alten- und Pflegeheime stehen vor der Herausforderung, qualitativ hochwertige Dienstleistungen zu vertretbaren Kosten zu erbringen. Dabei stellt sich die Frage, ob die Einrichtungen ihre Versorgungs-, Pflege- und Betreuungsdienstleistungen nicht verstärkt diversifizieren müssen, um Angebot und Nachfrage effizienter aufeinander abstimmen zu können. Vor diesem Hintergrund halte ich es für notwendig, sich mit folgenden Aspekten zu beschäftigen:

– Bevölkerungsentwicklung und Pflegebedürftigkeit
– Marktnische: Pflege „light"
– Arbeitsbedingungen und Entlohnung.

1. Bevölkerungsentwicklung und Pflegebedürftigkeit

Zur Entwicklung der Zahl der Pflegebedürftigen liegen verschiedene Modellrechnungen vor (u. a. Deutsches Institut der Wirtschaft, Statistisches Bundesamt), die alle eine starke Zunahme der zu erwartenden Pflegebedürftigkeit und des aus ihr resultierenden Hilfebedarfs prognostizieren.

Nach Berechnungen des Statistischen Bundesamtes wird die Zahl der Pflegebedürftigen um 37 % von 2,13 Millionen im Jahr 2005 auf 2,91 Millionen im Jahr 2020 zunehmen. Bis zum Jahr 2030 werden 3,4 Millionen Pflegebedürftige prognostiziert, das entspricht einer Zunahme um 58 % zwischen 2005 und 2030. Gleichzeitig wird der Anteil der Pflegebedürftigen an der Gesamtbevölkerung von heute 2,6 % auf 3,6 % bis 2020 und auf 4,4 % bis zum Jahr 2030 ansteigen (s. „Pflegebedürftige heute und in Zukunft", Statistisches Bundesamt 2008, S. 3).

Trotz der demografischen Veränderungen wird auch in den nächsten 20 Jahren nach Auffassung des Sozialwissenschaftlers Roland Schmidt vom Deutschen Zentrum für Altersfragen das familiale Unterstützungsnetzwerk überwiegend die Pflege übernehmen. Allerdings könnte die Veränderung von relevanten Einflussgrößen (z. B. sich wandelnde Partnerschaftsstrukturen, zunehmende Erwerbstätigkeit von

Frauen) eine Verminderung des häuslichen Pflegepotenzials bewirken mit der Folge, dass dann mehr Menschen auf die stationäre Pflege angewiesen sein würden.

Meines Erachtens werden wir uns allein auf Grund der steigenden Zahlen mit einer weiteren Differenzierung des Angebotsspektrums im Bereich der stationären Altenhilfe auseinandersetzen müssen. Nur durch eine veränderte Pflegepolitik ließe sich eine flexiblere und vernetzte Leistungsstruktur der Versorgung Pflegebedürftiger erreichen, die auch zu einer Verringerung von Heimeinzügen führen würde. Dies ist derzeit nicht absehbar.

2. Marktnische: Pflege „light"

Als Folge der stärkeren marktwirtschaftlichen Orientierung von Sozialunternehmen und eines Prozesses der Leistungserbringung, der mehr denn je im Spannungsfeld von humanitären Ansprüchen und der Verknappung finanzieller Ressourcen steht, wird das Aufspüren von Marktnischen für viele Einrichtungen und Einrichtungsträger immer mehr zu einem wichtigen ökonomischen Thema. Angesichts der vielen Zielgruppen in der Altenhilfe gibt es viele Nischen – man muss sich nur einmal mit den epidemiologischen Zahlen beschäftigen.

So rückt „McPflege" oder Pflege „light" immer näher. Sicher hat auch dieses Marktsegment eine Zukunft. Das heißt, es werden Einrichtungen in Deutschland betrieben werden, die ein reduziertes Dienstleistungsangebot zu günstigen Preisen anbieten. Die Bewohner von „McPflegeeinrichtungen" erhalten keine schlechte Qualität, sondern ein qualitativ gleichbleibendes Angebot auf einfacherem Niveau (auch bei „McDonald's" können Sie aus einer ganzen Palette von Speiseangeboten zu niedrigen Preisen in einer rustikalen Restaurant-Atmosphäre auswählen. Und auch im Gastgewerbe haben wir eine breite Ausdifferenzierung des Angebots an Beherbergungs- und Verpflegungsmöglichkeiten von einem Fünf-Sterne-Hotel bis zu einfachen Pensionen). Das ist aber nicht als Einladung an die Pflegekassen zur Nivellierung ihrer Leistungen zu verstehen. Mindeststandards müssen sicher gesetzlich festgeschrieben werden, doch sollte der Vielfalt von unterschiedlichen Lebensentwürfen auch im Alter Rechnung getragen werden.

Die Einführung personenbezogener Budgets eröffnet m. E. den Leistungsnachfragern zukünftig eine Vielzahl von Möglichkeiten, den Leistungsumfang stärker selbst zu bestimmen, beispielsweise durch die Ab- oder Zuwahl von Leistungen. Auch werden wir uns in diesem Zusammenhang mit der Frage beschäftigen müssen, ob Familienmitglieder oder Freunde und Bekannte spezifische Dienstleistungen für die Bewohner regelmäßig erbringen mit der Folge einer Reduzierung des Pflegesatzes. Dieser Weg wird bereits von einem großen und angesehenen Träger, der CBT in Köln, gegangen. In ihrem Heimvertrag heißt es in § 7 Abs. 8: „Bezugspersonen und Angehörige haben die Möglichkeit, sich an Aufgaben der allgemeinen Pflege zu beteiligen. Sofern hierbei Regelleistungen generell abgewählt werden, erstattet die CBT die im Entgeltverzeichnis ‚Rückerstattungen' aufgeführten Beträge." Ähnliches gilt für hauswirtschaftliche Regelleistungen und für solche der Küche.

Demgegenüber gibt es in allen Einrichtungen der stationären Altenhilfe in der Regel die Möglichkeit von Wahlleistungen. Ich denke, dass dieser Katalog in den nächsten Jahren umfangreicher werden wird, da Leistungen aus dem bisherigen Regelleistungsangebot in den Katalog der Wahlleistungen verschoben werden. Wir werden kritischer als bislang zu hinterfragen haben, ob wirklich alle Leistungen als Regelangebot offeriert werden müssen. Ich bin der Überzeugung, dass heute Bewohner Leistungen angeboten bekommen bzw. erhalten, auf die sie bei der Möglichkeit des Abwählens und der damit verbundenen Reduzierung des Heimentgeltes durchaus verzichten würden. Wichtig ist mir an dieser Stelle der Hinweis, dass ich normative Mindeststandards für notwendig erachte, welche die Würde und das Wahl- und Selbstbestimmungsrecht der Bewohner garantieren. Gemeinsam mit Bewohnern, Bezugspersonen bzw. Angehörigen, Fachfrauen und Fachmännern wie wir sollte ein trägerunabhängiges Klassifizierungssystem für Heime entwickelt werden, das Transparenz und Vergleichbarkeit hinsichtlich der angebotenen Leistungen fördert.

Bei den Leistungsverzeichnissen für Küche und Hauswirtschaft eröffnen sich verschiedene Möglichkeiten, Leistungsangebote im Rahmen von „Pflege light" zu gestalten:

Leistungsangebote „light" Küche

(Beispiele)

- Menüwahl, nur 1 Gang (Vorsuppe, Fleisch, Nachtisch nur an Sonn- und Feiertagen)
- Frühstück und Abendbrot: je eine Wurst- und/oder Käsesorte, Marmelade oder Honig

Leistungsangebote „light" Hauswirtschaft

(Beispiele)

- Reinigungsrhythmus den Zimmer anpassen
- keine kostenlose Blumenpflege
- reduziertes Angebot der Wäscherei

Bei den Leistungen der Pflege, Begleitung und Betreuung müssen unbedingt normative Standards formuliert werden, unter die das Angebot nicht absinken darf. Grundsätzlich muss nach meiner Überzeugung jeder die Pflege erhalten, die er braucht, unabhängig von seinen finanziellen Möglichkeiten. Deshalb ist es auch für mich schwierig, hier Vorschläge über reduzierte Leistungsangebote zu machen. Denkbar wären folgende Angebote:

Leistungsangebote „light" Direkte Pflege/Behandlungspflege

(Beispiele)

- Baden oder Duschen nur 1x wöchentlich (bei Bewohnern, bei denen kein weiterer pflegerischer oder med. Bedarf besteht)
- Verringerung von ärztlichen Assistenztätigkeiten (RR-, BZ-Messungen)
- Einreibungen mit Körperpflegemittel (wenn nicht med./pfleg. bedingt)
- Verringerung von Angeboten der Beschäftigungstherapie
- reduziertes Angebot von kulturellen, musischen, geselligen, sportlichen Veranstaltungen sowie Ausflügen

Eine Vielzahl von Leistungen der Verwaltung und aus dem Bereich Haustechnik könnte m. E. aus dem Standardangebot gestrichen werden:

Leistungsangebote „light" Verwaltung und Haustechnik

(Beispiele)

- Ummeldungen (Einwohnermeldeamt, Personalausweis, Chip-Karte Krankenkasse, GEZ)
- Antragsverlängerungen (Zuzahlungsbefreiung bei der Krankenkasse etc.)
- Einrichtung und Führung eines persönlichen Verwahrkontos
- Hilfen beim Ein- und Auszug durch den Hausmeister

- Transportdienste
- private Haustierpflege (Reinigung der Käfige, Tierfuttereinkauf etc.)

Ein Teil der vorgenannten Leistungen wird schon heute nur noch als Zusatzleistung angeboten.

2.1 Personaleinsatz,

Für eine sinnvolle Steuerung des Einsatzes von Pflegepersonal fehlen nach wie vor geeignete Instrumente. Die Fachkraftquote von 50 % ist ein Dogma, das hinterfragt werden muss. Ist es wirklich notwendig, dass für alle Aufgaben der Begleitung, Betreuung und Pflege examinierte Pflegemitarbeiter benötigt werden? Die Einengung der Fachkraftquote nur auf pflegerisches Personal verhindert das Bilden von multiprofessionellen Teams. Die heutigen Heimkonzepte und Versorgungsstrukturen setzen verstärkt auf den konzeptionellen Ansatz der Normalität, d. h., dass wir Mitarbeiter mit unterschiedlichen Qualifikationsniveaus aus den Berufsfeldern Begleitung, Pflege und Hauswirtschaft benötigen. Als Ergänzung zu Fachpersonal sollten auch Laienhelfer eingesetzt werden, wobei selbstverständlich präzise unterschieden werden muss, welche Aufgaben nur Fachkräfte wahrnehmen dürfen und welche auch von Laienhelfern erbracht werden können.

Hier sehe ich im Zusammenhang mit dem bürgerschaftlichen Engagement bisher nicht genutzte Ressourcen in unserer Gesellschaft. Nicht nur der Einzelne, sondern auch wir als Gesellschaft sind auf das breite bürgerschaftliche Engagement angewiesen, da eine Vielzahl von sozialen und gemeinwesenorientierten Aufgaben nicht oder nicht mehr durch die Solidargemeinschaft bzw. den Staat finanziert werden. Meines Erachtens darf bürgerschaftliches Engagement aber kein Substitut für die Verantwortung der Gesellschaft für soziale Aufgaben sein. Ich halte die Tendenz für falsch, dass z. B. im Sozial- und Gesundheitsbereich die Entwicklung von der Professionalisierung zur Laisierung, je nach Kassenlage, forciert wird. Ehrenamtliche können immer nur Ergänzung, nicht aber Ersatz von professionell Tätigen sein.

2.2 Qualitätsentwicklung und Qualitätssicherung

Die Situation, in der sich soziale Dienstleistungsunternehmen heute befinden, ist paradox: Den vielfältigen Ansprüchen von Politikern, Dezernenten, Geschäftsführungen, Leitungskräften, Kunden, Bewohnern und Angehörigen steht die real existierende Pflegelandschaft gegenüber. Das Spannungsfeld – nämlich qualitativ hochwertige Dienstleistungen zu vertretbaren Kosten zu erbringen – ist für viele

Führungskräfte schwer zu ertragen. Gefordert wird von Bewohnern, Angehörigen und dem Gesetzgeber häufig die Qualität eines Mercedes, bezahlt wird aber nur der Preis für einen Fiat. Daher müssen wir immer wieder deutlich sagen: Wer Fiat bezahlt, bekommt auch nur Fiat und nicht Mercedes.

Was die Finanzierung von Leistungen in der Altenhilfe angeht, so müssen wir uns perspektivisch auf einen schmerzlichen Wandel einstellen. Ich bin davon überzeugt, dass neben einer beitragsfinanzierten, paritätischen Grundversorgung im Pflegebereich zusätzliche private und betriebliche Zusatzleistungen eingeführt werden. Eine steuerfinanzierte Pflege halte ich politisch und gesellschaftlich nicht für mehrheitsfähig.

Die sich permanent verändernden rechtlichen Rahmenbedingungen, zuletzt die Föderalisierung des Heimrechts und die Pflicht der Pflegeeinrichtungen, ihr Leistungsangebot und dessen Qualität für die Verbraucher durch eine Veröffentlichung z. B. im Internet transparent darzustellen (vgl. § 115 Abs. 1a SGB XI), wirken sich auf den Lebensalltag von alten und pflegebedürftigen Menschen sowie auf die Arbeit der Mitarbeiter nachhaltig aus. Ziel der neuen Gesetze ist eine Stärkung des Verbraucherschutzes. Doch m. E. erfährt die Altenhilfe durch diese rechtlichen Vorgaben vielmehr eine weitere Bürokratisierung, die nicht in erster Linie zu einer Verbesserung der Qualität der pflegerischen und betreuerischen Leistungen führt, sondern die Mitarbeiter in den Einrichtungen mit zusätzlichen Verwaltungsaufgaben belastet und ihnen noch weniger Zeit für die direkte Pflege und Betreuung übriglässt. Ich unterstütze alle Maßnahmen, die die Lebenssituation der Bewohner verbessern, doch bezweifle ich, dass die vielen Vorschriften das adäquate Mittel sind, um die Qualität des Wohnens und Lebens in unseren Einrichtungen zu erhöhen.

Nicht erst seit gestern zieht eine Karawane von Beratern durch die Bundesrepublik, die uns bei der Einführung von Qualitätssystemen „gegen Bares" tatkräftig unterstützen möchten. Wie Marktschreier versuchen sie, die DIN ISO oder andere QM-Systeme als Allheilmittel anzupreisen. Einige vergessen jedoch, dass wir es im Pflegebereich mit einer Personendienstleistung zu tun haben und im Vordergrund immer die Menschen stehen müssen und nicht Verfahrensanweisungen. Verfahrensanweisungen sind häufig leider Käfige der Kreativität. Das Streben mancher Kolleginnen und Kollegen nach dem schnellstmöglichen Erreichen des Zertifikates ist für mich vergleichbar mit dem Sammeln von Trophäen, die man sich an die Wand hängt. Bevor jetzt einige von Ihnen aufschreien, möchte ich anmerken, dass ich QM-Systeme sehr wohl für sinnvoll halte. Allerdings kann die Entscheidung, welches System in welcher Einrichtung mit welcher Zielsetzung implementiert werden soll, nur einrichtungsindividuell getroffen werden.

Vor diesem geschilderten Hintergrund ist es mehr denn je angezeigt, sich mit prospektiven Fragen der qualitativen Weiterentwicklung von Dienstleistungsunternehmen im Altenhilfebereich zu beschäftigen, eine Aufgabe, die insbesondere von den Leitungskräften bewältigt werden muss. Diese müssen vor allem den Themen Qualitätsentwicklung und Qualitätssicherung mehr Zeit widmen, um sowohl eine hohe Bewohner- und Mitarbeiterzufriedenheit garantieren als auch die Wirtschaftlichkeit der Einrichtungen gewährleisten zu können. Aus diesem Grund ist es notwendig, sich mit Fragen des Qualitätsmanagements auseinanderzusetzen.

Folgende Ziele einer qualitätsgerechten Unternehmenspolitik müssen dabei ins Auge gefasst werden:

– die Entwicklung eines Leitbildes für die Einrichtung
– die Entwicklung von Unternehmenszielen
– die Schaffung einer qualitätsgerechten Arbeitsorganisation
– die Evaluierung von Bewohnerbedürfnissen
– die Beurteilung der Institution nach ihrer Eignung, Bewohnerbedürfnisse wirtschaftlich und zielgruppenorientiert erfüllen zu können
– die Qualitätsverbesserung durch Fort- und Weiterbildung sowie durch Praxisanleitung.

Die Umsetzung dieser Ziele muss zyklisch und kontinuierlich erfolgen.

Dann sollten wir uns doch auch einmal ansehen, was eigentlich „Evaluierung von Bewohnerbedürfnissen" bedeutet. Wir sollten uns einmal verdeutlichen, welche Bedürfnisse unsere Bewohner wirklich haben. Haben sie wirklich das Bedürfnis, unter drei verschiedenen Menüs auszuwählen? Von zu Hause her dürften die meisten dieses Angebot nicht kennen. Machen wir uns nichts vor: Ist das Qualität, wenn ich drei Essen zur Auswahl anbieten kann? Ist das wirklich immer notwendig? Was ich damit sagen möchte, ist: Sie sollten genau prüfen und hinsehen, was Qualität ist und was Ihre Bewohner unter Qualität verstehen. Diese haben vielleicht mehr Lust, abends noch einen Wein zu trinken.

Die Institution sollte beurteilt werden nach ihrer Eignung, Bewohnerbedürfnisse wirtschaftlich und zielgruppenorientiert erfüllen zu können. Wir müssen natürlich auch klarmachen, dass wir nur ein bestimmtes Marktsegment bedienen und bestimmte Leistungen nicht erbringen können.

3. Arbeitsbedingungen und Entlohnung

Zukünftig wird eine stärkere Flexibilisierung der Arbeitszeiten im Interesse der Mitarbeiter und Bewohner vonnöten sein. Wir müssen zu individuellen, maßgeschneiderten Lösungen kommen – bislang haben wir in der Regel nur „Einheitskonfektion" sowohl für Voll- als auch Teilzeitkräfte. Meine Vision dazu: Je nach individueller Lebensplanung der Mitarbeiter sollte eine variable arbeitsvertragliche

Regelung gefunden werden, die z. B. Wünsche, nur an bestimmten Tagen, Wochen oder Monaten oder eine bestimmte Anzahl von Stunden zu arbeiten, berücksichtigt.

Ein Wegbereiter bei der Flexibilisierung der Arbeitszeiten ist Alfons Nickels vom Franziskusheim in Geilenkirchen mit seinem Projekt „Mobilzeit". In dem Unternehmen stand eine Veränderung des jahrzehntealten Arbeitszeitmodells seit längerer Zeit auf der Tagesordnung. Dazu Alfons Nickels: „Gerade die bewohnerorientierte Verlagerung der Pflegezeiten und die Ausweitung der Zeitkorridore für die Mahlzeiten, angepasst an die unterschiedlichen Bedürfnisse unterschiedlicher Menschen, sind für die neue Generation alter Menschen von immenser Bedeutung. Die neuen Alten werden nicht voller Dankbarkeit jede Form der ‚Hilfe' als karitatives Werk verstehen wollen und honorieren, sondern Ansprüche stellen, für gutes Geld eine gute Leistung einfordern, als Individuen im Mittelpunkt der Aufmerksamkeit stehen wollen und im Kopf eine Kosten-Nutzen-Analyse anstellen. Diese Generation wird sich nicht an manchmal ja auch sehr fragwürdigen Sachzwängen orientieren und ihre jahrzehntelang erprobten Gewohnheiten nicht wegen unserer Organisationsdefizite umstellen wollen, sondern einfordern, dass wir unsere Strukturen an den Einzelnen anpassen" (Schlüter, W. / Nickels, A.: Flexible Dienstzeitmodelle: Bausteine zukunftsorientierter Führungsarbeit in der Pflege. München; Jena: Elsevier, Urban und Fischer, 2006, S. 61 f.).

Die mit der Einführung der Mobilzeit verfolgte Zielsetzung bewegte sich auf unterschiedlichen Ebenen (vgl. ebenda: S. 61 ff.):

– Eine höhere Orientierung der Arbeitszeiten an den externen und internen Kunden war einer der Ecksteine, die zu Beginn gesetzt und als unbedingt erforderlich angesehen wurden.
– Die stärkere Ausrichtung der Personalbesetzung am schwankenden Arbeitsanfall war ein weiterer Richtpunkt.
– Durch eine flexible Gestaltung der Arbeitszeit sollten Qualität und Quantität zu Hochlastzeiten erhöht und der Überhang bei der Mitarbeiterpräsenz zu Niedriglastzeiten gesenkt werden.
– Die bessere Berücksichtigung von Mitarbeiterinteressen, die Förderung der Eigenverantwortung und die Erhöhung der Flexibilität in der täglichen Arbeit im Rahmen der betrieblichen Möglichkeiten waren gemeinsam angestrebte Ziele.
– Bei einem Frauenanteil in dem Unternehmen von 85 % sollte das Modell der Vertrauensarbeitszeit „frauenfreundliche" und damit familienfreundliche Komponenten beinhalten.
– Die „Förderung des Teamprozesses" wurde bei der Festlegung der Ziele als positiver Nebeneffekt erwartet.

Einer Optimierung bedarf m. E. dringend der Informationsfluss in den Einrichtungen. Was in allen Häusern in der Regel gut funktioniert, ist der informelle Informationsfluss. Hingegen treten bei den offiziellen Informationswegen häufiger Störungen durch fehlende, unvollständige, falsche oder verspätete Informationen auf, wodurch ein optimaler horizontaler, vertikaler und diagonaler Informationsfluss gestört wird. Eine Optimierung dieses Bereiches ist für eine qualitätsgerechte Erfüllung der Aufgaben und für die Weiterentwicklung sozialer Einrichtungen sehr wichtig. Die virtuellen Kommunikationsmöglichkeiten werden zwar entscheidenden Einfluss auf diese Entwicklung nehmen, das persönliche Gespräch können und werden sie auch in Zukunft nicht ersetzen.

Zur Entlastung der Mitarbeiter halte ich folgende Angebote für zukunftsträchtig:

- Entwicklung von Anforderungsprofilen
- Beratungs- und Entwicklungsgespräche/Zielvereinbarungen
- die Möglichkeit zur Jobrotation
- Teamberatung als Unterstützung für die Mitarbeiter
- Coachings für Leitungskräfte
- Schaffung von stressfreien Zonen in den Einrichtungen (z. B. Aktivitäten- und Ruheraum)
- Programme zur Wellness.

Auf Grund der Zunahme von Konflikten am Arbeitsplatz halte ich es ebenso für sinnvoll, sich verstärkt dem Thema der professionellen Konfliktlösung beispielsweise durch Mediation zu widmen. Mediation bedeutet Vermittlung in Konflikten durch unparteiliche Dritte. Das heißt, dass die an einem Konflikt beteiligten Parteien darin unterstützt werden, Lösungen zu finden, die von allen Seiten akzeptiert werden können. Mit dieser Methode werden Konflikte zielgerichtet und kreativ gelöst. Sie ist darüber hinaus billiger als das Austragen von Streitfällen vor einem Gericht.

Nicht wenige soziale Dienstleistungsunternehmen beschäftigen sich mit neuen Entgeltsystemen, unter anderem deshalb, weil in den letzten Jahren die Personalkosten stärker gestiegen sind als die tatsächlich erreichten Budgets in den Pflegesatzverhandlungen. Über die Frage nach neuen Vergütungsmodellen ist eine lebhafte, ja teilweise polemische Diskussion in Deutschland entbrannt, die häufig nicht zukunftsorientiert ist. Vorwürfe wie Lohndumping, Tarifflucht oder Arbeiten zum „Vergelt's-Gott-Tarif" sind in diesem Zusammenhang nicht hilfreich. Meines Erachtens müssen wir uns der Diskussion über neue Tarifbedingungen in der Altenhilfe unvoreingenommen stellen. Nur auf Besitzstände zu beharren, ist kontraproduktiv und verhindert kreative Lösungen.

Bei der Etablierung neuer Vergütungsmodelle müssen für die einzelnen Vergütungsgruppen im Interesse der Herstellung von größerer Transparenz klare und somit unmissverständliche Tätigkeiten und Tätigkeitsmerkmale im Sinne eines Anforderungsprofils erstellt werden. Wichtig hierbei ist, dass der jeweilige Katalog von Tätigkeiten und Tätigkeitsmerkmalen keinen abschließenden Charakter hat, d. h., er muss modifizierbar sein. In der Praxis gibt es bereits Modelle, die diesen Weg gehen. Zusätzlich werden Zuschläge für Nacht- und Wochenenddienste, für Feiertage sowie Rufbereitschaften gezahlt. Auch im Hinblick auf Urlaubs- und Weihnachtsgeldzahlungen gibt es in der Praxis unterschiedliche Modelle (z. B. ergebnisabhängige Zahlungen).

Ich höre jetzt schon kritische Stimmen, die sagen, in der Altenhilfe gibt es kein positives Betriebsergebnis mehr, sodass die Mitarbeiter selten oder nie Sonderzahlungen erhalten werden. Diese Gefahr sehe ich bei manchen Trägern auch, jedoch wird vor dem Hintergrund des wachsenden Fachkräftebedarfs kein Einrichtungsträger auf Dauer Mitarbeiter an sich binden können, der seine Beschäftigten nicht am Erfolg partizipieren lässt. Gerade bei einem negativen Geschäftsergebnis ist das Herstellen von Transparenz seitens der Geschäftsführung dringend notwendig, damit die Mitarbeiter die Hintergründe für niedrige oder ausbleibende Sonderzahlungen verstehen lernen. Umgekehrt gilt das natürlich auch bei einem positiven Geschäftsergebnis.

Meiner Ansicht nach haben viele Einrichtungen in diesem Bereich noch strategische Möglichkeiten, die sie bisher nicht vollends ausgeschöpft haben.

4. Resümee

Wir brauchen in sozialen Dienstleistungsunternehmen einen Paradigmenwechsel: Weg von der Massenkonfektion, hin zur Maßschneiderei. Der ältere und pflegebedürftige Mensch soll ein Wohn- und Unterstützungsangebot nach seinen Vorstellungen wählen können. Das bedeutet auch, dass wir in unserer Gesellschaft definieren müssen, welche Qualität des Wohnens, der Pflege und Begleitung einem Pflegebedürftigen in Art und Umfang sozialversicherungsrechtlich zustehen kann. Im Ergebnis müssen normative Mindeststandards formuliert werden, die jedem älteren und pflegebedürftigen Menschen, unabhängig von seinen monetären Ressourcen, garantiert werden.

Für die Anbieter von Dienstleistungen bietet eine weitergehende Diversifikation der Angebotspalette zum einen eine Tiefenschärfe bei der Kundenorientierung, z. B. durch zielgruppen- und milieuspezifische Angebote, zum anderen kann ein Mix von einrichtungsspezifischen Angeboten (von „einfach" bis „de luxe") mit Hilfe der Zu- und Abwählbarkeit von Modulen offeriert werden. Die Abkehr von Pauschalierungen, die u. a. durch die heutigen Arbeitszeitmodelle und Vergütungsformen und einschlägigen Verträge noch vorgegeben sind, ist die notwendige Voraussetzung für mehr Flexibilität und Innovation.

Nach Ed Simon und Herman Miller müssen sich Führungskräfte in der Wirtschaft zu „Unternehmensarchitekten" entwickeln, d. h., Führungskräfte arbeiten verstärkt analytisch, visionär, strategisch und proaktiv. Dies muss nach meiner Auffassung auch für die Führungskräfte in sozialen Dienstleistungsunternehmen wie unseren Heimen gelten. Dabei müssen wir keine Angst vor der Zukunft haben, auch wenn nicht immer gewiss ist, in welche Richtung sich die Dinge entwickeln werden.

Gadgets und Dashboards mit KPI's in NPO's??? Eine Polemik gegen „sich selbst schaltende Ampeln" und andere Untugenden im Controlling

Peter Hofschröer

Locker seit 20 Jahren versprechen schon sämtliche Software-Anbieter dieser Welt, alle controllingrelevanten Zahlen könnten auf den berühmten Knopfdruck hin abgerufen werden. Mit dem Ergebnis, dass bis heute immer noch Heerscharen von Controllern damit beschäftigt sind, tagtäglich ihre Zahlen von den unterschiedlichen Software-Inseln im Unternehmen zusammen zu suchen (und zu drucken), um sie dann im wahrsten Sinne des Wortes *eigenhändig* hinter Gitter zu bringen – nämlich diejenigen von Excel. „Excelst du noch oder controllst du schon?" fragen sich die Insider da gerne gegenseitig nicht ohne Häme. Denn „Tippen statt steuern" ist leider immer noch die beklagenswerte Realität im Controlling-Alltag.

Und kaum, dass in der jüngsten Vergangenheit endlich auch Business Intelligence-Werkzeuge so erschwinglich geworden sind, dass sie zunehmend auch Einzug ins Gesundheits- und Sozialwesen finden, wird sogar der einfachste *Knopfdruck* schon zu unbequem und stressig für die Manager. Jetzt erwarten sie gar, dass sich nach Einschalten des Computers selbsttätig ein farbenfrohes Armaturenbrett auf dem Desktop ausbreitet, um alle steuerungsrelevanten Unternehmensdaten in styligen Tacho- und Thermometern, Ampeln, Wimpeln, Fähnchen oder Mondphasen zu präsentieren. Quasi die PlayStation am hochvergüteten Arbeitsplatz. Dabei wird natürlich total vergessen, dass es sich bei „Business Intelligence" zunächst einmal nicht um Software handelt, sondern zu allererst um eine Geisteshaltung und einen Prozess, der gelebt und erarbeitet werden muss. Aber das ist ja zu anstrengend, stattdessen kauft man sich lieber ein Stück Software und dann wird man ja schon von selber sehen.

Natürlich darf dieses Manager-Spielzeug dann auch nicht einfach nur schlicht *Armaturenbrett* heißen sondern „Dashboard". Und wenn sich dieses *Dashboard* in einer (Mini-)Applikation selber startet, sofort nach Einschalten des Rechners, dann spricht man von einem „Gadget". Eine Frühform des *Gadgets* ist seit langem die kleine Uhr rechts unten in der Windows-Statusleiste. Man wird mir mehrheitlich Recht geben, wenn ich behaupte, dass diese Uhrzeit auf über 95 % aller Rechner weltweit <u>nicht</u> stimmt. Aber die KPI's (Key Performance Indicators = Schlüsselkennzahlen) in den Dashboards – denen kann man sicherlich blindlings vertrauen, oder?

„Ohne Fleiß keinen Preis" haben unsere Lehrer früher gesagt. „No pain, no gain" scheint man wohl heute in der IT-Welt sagen zu müssen, um verstanden zu werden, oder alternativ: „no sweet without sweat!". Und „Learn to walk before you run!" (der geneigte Leser darf jetzt selber raten, wie das deutsche Pendant dazu heißt) bedeutet in einem Business Intelligence-Projekt zunächst mal ganz einfach: Ein zentrales „Datenlogistik-Zentrum" (vulgo: DataWarehouse) zu schaffen, das alle steuerungsrelevanten Daten des Unternehmens harmonisiert und abgestimmt zusammenführt. *Abgestimmt* heißt: (daten-)hygienisch einwandfrei. Das ist das Fundament, das Bestand haben muss, bevor überhaupt über Dashboards & Co. nachgedacht werden kann und darf.

So auf den Boden der Realität zurückgeschmettert, verlieren sich viele dann in eine „Wir haben aber keine konsistente Datenlage"-Depression, und meinen aus diesem Grunde mache die Einführung eines DataWarehouses keinen Sinn. Damit würde man aber einen der „größten Fehler" machen, die R. Volck in seinem Erfahrungsbericht aus 40 Data-Warehouse-Projekten nennt: Das Warten auf bessere Daten in operativen Systemen. „Der Traum von konsistenten Daten in operativen Systemen wird immer ein Traum bleiben. Ein funktionierendes Data-Warehouse kann allerdings Mängel in den operativen Daten aufdecken und beseitigen helfen [Volc00, 242].

Hat man die Pflicht erst einmal gemeistert und ein funktionierendes Data-Warehouse eingeführt, kann man sich an die Kür machen und nach Lust und Laune controllen – sollte man meinen. Was man dabei alles falsch machen kann und was auch gerne falsch gemacht wird, sei anhand der folgenden Controlling-Untugenden dargestellt.

Controlling-Untugend 1: Keinen Plan haben

„Controlling" heißt „Steuerung" und etwas ansteuern kann man nur wenn man ein Ziel hat. Im Controlling muss man also Ziele definieren und die Zielerreichung dauernd im Visier haben, indem man darauf hinsteuert, dass möglichst die Ziele erreicht werden. Das kann aber nur funktionieren, wenn man Planung wirklich ernst nimmt und keine unerreichbaren Planzahlen hinwirft, die sowieso nicht erreicht werden können und dann auch von den Beteiligten gar nicht erst ernst genommen werden. Anders herum muss man im Controlling stets bereit sein, auch Plananpassungen vorzunehmen, wenn sich die Voraussetzungen geändert haben, auf deren Basis eine Planzahl zustande gekommen ist. Das heißt ja noch lange nicht, dass man das vom Aufsichtsgremium genehmigte Jahresbudget einfach „überklatscht". Das kann durchaus im System bleiben, aber es ist wichtig, dass man neben die (starre) *Plan*zahl dann auch noch die der aktuellen (Beschäftigungs-) Situation angepasste *Soll*zahl stellen muss. Das heißt konkret: Wenn ich ein Lebensmittel-Budget von 5,50 € pro Pflegetag festlege und 10.000 Pflegetage plane, dann steht im Plan die Zahl 55.000 €. Steigt meine Auslastung aber über meine ursprüngliche Erwartung auf 12.000 Pflegetage an, dann muss in der Soll-Spalte 66.000 € stehen, sonst habe ich schnell eine zu Unrecht negativ dargestellte Plan-Ist-Abweichung im Bericht:

€	Plan	Soll	Ist	Abw. €	Abw. %
Lebensmittel	55.000	66.000	60.000	6.000	9,09
Abschreibungen	12.000	12.000	11.958	42	0,35
Zinsen	8.500	8.500	7.950	550	6,47
...	...	...	...	...	...

Wir werden dieses Thema weiter unten noch einmal aufnehmen. An dieser Stelle ging es um eine fundierte Planung. Fundiert meint dabei zum einem „realistisch" und zum anderen, dass die Zusammensetzung einer jeden Plan-Zahl transparent aus ihren einzelnen Komponenten heraus darstellbar ist. Dazu müssen auch die Rechenoperationen, auf denen die Planung basiert im System vorgehalten werden.

Fazit: Leistungsinduzierte Kosten immer gekoppelt an Leistungsmengen planen. Am besten schon im ERP-System (sofern vorhanden).

Controlling-Untugend 2: Scheingenauigkeit und Überfrachtung

Diese Zahlen hier sind wirklich da, wo sie hingehören, hinter Gittern:

	Plan €	Ist €	Abw. €	Abw. %
Personalaufwand	1.166.897,37	1.386.821,22	-219.923,85	-18,85%
Sachaufwand	942.623,22	859.568,13	83.055,09	8,81%
Gesamtaufwand	**2.109.520,59**	**2.246.389,35**	**-136.868,76**	**-6,49%**

Dr. Nicolas Bissantz fordert in seinem Blog „Me, myself und BI" [Biss07]: „Schaffen Sie die Pseudogenauigkeit in Ihrem Berichtswesen ab." und ich finde, dass bei dem Zahlenwerk oben noch einiges mehr abgeschafft werden sollte.

Denn ist nachfolgende Darstellungsvariante derselben Zahlen wirklich schon so viel besser?

	Plan T€	Ist T€	Abw. T€	Abw. %
Personalaufwand	1.167	1.387	- 220	- 19 %
Sachaufwand	943	860	+ 83	+ 9 %
Gesamtaufwand	**2.110**	**2.246**	**- 137**	**- 6 %**

Rein optisch gesehen ja, denn

- Es gibt keine schwindelerregende Pseudogenauigkeit mit zwei Nachkommastellen mehr sondern die Zahlen werden in T€ dargestellt, was auf dieser Aggregationsebene vollkommen ausreichend ist
- Ohne Gitternetze „riechen" die Zahlen nicht mehr so sehr nach manipulierbaren Excel-Machwerken und wirken daher sofort vertrauenswürdiger
- Die Abweichungsspalten sind auch für einen Laien sofort nachvollziehbar, denn man weiß sofort, ob man „rote oder schwarze Zahlen geschrieben" hat, bzw. „sein Konto überzogen hat oder im Plus steht".

Trotzdem ist der Informationsgehalt dieser Auswertung mehr als fragwürdig, denn

- Die Zahlen sind derartig hochverdichtet, dass keine Rückschlüsse möglich sind, an welcher Stelle konkret gegengesteuert werden könnte oder an welcher Stelle ggf. Fehler in der Planung vorliegen. Denn was kann ich tun, wenn ich sehe, dass ich bei den Personalkosten 220.000 € zu hoch liege? Im nächsten Monat einfach 220.000 € weniger überweisen, würde zwar das Defizit ausgleichen, ist aber erstens illegal und zweitens schädlich für das Betriebsklima.
- Die Zahlen müssen aber nicht nur detaillierter aufgeschlüsselt werden (die Personalkosten nach einzelnen Dienstarten etc.) sondern sie müssen auch mit entsprechenden Mengengerüsten hinterlegt werden, um steuerungsunterstützende Rückschlüsse zu ermöglichen: Wie viele Stellenäquivalente habe ich geplant und nun tatsächlich im Ist-Einsatz? Welche Beschäftigung (Auslastung) steht dem im Plan und im Ist gegenüber?

Fazit: Befreit diese Zahlen nicht nur aus ihrem Gitter-Verlies, sondern schmeißt sie anschließend in die Controlling-Mülltonne.

Controlling-Untugend 3: Ärmelschoner-Controlling

Die Zeiten, als Controlling in Deutschland noch „Betriebsbuchhaltung" hieß, sind noch gar nicht so lange her. Und auch heute noch obliegt in vielen Betrieben der Buchhaltung die Herrschaft über die Zahlen des Unternehmens. Da erschrickt man dann gerne Abteilungsleiter mit mysteriösen Zahlen wie Liquiditätsgrad, Umsatzrendite, Eigenkapitalquote, Anlagenintensität und Anlagendeckung. Und wer sich einen modernen Anstrich verpassen möchte, packt dann noch EBITDA und ROI dazu.

Solche und andere bilanzkritischen Kennzahlen brauche ich, wenn ich meine Einrichtung an die Börse bringen will oder vielleicht wenn ich zur Bank gehe, um in Zeiten von Basel II einen Kredit zu beantragen. Sie dienen der Unternehmens-Bewertung, nicht aber der Unternehmens-Steuerung.

In den letzten 15 Jahren habe ich unzählige Leiter Rechnungswesen in Vorträgen und Präsentationen mit dem Spruch schockiert: „Für das *operative* Controlling kann ich sehr gut auf die Zahlen der Buchhaltung verzichten, die spielt hier eigentlich nur eine *Nebenrolle!*"

Denn man hat ja schon Wochen bevor die letzte Bank und die letzte Kasse gebucht ist alle steuerungsrelevanten Zahlen in seinem Data-Warehouse:

- Aus der *Leistungsabrechnung* die Umsatzerlöse nach Einzelleistungen sowie die Belegungszahlen und die Belegungsstruktur.
- Aus dem *Personalwesen* die kriegsentscheidenden Kosten ausdifferenziert bis nach Dienstarten, Berufsgruppen, Tarifen, Bezugsarten und einzelnen Mitarbeitern, wenn nötig. Und dies nicht nur in € sondern auch in Vollkräfteäquivalenten.

Man kann also direkt zum Monatswechsel hergehen, und die aktuelle Beschäftigungssituation (Auslastung) analysieren und ggf. gegensteuernde Maßnahmen ergreifen. Und ich kann den Ressourcen-Einsatz in Relation zu dieser Beschäftigungssituation setzen. Da in der Sozialwirtschaft die Personalkostenintensität gegen 100 % strebt, heißt dies konkret: Personalbedarfsermittlung anhand von Personalschlüsseln.

In der folgenden Abbildung ist ein etwas vereinfachtes Beispiel für eine Seniorenhilfe-Einrichtung dargestellt:

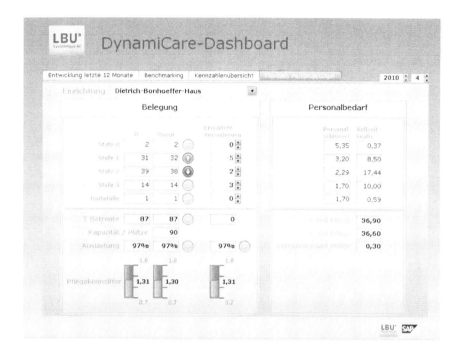

Die Personalbedarfsermittlung ist die *Flexible Plankostenrechnung* der Sozialwirtschaft, eine andere haben wir hier nicht! Selbstverständlich gibt es für diese Art von Controlling, das weniger auf monetäre Kennzahlen als vielmehr auf das Leistungsgeschehen und den Ressourceneinsatz abzielt, längst ein anglizistisches Fachwort: *Performance Management* heißt es und hat sich leider in der Sozialwirtschaft noch lange nicht rumgesprochen.

Fazit: Für die Analyse der kriegsentscheidenden Kosten brauche ich keine Zahlen aus der Buchhaltung. Nur für die „Radiergummi-Kosten" muss ich warten bis Banken und Kassen gebucht sind.

Controlling-Untugend 4: Falsch geschaltete Ampeln

Falsche Informationen sind schlimmer als gar keine Informationen, deshalb muss man ungeheuer aufpassen bei Controlling-Ampeln und vor allem, dann wenn sie sich von selber schalten.

Wir nehmen hierzu das Thema mit den Lebensmittelkosten von weiter oben erneut auf, anhand der kleinen Auswertung in der folgenden Abbildung:

	Plan €	Ist €	Abw. €	Abw. %
...	...	...	...	...
Lebensmittel	55.000	60.000	- 5.000	- 9,1 %
Energie	12.000	11.958	+ 42	+ 0,4 %
Betreuungsaufw.	8.500	7.950	+ 550	+ 6,5 %
...	...	...	...	...

Ohne die dazugehörigen Verköstigungstage ist diese Auswertung wenigstens bzgl. des Lebensmittelaufwands in € nicht nur sinnlos sondern auch gefährlich. Es kann sein, dass wir im Ist eine höhere Belegung haben als im Plan und insofern ein erhöhter Lebensmittelaufwand durchaus gerechtfertigt ist. Es wäre schlichtweg falsch dann ein rotes Signal zu setzen, so wie in diesem Beispiel.

Es gibt aber noch ganz andere Möglichkeiten, wie wir an folgendem stark konstruierten Beispiel sehen können:

Angenommen wir haben geplante Belegungstage in Höhe von 10.000, das entspräche also einem Verköstigungssatz von 5,50 € pro Tag. Angenommen im Ist haben wir nun aber 12.000 Belegungstage (also höhere Auslastung), dann bedeutet dies aber im Umkehrschluss, dass man im Ist nur 5 € pro Verköstigungstag ausgibt, also 50 Cent weniger als geplant.

Wie muss nun die Ampel geschaltet werden? Auf Grün wenn ich dem Koch einen Orden dafür verleihen möchte, dass er einfach beim Essen spart. Oder auf Rot wenn ich einen bestimmten Qualitätsstandard beim Essen durchsetzen möchte und ich diesen gefährdet sehe bei einer Absenkung um 50 Cent pro Tag.

Fazit:Ohne genau justierte und ausdifferenzierte Zieldefinitionen besser die Ampeln ausschalten!

Controlling-Untugend 5: Dekogramme

Bissantz – selber Anbieter von ebenso hochkarätigen wie hochpreisigen BI-Lösungen – fordert in seinem schon oben zitierten äußerst interessanten Blog [Biss08] „Tod dem Dekogramm" und „wünscht ihm die völlige Ausrottung". Zweifelsohne gibt es Diagramme, die so gut gemacht sind, dass sie Informationen einfach viel schneller und sicherer transportieren können als nackte Zahlen. Aber ein Diagramm oder eine Grafik um sich selbst willen ist nur Dekoration und wenn's besonders schlimm kommt, kann sie sogar falsche Rückschlüsse auslösen.

Daher sortiert Reinhold Scheck [Sche07] in seinem Werk über Diagramme mit Excel 2007 auch gnadenlos drei Viertel aller Excel-Diagramm-Vorlagen als unbrauchbar bis schädlich aus und stellt dann für den Rest in aller Ausführlichkeit höchst anspruchsvolle Diagramme kategorisiert nach Typ und Zweck vor.

Die nachfolgende Abbildung zeigt exemplarisch den Auslastungsgrad für vier Einrichtungen über eine Zeitachse von zwölf Monaten. Der Berichtsempfänger erhält in erster Linie, das was er tatsächlich braucht: Zahlen. Und zwar den Startwert und den Endwert sowie das Maximum, das Minimum und den Durchschnittswert sowie mit den Pfeilen dargestellt den Trend (Endwert im Vergleich zum Durchschnittswert). Allein für die Einzelmonate wurde ein Liniendiagramm gewählt, bei dem ganz bewusst auf die Darstellung der Einzelwerte verzichtet wurde, um in einer möglichst übersichtlichen Form den Verlauf über die zwölf Monate anschaulich zu visualisieren.

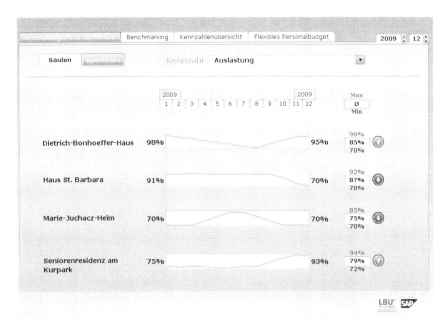

Man darf aber auch die „politische" Wirkung, die Diagramme und Grafiken haben, nicht ganz leugnen. Gerade in Richtung externe Berichtsempfänger wie Banken und Aufsichtsgremien suggerieren sie auf jeden eine hohe Berichtsqualität und somit implizit auch eine hohe Qualität des Controllings in der Einrichtung im Allgemeinen und des vorgestellten Zahlenwerks im Besonderen.

Fazit:Nicht den zweiten Schritt vor dem Ersten machen. Oder „Learn to walk before you run! "

Literatur:

Bissantz, Dr. N.: http://blog.bissantz.de/scheingenauigkeit (eingestellt 13.04.2007, abgerufen 19.07.2010)

Bissantz, Dr. N.: http://blog.bissantz.de/dekogramm (eingestellt 25.07.2008, abgerufen 19.07.2010)

Scheck, R.: Microsoft Excel 2007- Diagramme: Vom Basismodell zum professionellen Präsentationsprogramm. Dynamische Lösungen ohne Programmierung, Microsoft Press 2007

Volck, R.: Kriterien für erfolgreiche Data Warehouse-Projekte: Erfahrungen aus 40 Projekten. In: Jung, R.; Winter, R. (Hrsg.): Data Warehousing 2000: Methoden, Anwendungen, Strategien. Heidelberg 2000, S. 227–248.

6.
Finanzierung und Marketing

Finanzierungselemente und betriebliches Berichtswesen Gem. §§ 77, 78a bis g SGB VIII

Prof. Dr. Hans-Christoph Reiss

Zur Themenstellung: „Alter Wein in neuen Schläuchen?"

Ausgangspunkt der Betrachtungen der Jugendhilfe in Deutschland muss der Bericht der damaligen Abgeordneten und Gesundheitsministerin Andrea Fischer sein, der mit Nennung ihres Namens von einem leitenden Mitarbeiter des Bundesministeriums Frauen, Senioren, Familie und Jugend die Bundestagsdrucksache zur Änderung des SGB VIII begleitete (Neufassung, 1998). Hierbei sind einige wesentliche Gesichtspunkte in der dargestellten Argumentation bedeutsam, wenn auch gleichermaßen praxisfern. Dennoch sind diese selbstverständlich in die (Entwürfe der) Rahmenvereinbarungen der einzelnen Bundesländer eingegangen. Diese Rahmenvereinbarungen regeln das Miteinander der Auftraggeber (i. d. R. der Jugendämter) und der Auftragnehmer (der Einrichtungen bzw. Einrichtungsbetreiber). Hierauf wird noch vertieft einzugehen sein.

Adäquate betriebliche Steuerungsmechanismen im Inneren einer Organisation taten damals wie heute Not, um sich auf entstehenden wirtschaftlichen Druck, der vielerorts zum Existenzdruck wurde, vorzubereiten. Im Zuge der „Ökonomisierung" und Durchdringung der Organisationen mit betriebswirtschaftlichem Gedankengut fanden hier Veränderungen statt. Insofern tatsächlich „Alter Wein in neuen Schläuchen".

Die betriebswirtschaftliche Funktion des Controllings hat in sehr hohem Maße Einzug in die Führungsriegen der Sozialwirtschaft gehalten. Im Verlauf der sozialwirtschaftlichen Managementtagungen in Mainz – meine ich – konnte man dies sehr wohl anhand vieler Beispiele zeigen, – aus Teilnehmersicht – sehen. Mit traditionellen und mit modernen Instrumenten soll das Controlling einen wesentlichen Teil der anstehenden Steuerungsaufgaben unterstützen und z. T. auch selbst erfüllen.

Ein wesentlicher Teil des Controllings ist hierbei das betriebliche Berichtswesen (Reiss, 1999). Ihm kommt der wesentliche Auftrag zu, als ein Kernelement des Controllings die betrieblichen Systeme beim Informationstransfer von einer Stelle zu einer anderen zu koppeln. Damit hat das Berichtswesen auch eine wesentliche „Filterfunktion": In einem betrieblichen Informationssystem sind stellenspezifisch Informationen vor dem Hintergrund ihrer Entscheidungsrelevanz zu betrachten. Berichte sind Zusammenstellungen solcher Informationen (vgl. Reiss, 1996).

A. Änderungen des SGB VIII (KJHG) und seine Auswirkungen

Die Jugendhilfeeinrichtungen sahen sich durch die Neuregelung des SGB VIII einer Angleichung der Finanzierungsbedingungen und –strukturen gegenüber. Immer mehr Leistungserbringer in den verschiedensten Bereichen der sozialen Sicherungssysteme waren und sind gezwungen, immer mehr Leistungen – gemessen am mengenmäßigen Ergebnis *(Output)* –, immer mehr Qualität, beurteilt anhand der Leistungswirkung *(Outcome),* ohne zusätzliche oder gar zu geringeren Kosten erbringen zu müssen. So wird in dem Kommentar der damaligen Abgeordneten Fischer zur SGB VIII-Änderung vom „... Vorbild der Regelungen im Bereich der Pflegeversicherung (SGB XI) sowie des Bundessozialhilfegesetzes (§ 93 ff BSHG) ..." gesprochen.

Verständlicherweise wächst so die Versuchung in den Einrichtungen, die Leistungsqualität möglichst unbemerkt vom Vertragspartner und dem Finanzierungsträger zu reduzieren.

Es stellt sich damit die Frage, wodurch diese bestimmt wird. Der traditionelle Weg, „Qualität" über das Konstrukt von Donabedian mit Struktur-, Prozess- und Ergebnisqualität zu erläutern, scheitert in der Praxis beinahe regelmäßig. Ein über 30 Jahre altes Konzept zu bemühen, um aktuelle Probleme der Leistungserbringung und –finanzierung zu lösen, ist – in ökonomischer Betrachtung – hochgradig irrational und wird auch durch die weitläufig gepflegte Praxis, mit diesem Konzept immer wieder zu argumentieren, nicht besser: Es genügt einfach nicht mehr den Anforderungen, die heute an die Einrichtungen / Leistungserbringer gestellt werden (Reiss, 1998 b).

Der „Erfolgsfaktor", der gerade dem SGB XI und der neuen BSHG-Regelungen zu Grunde liegt – die *Bildung von Pflege- bzw. Bedarfsgruppen* – soll nach Vorstellung des Gesetzgebers für die Anwendung in der Jugendhilfe ausgeschlossen sein. Dies ist ebenfalls nicht nur praxisfern – in den Einrichtungen wird in Kooperation mit Jugendämtern mit derartigen Bedarfsgruppen gearbeitet. Dies ist auch genauso irrational in Bezug auf das Ziel der „Schaffung einer stärkeren Transparenz von Kosten und Leistungen sowie die Verbesserung der Effizienz der eingesetzten Mittel". Widersprüche mit fachlichen Grundsätzen sind durch die Bildung von Bedarfsgruppen bei den Jugendlichen in diesem Sinne bislang nicht belegt (Reiss, 1998 a).

Richtig ist sicher, dass eine stärkere Klientenorientierung im Management von Sozialleistungsorganisationen in Zukunft zunehmende Bedeutung haben wird. Der Kern dieser Klientenorientierung (in Anlehnung an den betriebswirtschaftlichen Begriff der Kundenorientierung), der die Sicherung der Souveränität des Klientels zur Grundlage hat, lässt sich als Bestandteil eines administrativen Qualitätsmanagements beschreiben, das fachliche und innerbetriebliche ökonomische Elemente haben muss.

Andererseits ist das enge Kooperations- und Austauschgeflecht der freien Wohlfahrtspflege für die *Gestaltung des Wettbewerbs* in dieser „Branche" bezeichnend. Es wird über operative und strategische betriebswirtschaftliche Steuerungsmechanismen Einfluss haben. Ein Markt, der in der Lage ist, notwendige wettbewerbliche Transaktionsleistungen im Bereich der Jugendhilfe zu erbringen, war bislang in den 90er Jahre in den sozialen Diensten der sozialen Marktwirtschaft grundsätzlich nicht vorgesehen oder wurde so nicht interpretiert. Dies begann sich mit den Änderungen der Sozialgesetzgebung, hier also des SGB VIII, zu ändern. In der Jugendhilfe wird dies z. B. durch die Formulierung in § 78e SGB VIII offenbart, wo für diesen Marktsektor erstmals auch „sonstige Leistungserbringer" erwähnt werden.

Im größeren Kontext spricht die Monopolkommission der Bundesregierung von „Kartellbildung" der Wohlfahrtspflege im sozialen Versorgungssystem der BRD (vgl. schon bei Baum, 1998, S. 5 und Meyer, 1998, S. 19). Sie sieht dabei die Gemeinnützigkeit als eines der Übel an: Die „ ... diskriminierende Steuerbefreiung gemeinnütziger Körperschaften" (Meyer, 1998, S. 19) wird durch den Bundesfinanzhof und den Europäischen Gerichtshof mit ihren Urteilen zunehmend liberalisiert und erhöht folglich den Wettbewerbsdruck weiter. Diensteanbieter aus anderen europäischen Staaten treten auch in Deutschland als Wettbewerber – und damit als Konkurrenten – auf. Als Beispiel sei auf das Auftreten von niederländischen Anbietern in Nordrhein-Westfalen genannt oder auch die Aufnahme von luxemburgerischen Jugendlichen in Einrichtungen im Kölner Raum.

Die öffentliche Hand nutzt dies für sich in der ihr eigenen Art: Grundsätzlich – so hat es einmal ein Tagungsteilnehmer bei einer Veranstaltung des Vereins für Sozialplanung formuliert – gehen der Gesetzgeber und die Kommunen bei ihrer *Gestaltung der Finanzierungsstrukturen* von einer „Manndeckung zur Raumdeckung" über. D. h. im Sinne einer Budgetierung werden Finanzmittel zunehmend über die Bildung sozialräumlicher Budgets an Einrichtungen gegeben. Personenbezogene Entgelte – fallbezogene Entgelte – werden über Budgets reglementiert, die für die Lösung sozialer Probleme in einem bestimmten Gebiet geplant werden (vgl. dazu der Tagungsband des VSOP zu regionalen Budgets, 1997).

Jugendhilfeeinrichtungen werden folglich gemäß § 78 b SGB VIII über drei Vereinbarungsarten gesteuert werden: die *Leistungs-, Entgelt- und die Qualitätsentwicklungsvereinbarung*. In unterschiedlicher Weise sind diese drei Vereinbarungen ebenso unterschiedlich konkret die Grundlage für die Übernahme des Leistungsentgelts durch die Kostenträger (verstanden als Finanzierungsträger).

Nehmen wir als Basis aller Betrachtungen die damals detaillierteste Regelung von Rahmenvereinbarungen der Bundesländer, die bekannt wurde – die niedersächsische Rahmenvereinbarung, die Ende 1996 unterzeichnet wurde – dann liegt uns ein Muster zukünftiger Dokumentationsnotwendigkeiten vor. Dieses beschreibt zwangsläufig auch die Anforderungen an die innerbetrieblicher Dokumentations- und Informationssysteme. Steuerungsspielräume können für die Leistungsanbieter nur noch über derartige Regelungen ermittelt werden.

Das Controllerherz schlägt höher: Endlich der Anflug von Klarheit für das Ausloten von Spielräumen! Denn die Entgelte folgen der Leistungsvereinbarung und regeln sich – nach dem Muster der anderen bereits genannten ebenso geänderten Finanzierungen von Pflegeleistungen und BSHG-Leistungen – in der Form von Modulen je Leistungsangebot:

Entgelte gliedern sich grundsätzlich in

Einrichtungsindividuelles Entgelt für Grundleistungen

z. B.
die Erziehungspauschale

(enthält bestimmte, vorgegebene Kostenarten (-gruppen):

- Personalkosten
- Sachkosten einschließlich Kosten für Unterbringung und Verpflegung
- Kosten besonderer Leistungsbereiche
- Pauschalen für Sonderaufwand.

Entgelt individueller Sonderleistungen

× Auf Basis der Leistungsbeschreibung im Rahmen des Hilfeplans (und dessenFortschreibung) vereinbart

× i. d. R. nach Stunden / Tagen / Pauschalen abgerechnet

Entgelt für Investitionsfolgekosten

- Investitionsfolgekosten sind z. B.:
- Miete
- Pacht
- Leasinggebühren
- Instandsetzungen und Instandhaltungen
- Zinsen
- Abschreibungen

B. Voraussetzungen für die betrieblichen Systeme

Die Notwendigkeit von Informationen ist eindeutig, weil sie

– für jede Tätigkeit erforderlich ist
– die notwendige Kommunikation ermöglicht
– die innerbetriebliche Zusammenarbeit fördert
– die eigenen (organisationsinternen) und fremden (organisationsexternen) Zielsetzungen prüft, ggf. präzisiert oder korrigiert

- Sicherheit in die eigene Arbeit bringt
- Kontinuität und Teamarbeit ermöglicht

Diese Reihe ließe sich noch fortsetzen. Auch wenn diese Anforderungen weitgehend erfüllt sind, ist das Informationsbedürfnis zahlreicher MitarbeiterInnen oft nicht ausreichend befriedigt. Die planvolle Verteilung der Ressource Information kann nur mit Unterstützung aus den oberen Führungsebenen gelingen.

C. Das Berichtswesen auf der Basis der Balanced Scorecard

Bei dem hier zu beschreibenden Berichtswesen handelt es sich um das *betriebsinterne Berichtswesen*. Das Erfordernis, über wichtige Entscheidungen, Entwicklungen oder Veränderungen im Sozialbetrieb informiert zu sein, bedarf keiner zusätzlichen Begründung (mehr).

Aus der Perspektive der Führungskräfte steht zunächst deren eigenes Informationsbedürfnis im Vordergrund. Schneller und gezielter Zugriff auf Informationen setzt voraus, dass Anforderungen an die informationelle Grundstruktur im Unternehmen klar definiert sind. Daten müssen mit Blick auf die Fragestellungen des Managements ausgewertet und ggf. auf „Tastendruck" am Computer abrufbar sein. Dabei kann es aber nicht nur darum gehen, das bisherige Berichtswesen mit Datenverarbeitung in ein *elektronisches Reporting* zu übersetzen. Schließlich soll die Informations- und Kommunikationstechnik die Flut von Informationen auf unterschiedlichen Ebenen des Unternehmens reduzieren. Zur Controllingaufgabe wird die Gestaltung der betrieblichen Informationslandschaft noch aus einem anderen Grund:

Ohne Überprüfung der bestehenden bürokratischen Regelsysteme wird sich der Einsatz moderner Informations- und Kommunikationstechnologie nicht effektiv nutzen lassen. Es sind vor allem rückständige Strukturen der Arbeitsteilung, die eine besondere Affinität zum Informationsmanagement aufweisen. Je arbeitsteiliger die Organisationsstrukturen angelegt sind, desto mehr informationelle Schnittstellen müssen berücksichtigt werden. Das wiederum schafft einen hohen Koordinationsaufwand, der sich hemmend auf das Tempo des Informationsflusses auswirkt. Das Controlling wird damit zur institutionellen Ebene, die das Berichtswesen als Führungsinstrument maßgeblich mit zu gestalten hat.

Ein Ansatz, der aufgrund seiner grundsätzlichen Neuigkeit auch für den Sozialbereich noch nicht hinlänglich dargestellt wurde, ist die *„Balanced Scorecard"* *(BSC)*:

Bei dieser geht es darum, unter Umgehung der Unzulänglichkeiten traditionellen Kennzahlensystemen eine an den strategischen Zielen ausgerichtete Steuerung zu ermöglichen. Die Grundidee ist, dass die finanziellen Perspektiven mit den Leistungszielen hinsichtlich des Klientels, der internen Prozesse sowie des Lernens *aller* Mitarbeiter der Organisation strategie- und leitbildkonform verbunden und dargestellt werden. Die Leistung wird im Ganzen damit als *Gleichgewicht („Balance")* zwischen verschiedenen – hier wurden vier genannt – Perspektiven auf einer *übersichtlichen Anzeigetafel („Scorecard")* abgebildet. Man kann es ersehen: Ein durchaus interessanter Ansatz, denn wir just gerade in die Realität des Sozialmarktes transferieren.

Die in den als Beispiel angeführten Empfehlungen zu den Rahmenverträgen gemäß § 93 BSHG geforderten Anstrengungen in den sozialen Einrichtungen werden sich primär auf den Ausbau und die Gestaltung des Berichtswesens beziehen. Damit wird – häufig wohl auch als notwendige Bedingung – ein Ausbau des Controllings einhergehen. Dies vor allem auch vor dem Hintergrund der Vorbereitung auf die ebenfalls geregelten Vereinbarungen zu Prüfungen von Leistungen, Wirtschaftlichkeiten und Qualitäten. Die Balanced Scorecard wird hierbei in Zukunft sicher eine gewichtige Rolle zur Transparenzförderung übernehmen.

Literatur:

Baum, K.-H. (27.08.1998): Gutachten empört Verbände der Wohlfahrtspflege, in: Frankfurter Rundschau, S. 5

Meyer, D.(01.09.1998): Wettbewerbsgebot auch für die freie Wohlfahrtspflege, in: Frankfurter Allgemeine Zeitung, S. 19

Neufassung des VIII. Buches des Sozialgesetzbuchs (15.12.1998), in: Bundesgesetzblatt, Teil 1, Nr. 79, S. 3546 - 3579

Reis, C.(1997): „New Public Management" im Rahmen der Produktion von Dienstleistungen - Das Konzept der „Leistungskette" als Alternative zur „Produkt"orientierung, in: Nachrichtendienst des Deutschen Vereins für öffentliche und private Fürsorge, Heft 10, S. 318 – 323

Reiss, H.-C.(1996): Von der Information zum Informationssystem. Das Berichtswesen als Führungsinstrument im Altenheim, in: Handbuch Sozialmanagement, hrsg. von Martin Beck, Stuttgart - Düsseldorf, Abschnitt E 4.3, S. 1 - 16

Reiss, H.-C. (1996): Leistungen erfassen und Hilfebedarfsgruppen definieren, in: Häusliche Pflege, 7. Jahrgang, (a), Nr. 6, S. 26 - 28

Reiss, H.-C. (1996): Evaluation und Controlling, in: Qualität in der Jugendhilfe, hrsg. von Joachim Merchel, Münster (b), S. 396 - 410

Reiss, H.-C. (1999): Innerbetriebliche Ökonomie und Controlling, in: Qualitätssicherung und Deinstitutionalisierung, hrsg. von Wolfgang Jantzen, Wissenschaftsverlag Volker Spiess, Berlin (im Erscheinen)

Reiss, H.-C. (1993): Controlling und Soziale Arbeit, Neuwied-Kriftel-Berlin

VSOP, Verein für Sozialplanung e. V. (1997): Neues Steuerungsmodell, Regionalisierung und Sozialplanung, VSOP-Dokumentationen Nr. 7, Speyer

Aktivitätsbezogene Kosten- und Leistungsrechnung für Pflegedienste

Uwe Kaspers

Vorbemerkung

Pflege und Betreuung - aus pädagogischer Sicht ein durchaus ganzheitlich zu betrachtender Komplex - wird im Rahmen der Entwicklung der Leistungsfinanzierung sozialer Dienstleistungen immer mehr in Bausteine einzelner Aktivitäten (Module) zerlegt. In der Jugendhilfe hat der einheitliche Pflegesatz fast schon ausgedient. An dessen Stelle treten Kombinationen aus Grundpauschale, Betreuungsentgelt und in Form von Fachleistungsstunden abgerechnete Zusatzelemente. In der ambulanten Pflege wurde die Pflegetätigkeit bereits seit Einführung der Pflegeversicherung in einzelne Aktivitäten zerlegt und wieder zu Pflegemodulen zusammengesetzt. Man mag (mehr als 100 Jahre nach Taylor) von einer Taylorisierung von Betreuung und Pflege sprechen.

Am Beispiel der ambulanten Pflege soll im Folgenden ein System der Kostenrechnung dargestellt werden, welches die einzelnen Aktivitäten der handelnden Personen in den Mittelpunkt stellt. Damit soll in keiner Weise das System der Abrechnung bewertet werden. Man mag trefflich über eine solche Sichtweise streiten. Aus ökonomischer Sicht handelt sich vielmehr um eine logische Konsequenz der Leistungsabrechnung für den Bereich der Kostenrechnung.

Wer ein Modulsystem anwendet, sollte auch aktivitätsbezogene Kostenrechnung betreiben.

Ansatz der Kostenrechnung

Prozesskostenrechnung

Seit Ende der 70er Jahre spricht man in der Betriebswirtschaftslehre vom activity-based-costing als einem auf Tätigkeiten bezogenen System der Kostenrechnung. Neben Anwendungen in der Industrie wurde der Ansatz auch vielfach im Bereich der Sozialwirtschaft diskutiert. Der Ansatz ist - führt man ihn auf den Kern des praktisch Machbaren zurück - schnell erläutert.

Die - nennen wir sie - traditionelle Kostenrechnung unterteilt die soziale Organisation in Kostenstellen, dem Ort an dem Kostenträger (Produkte)[1] erzeugt werden. Kostenstellen und Kostenträger werden nach Kostenarten differenziert betrachtet. Ziel des Systems ist es, die Kosten auf ein Produkt, den Kostenträger, zu verrechnen. Der Kostenträger im hier beschriebenen Sinne muss im Lichte der Leistungsvereinbarung alle Kosten tragen. Wäre dies nicht der Fall, so wäre das ermittelte Entgelt gerade nicht kostendeckend. Rein technisch werden auf der Grundlage eines Betriebsabrechnungsbogens alle Kosten in mehreren Stufen auf den Kostenträger verrechnet und abschließend ein Selbstkostenbetrag für ein Produkt ermittelt.

Bei der Prozesskostenrechnung tritt an die Stelle des Kostenträgers der Prozess, der als Summe von Prozessschritten verstanden wird. Wie in der traditionellen Kostenrechnung lassen sich bezogen auf einzelne Prozessschritte Einzel- und Gemeinkosten ermitteln. Die Einzelkosten werden den Prozessschritten unmittelbar zugeordnet, während die Gemeinkosten auf die Prozessschritte verrechnet werden.

Das folgende Schaubild zeigt, wie Tätigkeiten in der ambulanten Pflege als Abfolge von Prozessschritten gefasst werden können. Hier ist gleichfalls zu ersehen, dass den abgrenzbaren Prozessschritten Einzelkosten zugeordnet werden und die waagerecht angeordneten Bereiche als Gemeinkosten in die Prozesskostenrechnung eingehen.

Gemeinkosten	Verwaltung, Geschäftsführung				
	Pflegedienstleitung				
	Pflegestation (Räume, Ausstattung)				
	Kraftfahrzeuge				
Einzelkosten	Pflegeplanung, Dienstbesprechung	Anfahrt	Modul 1..x	Medikamenten-Versorgung	Beratungsgespräch

Fokus Personal

Wenngleich die Prozesskostenrechnung als Vollkostenrechnung angelegt ist, wollen wir uns hier - ohne nennenswerte Einbuße an Genauigkeit - eine Beschränkung der Betrachtung auf die Personalkosten vornehmen. Als Verrechnungsgröße nehmen wir den Zeiteinsatz. Wir benötigen dazu - wie später beschrieben wird - eine detaillierte Zeitaufschreibung bzw. Zeiterfassung. Die in jeder Arbeitsminute erbrachte Leistung spielt also eine entscheidende Rolle.

---

1 Hier ist der Kostenträger nicht mit dem Sozialleistungsträger zu verwechseln. Der Kostenträger im Sinne der Kosten- und Leistungsrechnung ist z.B. der Betreuungstag oder die Fachleistungsstunde.

Vorgehensweise

Leistungsbeschreibung

Im Bereich der ambulanten Pflege können wir die Aufgliederung der Dienstleistung in Abrechnungsmodule unmittelbar nutzen. Wenn wir die Prozessschritte weitestgehend nach den Pflegemodulen "schneiden", können wir den Prozessschritten nicht nur Kosten sondern auch Erlöse zuordnen. Die Pflegemodule als eigene Produkte können also im Bezug auf das Verhältnis von Leistungseinsatz und Erlösen bewertet werden. Im hier beschriebenen Ansatz werden also die in den Vereinbarungen mit den Kostenträgern festgelegten Leistungen als Elemente der Kostenrechnung herangezogen.

Das bedeutet keineswegs, dass bzgl. der Pflegestation kurzfristige Erfolgsrechnungen im üblichen Sinne an Bedeutung verlieren. Derartige Rechnungen werden vielmehr ergänzt durch Antworten auf Fragen wie:

– "Wie stehen wir bei der Grundpflege?
– Können wir hauswirtschaftliche Versorgung kostendeckend anbieten oder müssen wir sie aus der Behandlungspflege intern querfinanzieren?"

Die Prozesskostenrechnung stellt also eine wichtige Ergänzung zur traditionellen Form dar und dient der Ursachenforschung.

Leistungserfassung

Alle Tätigkeiten werden nach Mitarbeiter, Patienten und Dauer erfasst. Dies gilt für die patientenbezogenen Tätigkeiten genauso wie für die patientenunabhängigen Verrichtungen. Das folgende Blatt zeigt das Erfassungsschema:

Erfassungsbogen

[Formular: Tages-Dokumentation mit Feldern für Name des Mitarbeiters, Pflegestation, Datum, Phasen, KFZ-Kennzeichen, Pflegezeit, Leistungen, Pflegekasse, Krankenkasse etc.]

technische Hilfen

Manuell geführte Systeme lassen sich aufgrund des Erfassungsaufwandes kaum auf Dauer betreiben. Auf Dauer ist die Ablösung einer manuellen Erfassung durch technische Systeme (Scanner, Handheld-Computer, etc.) mit entsprechender Datenbankanwendung unerlässlich. Nicht alle Systeme berücksichtigen den Faktor Zeit jedoch abgegrenzt auf die Aktivitäten hinreichend detailliert. Bei der Softwareauswahl sollte dies unbedingt berücksichtigt werden. Systeme mit mobiler elektronischer Datenerfassung bilden so die Grundlage für eine dauerhafte Anwendung aktivitätsbezogener Kostenrechnung.

betriebliche Mitbestimmung

An dieser Stelle werden Mitbestimmungsrechte der Mitarbeiter berührt. Eine Auswertung auf die Leistung des Mitarbeiters ist grundsätzlich möglich und aus Sicht des Autors auch notwendig. Im Sinne des in anderem Zusammenhang von Ingeborg Bachmann aufgestellten Leitsatzes "Die Wahrheit ist dem Menschen zumutbar", sollte jede Pflegestation und jeder Mitarbeiter ein Interesse an einer wirtschaftlichen Bewertung der erbrachten Leistungen haben. Derartige Auswertungen können auch Sanktionen - im Einzelfall auch arbeitsrechtlicher Natur - zur Folge haben.

Eine umsichtige Leitung einer Organisation muss hier eine Übereinkunft mit dem Betriebsrat bzw. der Mitarbeitervertretung (entsprechende Regelungen sehen auch die kirchlichen Mitbestimmungsvorschriften vor) suchen. .

§ 87 Abs. 1_ Nr. 6 des Betriebsverfassungsgesetzes ist hier einschlägig. Danach hat der Betriebsrat bei der Einführung und Anwendung von technischen Einrichtungen, die dazu bestimmt sind, das Verhalten oder die Leistung der Arbeitnehmer zu überwachen, ein Mitbestimmungsrecht.

Kennzahlen

Produktivität

Eine wesentliche Kennzahl ist die Produktivität eines Pflegemoduls. Diese ist definiert als Quotient aus Pflegeerlös zu eingesetzter Zeit.

$$\text{Produktivität} = \frac{\text{Pflegeerlös}}{\text{Pflegezeit}}$$

Je nach gewählter Perspektive (siehe nächster Abschnitt) können die ermittelten Werte extrem variieren.

Die Produktivität kann anstatt der Zeit mit Hilfe der Personalkosten ermittelt werden.

$$\text{Produktivität} = \frac{\text{Pflegeerlös}}{\text{Personalkosten}}$$

Es erscheint jedoch wenig ratsam, die Kosten mitarbeiterindividuell zu ermitteln. Das Senioritätsprinzip praktisch aller Entgeltsysteme (steigendes Entgelt mit Dienstalter) führt in der ambulanten Pflege zu einer in der Regel abnehmenden Produktivität insbesondere im fortgeschrittenen Dienstalter und - aufgrund von Kinderzuschlägen - von Mitarbeitern mit Kindern gegenüber Kinderlosen. Derartige Erkenntnisse führen jedoch zu keinem sinnvollen Handlungsansatz.

So sollten die Kosten einer Mitarbeiterstunde über eine ganze Station ermittelt werden. Der Stundensatz wird um prozentuale Zuschläge für die oben beschriebenen Gemeinkosten erhöht. Die Zuschläge können aus der Betriebsabrechnung herkömmlicher Art leicht abgeleitet werden. Die Differenz aus der Produktivität und dem Stundensatz lässt sich als Deckungsbeitrag der Pflegestation pro Stunde und - aktivitätsbezogen - Deckungsbeitrag eines Pflegemoduls interpretieren.

Pflegeerlöse / Stunde
- Personalkosten / Stunde
= Deckungsbeitrag / Stunde

Pflegeerlöse eines Moduls
- Modulpflegezeit * Stundensatz der Pflegestation
= Deckungsbeitrag des Pflegemoduls

Aus einer Übersicht dieser Deckungsbeiträge ergibt sich recht einfach, bei welchen Leistungen der Leistungseinsatz in einem günstigen bzw. ungünstigen Verhältnis steht. Es kann daraus geschlossen werden, welche Leistungen forciert bzw. welche Leistungen aus betriebswirtschaftlicher Sicht eher gemieden werden sollten.

Koordinationsanteil

Ein wesentlicher Erfolgsfaktor einer Pflegestation ist das Verhältnis aus Koordinationszeit und Pflegezeit. Diese kann sowohl Stations- wie auch Mitarbeiterbezogen ermittelt werden. Es bietet sich an, den Anteil der Koordinationszeit an der Gesamtzeit als Kennzahl heranzuziehen.

$$\text{Koordinationsquote} = \frac{\text{Koordinationszeit}}{\text{Gesamtzeit}}$$

Je nachdem, ob die Koordinationszeit mit in die Betrachtung einbezogen werden soll oder nicht, kann ein Stundenerlös bzw. Deckungsbeitrag pro Stunde mit und ohne Koordinationszeit verglichen werden.

Deckungsbeitrag Incl. Koordinationszeit:

Erlös / Stunde
- Personalkosten / Stunde
= Deckungsbeitrag / Stunde

Deckungsbeitrag Ohne Koordinationszeit:

Erlös / Pflegestunde
- Personalkosten / Stunde
= Deckungsbeitrag / Pflegestunde

Eine regelmäßige Betrachtung dieser Werte kann zu einer erheblichen organisatorischen Straffung führen. Unter Qualitätsgesichtspunkten macht es einen großen Unterschied, ob bei der Effizienzsteigerung in der Ambulanten Pflege auf den Bereich der Pflege selbst (letztlich durch "schnellere" Pflege) oder auf den Verwaltungs- und Koordinationsbereich abgezielt wird. Ein interner Vergleich mehrerer Stationen kann hier Klarheit bringen.

Zielproduktivität -> Zielzeiteinsatz

Im Sinne eines *Kostenmanagements* können aus den retrospektiv ermittelten Werten letztlich prospektive Werte in Form von Vorgabezeiten ermittelt werden. Es erscheint ratsam, hier keine strengen Zeitvorgaben für einzelne Tätigkeiten zu machen, wenngleich das System der Kostenrechnung dies problemlos zulassen würde. Auch sollten die Vorgabezeiten nicht mitarbeiterindividuell ermittelt werden - kostengünstigere Mitarbeiter hätten dann mehr Zeit. Sinnvoll erscheint es vielmehr, eine Tour als Abfolge von Pflegeeinsätzen an einem Tag zeitlich vorzukalkulieren. Die Frage lautet also schlicht: Nach welcher Zeit soll eine Pflegekraft eine Kette von Pflegeeinsätzen abgearbeitet haben.

Auf dieser Grundlage lässt sich dann eine Nachkalkulation betreiben und überprüfen, inwieweit die Vorgaben eingehalten werden konnten oder verändert werden müssen.

Perspektiven der Auswertung

Tätigkeit

In allen der im Folgenden beschriebenen Perspektiven der Auswertung betrachten wir die einzelnen Pflegemodule. Es interessiert hier immer in welchem Verhältnis der Leistungseinsatz zum erzielten Ertrag steht.

Pflegestation

Viele Träger der ambulanten Altenhilfe gliedern Ihre Aktivitäten in verschiedene Standorte - die Pflegestationen. Hier kann die Pflegestation zunächst als Ganzes betrachtet werden. Es kann verglichen werden, in welchem Verhältnis die unmittelbar produktiven Zeiten zu den Koordinationszeiten stehen. Detaillierter kann dann die Frage beantwortet werden, wie das Leistungsgeschehen in den verschiedenen Modulen über eine ganze Station aussieht.

Mitarbeiter

Die aus der Betrachtung der Station gewonnenen Erkenntnisse können nun auf den einzelnen Mitarbeiter bezogen werden. Wie gestaltet der Mitarbeiter die einzelnen Pflegemodule und in welchem Verhältnis stehen die Zeit der Pflege zu den eigenen Koordinationszeiten. Letztere variieren erheblich je nach Position in der Hierarchie.

Patient

Als letzte Perspektive ist die des Patienten von großer Bedeutung. Aus dieser Betrachtung ergibt sich die Wirtschaftlichkeit des vereinbarten Pflegevertrages.

Im Rahmen dieser Bewertung werden häufig extreme Missverhältnisse von Leistungseinsatz und Ertrag festgestellt. Diese ergeben sich oft aus mit nur unzureichendem Leistungsumfang vereinbarten Pflegeverträgen. Es zeigt sich auch ein grundsätzliches Dilemma. Je mehr Aktivität der Patient noch selbst erbringen kann, d.h. je mehr die Pflegekräfte eigene Aktivitäten der Patienten zulassen und fördern, umso länger fällt die Pflegezeit aus. Aktivierende Pflege ist häufig unwirtschaftlich.

grafische Darstellung

Stationen

Die Betrachtung der oben beschriebenen Perspektiven führen zu verschiedenen grafischen Auswertungen. So kann die Produktivität unterschiedlicher Pflegestation und die Produktivität verschiedenen Pflegemodule, die von den Mitarbeitern der Stationen erbracht werden, verglichen werden. Dies führt zu der folgenden Darstellung.

Aktivitätsbezogene Kosten- und Leistungsrechnung für Pflegedienste

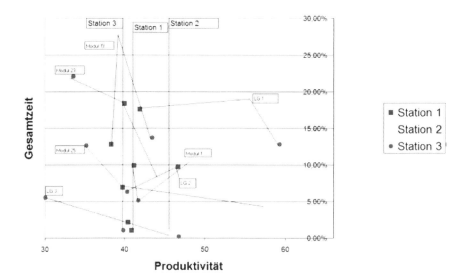

Die Grafik zeigt, dass unterschiedliche Pflegestationen desselben Trägers unterschiedliche Produktivität haben können (senkrechte Linien). Dies eröffnet ein Lernfeld. Verbindet man für die drei dargestellten Stationen jeweils die grafischen Orte der Leistungsmodule (Einzelaktivitäten), so zeigt sich, dass jedes Modul mit zum Teil höchst unterschiedlicher Produktivität erbracht wird (waagerechte Orientierung). Der Abstand von der x-Achse zeigt den Anteil des Moduls (der Aktivität) an den Gesamtleistungen. Betrachtet man z.B. Modul 23, so zeigt die Grafik, dass Station 3 relativ viele dieser Leistungen erbringt (mehr als 20 % der Gesamtleistungen, dies jedoch mit geringer Produktivität (weniger als 35 €). Station 2 erbringt diese Leistungen erheblich produktiver (mehr als 40€), jedoch in geringerer Menge (weniger als 10 %). Es stellt sich für Station 2 die Frage, wie die Station mehr von dieser Leistung erbringen kann, während Station 3 überlegen sollte, wie sie von Station 2 bezüglich der Verbesserung der Produktivität lernen kann. Dieselbe Verteilung zeigt sich noch extremer bei Modul 25.

Patienten

Die Pflege von verschiedenen Patienten führt aufgrund der unterschiedlichen Aktivitäten bei den Patienten zu unterschiedlichen Produktivitäten. Dies führt zur folgender Darstellung.

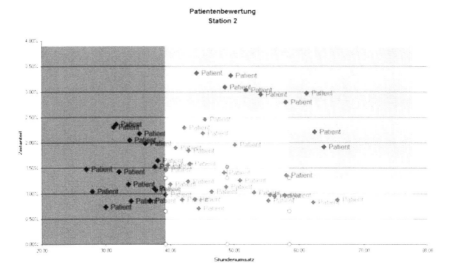

Die Grafik zeigt jeden grafischen Ort eines jeden Patienten (in der praktischen Anwendung ist jeder Punkt statt mit "Patient" mit dem Namen beschriftet). Der Punkt orientiert sich an den Dimension Produktivität (x-Achse) (hier mit Stundenumsatz benannt) und Aktivitätsumfang (y-Achse). Es ergeben sich schematisch drei Bereiche:

rot

Patienten mit geringer Produktivität und zum Teil vergleichsweise geringem Aktivitätsumfang. Hier müssen - soweit möglich - die Aufträge neu gefasst werden.

gelb

Patienten mit mittlerer bis hoher Produktivität und geringem bis mittlerem Aktivitätsumfang. Diese Patienten zeigen ein zufriedenstellendes Leistungsgeschehen. Es sollte versucht werden für diese Patienten mehr Aktivität zu erbringen.

grün

Diese Patienten bilden das wirtschaftliche Rückgrat der Station. Aufgrund der hohen Produktivität könnten sich jedoch qualitative Mängel einstellen.

Kommunikationsoptionen

Die Erkenntnisse der aktivitätsbezogenen Kostenrechnung bedürfen der Bearbeitung durch die Pflegedienstleitung. Hier ergeben sich mindestens drei Perspektiven:

Aktivitätsbezogene Kosten- und Leistungsrechnung für Pflegedienste

- Mitarbeiter
- Patienten
- Organisation

Mitarbeiter

Gesprächsleitfaden zur Mitarbeiterbewertung

Name der Mitarbeiterin/des Mitarbeiters: _____

Die Auswertung Ihrer Leistungsdaten hat ergeben, dass Ihre Leistungen - rein rechnerisch - nennenswert unter dem Mittelwert Ihrer Vergleichsgruppe liegen. Wir möchten dieses Ergebnis stärker hinterfragen und Ihnen und uns die Möglichkeit eröffnen, Verbesserungen zu entwickeln.
Der Gesprächsbedarf ergibt sich aus folgenden Ergebnissen:
[_] Niedrige Produktivität gemessen in Umsatz / Pflegestunde

[_] großer Abstand zwischen Umsatz/Pflegestunden und Umsatz / Arbeitsstunde
Bitte besprechen Sie mit der Stationsleitung folgende Punkte. Fassen Sie die Ergebnisse kurz auf diesem Blatt zusammen.

1. Ist das Ergebnis auf Sondereinflüsse zurückzuführen, die in der kommenden Periode so nicht mehr gegeben sein werden? Wenn ja, welche? Warum werden diese negativen Einflüsse in der Zukunft nicht mehr wirken, so dass von besseren Ergebnissen in der kommenden Periode auszugehen ist? (Wenn Sie diese Frage bejahen, erübrigen sich die weiteren Fragen.)
2. Wie erklären Sie sich das Ergebnis?
3. Was muss geschehen, damit sich das Ergebnis verbessert?
4. Welchen Beitrag kann der Arbeitgeber zur unter 3. beschriebenen Veränderung leisten?
5. Welchen Beitrag können Sie als Arbeitnehmer zur unter 3. beschriebenen Veränderung leisten?

Ort, Datum   Leitung   Mitarbeiter

Patienten

Gesprächsleitfaden zur Patientenbewertung

Die Auswertung der Leistungsdaten hat ergeben, dass die für den Patienten erbrachten Leistungen erheblich mehr Ressourcen des Pflegedienstes binden, als durch die Beiträge des Patienten refinanziert werden können. Es findet also in erheblichem Maße eine Querfinanzierung durch andere Patienten statt. Der Patient gefährdet das wirtschaftliche Ergebnis der gesamten Pflegestation. Dies soll Anlass sein, über die für den Patienten erbrachten Leistungen und deren Refinanzierung zu beraten. Das Gespräch soll die Stationsleitung mit einer Pflegekraft, die an der Pflege des Patienten in erheblichem Umfang beteiligt ist, führen.

1. Welche Leistungen sind beim Patienten besonders zeitintensiv?
2. Wie ist die finanzielle Situation des Patienten?
3. Hat Ihr Pflegedienst gegenüber anderen Pflegediensten bzgl. dieses Patienten schlechtere Möglichkeiten, die Pflege wirtschaftlich tragfähig zu leisten?
4. Ist eine Vertragsänderung/-erweiterung sinnvoll?
5. Wie sieht die Änderung aus? (Welche Leistungen treten hinzu, welche fallen weg?)
6. Wie kann eine evtl. Vertragsänderung begründet werden? (Bitte wählen Sie Formulierungen, die sie auch im Gespräch mit dem Kunden benutzen würden.)
7. Kann die Vertragsänderung mit dem Patienten selbst vereinbart werden oder sind weitere Personen hinzuzuziehen?
8. Wer führt das Gespräch?
9. Wann wird das Gespräch geführt?

Ort, Datum   Leitung   Mitarbeiter

Konsequenzen für die Organisation

Das beschriebene System der Kostenrechnung wurde bereits bei mehreren Trägern angewendet. Der Prozess der Auseinandersetzung mit den Ergebnissen führte zu einer Schärfung des Bewusstseins der Leitungen und Mitarbeiter für den Zeiteinsatz im Pflege- und Betreuungsprozess. Die Wertigkeit jeder einzelnen Minute rückt in das Betrachtungsfeld. Eine Produktivitätssteigerung von 20 % ist durchaus erreichbar.

Ausblick

Der Einsatz dieser Form der Kostenrechnung im Leistungsbereich der Pflegeversicherung macht leider auch die Absurdität des Entgeltsystems deutlich. Die Pflegedienste erscheinen in mehrfacher Hinsicht als Gefangene. Die Pflegekräfte agieren unter den Maßgaben und Zwängen

- der Vorgaben der Kostenträger
- der Restriktionen der Kunden und
- des eigenen Leitbilds.

Die Leistungsvereinbarungen sehen einen einheitlichen Produktkatalog mit Preisbindung vor und erlauben kaum gesonderte Honorare für Privatzuzahler. Dies begrenzt das Handeln von der Seite der Pflegekassen.

Patienten und Angehörige haben oft nur mangelndes Bewusstsein für die Wertigkeit und Notwendigkeit fachlich fundierter Pflegeleistungen. Fachlich notwendige Leistungen werden so nicht beauftragt.

Schließlich wirkt der christlich-humanistische Überbau vieler Verbände als Selbstblockade. Eine Aufgabe oder Einschränkung von Leistungen, die nicht produktiv erbracht werden, erscheint normativ ausgeschlossen. "Man kann die alten Menschen doch nicht im Stich lassen."

Leitungskräfte müssen hierzu eine persönliche und fachliche Position entwickeln. Das beschriebene System der Kostenrechnung hilft, diese Position an den wirtschaftlichen Randbedingungen zu überprüfen und Gefahren der Ausbeutungen der Dienste und ihrer Beschäftigten zu mindern; dies erst in zweiter Linie zur Verbesserung der Deckungsbeiträge der Dienste, mit dem Primärziel "Pflege für alle" nicht zu "Für alle keine Pflege" verkommen zu lassen.

Erfolgsfaktoren im Fundraising von Nonprofit-Organisationen

Prof. Dr. Michael Urselmann

1. Definition, Problemstellung und Zielsetzung

Unter Fundraising wird die systematische Beschaffung von Geld-, Sach- und Dienstleistungen einer steuerbegünstigten Körperschaft bei Privatpersonen („private giving"), Unternehmen („corporate giving"), Stiftungen („foundation support") und öffentlichen Institutionen („public support") verstanden. Steuerbegünstigte Körperschaften, die Fundraising betreiben, sind insbesondere Nonprofit-Organisationen (NPO), zunehmend aber auch öffentliche Organisationen (z.B. Universitäten).

Im Idealfall kann eine Organisation alle benötigten Ressourcen durch Fundraising beschaffen, kann also auf erwerbswirtschaftliche Beschaffung ganz verzichten. Fundraising soll demnach nicht nur als ein Teilbereich der Kommunikationspolitik angesehen werden (wie dies der oft synonym gebrauchte Begriff „Spendenwerbung" suggerieren könnte), sondern erfordert ein umfassendes, strategisches und operatives (Beschaffungs-) Marketing-Management zur effektiven und effizienten Beschaffung der benötigten Ressourcen.

Die Beschaffung der benötigten Ressourcen war für NPOs lange Jahre kein ernsthaftes Problem. Ohne größeres Zutun wuchs der deutsche Spendenmarkt in der Nachkriegszeit kontinuierlich (vgl. Schneider, 1995). Mit der Wiedervereinigung musste der Staat ab Anfang der neunziger Jahre jedoch seine Zuschüsse an NPOs z.T. erheblich kürzen. Durch die größte Rezession der Nachkriegsgeschichte sank aber auch der Spielraum für Spendengelder. Firmen rangen um wirtschaftliches Überleben, Private Haushalte kämpften mit sinkendem Realeinkommen, was nicht ohne Auswirkungen auf deren Spendenverhalten blieb.

Zusätzlich verschärfte sich die angespannte Situation noch durch zunehmende Konkurrenz unter den NPOs. Neue, auch ausländische Organisationen, drängten auf den, mit einem geschätzten Volumen von ca. 5 Mrd. €, immer noch lukrativen deutschen Spendenmarkt. Gerade aus dem angloamerikanischen Bereich, der traditionell über ein hohes Fundraising-Know-How verfügt, entdeckten international operierende Organisationen wie Greenpeace, Worldwide Fond for Nature (WWF) oder World Vision den verheißungsvollen deutschen Spendenmarkt. Zusammenfassend lässt sich sagen, dass ein stagnierender Kuchen an immer mehr und professioneller auftretende Organisationen verteilt werden musste. Damit lässt sich von einem, Anfang der neunziger Jahre aufkommenden, Verdrängungswettbewerb sprechen, der bis heute alle NPOs zu einer stärkeren Professionalisierung ihrer Aktivitäten, auch bei der Beschaffung ihrer Ressourcen zwingt.

Vor dem beschriebenen Hintergrund steigenden Professionalisierungsbedarfs war Zielsetzung der empirischen Untersuchung im Rahmen meiner Dissertation an der Universität des Saarlandes, diejenigen Schlüsselfaktoren zu identifizieren, die den Erfolg des Fundraisings von deutschen Nonprofit-Organisationen entscheidend beeinflussen. Mit Hilfe der Ergebnisse sollen NPOs Handlungsempfehlungen und konkrete Gestaltungsvorschläge zur Professionalisierung ihres Fundraising an die Hand gegeben werden.

2. Vorgehensweise

Um die kritischen Erfolgsfaktoren des Fundraisings empirisch ermitteln zu können, wurden die Fundraising-Führungskräfte von 106 deutschen Nonprofit-Organisationen mit einem jährlichen Fundraising-Volumen von mindestens einer Million Mark mündlich befragt. Die Interviews erfolgten anhand eines standardisierten Fragebogens im Zeitraum August bis Oktober 1996 vor Ort bei der jeweiligen Organisation. Der Fragebogen basiert auf einem Forschungsmodell, das eine systematische Hypothesenableitung unter Berücksichtigung der empirischen Ergebnisse vorhandener Untersuchungen der Erfolgsfaktorenforschung ermöglichte.

3. Zentrale Ergebnisse und deren Implikationen für NPOs

Aus Platzgründen können an dieser Stelle nicht alle, sondern lediglich die wichtigsten und signifikantesten Ergebnisse der Studie und deren Implikationen für NPOs vorgestellt werden. Abgeleitet aus denjenigen Hypothesen, die angenommen werden konnten, werden folgende Handlungsempfehlungen für Fundraiser gegeben:

(1) Detaillierte Planungs- und Kontrollaktivitäten durchführen

Organisationen, die intensiv, detailliert und kontinuierlich planen, erwiesen sich als höchst signifikant erfolgreicher als solche, die dies nicht tun. Obwohl Planung oft als bürokratisch und lästig empfunden, und Kontrolle als Überwachung und mangelndes Vertrauen missverstanden wird, stellen Planung und Kontrolle auch im Fundraising einen bedeutenden Erfolgsfaktor dar. NPOs kann somit nur empfohlen werden, die Erreichung jedes ihres Fundraising-Ziele genauestens zu planen. Sicherlich können verschiedene NPOs sehr unterschiedliche Fundraising-Ziele verfolgen. Wichtig ist jedoch, sich über die verfolgten Fundraising-Ziele explizit Klarheit zu verschaffen. Anschließend sollte individuell für jedes dieser Ziele zunächst eine genaue Situationsanalyse erfolgen, die die Planung beeinflussenden Rahmenbedingungen und die zur Zielerreichung verfügbaren Ressourcen erfasst. Sind die verfügbaren Ressourcen bekannt, muss das Fundraising-Ziel möglichst exakt operationalisiert und im Sinne einer Soll-Vorgabe quantifiziert werden. Die Soll-Vorgaben können ehrgeizig formuliert werden, sollten die betroffenen Fundraising-Mitarbeiter jedoch nicht überfordern. Am besten werden diese deshalb an Planungsschritten aktiv beteiligt. Die Erreichung selbst gesteckter (Fundraising-) Ziele übt zudem einen nicht zu unterschätzenden motivatorischen Einfluss aus. Zur Erreichung der so gesteckten Ziele müssen daraufhin konkrete Maßnahmen definiert werden, die ein Budget, einen Zeitplan und Zuständigkeiten benötigt. Diese Planungsschritte sollten nicht nur kurzfristig (operativ) erfolgen, sondern sich aus einer entsprechenden mittel- und langfristigen (strategischen) Planung unmittelbar ableiten lassen. Und am Ende (oder auch schon während) der Periode die Erreichung der Soll-Vorgabe wirklich kontrollieren zu können, empfiehlt es sich, unbedingt schriftlich zu planen.

(2) Ideelle Motivation der Fundraising-Mitarbeiter und –Führungskräfte fördern

Auch die Mitarbeiterorientierung innerhalb der Fundraising-Abteilung einer NPO übte in der Untersuchung einen signifikant positiven Einfluss auf dem Fundraising-Erfolg aus. Zwar war der positive Einfluss bei der Förderung der Qualifikation der Fundraising-Mitarbeiter nur tendenziell signifikant. Der positive Einfluss der Förderung der Motivation, insbesondere der ideellen, war bei den Mitarbeitern und den Fundraising-Führungskräften jedoch höchst respektive sehr signifikant. NPOs kann daher nur empfohlen werden, v.a. in die ideelle Motivation ihrer Fundraiser zu investieren. Viele Organisationen begehen den fatalen Fehler, von einer quasi „intrinsischen" ideellen Motivation ihrer Mitarbeiter auszugehen. Vor allem kirchliche Organisationen glauben irrtümlich, der ideelle gemeinnützige Zweck ihrer Organisation motiviere alle Mitarbeiter „per se" und bis in alle Ewigkeit. Eine Förderung der ideellen Motivation sei daher gar nicht mehr nötig. Zwar scheint es tatsächlich so zu sein, dass die materielle Förderung der Motivation bei NPOs eine nur untergeordnete Rolle spielt. Die ideelle Motivation, dass zeigen die Untersuchungsergebnisse, sollte jedoch immer wieder v.a. durch Förderung der Identifikation mit den Zielen der Organisation, durch Aufbau einen starken „Wir-Gefühls" und durch Schaffung einer angenehmen Arbeitsatmosphäre unterstützt werden. Analoges gilt für die Förderung der ideellen Motivation der Fundraising-Führungskräfte, auch wenn deren Erfolgsrelevanz weniger signifikant war, was auf die größere Bedeutung der partizipativen Motivation bei Führungskräften zurückzuführen sein könnte.

(3) Spenderpräferenzen erforschen

Auch die Erfolgsrelevanz der Spenderorientierung einer Fundraising-Abteilung, definiert als die konsequente Ausrichtung des Fundraisings an den Bedürfnissen des Spenders, konnte durch die Studie nachgewiesen werden. Die Ausrichtung des Fundraising an den Spenderbedürfnissen setzt jedoch voraus, dass die Spenderbedürfnisse auch tatsächlich erforscht werden. Entsprechend überraschend war das Ergebnis, dass die Mehrheit der Organisation die Präferenzen ihrer Spender überhaupt nicht erforscht und somit über keine Grundlagen für spendenorientiertes Fundraising verfügt. Offensichtlich hält man die Spenderpräferenz entweder für irrelevant oder man glaubt, sie auch ohne systematische Erforschung ungefähr einschätzen zu können. Letzteres kann sich gerade für größere NPOs mit tausenden von Spendern als fatal erweisen, da in diesen Fällen wohl kaum von einer homogenen Spendergruppe mit identischen Präferenzen ausgegangen werden kann. Diejenigen Organisationen, die in den Spenderpräferenzen und ihrer Erforschung jedoch eine zentrale Idee des Marketinggedankens erkannt haben, erweisen sich als signifikant erfolgreicher. Allen Organisationen sei daher empfohlen, die Präferenzen ihrer Spender möglich detailliert zu erfragen oder auszutesten. Nur so können sie ihr Fundraising von den Spendern ausgehend und auf diese hin erfolgreich gestalten.

(4) Individuelle Beziehung zum Spender aufbauen („Relationship Fundraising")

Nur wenn die Bedürfnisse der Spender bekannt sind, kann eine Organisation auch dauerhaft auf sie eingehen und so eine individuelle Beziehung zu jedem einzelnen Spender aufbauen. Eine dauerhafte Beziehung zu Spender wiederum ermöglicht Vertrauen zur Organisation. Ohne Vertrauen würde er die Organisation nicht oder nur kurzfristig unterstützen. Aus dem kommerziellen Bereich übertragene Erkenntnisse und Techniken v.a. des Direktmarketing und des Database-Marketing, gepaart mit sinkenden Kosten für leistungsfähige Informationstechnologien, ermöglichen mittlerweile großen und kleinen Organisationen einen weitgehend individualisierten Dialog mit ihren Spendern. Freilich verfügt nicht jede Fundraising-Abteilung über ausreichend Mitarbeiter, um mit jedem Spender in persönlichem Kontakt stehen zu können. Trotzdem sollte versucht werden, etwa durch den zusätzlichen Einsatz ehrenamtlichen Kräften eine möglichst individuelle Beziehung zu jedem einzelnen Spender aufzubauen, der dies wünscht. Auch ein Auslagern (Outsourcing) auf externe Dienstleister kann sinnvoll sein. Viele Organisationen lassen Standardanfragen ihrer Spender von spezialisierten Telefon-Fundraising-Agenturen beantworten, deren Mitarbeiter von der Organisation geschult wurden. Die Organisation selbst muss dann nur noch für spezielle Anfragen herangezogen werden (vgl. Müllerleile / Tapp, 1994).

(5) Professionelles Beschwerdemanagement aufbauen

Die Auseinandersetzung mit unzufriedenen Spendern stellt für jede Organisation eine besondere Herausforderung dar. Die Ergebnisse der vorliegenden Untersuchung legen jedoch nahe, unbedingt in ein professionelles Beschwerdemanagement, verstanden als aktiven Umgang mit Beschwerden, zu investieren. Durch individuelles Eingehen auf Reklamationen sollte versucht werden, ein Abwenden der Spender zu vermeiden bzw. einen verlorenen Spender zurückzugewinnen. Oftmals werden Spender, deren Beschwerden kompetent bearbeitet und aus der Welt geschaffen wurden, zu umso treueren Förderern (vgl. Baguely, 1996). Die Rückgewinnung eines Spenders ist zudem immer kostengünstiger als dessen Ersatz durch Neugewinnung eines anderen Spenders. Neu gewonnene Spender rechnen sich für die Organisation i.d.R. erst nach wiederholter Spende.

(6) Zukunftsträchtige Fundraising-Instrument frühzeitig einbeziehen

Viele NPOs arbeiten seit Jahrzehnten mit denselben Fundraising-Instrumenten. Welche Instrumente eingesetzt werden, scheint eher zufällig gewählt zu sein und hängt eng mit der Historie der jeweiligen Organisation zusammen. Solange diese Instrumente Geld einspielen, werden sie auch dann kaum hinterfragt, wenn sich die Rahmenbedingungen für die Instrumente verschlechtern. So ist beispielsweise abzusehen, dass der klassische Zahlschein zugunsten bestimmter NPOs, der an den Kassen von Banken und Sparkassen ausliegt, umso mehr an Bedeutung verlieren wird, je mehr Bankkunden dazu übergehen, mittels Online-Banking ihre Bankgeschäfte vom heimischen PC aus abzuwickeln und die Geschäftsräume ihrer Banken nur noch selten zu betreten. Haustürsammlungen leiden unter der zunehmenden Zahl von Single-Haushalten, deren berufstätige Bewohner immer schwieriger zu erreichen sind. NPOs sollten ihren Instrumentenmix daher regelmäßig hinterfragen und rechtzeitig in zukunftsträchtige, auch innovative Instrumente investieren. Dies gilt insbesondere für das e-Fundraising über das Internet.

(7) Kommunikative Schwerpunkte bezüglich des Förderzwecks der Organisation

Die vorliegende Untersuchung zeigte, dass der Förderungszweck einer Organisation Einfluss auf ihren Fundraising-Erfolg hat. Es scheint einfacher zu sein, Mittel für Kinder, kranken Menschen und die Umwelt zu beschaffen als für Entwicklungszusammenarbeit oder gar Gefangenenresozialisation und Drogenhilfe (die im Rahmen dieser Studien jedoch nicht näher untersucht wurden). Natürlich kann sich eine Organisation nicht einfach einem völlig neuen, von der Satzung nicht abgedeckten Förderungszweck zuwenden, nur weil es einfacher ist, dafür Unterstützung zu erhalten. Trotzdem kann es unter reinen Fundraising-Gesichtspunkten sinnvoll sein, „populäre Themen", die Berührungspunkte zum eigenen Förderungszweck aufweisen, in der Kommunikation besonders hervorzuheben. So versuchen beispielsweise Organisationen in der Entwicklungszusammenarbeit Projekte in den Vordergrund zu stellen, die v.a. Kindern oder kranken Menschen zugutekommen. NPOs, die Hilfe für kranke Menschen anbieten, unterstreichen die Arbeit mit entsprechend erkrankten Kindern. Auf eine Diskussion der ethischen Dimension solcher Entscheidungen soll an dieser Stelle verzichtet werden.

Es liegt nun an den Fundraising-Führungskräften, die ermittelten Erfolgsfaktoren in echte Wettbewerbsvorteile und langfristige Erfolge umzusetzen. Ein erster Schritt könnte sein, die ermittelten Erfolgsfaktoren als Grundlage für eine strategische Stärken-/Schwächen-Analyse der eigenen Organisation heranzuziehen und im Sinne eines Benchmarkings v.a. die als kritisch anzusehenden Erfolgsfaktoren detailliert und im Vergleich zu den wichtigsten konkurrierenden Organisationen zu untersuchen. Anschließend ist Schritt für Schritt eine individuell abgestimmte Fundraising-Konzeption im oben beschriebenen Sinne zu erarbeiten.

Weitere Informationen zum Fundraising unter www.urselmann.de und http://twitter.com/urselmann

Literatur:

Baguely, J. (1996): Successful Fundraising, (Bibliotek Books), Stafford, S. 161

Lake, H. (1996): Fundraising on Internet, (Powage Press), London

Müllerleile, C. / Tapp, P. (1994): Telemarketing, (BSM-Schriftreihen), Krefeld

Schneider, W. (1995): Struktur und wirtschaftliche Bedeutung des Spendenmarktes in Deutschland, in: WiSt Wirtschaftliches Studium, 24Jg., Nr. 12, S.623 – 628

Urselmann, Michael (2007): Fundraising – Professionelle Mittelbeschaffung für Nonprofit-Organisationen, 4. Auflage, Verlag Haupt, Bern/Stuttgart/Wien.

Urselmann, Michael (1998): Erfolgsfaktoren im Fundraising von Nonprofit-Organisationen, Gabler Verlag, Wiesbaden (2. Nachdruck: 2006).

7.
Sozialimmobilien

Sozialimmobilien brauchen Zukunft!

Prof. Dr. Dr. Rudolf Hammerschmidt, Vorsitzender des Vorstandes der Bank für Sozialwirtschaft AG

Das große Interesse an Zukunftsprognosen gehört zu den grundlegendsten menschlichen Eigenschaften und lässt sich demzufolge über alle Epochen sowie geografischen, kulturellen, ethischen oder religiösen Grenzen hinweg beobachten. Eine wesentliche Konstante bildet dabei das Phänomen, dass das Aufmerksamkeitsniveau der anvisierten Zielgruppe umso stärker steigt, je apokalyptischer die Färbung der Zukunftsbeschreibung ausfällt. Diese Vorgehensweise hat bis zu einem gewissen Punkt durchaus ihre Berechtigung, gelingt es doch so am ehesten, die Diskussion gesellschaftlich relevanter Themen aus einem kleinen Expertenkreis hinaus in das Bewusstsein der breiten Öffentlichkeit zu transferieren. Als verhängnisvoll erweist es sich jedoch regelmäßig, wenn die anschließende Erarbeitung und Diskussion von Lösungsvorschlägen ebenfalls dem Diktat der Polemik folgt. Auf diese Weise rücken beispielsweise Randfragen in den Mittelpunkt, Ursachen und Wirkungen werden verwechselt oder Pauschallösungen als Allheilmittel apostrophiert. In der logischen Konsequenz kommt man so der Identifizierung tatsächlicher Problemursachen genauso wenig nahe wie tragfähigen Lösungskonzepten für diese. Stattdessen sollen nachfolgend auf der Basis von im Bankalltag gewonnenem Erfahrungswissen die Ursachen für die erkennbaren Finanzierungsprobleme sozialwirtschaftlicher Organisationen aufgezeigt und pragmatische Ansatzpunkte für hierauf reagierende langfristig tragfähige Zukunftsstrategien skizziert werden.

1. Eintrittswahrscheinlichkeit von Zukunftsprognosen

Ein oft kolportiertes Sprichwort, wonach Prognosen grundsätzlich mit Vorsicht zu betrachten seien, insbesondere dann, wenn sie die Zukunft beträfen, weist daraufhin, dass jeder Zukunftsprognose Unsicherheiten hinsichtlich der Wahrscheinlichkeit ihres tatsächlichen Eintritts innewohnen. Die Unsicherheit wächst dabei proportional zur zeitlichen Entfernung, auf die das Prognoseereignis abzielt. Diese Erkenntnis ist nicht neu. Neu ist vielmehr die das letzte Jahrzehnt kennzeichnende enorme Dynamik der Veränderungsgeschwindigkeit aller die Prognosegenauigkeit betreffenden Rahmenbedingungen. Charakteristisch für diese Entwicklung sind folgende Merkmale:
Die Halbwertzeit relevanten Wissens sinkt kontinuierlich. Zurückzuführen ist dies auf die übergeordnete Bedeutung der Ressource Wissen für die Lebensbedin-

gungen in einer modernen Gesellschaft. Durch die Fokussierung auf den Ausbau dieser Ressource beschleunigt sich die Wissensproduktion ständig weiter, wodurch die hiervon abhängigen Lebensbedingungen sich ebenfalls immer schneller verändern. Der Zuwachs an Wissen verkürzt somit den Zeitraum, für den mit relativ konstanten gesellschaftlichen Rahmenbedingungen gerechnet werden kann. Die Wissensvermehrung führt also nicht, wie oberflächlich betrachtet vermutet werden könnte, zu einer besseren Kenntnis über die Zukunft, sondern bewirkt genau das Gegenteil: Der Zeitpunkt des Beginns einer heute noch unbekannten Zukunft rückt kontinuierlich näher.

Die Auswirkungen heutigen Handelns sind zunehmend langfristig spürbar. Dieser Fakt folgt der beobachtbaren Entwicklung, dass zum einen die technischen Anforderungen an gesellschaftlich relevante Einrichtungen und Infrastruktur Haltbarkeiten verlangen, die eine lange Nutzungsdauer der Investitionsgegenstände garantiert, während gleichzeitig deren tatsächlich langfristige Nutzung aufgrund der schnelleren Abfolge gesellschaftlicher Veränderungsprozesse immer weniger kalkuliert werden kann.

Die Kausalität von Fortschritt und wachsendem Wohlstand erodiert. Während zu Beginn des 20. Jahrhunderts der Glaube an die positiven Segnungen jeglicher technologischer Entwicklungen euphorische Züge besaß, werden heute, wiederum zu Beginn eines neuen Jahrhunderts, die Wechselwirkungen zwischen den aus immer neuen wissenschaftlichen Erkenntnissen resultierenden Möglichkeiten und ihren Auswirkungen auf die Gesellschaft sehr kritisch reflektiert. Ursache hierfür ist die gewachsene Erkenntnis, dass die negativen Folgen von Fortschritt die positiven Folgen in Teilbereichen zu überdecken drohen oder dies auch bereits getan haben.

Die Auswahl oder eigene Formulierung von Zukunftsprognosen bedarf also in jeder Unternehmensorganisation einer entsprechenden Sorgfalt, um nicht vorschnell aufgrund fehlerhafter Schlussfolgerungen fatale, weil in die falsche Richtung weisende, strategische Weichenstellungen zu vollziehen.

2. Die demografische Entwicklung als zentrale gesellschaftliche Herausforderung

Aus der 10. koordinierten Bevölkerungsvorausberechnung des Statistischen Bundesamtes lässt sich ablesen, dass die für das Jahr 2050 in Deutschland vorhergesagte Gesamtbevölkerungszahl (aktuell ca. 82 Mio. Einwohner) je nach unterstellter Annahme zwischen 67 Millionen und 81 Millionen Einwohnern schwankt. Dies entspricht einer Abweichung von immerhin annähernd 20 % oder, in absoluten Zahlen ausgedrückt, etwa der gesamten Einwohnerschaft der ostdeutschen Bundesländer. *Die Angaben zur altersmäßigen Zusammensetzung der Bevölkerung weisen dage-*

gen eine extrem geringe Fehlerquote aus, da sie auf der rein mathematischen Fortschreibung der heutigen Bestandswerte unter Einbeziehung der hieraus resultierenden Geburtenzahlen resultieren. Insofern handelt es sich weniger um eine Prognose als eine Aussage über die Gegenwart. Als Folge ergibt sich die bekannte umgekehrte Pyramidenform zur Altersstruktur, die die unausweichlich eintretende massive Überalterung der Bevölkerung nachweist. Zugleich wird deutlich, dass es sich, ausgelöst durch den Geburtenrückgang, um einen extrem langfristigen Trend handelt, der die gesellschaftliche Entwicklung in Deutschland in den nächsten hundert Jahren maßgeblich prägen wird. Einwände gegen die Richtigkeit dieser Aussage kann entgegen gehalten werden, dass es sich dabei nach subjektivem Empfinden zwar um einen langen Zeitraum handelt, aus dem Gesichtspunkt der Bevölkerungswissenschaft aber nur drei Generationen und damit eine sehr überschaubare Spanne erfasst wird. Entlastung für die intergenerativ organisierten Sozialversicherungssysteme Deutschlands ist von dieser Seite also ausgeschlossen.

Die Ursache für diese Entwicklung stellt eines der signifikantesten Beispiele für die unter 1. bereits erwähnten möglichen negativen Fortschrittsfolgen dar. Denn zunächst einmal ist unbestritten, dass die gewachsene gesellschaftliche Toleranz unterschiedlichsten Lebensformen gegenüber, mehr aber noch die Emanzipation der Frau, Fortschritt im besten Sinne darstellen. Dieser wird vom einzelnen Individuum auch als solcher erlebt. Die hieraus erwachsene Entscheidung eines signifikanten Teils der gegenwärtigen potenziellen Elterngeneration, das eigene Leben ohne Kinder zu führen, ist so Ausdruck persönlicher Freiheit bei der Gestaltung der eigenen Biografie und kann auf diese Betrachtungsebene herunter gebrochen als durchaus sinnvolle Entscheidung nachvollzogen werden. Gleichzeitig muss jedoch der Verzicht auf Reproduktion aus kollektiver Sicht komplett anders beurteilt werden, denn *die sichtbare Dimension des demografischen Wandels weist diesen ohne Frage als eines der zentralen gesellschaftlichen Probleme* auf, dass uns dauerhaft begleiten wird. Einer der erfolgversprechendsten Ansätze zur Lösung dieser Problematik liegt vom Grundsatz her in einer von der politischen Führung vorangetriebenen systematischen Überholung des institutionellen Systems. Realistisch betrachtet kann dies jedoch kaum erwartet werden. Als Beispiel für die institutionelle Blockade ist der Streit um die Föderalismusreform Mitte des letzten Jahres noch in guter Erinnerung. Eine pauschale Verurteilung der politischen Entscheidungsträger greift jedoch zu kurz. Denn die notwendigen Restrukturierungen führen nicht zu Win-win-Situationen im Sinne einer gleichmäßigen Vorteilsverteilung auf alle gesellschaftlichen Gruppen, sondern bringen zuweilen auch spürbare Nachteile mit sich. Da aber bei einer unverschleierten Kommunikation der tatsächlichen Konsequenzen etwa aus der demografischen Entwicklung ein Verlust des Mandats wahrscheinlich wird, fordert die Rationalität des Machterhaltes quasi dazu heraus, die Lösung langfristiger Probleme allenfalls in homöopathischer Dosierung anzugehen oder gleich ganz auf die nächste Legislaturperiode zu verschieben.

Das Wissen um diese Zusammenhänge macht es für jede sozialwirtschaftliche Organisation umso notwendiger, an der Gestaltung der Zukunft jeden Tag aufs Neue selbst aktiv mitzuwirken, um einzelne Entwicklungen in die gewünschte Richtung zu beeinflussen. Was dies für Sozialimmobilien bedeutet, soll im weiteren Verlauf herausgearbeitet werden.

3. Definition des Begriffs Sozialimmobilie

Eine Definition des Begriffs Sozialimmobilie kann nicht gelingen, ohne sich mit der Frage zu beschäftigen, warum diese überhaupt entstanden sind. Denn bei der Betrachtung unserer eigenen Historie wird schnell deutlich, dass es sich um ein relativ neues Phänomen handelt, da wir für die längste Zeit unserer Existenz sehr gut ohne einen nennenswerten Bestand an Sozialimmobilien ausgekommen sind. Erweitert man den Betrachtungshorizont um eine (internationale) Länderebene, ist darüber hinaus erkennbar, dass das Vorhandensein von Sozialimmobilien keineswegs überall selbstverständlich ist. Vielmehr ist festzustellen, dass die Zahl an Sozialimmobilien unmittelbar mit dem Entwicklungsstand einer Gesellschaft zusammenhängt. Dieser Sachverhalt beinhaltet drei wesentliche Komponenten. Zum einen führt technologischer und gesellschaftlicher Fortschritt zu einem Grad der Individualisierung, der die traditionelle Herkunft sozialer Fürsorge, das familiäre Netzwerk, so ausdünnt, dass notwendige Unterstützung (etwa in der Altenpflege) von dieser Seite immer öfter nicht geleistet werden kann. Zum anderen führt Fortschritt selbst zum Teil neue Notwendigkeiten sozialer Arbeit erst herbei (beispielsweise institutionelle Kinderbetreuung in Folge berufstätiger Mütter). Und schließlich schafft Fortschritt das Wohlstandsniveau, sich bestimmten Defiziten (zum Beispiel psychischen Erkrankungen) überhaupt annehmen zu können. Bereits hieraus wird deutlich, welcher breit gefächerten Nutzung Sozialimmobilien unterliegen.

Als Sozialimmobilie können daher alle Objekte klassifiziert werden, in denen einzelnen Mitgliedern einer Gesellschaft notwendige soziale Fürsorge, Betreuung und Förderung in allen ihren möglichen Ausprägungen durch zumeist institutionell organisierte fremde Dritte zu Teil wird.

Zunächst einmal stellt sich die Frage der Zukunftsfähigkeit der Sozialimmobilie also jeder sozialwirtschaftlich tätigen Organisation, da ihre Tätigkeit ohne den Raum Sozialimmobilie nicht denkbar ist. Darüber hinaus ist aber auch klar erkennbar, dass sich eigentlich für jeden Bürger ein direkter Bezug zu dieser Thematik ergibt, da jeder, in welcher Intensität auch immer, bereits Endnutzer einer Sozialimmobilie war, ist oder zu einem späteren Zeitpunkt sein wird.

Zum besseren Verständnis der Parameter, die für die Erstellung und den laufenden Betrieb einer Immobilie im Allgemeinen und einer Sozialimmobilie im Besonderen wichtig sind, ist die Kenntnis über ihre wesentlichen Merkmale notwendig, deren Beschreibung daher der nächste Punkt gewidmet ist.

4. Merkmale der Immobilieninvestition

Zentrales Merkmal jeder Immobilieninvestition ist die Langfristigkeit des zu betrachtenden *Zeithorizontes*, die in dieser Form bei keiner anderen Investitionsentscheidung zu berücksichtigen ist. Die Immobilie soll dem Zweck, zu dem sie errichtet wird i.d.R. jahrzehntelang dienen können. Diese langfristige Betrachtungsweise schafft erst die Basis für die Generierung entsprechend langfristig zur Verfügung stehender Finanzierungsmittel und grenzt die Immobilieninvestition somit ganz klar von Investitionen in mobile Anlagegüter wie Maschinen und Fahrzeuge ab, die aufgrund ihrer kürzeren Nutzungsdauer auch kurzfristiger finanziert werden müssen.

Aus betriebswirtschaftlicher Sicht wird diesem Unterscheidungsmerkmal durch differierende Abschreibungssätze Rechnung getragen. Während beispielsweise ein Fahrzeug mit 25 % abgeschrieben wird, der Buchwert also bereits nach vier Jahren auf Null sinkt, werden Immobilien regelmäßig nur mit 2 % Abschreibung erfasst, wodurch eine Laufzeit von 50 Jahren entsteht. Eine der maßgeblichen Finanzierungsregeln, der *Grundsatz der Fristenkongruenz*, hat hier ihren Ursprung. Fristenkongruenz bedeutet, dass die Finanzierungslaufzeit maximal der durch die Abschreibungsdauer vorgegebenen buchhalterischen Lebensdauer entsprechen sollte, da ansonsten Kapitaldienst für Anlagegüter zu erwirtschaften ist, die wertmäßig nicht mehr existent sind.

Darüber hinaus kommt auch der Immobiliensegmentierung und den hierbei zugrunde liegenden Gliederungskriterien maßgebliche Bedeutung zu. *Sozialimmobilien gehören grundsätzlich dem Segment der Betreiberimmobilien an*, das von Hotels dominiert wird, zu dem aber auch Ferienimmobilien und Parkhäuser gehören. Die zunächst merkwürdig anmutende Zuordnung von Parkhäusern und Sozialimmobilien in das gleiche Immobiliensegment resultiert aus der identischen Eigenschaft, dass ihre Nutzung erst durch die Mittlerrolle eines Betreibers zum Endnutzer möglich wird, der i.d.R. selbst weder Eigentümer noch Mieter der Immobilie ist.

Vor der Nutzung jeder Sozialimmobilie stehen jedoch zwei zentrale Fragen zur Klärung an:

- Woher kommen die Finanzierungsmittel zur Deckung der Investitionskosten, die mit der Herstellung der Sozialimmobilie verbunden sind?
- Wie werden die im Anschluss entstehenden laufenden Betriebskosten finanziert?

Beide Bereiche haben im Verlauf der letzten zehn Jahre einen grundlegenden Wandel erfahren, dessen Ursachen und Auswirkungen nachfolgend dargestellt werden.

5. Finanzierung von Sozialimmobilien

5.1 Traditionelle Finanzierungsstruktur

Die öffentlichen Haushalte und die soziale Sicherungssysteme sind bis heute die wichtigsten Finanzierungsquellen in den Leistungsbereichen, in denen sozialwirtschaftliche Organisationen tätig sind. Traditionell wurden die Investitionskosten einer Sozialimmobilie, sowohl für Neubauten als auch Sanierungen, aus Zuschüssen eines Zuwendungsgebers bestritten. Als Zuwendungsgeber fungierten zumeist die aus Steuern refinanzierten öffentlichen Haushalte. Für den laufenden Betrieb kamen zum überwiegenden Teil Sozialversicherungsträger (je nach Einrichtungsart Krankenkassen, Pflegeversicherung, Rentenversicherung etc.) auf. Dem Wesen nach handelte es sich hierbei also um eine sogenannte duale Finanzierungsform. Verbunden damit war eine Bedarfsplanung der Mittelgeber. Es wurden also die Sozialimmobilien gebaut, die aus Sicht der öffentlichen Mittelgeber notwendig waren. Dieser Ansatz behördlicher Lenkung wurde dann durch die Übernahme der angefallenen Betriebskosten konsequent zu Ende geführt. Hieraus ergab sich für die Einrichtungsträger die komfortable Situation, dass *im Kern kein Betreiberrisiko* bestand. Den letztendlichen Nutzern der Sozialimmobilie kam in dieser Finanzierungsstruktur die Rolle des passiven Leistungsempfängers zu. Die folgende Abbildung veranschaulicht die Zusammenhänge.

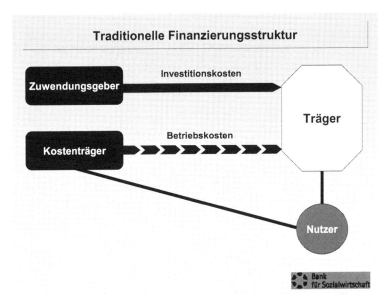

Abb. 1 (Quelle: eigene Darstellung)

Warum diese Finanzierungsstruktur nicht mehr aufrecht zu erhalten war bzw. ist, wird bei der Betrachtung der Refinanzierungsgrundlage von öffentlichen Haushalten und Sozialversicherungsträgern deutlich.

Zwar hat Deutschland im abgelaufenen Jahr erstmals seit 2001 die Defizitquote des Euro-Stabilitätspaktes erfüllt, doch darf nicht vergessen werden, dass dies immer noch gleichbedeutend mit ca. 60 Mrd. € zusätzlichen Schulden ist. Für 2007 wird ein Absinken der Quote in die Nähe der 2,0 %-Grenze erwartet. Angesichts des zyklischen konjunkturellen Verlaufs ist bei diesen Werten aber völlig unklar, ob und wann eine grundlegende Konsolidierung der öffentlichen Finanzen erreicht werden kann. Es ist offensichtlich, dass die alte Praxis der Finanzierung von Investitionen durch steuerlich refinanzierte Zuschüsse ihre Grenzen seit längerem erreicht hat.

Ein Blick auf die zweite Säule des dualen Finanzierungssystems zeigt, dass diese sich ebenfalls mit strukturellen Defiziten konfrontiert sieht. Beispielhaft sei an dieser Stelle auf die Welle der Beitragserhöhungen der Krankenkassen zu Jahresanfang hingewiesen, die noch in unguter Erinnerung sind. Beispielsweise erhöhten die beiden größten gesetzlichen Ersatzkassen Barmer Ersatzkasse und Deutsche Angestellten-Kasse ihren Beitragssatz um 0,6 bzw. 0,7 %. Noch höher fielen die Steigerungen bei einigen Ortskrankenkassen aus. So erhöhte die AOK Rheinland-Pfalz ihren Beitragssatz gleich um 1,6 %-Punkte. Der allgemeine Beitragssatz stieg damit insgesamt auf 15,3 %. Dass dagegen die Beiträge der Pflegeversicherung stabil blieben, liegt an der Vorgehensweise, die Defizite aus den noch vorhandenen Rücklagen zu finanzieren. Nach ca. 5 Mrd. € 1998 belaufen sich diese noch auf ca. 3 Mrd. €. Mit dem absehbaren endgültigen Aufbrauch der Reserven wird auch hier die Thematik einer Beitragssteigerung aktuell werden.

5.2 Neue Finanzierungsstruktur

Vor diesem Hintergrund leitete der Gesetzgeber in den vergangenen Jahren einen grundsätzlichen politischen Richtungswechsel ein, der die *Ökonomisierung der Sozialarbeit allgemein* und damit auch die der Finanzierung von Sozialimmobilien beinhaltet. Abbildung 2 macht den grundlegenden Richtungswechsel deutlich.

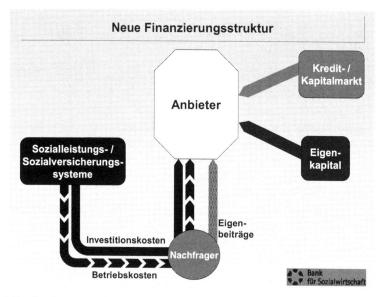

Abb. 2 (Quelle: eigene Darstellung)

Statt von Trägern und Nutzern wird nun mit den zentralen marktwirtschaftlichen Begriffen Anbieter und Nachfrager operiert, was die Einführung von Marktmechanismen besonders deutlich hervortreten lässt. Hierdurch sollen die Vorteile einer effektiven Ressourcenallokation auch für die Sozialwirtschaft genutzt werden. Die duale Finanzierungsform wird durch eine monistische ersetzt, an die Stelle der Objekt- tritt die Subjektförderung. Dabei ist die Ursprungsinvestition über den Kapitalmarkt und Eigenmittel zu finanzieren. Entscheidend ist, dass die Refinanzierung des eingesetzten Kapitals nachgelagert über den Verkauf der angebotenen Leistung erfolgt. Damit existiert ein reales Betreiberrisiko, denn inwiefern beispielsweise der Kapitaldienst geleistet werden kann, hängt davon ab, ob der Anbieter nachhaltig in der Lage ist, im Wettbewerb attraktive Leistungen zu einem akzeptablen Preis zu entwickeln und zu verkaufen. *Damit wandelt sich die Rolle des einst passiven Nutzers gravierend hin zu der eines aktiven Nachfragers*, der durch seine freie Entscheidung über Erfolg oder Misserfolg des Sozialunternehmens auf dem jeweiligen Teilmarkt entscheidet.

Die Einführung des Wettbewerbselementes beschränkt sich hierbei nicht auf einzelne Spezialsegmente sozialwirtschaftlicher Arbeit, sondern kennzeichnet einen generellen Trend, der in allen Leistungsbereichen, von der Altenpflege über Werkstätten für Behinderte bis hin zu Kindergärten, festgestellt werden kann. Differierend ist lediglich der Ausprägungsgrad, mit dem die Einführung von Marktmechanismen bisher erfolgt ist. Der Bereich der Altenpflege ist hier am weitesten fortgeschritten.

Die grundlegende Veränderung in der Finanzierungsstruktur bewirkt also aus sich heraus bereits einen erheblichen Nachfragesog sozialwirtschaftlicher Organisationen auf dem Kredit- und Kapitalmarkt. Andere Faktoren verstärken diese Entwicklung noch. Beispielhaft kann hier der Finanzierungsbedarf aufgrund notwendiger Investitionen in den Erhalt bzw. die Steigerung der Wettbewerbsfähigkeit etwa durch Leistungsinnovation, Rationalisierung und durch Größenwachstum genannt werden. In die gleiche Richtung wirken auch Nachfragesteigerungen, etwa bei Werkstattplätzen für Behinderte, für die einzelne Studien bis 2010 einen zusätzlichen Bedarf von ca. 14.000 Plätzen attestieren.

Bereits aus dieser skizzenhaften Beschreibung wird deutlich, dass – selbst wenn nicht alle Hochrechnungen hinsichtlich der Geschwindigkeit des Abbaus der öffentlichen Investitionsförderung, der Nachfrageentwicklung und der Verschärfung der Wettbewerbskonstellationen zutreffen – die Anbieter gezwungen sind, sich in immer stärkerem Maße den Zugang zum Kredit-/Kapitalmarkt erschließen müssen, um notwendige Investitionen in Sozialimmobilien tätigen zu können.

Damit stellt sich die Frage, mit welchen Anforderungen sich die sozialwirtschaftlichen Anbieter am Kredit- und Kapitalmarkt konfrontiert sehen, deren Erfüllung heute der Bereitstellung von Finanzierungsmitteln vorgeschaltet ist.

6. Anforderungen des Kredit- und Kapitalmarktes

6.1 Detaillierte Risikoerfassung der Kapitalgeber

Eine zentrale Anforderung von Seiten des Kredit- und Kapitalmarktes besteht in der detaillierten Risikoerfassung beim Mittelnehmer. Die Methoden der Risikoerfassung und -bewertung werden objektiviert, systematisiert und verfeinert; es wird eingehend Bezug genommen auf das individuelle unternehmensspezifische Risiko.

Zur detaillierten Risikoerfassung der Kapitalgeber kommt das zunehmende Risiko, dem die Sozialunternehmen in ihren Angebotsbereichen selbst ausgesetzt sind. Diese Erhöhung des Risikoniveaus ist aber im Vergleich zu anderen Wirtschaftssektoren nur als eine Normalisierung anzusehen.

In diesem Zusammenhang sei darauf verwiesen, dass Risiko zu Unrecht fast ausschließlich negativ assoziiert wird. Risiko ist ein lebensbegleitender Sachverhalt, der jedem wirtschaftlichen Handeln innewohnt. *Das Risiko zu erfassen bedeutet* nicht, diesem aus dem Weg zu gehen, sondern *es handhabbar zu machen.*

6.2 Hohe Gewichtung der erwarteten zukünftigen Entwicklung

Bei der Bewertung von im sozialwirtschaftlichen Bereich tätigen Organisationen orientierten sich Kapitalgeber früher vorwiegend an den Daten der vorangegangenen Wirtschaftsjahre, wie Jahresabschlüssen und unterjährigen betriebswirtschaftlichen Auswertungen. Inzwischen basiert sie zusätzlich auf der Analyse der Voraussetzungen für die zukünftige finanzielle Stabilität. Zudem werden die einzelnen Engagements während der Laufzeit mittels eines zumeist institutionalisierten Monitoring-Prozesses intensiv begleitet, wodurch prospektiv auf die Entwicklung des Potenzials und der damit verbundenen Risiken des Kapitalnehmers eingegangen wird. *Die vergangenheitsbezogenen Daten sind damit nicht entbehrlich, sie werden aber um die Bewertung der zukünftigen Entwicklung des Sozialunternehmens und seines Umfeldes ergänzt.*

Die Kapitalgeber erwarten hierfür die Vorlage eines Businessplans. Dieser muss (ausgehend von den Kernkompetenzen des Unternehmens und dem jeweiligen Marktumfeld) das genaue Leistungsangebot, dessen Produktionsvoraussetzungen sowie eine mehrjährige Finanzplanung inkl. GuV-Rechnung, Planbilanzen für bis zu 5 Jahre, Cash-Flow-Planungen und Break-Even-Rechnungen enthalten.

In den Planungsrechnungen müssen mögliche Veränderungen der Aufwands- und Ertragssituation berücksichtigt werden. Nur so kann die Gefahr minimiert werden, dass Sozialunternehmen von eigentlich vorhersehbaren Entwicklungen überrascht werden.

Nur mit diesen Unterlagen wird für die Kapitalgeber dass Risiko des Kapitaleinsatzes überhaupt quantifizierbar.

6.3 Ermittlung des innerbetrieblichen Chancen-/Risikoprofils

Der Erfolg jedes Unternehmens liegt zunächst einmal in dessen innerer Stärke begründet. Das heißt, wie gut gelingt es, die Bedürfnisse der Nachfrager durch eine spezifische Ausgestaltung des eigenen Angebotes und seiner Kommunikation in den Markt zu befriedigen. Am Zielerreichungsgrad dieser Aufgabenstellung entscheidet sich die Wettbewerbsfähigkeit und damit das langfristige Überleben jedes Unternehmens. In dem Maß, in dem sich auch Sozialunternehmen zunehmend unter Wettbewerbsbedingungen behaupten müssen, gewinnt dieser Aspekt auch in diesem jahrzehntelang weitgehend vom Wettbewerb abgeschotteten Umfeld maßgebliche Bedeutung.

Zu diesen innerbetrieblichen Erfolgsvoraussetzungen gehören die Qualität der Unternehmenssteuerung, eine ausgewogene Finanzierungs- und Kapitalstruktur, die Organisation und das Leistungsportfolio. Auf einige dieser Voraussetzungen soll nachfolgend beispielhaft näher eingegangen werden. Da von besonderer Bedeutung, soll als erster Punkt die Finanzierungs- und Kapitalstruktur im Mittelpunkt stehen.

Aus der Unternehmensstatistik der Deutschen Bundesbank geht hervor, dass deutsche Unternehmen über eine nur schwache Eigenkapitalbasis verfügen. Im Durchschnitt haben drei von zehn Unternehmen eine Eigenkapitalquote von unter 17 %. Bei den kleinen und mittleren Unternehmen (konzernunabhängig, bis 499 Beschäftigte und Umsatz von bis zu ca. 500 Mio. €) liegt die Eigenkapitalquote in Bezug auf die Bilanzsumme gar unter 10 %. Dass es sich hierbei um sehr niedrige Werte handelt, wird gerade im internationalen Vergleich sehr deutlich. Beispielsweise weisen kleinere und mittlere Unternehmen in Frankreich und den Niederlanden eine Eigenkapitalquote von ca. 35 % auf. Eine der wesentlichen Ursachen für die deutsche Sonderrolle liegt im hiesigen Steuerrecht, dass die Bildung von Eigenkapital eher sanktioniert denn fördert. Da viele Sozialunternehmen dem Gemeinnützigkeitsrecht unterliegen, dass der Gewinnzielung und anschließenden Verwendung sehr enge Grenzen setzt, ist dieses Problem in der Sozialwirtschaft besonders gravierend. Denn die Kapitalstruktur prägt die Risiko/Rendite-Konstellation eines Investments und wirkt sich daher direkt auf die Bewertung des Sozialunternehmens durch die Mittelgeber aus. In diesem Zusammenhang ist mangelndes Eigenkapital gleichbedeutend mit einem geringeren Finanzierungsspielraum und größerer Krisenanfälligkeit.

Werden zu wenige Eigenmittel in eine Finanzierung eingebracht, sind Ertrags- und Liquiditätsprobleme vorprogrammiert. Es fehlt ein finanzieller Puffer bei unerwarteten Veränderungen und das eingesetzte Fremdkapital wird mit relativ fixen Finanzierungskosten belastet. Eine gute Eigenkapitalausstattung erleichtert dagegen die Finanzierung von besonders rentablen Investitionen unabhängig vom Risiko-/Rendite-Kalkül der Fremdkapitalgeber.

Eine zentrale Anforderung an Sozialunternehmen besteht daher darin, intensiv an der Verbesserung der Eigenkapitalausstattung zu arbeiten. Hierfür bestehende Möglichkeiten können der nachfolgenden Abbildung entnommen werden.

Möglichkeiten der Eigenfinanzierung

Selbstfinanzierung	Drittfinanzierung
◻ Stamm-/Grundkapital der Vollgesellschafter ◻ Gewinnthesaurierung ◻ Rücklagenbildung ◻ Forderungsverkauf ◻ Hebung stiller Reserven ◻ Nutzung von Abschreibungsvorteilen ◻ Gesellschafterdarlehen mit Rangrücktrittserklärung	◻ stille Beteiligungen ◻ Genussrechte ◻ Ausgabe neuer Geschäftsanteile ◻ Mitarbeiterbeteiligung

Bank für Sozialwirtschaft

Abb. 3 (Quelle: eigene Darstellung)

Den meisten Sozialunternehmen vertrauter sind sicherlich die unter Selbstfinanzierung aufgeführten Möglichkeiten. Gerade deswegen erscheint es sinnvoll, dass sich die Sozialwirtschaft auch die Möglichkeiten der Drittfinanzierung aus Kapitalmarktemissionen erschließt. Neben der Ausgabe neuer Geschäftsanteile gehören dazu insbesondere die unter dem Oberbegriff „Mezzanine Finanzierung" in anderen Wirtschaftsbereichen seit langem zum Standardrepertoire des Finanzierungsinstrumentariums von Unternehmen gehörenden Möglichkeiten, eigenkapitalähnliche Mittel zu generieren.

Als weitere innerbetriebliche Erfolgsvoraussetzung wurde die Qualität der Unternehmenssteuerung genannt. Hierzu gehören *klar formulierte Unternehmensziele sowie ein leistungsfähiges Berichtswesen und Controlling.* Das Etablieren wie auch die Nutzung dieser Steuerungsinstrumente ist integraler Bestandteil der Managementaufgabe von Führungskräften. Zur Unternehmenssteuerung sind Kennzahlen notwendig, die in komprimierter Form präzise über die Organisation und über die Ereignisse im Umfeld berichten. Die Kennzahlen sollen nicht nur Kenntnisse über die Vergangenheit und die Gegenwart vermitteln. Auch prospektive Kennzahlen sind notwendig, um Szenarien zu entwickeln, die als Entscheidungsgrundlage dienen.

Darüber hinaus ist auch auf die Bedeutung der Organisation von Sozialunternehmen hinzuweisen. Die Auswirkungen auf den unternehmerischen Erfolg werden dabei oft unterschätzt. Behindert eine ineffiziente Organisation bereits kleinere Unternehmen deutlich, so stellt sich mit zunehmendem Wachstum ab einem bestimmten Punkt die Frage der Steuerbarkeit des gesamten Unternehmens. Gerade vor dem Hintergrund des zunehmenden Wettbewerbsdrucks auch in der Sozialwirtschaft, auf den im Verlauf dieser Ausarbeitung bereits mehrfach verwiesen wurde, ist auch hier ein Trend zur Konsolidierung der Anbieterlandschaft hin zu größeren und dadurch schlagkräftigeren Organisationen festzustellen. Es ist von entscheidender Bedeutung, dass das operative Wachstum (Erschließung neuer Geschäftsfelder, Eröffnung neuer Objekte, Einstellung neuer Mitarbeiter) durch ein adäquates Mitwachsen der Organisationsstrukturen begleitet wird, nur so kann Volumenwachstum in dauerhaftes Ertragswachstum überführt werden. Konkret heißt dies, die *Implementierung klarer und nachvollziehbarer Entscheidungsvorgänge, die Abgrenzung eindeutig zugeordneter Verantwortungsbereiche, die funktionale Trennung von Aufsicht und Geschäftsführung sowie wirkungsvolle interne Kontrollstrukturen und qualifizierte Abschlussprüfungen.*

Alle vorgenannten Punkte haben gemeinsam, dass auf sie im Rahmen des Ratingverfahrens, dass mit Inkrafttreten der neuen Basler Eigenkapitalvereinbarung für Banken (Basel II) zum 01.01.2007 grundsätzlich durch alle Banken anzuwenden ist, dezidiert eingegangen wird. Das Ratingverfahren als Grundlage der Risikoklassifizierung jedes potenziellen Kreditnehmers und seine Auswirkungen auf den Zugang zu Darlehensmitteln und deren Bepreisung wurde in zahlreichen Veröffentlichungen der vergangenen Jahre immer wieder thematisiert. Statt einer Wiederholung der Zusammenhänge soll an dieser Stelle auf ein Entscheidungskriterium der Kreditvergabepraxis eingegangen werden, dass weit weniger öffentliche Wahrnehmung genießt, nichtsdestoweniger aber ebenfalls maßgebliche Bedeutung im Kreditentscheidungsprozess besitzt – der Beleihungswert.

7. Bedeutung des Beleihungswertes

Das Verständnis der Finanzierung von Sozialimmobilien bleibt unvollständig, solange nicht auch die Immobilie selbst und die ihren Wert beeinflussenden Parameter berücksichtigt werden.

Fast jede Immobilienfinanzierung ist grundpfandrechtlich abgesichert. Für den Darlehensgeber stellt sich in diesem Zusammenhang die Frage, welcher Wert der Immobilie als Kreditsicherheit beigemessen werden kann. Die Ergebnisse der

Wertermittlung können in ihrer Bedeutung denen des Ratings gleichgesetzt werden. Während durch ein Rating die Risikoeinschätzung des Kreditnehmers insgesamt erfolgt und anschließend entsprechend einzupreisen ist, quantifiziert die Beleihungswertermittlung den Sicherheitenwert rein objektbezogen. Das Risiko ergibt sich, vereinfacht dargestellt, als Differenz des Beleihungswertes zum Kreditbetrag. Alle über dem Beleihungswert liegenden Kreditteile gelten als unbesichert. Zur Deckung dieser Sicherheitenlücke gibt es grundsätzlich zwei Möglichkeiten. Zum einen durch Stellung von Zusatzsicherheiten, zum anderen durch Einsatz weiteren Eigenkapitals. Ist beides nicht möglich, kann die angedachte Finanzierung oftmals nicht realisiert werden, was die unter 6.3 hervorgehobene Bedeutung des Eigenkapitals nochmals unterstreicht. Das Nichtzustandekommen der Finanzierung ist dabei in vielen Fällen noch nicht einmal auf Vorbehalte der jeweiligen Bank zurückzuführen. Vielmehr liegt die Ursache darin begründet, dass nicht besicherte Kreditteile mit höheren Kapitalkosten verbunden sind. Dies war schon immer so, mit Inkrafttreten von Basel II jedoch ist die Eigenkapitalbindung kodifiziert. Für unbesicherte Kreditteile bedeutet dies eine 1:1-Eigenkapitalunterlegung durch die Bank. Die hiermit verbundene Steigerung der Zinsbelastung führt in der Regel zur Unwirtschaftlichkeit der zu finanzierenden Sozialimmobilie insgesamt, denn öffentliche Kostenträger refinanzierbaren über ihre Entgeltvereinbarungen nur durchschnittliche Kapitalmarktkosten und auch bei den verbleibenden Selbstzahlern unterliegt die Preistoleranz engen Grenzen.

Der Zugang zum Terminus Beleihungswert erschließt sich am ehesten über die im Pfandbriefgesetz (PfandBG) festgelegte Definition. Demnach handelt es sich dabei um den Wert, „…der sich im Rahmen einer vorsichtigen Bewertung der zukünftigen Verkäuflichkeit einer Immobilie und unter Berücksichtigung der langfristigen, nachhaltigen Merkmale des Objektes, der normalen regionalen Marktgegebenheiten sowie der derzeitigen und möglichen anderweitigen Nutzung ergibt."

In diesem Zusammenhang wird deutlich, welche konkreten Auswirkungen die unter 4. erfolgte Eingliederung von Sozialimmobilien in das Segment der Betreiberimmobilien hat. *Bei einer Betreiberimmobilie resultiert der Wert ausschließlich aus dem Ertrag, den sie im laufenden Betrieb erwirtschaftet.* Ausschließlich bedeutet, dass insbesondere die Herstellungskosten letztlich keinerlei Einfluss auf den Wert haben. Das heißt, identische Objekte, beispielsweise im Betreuten Wohnen, haben an unterschiedlichen Standorten deutlich differierende Werte, wenn das örtliche Mietniveau voneinander abweicht. Zusätzliche Investitionen in eine Sozialimmobilie führen also nur dann zu einer Wertsteigerung, wenn auch die erzielten Erträge, etwa durch eine höhere Kapazität oder bessere Angebotsqualität, im Anschluss gesteigert werden können. Diese Systematik der Beleihungswertermittlung führt regelmäßig zu Unverständnis bei den Eigentümern. Nur die Kenntnis dieser Zusammenhänge aber führt auf Investorenseite zu realistischen Erwartungen hinsichtlich der Möglichkeiten einer kreditierenden Bank. Der Weg bis zur Vorlage einer umsetzungsfähigen Finanzierungsstruktur wird hierdurch deutlich kürzer, zuweilen auch überhaupt erst möglich.

8. Schlussbemerkung

Aus den vorstehenden Ausführungen ist für die Sozialwirtschaft als Kernaufgabe abzuleiten, aktiv an der gegenwärtigen Neuordnung der sozialpolitischen Spielregeln mitzuwirken. Die Möglichkeiten hierfür werden umso größer, je stärker und erfolgreicher die jeweilige sozialwirtschaftliche Organisation in ihrem Marktsegment operiert. Hierfür bedarf es einer

- klaren inhaltlich-strategischen Ausrichtung
- flexiblen und belastungsfähigen Organisationsstruktur
- langfristig tragfähigen Finanzierungsbasis

Den Sozialunternehmen bietet sich dabei die Gelegenheit, durch die Wahrnehmung der mit allen Veränderungsprozessen einhergehenden Chancen die Wertigkeit der eigenen Tätigkeit sowohl für die einzelnen Nutzer als auch für die Gesellschaft insgesamt immer wieder neu zu manifestieren. Dabei wandeln sich nicht nur Organisationsstrukturen und Finanzierungsbedingungen, sondern auch die Sozialimmobilien selbst hin zu Objekten, die konzeptionell zunehmend an den Bedürfnissen der Endnutzer = Nachfrager ausgerichtet sind.

Auf dieser Grundlage besteht Sicherheit nicht nur dahingehend, dass Sozialimmobilien eine Zukunft brauchen, sondern auch darin, dass sie eine haben.

Literatur

Becher, B. (2006): Die Veränderung der Finanzierung in der Sozialwirtschaft in: Arbeitshandbuch Finanzen für den sozialen Bereich, Verlag Dashöfer, Hamburg

Berlin-Institut für Bevölkerung und Entwicklung (2006): Die demografische Lage der Nation, Deutscher Taschenbuch Verlag, München

Birg, H. (2003): Die demografische Zeitenwende – Der Bevölkerungsrückgang in Deutschland und Europa, Verlag C.H. Beck, 4. Auflage, München

Blaudzsun, A.(2006): Lernen vom Besten in: Sozialwirtschaft. Zeitschrift für Sozial-

Management, Heft 2/2006, Nomos Verlag, Baden-Baden

Enste, D. H. (2004): Die Wohlfahrtsverbände in Deutschland – Eine ordnungspolitische Analyse und Reformagenda, IW-Analysen Nr. 9, Köln

Fahnenstich, J. (2006): Heimrecht wird Ländersache in CARE konkret vom 07.07.2006, Vincentz Verlag, Hannover

Göschel, A. (2005): Städtebau und demografischer Wandel in: Neues Wohnen fürs Alter, Bau-Wohnberatung Karlsruhe und Schader-Stiftung Darmstadt

Hamdad, H.- M. (2006): Abschied von der Versorgungsinsel in: f&w führen und wirtschaften im Krankenhaus, Heft 3/2006, Bibliomed Verlag, Melsungen

Kistler, E. (2006): Die Methusalem-Lüge, Hanser Verlag, München

Konrad, M. (2006): Persönliches Budget – Chance, aber auch Risiko in Lebenshilfe Zeitung, 2/2006, Lebenshilfe-Verlag, Marburg

Lampert, H.: Politikversagen als Ursache der deutschen Sozialstaatskrise in: Jahr-Bücher für Nationalökonomie und Statistik, Bd. 225/1

Mädling, H. (2002): Demografischer Wandel – Herausforderungen an eine künftige Stadt-Politik, Vortrag zur Statistischen Woche, Konstanz, 8.10.2002

Schmitz, R.-M.: Aus eigener Kraft. Innenfinanzierung von Krankenhausinvestitionen, in: Krankenhaus Umschau, Heft 3/2004, Baumann Fachverlag, Kulmbach

Statistisches Bundesamt (2003): Bevölkerung Deutschlands bis 2050 – Ergebnisse der 10. koordinierten Bevölkerungsvorausberechnung, Wiesbaden

Stotz, S.(2006): Das gefragte Kind in: Wohlfahrt intern, Heft 4/2006, Verlag Röthig Medien, Düsseldorf

Ulrich, Y. (2006): Die Stellung des Beleihungswertes innerhalb der Regelungen zum Grundsatz I und den Neuregelungen des Baseler Akkords in: GuG-Grundstücksmarkt und Grundstückswert, Heft 4/2006, Luchterhand Verlag, Neuwied

Werner, H. S.(2004): Mezzanine-Kapital, Bank-Verlag, Köln

Vom Wohnen im Alter zum Wohnen für alle – Universal Design als ganzheitliche Strategie für Wohnungs- und Pflegewirtschaft

Insa Lüdtke

Wohnen als Prozess

Grundlegend für eine Konsolidierung im Bereich Wohnen im Alter muss zunächst das Verständnis vom Wohnen als einem ganzheitlichen „Prozess" sein. Damit werden künftig die Parameter für die Produktion von alltäglichen Gebrauchsgegenständen bis hin zur Konzeption der Häuser und Städte den Ansprüchen sowohl von Kindern als auch alten Menschen entsprechen müssen.

Entstanden zuerst in den USA - propagiert „Universal Design" eine Formgebung von Alltagsgegenständen und der Umweltgestaltung, die für jedermann nutzbar ist. Diese Herangehensweise etabliert einen hohen Qualitätsanspruch an Materialien und Design, Komfortstandard und integriert die Gegenstände wie etwa Haltegriffe, in die Umgebung. Den Begriff „Universal Design" kann man zudem im Sinne von „universell nutzbar" definieren: Ein Handtuchhalter kann zugleich Haltegriff, die Spiegel können sowohl im Stehen als auch im Sitzen Einblick gewähren - alles Beispiele für das Prinzip „Easy Going". Universal Design meint aber auch die Disposition. Eine geschickte Anordnung der Sanitärobjekte, Raumdispositionierung und –proportionierung. Etwa die Unterfahrbarkeit des Waschtisches erfordert eine Großzügigkeit, die sich in der Schweiz bereits durchgesetzt hat. Mieter und Wohnungskäufer setzen diese Qualität bei jeder Wohnungssuche bereits von vorn herein voraus.

Die Zugänglichkeit ins Freie ist eine andere Form der Großzügigkeit. Knapp ein Drittel von 1600 Befragten in acht deutschen Städten wählten nach einer aktuellen Umfrage des Potsdamer Instituts für Soziale Stadtentwicklung das „Gartenhofhaus" zur beliebtesten Wohnform. Bei dem ebenerdigen Haustyp, bei dem die Wohnräume einen Garten oder Gartenhof umschließen, sei die Verbindung von naturbezogenem Öffnen der Wohnung und familiärer Abgeschlossenheit entscheidend. Diese Erkenntnisse auf den Geschosswohnungsbau übertragen, machen deutlich, wie wichtig ein hochwertiges - grünes - Wohnumfeld bzw. das Bedürfnis nach einem Balkon für Bewohner ist. Auch ein barrierefreier Austritt auf den Balkon kann schon solch ein sinnliches Erlebnis sein, wenn man etwa die Temperaturdifferenz spüren kann. „Wohnen" sollte zukünftig noch viel mehr die komplimentäre Verbindung von Innen- und Außenraum beinhalten.

Anpassbarer Wohnungsbau

Die meisten Menschen möchten in ihrer „ge-wohnten" Umgebung alt werden. Das bedeutet in Zukunft eine Stärkung der Wohnquartiere mit hochwertigen Angeboten von Räumlichkeiten und Service. Dafür werden zwischen der freien Wohnungswirtschaft Kooperationen mit Trägern in der Altenhilfe entstehen müssen. Universal Design im Wohnungsbau meint eben nicht die standardisierte Lösungen bzw. solche „für alle Fälle", sondern eine Abwägung dessen, was für den Einzelnen im Detail die beste Lösung ist. In der Schweiz wird seit geraumer Zeit der „anpassbare Wohnungsbau" postuliert. Unsere Nachbarn fassen das Leben als Kontinuum auf, bei dem alle Lebensphasen fließend ineinander übergehen: Man sieht sich - einmal als „Senior" – nicht plötzlich aus dem Kreis der „Menschen" ausgeschlossen und gezwungen, nach einer geeigneten Wohnumgebung Ausschau zu halten. Diese Entstigmatisierung bedeutet, keine besonderen Auswahlkriterien zu Grunde zu legen, sondern vielfältige Wahlmöglichkeiten und Individualitäten zuzulassen: Nicht Unterordnung diktieren, sondern Prozesse evozieren. Den Pauschaltypus „älterer Mensch" oder Rollstuhlbenutzer gibt es nicht. Regularien und Planungsvorgaben sollten Spielraum für Varianten zulassen, differenzierte Nutzerprofile ermöglichen und vor allem Ausgrenzungen vermeiden. Stattdessen unterstützt die Architektur unterschiedliche Lebensentwürfe – unabhängig vom Alter der Bewohner.

Universal Design als integrierende Strategie

Jede Form der gebauten Hilfestellung wie Rampen oder Handläufe müssen künftig in den Gesamtentwurf integriert werden. Niemand möchte zusätzlich zu seinem persönlichen Handicap an seine Hilfsbedürftigkeit erinnert werden. Stattdessen geht es um eine lebenswerte Umgebung, in der Menschen selbstbestimmt leben können. Architektur sollte sich den Bedürfnissen aller Nutzer anpassen – nicht umgekehrt. Unser Leben lang prägen alltägliche Gewohnheiten und Rituale unseren Alltag: Schlafen, Baden, Essen, es verschieben sich lediglich die Prioritäten: Eine Familie braucht mehrere Zimmer, ein Single bevorzugt einen großen Wohnraum mit Schlafnische. Gerade bei älteren Menschen steigt die Bedeutung der Wohnung und die des näheren Wohnumfeldes, ein Senior verbringt hier rund 80 Prozent seiner Zeit. Nehmen wir das Bad: Weiß gefliest, gespickt mit roten Haltegriffen an den Wänden vermittelt es dem älteren Bewohner Sterilität und das Gefühl von Hilfsbedürftigkeit. Positive Körpergefühle dagegen und das Gefühl von Sicherheit und Selbstvertrauen erfährt er, wenn er umgeben ist von warmen Farben, haptischen Materialien, schmeichelndem Licht. Ein Handtuchhalter aus Holz, der gleichzeitig auch bei Bedarf als Haltegriff dienen kann, verkörpert diesen Paradigmenwechsel. Zu den individuellen Ritualen gehört auch das Sammeln: Ob als heimliches Horten, stolzes Ausstellen, Aufbewahren oder Schützen. Integrierte Ausstellungselemente in den Wänden – im Sinne von „Erinnerungswänden" – schaffen Identität, auch eine Form der Sicherheit: „Hier wohne ich."

Wohnen heißt wählen. Lebensläufe lassen sich schon heute nicht schematisch und linear erfassen: Kindheit, Ausbildung, Beruf, Familie, Ruhestand. Heute nimmt auch eine Rentnerin mit Mitte sechzig noch ein Studium auf. In Zukunft werden Menschen dank eines noch längeren und vitaleren Lebens ihre Biographie immer individueller gestalten können. Diese Entwicklung erfordert passende Wohnangebote. Heute kann man im Luxussegment vor dem Bezug seinen Badezimmer- Typ auswählen: „Mainstream" – klassisch weiß, „Pur" – puristisch; „Mediterran" – in warmen Farben. Darüber hinaus gebe ich wohnungsnahen Dienstleistungen eine Zukunft.

Pflegeheim als integrierender Baustein

Das heißt nicht, dass das Pflegeheim als Baustein in der Versorgungskette überholt ist. Gerade für hochaltrige Menschen kann das Heim eine gute Lösung sein, wenn es etwa im Wohnquartier integriert ist. So bleiben gewachsene soziale Kontakte erhalten. Der Markt weitet sich in Richtung ambulanter Lösungen auf. Schon jetzt beobachten wir eine Annäherung von Pflege- und Wohnungswirtschaft: Wohnlichkeit zieht in die Pflegeheime ein, im Gegenzug bieten Wohnungsunternehmen als „Service Wohnen" zusammen mit ambulanten Diensten Zusatzleistungen bis hin zur Pflege an. Immer mehr ambulante Wohngruppen für Menschen mit Demenz vermitteln den Bewohnern ein Gefühl von Normalität.

Früher teilte sich der Markt auf zwischen der Wohnungswirtschaft und der Wohlfahrtspflege. Heute nehmen sich immer mehr private Akteure dem Thema „Wohnen im Alter" an: Projektentwickler, Stiftungen, Banken, Investoren und Fonds. So entsteht häufig eine Teilung zwischen Investoren und Betreibern. In diesem wachsenden Wettbewerb sehe ich durchaus eine positive Entwicklung. Neben den professionellen Bauherrn vergrößert sich auch langsam die Gruppe der selbstorganisierten Wohnprojekte. Bürokratie und Banken machen es ihnen allerdings derzeit noch recht schwer. Es fehlt noch die große Bewegung der Wohnungswirtschaft, wenn sie ihre Bestände anfassen würde, könnten viele ihrer „guten, alten Mieter" oft noch jahrelang in ihrer gewohnten Umgebung verbleiben. Um passgenau zu planen, fehlen häufig noch präzise Erhebungen über lokale Bedarfe. Weiter brauchen wir Modellprojekte, die an unterschiedlichen Orten individuelle, lokale Lösungen anbieten.

Insa Lüdtke

Silver Living als Marktchance

Das Thema rund um das „Wohnen im Alter" setzt sich in Fachkreisen der Wohnungswirtschaft in Bezug auf die Anpassung ihres Wohnungsbestands verknüpft mit einem Angebot an Serviceleistungen bereits immer mehr durch. Betreiber erkennen ihre alte Bewohnerschaft als „gute Mieter" und bieten ihnen Lösungen an. So können sie den Zeitpunkt eines Umzugs in ein Altenheim - im Interesse von Bewohnern und Betreibern - häufig erheblich verzögern.

Um in Zukunft auf dem Wohnungsmarkt zu bestehen, werden diese Maßnahmen allein jedoch nicht mehr ausreichen. Zu den bisherigen alten Bewohnern wird eine „neue Generation" hinzukommen: Die Biographie der Alt-68-Generation hat völlig andere Werte geprägt und weckt veränderte Bedürfnisse. Der Markt fordert innovative Produkte und Dienstleistungen in allen Lebensbereichen. Das Wohnen ist ihnen immanent und seine Architektur und dessen gesamte Konzeption sollten sich in adäquaten Räumen ausdrücken. Wer diese Entwicklung als Potential erkennt, kann diese Marktchancen auch als Wohnungsunternehmen lukrativ nutzen.

Die Markenindustrie hat die „Best Ager" bereits als neue und solvente Zielgruppe erkannt. Nach Berechnungen des Deutschen Instituts für Wirtschaftsforschung verfügen die über 60-Jährigen bereits heute über eine Kaufkraft von rund sieben Milliarden Euro. Ihr Vermögen ist viermal höher als das der 20-jährigen. Bundesweit informiert zurzeit die Messe „50 Plus – Aktiv Leben" in Ballungsräumen der Metropolen den Endverbraucher der ehemaligen Baby-Boomer-Generation in Bezug auf Lifestyle, Wellness und Wohnen. Mit Trendstudien haben die Produktentwickler die Befindlichkeiten, Bedürfnisse, Sehnsüchte und Ängste der „Silber Consumer" untersucht (vgl. z. B. Trendbüro Hamburg: Silber Market - Das Psychogramm einer neuen Stilgruppe). Die Firma Meyer-Hentschel bietet Akteuren der Industrie und Dienstleistungsanbietern eine Expeditions- und Zeitreise ins Alter an. Eine Art Raumanzug simuliert dem Träger „das Feeling 70": Das Visier des Helms schränkt das „vergilbte" Sichtfeld ein, Gewichte im Stoff vermitteln Trägheit und erschweren den Bewegungsablauf. Die Ergebnisse der Trendforscher und die Erlebnisse mit dem Alters-Simulator „Age-Explorer" können besonders für die Entwicklungen in Bezug auf zukünftiges Wohnen im Alter interessante Anknüpfungspunkte bieten.

Heterogene Lebensstile - Individualität

Trotz der veränderten Bedürfnisse bleibt die Sehnsucht der neuen Alten nach einem „normalen" Wohnen im Alter. Doch was bedeutet „normal"? Im Gegensatz zu den Senioren von heute lassen sich die Bedürfnisse kaum noch festmachen. Die heute über 50-jährigen befinden sich im Übergang von defensiven hin zu erlebnisorientierten Werten. Wie auch der Rest der Gesellschaft zerfällt diese Zielgruppe - die Sandwich-Generation der 55-65-jährigen - immer mehr in Mirco-Segmente. Noch nie waren die Lebensstile derart komplex und widersprüchlich. Außerdem verschiebt sich das Alter durch bessere medizinische Versorgung immer mehr nach hinten, wodurch sich die Zeitspanne des „aktiven Alters" vergrößert. Die Trendforscher sprechen vom Phänomen des „Down Abging": Schon heute fühlen sich ältere Menschen zehn bis 15 Jahre jünger als vor dreißig Jahren. So wird die dritte Lebensphase der „jungen Alten" als eine produktive und erlebnisreiche Zeit empfunden. Zwei Drittel bezeichnen ihren Lebenswandel als aktiv, nur ein Drittel als eher passiv. (Umfrage Gallup, 2002). Erst ab dem 80. Lebensjahr tritt im Allgemeinen die vierte Lebensphase ein: Sie prägt schwere Krankheit, Demenz, Pflegebedürftigkeit und geht mit Multimorbidität einher.

Das Angebot für das Wohnen- gerade für die dritte Lebensphase - wird sich immer mehr als bunte Angebotspallette ausdifferenzieren müssen, um den heterogenen Bedarf zu befriedigen. Neben flexibleren Grundrißkonzeptionen werden auch Produkte der Gebäude- und Informations-Technologie (Steuerung des Raumklimas, Sicherheitssysteme, Internet / Multimedia) wie auch der Ökologie stärker den Haushalt prägen. Darüber hinaus verlangen die jüngeren der alten Bewohner in Zukunft nach mehr Mitbestimmung und Selbstorganisation bei alternativen Wohnprojekten. Eine erhebliche Vorlaufzeit solcher Konzeptionen muss auch von Betreiberseite mit eingerechnet werden. Diese kann der Betreiber allerdings als Element der Kundenbindung nutzen.

Markenbewusstsein und Zielgruppenorientierung

Die Konsumgeneration ist es gewohnt, im Alltag zwischen Markenprodukten und Dienstleistungsangeboten auszuwählen und sich an deren Image zu orientieren. Ähnlich der Ausstattung von Hotels legen auch Altenheimträger immer häufiger Standards - vergleichbar der Sterne-Kategorien - für ihre Häuser fest. Diese bestimmen Grundrisstypen, Ausstattung von Materialien und Technik sowie das Pflege- und Servicekonzept. Auch Wohnungsbauunternehmen könnten sich in Zukunft mit einer in der Architektur, des Wohnumfeldes und der Konzeption ablesbaren Corporate Identity in Form von „gebauten Atmosphären" auf dem Markt positionieren und von ihren Mitbewerbern absetzen. Dem Bewohner vermittelt sich durch die Wiedererkennbarkeit des persönlichen Wertekanons ein Gefühl von Zugehörigkeit und Zuhause.

Wohnen und Wellness

Ein wellnessorientierter Lebensstil wird für die „Generation 50 Plus" – auch aufgrund der wachsenden Bedeutung der Eigenversorgung immer wichtiger. „Wellbeing" ist somit das Schlüsselwort auch für den Wohnbereich. Schon heute durchdringen Wellness-Angebote immer stärker unsere Alltagswelt. Angebote (in Kooperation mit Wellness-Centern, freien Personal Trainern, etc.) im Wohngebiet oder direkt im Haus könnten – nicht nur ältere - Mieter anlocken.

Vorreiter will die Elbschloss Residenz in Hamburg mit dem ersten seniorengerechten Wellness Center in Deutschland sein. Das Herzstück der 630 geplanten Quadratmeter ist ein Pool, in den man mit Hilfe eines Hebelifts ohne fremde Hilfe gelangen kann. Die Architekten Geising und Böker haben zahlreiche Handläufe und Notrufknöpfe integriert, sie sollen dem betagten Sportler in den Gymnastikeinrichtungen mit speziellen Sportgeräten oder der Softsauna mit Massageduschen selbst bei Überanstrengung das nötige Sicherheitsgefühl vermitteln.

Zuhause auf Zeit

Neben der gesteigerten Fitness werden die neuen Alten immer mobiler. Neben persönlichen Erfahrungen von Ferienreisen hat besonders die globalisierte Arbeitswelt das Leben im Transit als Kurzaufenthalt in Hotel oder Boardinghouse bestimmt. Immer mehr Bewohner der „Greying Society" entscheiden sich etwa im Winter für das temporäre Wohnen im südlichen Ausland oder verbringen einen Großteil des Jahres auf Reisen. So wandelt sich auch der Hauptwohnsitz zum temporären Zuhause. Wohnungsunternehmen könnten die Bedürfnisse dieser Zielgruppe als Betreutes Wohnen auf Zeit gekoppelt mit dem Serviceangebot (auch in Abwesenheit) benachbarter Hotels oder Seniorenresidenzen abdecken.

Selbstorganisation und Empowerment

Eine in sich differenzierte Zielgruppe wird zunehmend von Mitgliedern selbstbestimmter Wohnprojekte geprägt sein. Neben bereits erprobten Mehrgenerationen- oder Frauen-Projekten wird in Zukunft auch die Gruppe der Schwul-Lesbischen Lebensgemeinschaften für den Wohnungsmarkt immer interessanter werden. Wie bereits in der auf sie ausgerichteten Entwicklung von Lifestyle-Produkten schon heute erkennbar, zählen sie mehrheitlich zu einer der solventeren und ästhetisch anspruchsvolleren Bevölkerungsgruppen gegenüber dem „Durchschnitt".

Die Vorstellung vieler Lesben und Schwuler von Alters- und Pflegeheimen sind in der Regel eher negativ besetzt. Deshalb unternimmt das Projekt Village e.V. in Berlin den Versuch, ein völlig neues Bild vom Wohnen und Leben im Alter oder in der Pflegebedürftigkeit zu entwickeln. Ein zentraler Aspekt des Wohnprojektes von „Village" soll die veränderte Kommunikation, sowohl innerhalb des Hauses als auch im Kontakt nach außen sein. Das offene Haus soll Möglichkeiten zum Rückzug in die Privatsphäre jeder/s einzelnen Bewohnerin/Bewohners ermöglichen, aber auch Raum für den Kontakt mit anderen BewohnerInnen und Menschen bieten, die das Haus für verschiedene Funktionen nutzen. Ein angegliedertes Gesundheitszentrum mit TherapeutInnen, ÄrztInnen, HeilpraktikerInnen, MasseurInnen u.a. dient nicht ausschließlich der medizinischen Versorgung der Bewohner, sondern wird auch der Bevölkerung des umliegenden Kiezes und der gesamten lesbisch-schwulen Communitiy zur Verfügung stehen. Ein selbstgeführtes Café bildet einen Anlaufpunkt, mit dem sich das Haus nach außen öffnet und langfristig für den besseren Kontakt der verschiedenen Generationen in der lesbisch-schwulen Szene sorgt. Als Standort für das Wohnprojekt "Village" ist ein szenenaher Platz vorgesehen, der ältere Lesben und Schwule nicht isoliert, sondern in den lebendigen Alltag integriert. Der direkte Kontakt zur Szene soll zu einer neuen Form des Dialoges zwischen älteren und jüngeren Lesben und Schwulen beitragen und einer Isolation entgegenwirken. Das Wohnprojekt wird für ca. 55 Menschen Lebens- und Wohnraum bieten, wobei 16 Pflegeplätze in Wohngemeinschaften vorgesehen sind. Für ca. 40 Lesben und Schwule sollen alters- und pflegegerechte Wohnungen, jeweils mit Wohn- und Schlafzimmer zur Verfügung stehen. Das Prinzip "Lebenslaufwohnen" soll ein Leben in "Village" über viele Jahre ermöglichen und die junge und ältere Generation zusammenführen. Ca. zehn Wohneinheiten stehen auch "Freundinnen und Freunden" der Bewohner und der lesbisch-schwulen Szene zur Verfügung, damit soll der sozialen Isolation Einhalt geboten werden. Grundrisse der Wohnungen und die Struktur des Hauses werden so flexibel gestaltet sein, dass neben Zweiraumwohnungen auch größere Wohneinheiten beispielsweise für Wohngemeinschaften zur Verfügung stehen. Damit kann auch in Zukunft individuell auf sich verändernde Lebensbedürfnisse eingegangen werden.

Wohnen und Technik - Wohnen und Ökologie

Neue Technologien (Smart House), Voice Butler etc. erleichtern dem „Silver Server" in Zukunft das Alltags-Management. Sensoren und Sprachsysteme steuern Jalousien oder die Raumtemperatur. Online-Toiletten versenden bereits heute Harnproben und Fettwerte via E-mail an das Labor des Hausarztes.

Neben dem technischen Boom und Medienkompetenz wächst gleichzeitig das ökologische Bewusstsein der ehemaligen Umweltbewegung und das soziale Gewissen gegenüber nachwachsenden Generationen. In Wetter an der Ruhr konnten in diesem Frühsommer die Bewohner des alternativen Wohnprojektes Abendsonne einziehen. Ihr Anspruch ist das Leben im Alter in einer selbstbestimmten Gemeinschaft. Die Gebäude des Wohnprojektes (Architekt Ralf Hippenstiel) sollen die Individualität des Einzelnen fördern und die Offenheit des Vereins nach Außen sowie dessen Gemeinschaftsorientierung verkörpern. Abendsonne forderte darüber hinaus ein Gebäude in Niedrigstenergiebauweise sowie eine sich über alle Leistungsphasen erstreckende Nutzerbeteiligung. Die Farbgebung der Fassaden soll Assoziationen an die unterschiedlichen Himmelsrichtungen und Jahreszeiten wecken und den Häusern Identität verleihen. Insgesamt entstanden zehn Wohnungen mit einer Durchschnittsgröße von etwa 60 Quadratmetern Wohnfläche sowie 60 Quadratmeter Gemeinschaftsfläche und eine Tiefgarage. Alle Bereiche sind barrierefrei im Sinne der DIN 18025 Teil 1 konzipiert. Die Kostenobergrenzen von Euro 1.020,00 / m² Wohnfläche konnten zum Beispiel durch Holztafelbauweise unterschritten werden.

Nachbarschaft, Service, Kultur

Trotz der Flexibilität im Alter gibt es gleichzeitig das Bedürfnis nach Verortung und Zugehörigkeit. Laut einer Studie des Trendbüros Hamburg wächst zwar neben dem Wunsch nach einer flexiblen Doppelbeheimatung auch die Sehnsucht nach dem „trauten Heim". Die Auflösung von Familienstrukturen und ein über den Globus verteilter Freundeskreis erfordert einen Familienersatz in informellen Gemeinschaften in der Nachbarschaft.

Auch der Wandel zum „lebenslangen Lernen" bedarf eines wohnungsnahen differenzierten Weiterbildungs- und Kulturangebotes etwa in Kooperation mit kommunalen, freien oder kirchlichen Trägern. So bietet der „Wohnpark Tönebön am Klüt – Wohnen in guter Nachbarschaft" in Hameln zusätzlich zu den 70 Wohnungen seinen Bewohnern ein Kultur-, Bildungs- und Freizeitangebot, das sich auch an andere Interessierte wendet. Mit Unterstützung einer Kulturbeauftragten organisieren die Nutzer selbst in Kooperation mit örtlichen Bildungsträgern eine „Kultur des nachberuflichen Lebens". Das Haus Tönebön beherbergt neben Veranstaltungsräumen auch eine Bibliothek und ein Internetcafé.

Wohnungsunternehmen können sich als Schnittstelle und Initiatoren solcher Synergieeffekte auch im Bereich Wellness, Kinderbetreuung (Leihoma, generationsübergreifender Wissenstransfer, etc.) engagieren.

Der Wandel der Lebensformen kann Motor und Chance für interdisziplinäres Handeln von Architekten, Wohnungsbauträgern wie Bewohnern für das Wohnen in (jedem) Alter sein. Gemeinsam können sie zur Entwicklung innovativer Räume, Technologien und Strategien beitragen. Der Wiener Trendforscher Andreas Reiter fordert in seinem Essay „Silver Living" die Entwicklung bunter, vielfältiger Wohnlandschaften, belebt von Jung und Alt, ganz nach dem Motto *together apart*.

Demografischer Wandel als Chance für junge Architekten

Um den Bogen zu schließen – durchaus bei den Jungen, etwa den Architekturstudenten. Hier gilt das Thema „Bauen für Alte" häufig noch als „unsexy". Dabei kann der demographische Wandel gerade für die Architektur eine große Chance sein – Authentizität ist gefragt: Weg von umbauten indifferenten Glaskästen, hin zu Gebäuden und Außenräumen, die sich durch ihre individuelle Gestaltung, Proportion und Materialität dem Benutzer – intuitiv – also von selbst erschließen.

Möglichkeiten der Kosteneinsparung bei Bau- und Umbaumaßnahmen von Pflegeeinrichtungen

Joachim Vetter, Öffentlich bestellter und vereidigter Sachverständiger für die Beurteilung der Wirtschaftlichkeit in Pflegeeinrichtungen und Heimen; Senior-Partner Consoultions Unternehmensberatung

Vorwort

Der Bedarf an marktgerechten Immobilien für Senioren steigt. Dieser Bedarf wird von einem zunehmenden Wettbewerb der Anbieter, reduzierten Leistungen der Kostenträger und höheren Ansprüchen der Senioren begleitet. Die älter werdende Generation ist mehr und mehr bereit, für Pflegedienstleistungen privates Kapital zu investieren. Ob dies in der Zukunft auch so bleibt, ist aufgrund sinkender Einkommen ungewiss.

Viele Studien weisen nach, dass eine Anpassung der Immobilien sowohl an die Wünsche der älteren Menschen, als auch an deren Erwartungen bezüglich des Betreuungsumfangs notwendig ist. Gleichzeitig müssen auch die schwindenden finanziellen Möglichkeiten zahlreicher Senioren berücksichtigt werden.

In der Projektentwicklung für zukunftsweisende und innovative Produkte für Senioren ist es notwendig, neben einer wirtschaftlich nachhaltigen Betreibung, künftig vermehrt auf die Attraktivität und die nutzungsgerechte Ausstattung zu achten. Die Betreiber von Altenpflegeeinrichtungen und Seniorenimmobilien müssen vor der Realisierung ihres Projekts alle gesetzlichen Bestimmungen kennen.

Sie müssen ferner die Entwicklung der Projekte aus sozio-ökonomischen Rahmenbedingungen ableiten können.

Die Gesellschaft ist ein multidimensionales, multifaktorales Bedingungsgefüge mit stetiger Veränderung. Diese Veränderungen werden teilweise durch Gesetze, wie zum Beispiel die Pflegeversicherung im Jahr 1995 oder die Heimgesetzgebungen der einzelnen Bundeländer ab 2009, teilweise aber auch durch generationsbedingte Produktanpassungen hervorgerufen.

Ein Belegungseinbruch bietet für manchen Heimbetreiber aber auch die Chance der Anpassung seiner Immobilien, durch Umwandlung der Mehrbettzimmer zu Einzelzimmern oder durch Reduzierung der nicht mehr zu vermarktenden Gebäudeflächen.

Es ist zudem bereits heute klar erkennbar, dass es in den nächsten 20 Jahren einen deutlichen Mehranteil an alten, pflegebedürftigen Männern geben wird. Die Geburtenrückgänge, die durch den Ersten Weltkrieg und die danach folgenden kinderlosen Jahre ausgelöst wurden, schlagen seit dem Jahr 2008 in der stationären Altenhilfe um - in ein starkes Anwachsen der über 86-jährigen Senioren, die statistisch gesehen zu den Personen gehören, die mit dem aktuellen Eintrittsalter in die Pflegeeinrichtung kommen.

Mit der Einführung der Pflegeversicherung hat sich das Bild der deutschen Altenhilfe seit dem Jahr 1995 deutlich gewandelt. Altenhilfeeinrichtungen mussten ihre Dienste anpassen und ihre Leistungen verpflichtend beschreiben, gleichzeitig aber auch mit deutlich mehr psychiatrisch veränderten Heimbewohnern zurechtkommen.

Wie im ersten Bericht der Bundesregierung zur Situation der stationären Pflegeeinrichtungen zu erfahren ist, sind 68 % der Heimbewohner gerontopsychiatrisch erkrankt. Der Anteil der Bewohner mit Pflegestufe 0 beträgt unter 5 % in den stationären Einrichtungen. Viele Einrichtungen der Altenhilfe wurden in den Jahren 1970 bis 1980 errichtet. Der Anteil der gleichen Personengruppe betrug damals 14 %, der Anteil der Altenheimbewohner über 60 %. Im Sommer 2010 sind fast 16 % der Pflegeheimplätze nicht belegt. Diese Tatsache fordert zum einen Überlegungen zur Produktanpassung und zum anderen, das Dienstleistungsangebot generell zu modifizieren.

Definition Pflegebedürftigkeit

Die Definition der tatsächlichen Pflegebedürftigkeit und der Menschen, die in einem Pflegeheim Aufnahme finden, wird wie folgt festgelegt: Es sind ausschließlich pflegebedürftige Menschen, die 60 Jahre und älter sind, die ständig oder alle 2-3 Stunden pflegerische Hilfe benötigen und bei denen entweder bei den Aktivitäten

"Mahlzeiten/Getränke zu sich nehmen" sowie "allein die Toilette benutzen" oder bei den Aktivitäten "sich waschen und kleiden" sowie "Urin und Stuhl halten" die Angabe "Nein, unmöglich" gemacht wird.

Es wird üblicherweise angenommen, dass der Anteil der Menschen, der somit den Begriff der Pflegebedürftigkeit erfüllt, bis zum Jahr 2020 4 % der über 60-jährigen Personen in Deutschland beträgt. Tiefergreifende Analysen müssen vor Ort vorgenommen werden. Wer die vorher genannten Kriterien der Pflegebedürftigkeit mit mindestens 46 Minuten täglich erreicht, kann in einer stationären Einrichtung ab der Pflegestufe 1 Aufnahme finden und erhält hierfür monatliche Leistungen seiner Pflegekasse wie folgt:

Pflegestufe 1 ergibt 1.023,- €
Pflegestufe 2 ergibt 1.278,- €
Pflegestufe 3 ergibt 1.432,- €

Weil rüstige Heimbewohner ausblieben, mussten die Heime in den letzten Jahren drastische Veränderungen hinnehmen. Noch im Jahr 1992 fanden 66 % der Heimbewohner wegen eines apoplektischen Insultes mit Hemiparese Aufnahme in einem Altenpflegeheim. Die Heime wurden aus rein somatisch defizitärer Sicht entwickelt. Doch die Pflege- und Arbeitssituation in den Heimen hat sich bis zum Jahr 2005 gewandelt. 68 % dementiell erkrankte Heimbewohner prägen heute das Bild, fordern andere Prozessabläufe und angepasste Räumlichkeiten.

Bei der Untersuchung zahlreicher Pflegeeinrichtungen in den letzten beiden Jahren stellt sich immer wieder die Frage: Wer schützt nun die wenigen Nichtverwirrten vor den verwirrten Heimbewohnern? Wie angenehm ist es dem Nichtverwirrten, wenn in dem Doppelzimmer der Kleiderschrank vom dementiell Erkrankten mehrfach täglich ausgeräumt wird? Welche baulichen Konzeptionen kommen uns einerseits für die Verwirrten, andererseits für die Nichtverwirrten in den Sinn? Kann die integrative Belegung weiterhin Bestand haben? Wann kippt das Niveau eines Heimes, welches stark öffentlichkeitsorientiert arbeitet? Können Angebote des stationären Mittagstisches oder der Seniorengymnastik im Heim noch stattfinden? Wie finden tagesstrukturierende Maßnahmen statt? Sind sie überhaupt möglich vor dem Hintergrund der Einstufung nach SGB XI und der baulichen Gegebenheiten? Fallen verwirrte Heimbewohner durch das Netz der finanziellen Hilfe oder gibt es kompensierende Lösungen? Was tun mit den Weglaufgefährdeten? Muss die Pharmazie verbessert werden (Psychopharmaka) oder sollten die Bewohner angepasste bauliche und sozialpflegerische Angebote erhalten?

Für Pflegeheime gilt in den nächsten Jahren, sich den differenzierten Forderungen anzupassen, um auch nachhaltig wirtschaftlich arbeiten zu können. Diese Wirtschaftlichkeit wiederum wird ebenfalls nach SGB XI verlangt (siehe §§ 82,

83, 84, 105). Die Entwicklung der Heime im Sinne der 4. Generation (KDA) sollte nach Meinung des Autors verfolgt und modifiziert werden.

Hausgemeinschaften der 4. Generation

Historische Entwicklung der Altenheime

Die Anpassung der Einrichtungen der stationären Altenhilfe erfolgte in den letzten 150 Jahren immer nach den Kriterien der finanziellen Möglichkeiten der Unterbringung alter Menschen, der Gestaltung der hauswirtschaftlichen Abläufe, des Raumbedarfes alter Menschen, der individuellen Forderung und der Bedürfnisse der Senioren.

Mit der Einführung der Pflegeversicherung im Jahr 1995 kam ein Bauboom und zeigte, dass 12 m² große Einzelzimmer viel zu klein sind, dass jeder Bewohner möglichst ein Einzelzimmer bekommt und Altenpflegeheime in frischen Farben und mit modernen Möbeln ausgestattet werden können.

Die Personalschlüssel orientierten sich jedoch weiter am somatischen Pflegebedarf. Die Ausbildungsberufe in der Altenhilfe orientierten sich an den Curriculi somatischer Pflegebedürftigkeit. Das Image der Altenpflege litt zudem seit jeher unter dem starken und positiven Image der Krankenpflege. Die Normen und die Zulassungen der Altenhilfemitarbeiter sind different, eine bundesweit geregelte Altenhilfeausbildung besteht erst seit 2 Jahren.

Zusammenfassend kann man sagen, dass sich die bauliche Ausstattung der Altenpflegeeinrichtungen immer mehr am Lifestyle und leider auch am somatischen Pflegebedarf, als an tatsächlichen finanziellen Möglichkeiten und der Zunahme demenziell Erkrankter orientierte.

Kurzer Überblick über die Generationen

Die 1. Generation der Pflegeheime bestand aus Zimmern, in denen zwei bis vier Bewohner lebten, ausgestattet mit einem Waschbecken. Die Toilettenanlage befand sich auf dem Flur. Als Pflegesystem wurde häufig das Funktionspflegesystem angewendet und die Einrichtungen wirkten insgesamt stark klinikorientiert.

Bei Pflegeeinrichtungen der 2. Generation entwickelte man bereits eine Toilettenanlage zwischen zwei Zimmern. Mit dieser „Durchgangsmöglichkeit" konnte man in beide Zimmer gelangen. Die Problematik ist allen hinreichend bekannt, die in solchen Einrichtungen gearbeitet haben. Das Pflegesystem war in der 2. Generation oftmals das Funktionspflegesystem. Wohnbereichsleitungen überwachten eine Ebene und Bewohner konnten, solange sie mobil waren, ihr Essen in den Speisesälen einnehmen.

In der 3. Generation, die ab 1975 entwickelt wurde, hatte jedes Zimmer ein eigenes Bad. Die Zimmer waren nur noch mit 1 oder 2 Betten ausgestattet und es ergab sich bereits, dass Aufenthaltsräume in diesen Abteilungen größer wurden. Mit zunehmendem Fortschritt wurde bereits die Bereichspflege eingeführt.

Seit dem Jahr 2000 entwickeln Heimbetreiber die 4. Generation, die durch das Kuratorium Deutsche Altenhilfe, Wilhelmine-Lübke-Stiftung Köln, (KDA) stark propagiert wurde. Die 4. Generation stellt den Bewohner ganz in den Mittelpunkt. Sie bildet Hausgemeinschaften in der stationären Altenhilfe und kann somit die somatischen, aber auch die gerontopsychiatrischen Aspekte beantworten. Die Gruppen in einer Hausgemeinschaft der 4. Generation bestehen aus 8 bis 12 Bewohner. In den Hausgemeinschaften werden tagesstrukturierende Maßnahmen angeboten. Diese orientieren sich an dem Normalitätsprinzip des Lebens, die Bildung von Lebenswelten erfolgt in Abbildung der jeweiligen regionalen Normalität des Alltags.

Solche Veränderungsprozesse, wie sie in der Deutschen Altenhilfe zu erkennen sind, sind auch bedingt durch den Ausbau der ambulanten Versorgungsstrukturen, die Veränderungen der Krankheitsbilder und des damit zusammenhängenden Unterstützungsbedarfes.

Bedenken wir, dass 1988 der Aufnahmegrund in Pflegeeinrichtungen noch zu 66 % „Apoplexie mit Hemiparese" war, im Jahr 2006 aber fast 60 % der Bewohner demenziell erkrankt und multimorbide Krankheitsbilder haben. Daran erkennen wir, dass es wichtig ist, die Pflegeeinrichtung an die veränderte Klientel anzupassen.

Daraus ergibt sich, dass zukünftige Einrichtungen im Sinne der 4. Generation mit Hausgemeinschaften für 8 bis 12 Bewohner entwickelt werden sollten und heutige Neuentwicklungen im Sinne der 3. Generation bereits am Markt vorbeigehen.

Wichtig für den Planer: Mehrere Hausgemeinschaften bilden eine Organisationseinheit.

Die Voraussetzung zum Gelingen solcher Veränderungsprozesse ist die Einbeziehung aller am Pflege- und Versorgungsprozess der Bewohner beteiligten Personen. Hierzu zählen die Trägervertreter, die Geschäftsleitung, die Heimleitung, die Pflegedienstleitung, das Pflegepersonal, das Verwaltungspersonal und das Hauswirtschaftspersonal.

Entscheidend ist auch, dass das Pflegepersonal eine fundierte Ausbildung zum Krankheitsbild „Demenz" erhalten, welche nicht nur die Grenzen, sondern vor allem auch die Chancen in der Versorgung der Bewohner aufzeigt.

Zur Ermöglichung eines tieferen Einstiegs, soll hier in kurzen Abrissen das Thema „Demenz" behandelt werden.

Demenz wird als Störung oft empfunden, weil sie mit Verrücktheit ist verbunden. (frei nach Wilhelm Busch)

Wir erkennen, dass Pflegekräfte in Deutschland viel zu sehr somatisch orientiert sind. Eine Schulung zum Thema „Umgang mit demenziell Erkrankten" wird mangels Zeit und Personal in den Einrichtungen häufig nicht adäquat vorgenommen.

Hausgemeinschaften der 4. Generation sind grundsätzlich Pflegeeinrichtungen, die nach dem Heimgesetz einen Versorgungsvertrag erhalten. Dieser Versorgungsvertrag wird auch häufig mit einer Leistungs- und Qualitätsvereinbarung verbunden. Manche Hausgemeinschaft, die einen hohen Anteil betreuungsbedürftiger demenziell Erkrankter aufnimmt, erhalten sogar spezielle Pflegesätze. Die Fachkraftquote in einer Hausgemeinschaft behält ihre Gültigkeit, die Einbeziehung der Hauswirtschaft in den Tagesablauf wird, so nahe wie möglich, am Bewohner geplant.

Grundsätzliche Aussage zur Hausgemeinschaft:

Die stationäre Pflege wird attraktiver und kostengünstiger, wenn Pflegeeinrichtungen Hausgemeinschaften entwickeln. Die Pflegeabläufe werden in einer Hausgemeinschaft weniger betont als bisher, sie werden sogar reduziert. Die Hausgemeinschaft wird im Sinne der Normalität gesteuert und auf den Bewohner projiziert.

Die Kosteneinsparung erfolgt durch die günstigen Präsenzkräfte aus der Hauswirtschaft, die dazu beitragen, dass Pflegehelfer dann nicht mehr in dem bisherigen Maße benötigt werden.

Umgang mit demenziell Erkrankten

Die Inhalte der Betreuung von Demenzerkrankten in einer stationären Pflegeeinrichtung orientieren sich stark am Gesamtkonzept der Einrichtung. Mein Beitrag verfolgt ab hier speziell den Bereich der baulichen Konzeption. Eine Pflegeeinrichtung muss stimulierend und orientierend gestaltet werden. Die emotionale Arbeit mit demenziell Erkrankten stärkt deren Selbstwertgefühl und hilft mit, konflikthafte Erlebnisse aufzuarbeiten. Das Wiedererleben positiver Gefühle durch soziale und kognitive Reize kann in einer Hausgemeinschaft tatsächlich entstehen. Kognitive Reize stärken das Konzentrations- und Kommunikationsverhalten des Bewohners und sorgen für die Aktivierung seiner Ressourcen. Wer mit kognitiven Reizen arbeitet, also dem Bewohner Reize bietet, die ihn abholen, die ihn ansprechen, die seine Mimik verändern, kann dazu beitragen, dass sogar die Themen an Vielfalt zunehmen. Soziale Reize werden in der Regel durch Gruppen entwickelt.

Bild 1: Hausgemeinschaft der 4. Generation

Sich in eine Gruppe eingebunden zu fühlen, ist für jeden Menschen ein schönes Gefühl. Dies bedeutet für den Bewohner, dass er andere Bewohner gut kennen muss, in einer Hausgemeinschaft sind dies nur 8 – 11 Mitbewohner, und sich so auf diese einstellen kann. In den Gemeinschaften soll Spaß und Kreativität gefördert werden, dies geschieht durch ganzzeitliche Wahrnehmungen des Bewohners.

Die Milieu- und Umgebungsgestaltung in einer Hausgemeinschaft hat viel mit der physikalischen Umwelt zu tun, die von Architekten und Planern entwickelt wird.

Entscheidend ist, dass sich die soziale und kommunikative Situation der Bewohner in den Umwelten eines Pflegeheimes sehr unterschiedlich darstellen. Aus diesem Grunde muss heute ein Pflegeheim nicht mehr den somatischen Bedürfnissen eines pflegebedürftigen Menschen, sondern den gerontopsychiatrischen Bedürfnissen des demenzerkrankten Menschen angepasst werden.

Dazu gehören die Gestaltung des

- Aufenthaltsbereiches
- des Zimmers
- der Bewegungsflächen

Zum Abbau des Serotonins muss die Bewegungsfreiheit gefördert und unterstützt werden. Fixationssysteme gehören hier absolut nicht zur Standardausstattung. Die Räume sollten wohltemperiert, ohne Zugluft sein. Leitsysteme sollten sinnvoll und orientierungsgebend die Umgebung des Bewohners gestalten.

Biographisches Arbeiten mit Demenzerkrankten ist das Arbeiten in der Erinnerung des Anderen. Diese Erinnerung bei einem Bewohner ist sein Paradies, aus diesem dürfen wir ihn nicht vertreiben.

Bild 2: Bsp. Altdeutsche Schrift liest sich leichter

Die Alltagsgestaltung in einem Pflegeheim der 4. Generation sollte so erfolgen, dass die Pflegemitarbeiter „mit den Händen in der Tasche" pflegen sollen. Den Bewohnern sollten sie kleine überschaubare Aufträge geben, damit sie diese einfachen, aufeinander folgenden Aktivitäten selbst durchführen können. Die Aufgaben in der Küche und Waschküche sollten dezentralisiert werden. Das Kaffeekochen, die Eier kochen, die Kartoffel schälen, das Gemüse putzen, den Salat schneiden und waschen, die Nachspeisen zubereiten, Waffeln backen usw. sind Beispiele solcher Aktivitäten. Das Zubereiten dieser Nahrungsmittel zu einem Essen oder zu einzelnen Komponenten gehört zur Alltagsgestaltung dazu. Die Durchführung von kleinen Gymnastikstunden oder notwendigen Spaziergängen unterstützt den Serotoninabbau und den Bewohner beim Erleben eines ausgeglichenen Tages. So können Bewohner beispielsweise Wäsche falten, auch wenn die Falten dann möglicherweise nicht ganz richtig gefaltet sind. Sie können Kartoffel schälen, auch wenn die Augen an der Kartoffel dran bleiben. Sie können die Besteckschublade neu sortieren, sie können Bestecke polieren, Papiere sortieren, lochen und abheften. Sie können den Tisch decken und die Blumen gießen.

Immer wieder erleben wir, dass Bewohnerinnen auf ihren Mädchennamen reagieren und ihr Zimmer leichter wiederfinden, wenn dieser auf dem Türschild steht, womöglich sogar in altdeutscher Schrift.

Bild 3: Hausgemeinschaftsküche Haus am Sandberg, Duisburg

Die Pflege nimmt sich zurück, die Hausgemeinschaft gestaltet das Leben.

Die Küche und das gesamte Küchenpersonal müssen aber auch jederzeit in der Lage sein, im Heim eine Vollversorgung zu leisten, wenn beispielsweise eine Infektionswelle dazu beiträgt, dass in der Küche der Hausgemeinschaft das Essen nicht produziert werden kann. In der Hauptküche werden nur noch die fehlenden Komponenten für die jeweilige Hausgemeinschaft produziert. Die Hauptküche stimmt die Liefermenge und die Lieferzeit mit der Hausgemeinschaft ab. In der Hausgemeinschaft wird die Lieferung vorbereitet, indem der Tisch gedeckt, die Schüssel und Teller vorgewärmt und selbstproduzierte Komponenten zubereitet werden.

Dem Geruch von brutzelndem Fleisch und gedünsteten Zwiebeln kann niemand widerstehen. In Hausgemeinschaften darf es auch nach Arbeit und vor allem gutem Essen riechen.

Nach dem Essen wird gespült, wir empfehlen die Nutzung von Industriespülmaschinen und keineswegs die Haushaltsmaschinen. (Haushaltsmaschinen sind wenig geeignet, da aufgrund der fehlenden Temperatur und der mangelnden Gummiqualität Colibakterien vermehrt auftreten können). Das Spülen mit der Hand ist auf jeden Fall auch eine gute Methode.

Das Porzellan in den Hausgemeinschaften kann in Vitrinen stehen und in Schränken verstaut werden. Die Flachwäsche wird entweder in der eigenen Wäscherei oder in einer Fremdwäscherei gewaschen. Hierzu wird ein Vergabevertrag über Waschen, Mangeln und Falten ausgearbeitet. Die Wäsche der Bewohner wird in der eigenen Hauswäscherei oder in einer kleinen Haushaltswaschmaschine in der Hausgemeinschaft gewaschen. Trocknen kann man die Wäsche im Gewerbetrockner oder auch im Garten durch Aufhängen der Wäsche. Auf jeden Fall sollte die Frotteewäsche nach dem Trocknen in der Hausgemeinschaft gelegt, gefaltet und verteilt werden.

Auch hier können die Bewohner mit einbezogen werden. Durch die kognitiven Reize in der Hausgemeinschaft werden die Bewohner aktiviert, zum Beispiel durch: Besen an die Wand lehnen, Kittel an Haken neben Besen hängen, Kiste zum Kramen aufstellen, Kartoffel-, Gemüse- und Schälmesser bereitlegen. Die Mitarbeiter müssen die Bewohner während der Zusammenarbeit beobachten, sie loben, sie motivieren und sie alle einbeziehen.

Negative Reize müssen eliminiert werden, zum Beispiel: Rufen und Schreien auf dem Flur oder im Zimmer, ständiges Telefonieren im Dienstzimmer, lautstarke Unterhaltung, Flatterecho durch fehlende und schlechte Raumakustik, abgewandte und unfreundliche Mitarbeiter, ständige Brummgeräusche, Akustikmüll, Fliesenböden und Teewagen, unbekannte und grelle Farben und Hightech Möbel.

Bauliche Empfehlung zur Einrichtung einer Hausgemeinschaft:

- Einzelzimmer mit 14 m² und zugeordnetem Bad,
- Bett, Kleiderschrank und Nachtschrank. Derzeit sind dunkle Holzfarben aus den 20iger Jahren sehr beliebt (z.B. Kirsche, Erle)
- Abgetönte Raufasertapete mit Bordüren,
- Hochlehner mit Beinhocker (evtl. von zu Hause mitbringen lassen),
- Tisch (gegebenenfalls von zu Hause mitbringen lassen),
- eine 2m Bildleiste an der Längswand (zum Bad),
- Rollladen mit Gurt,
- Deckenlampe mit Wechselschaltung, 1 für 125 Lux, 2 für 500 Lux.
- Badezimmertür als Drehtür,
- Bodenbelag: weiche Böden mit dichter Oberflächenstruktur, z. B. Kautschuk zur Reduzierung der Geruchsbelästigung bzw. zur Verhinderung des Eindringens von Fäkalien in poröse Fußböden (wie z. B. PVC und ganz besonders Linoleumböden und Textilbeläge)
- Store als Raumklimafilter, Store über die gesamte Glasfläche zur Reduzierung der Spiegeleffekte anbringen lassen.

Möglichkeiten der Kosteneinsparung bei Bau- und Umbaumaßnahmen

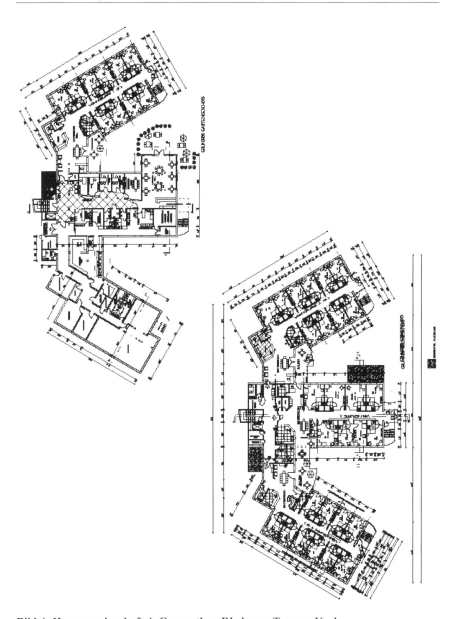

Bild 4: Hausgemeinschaft 4. Generation, Rheingau-Taunus-Kreis

Joachim Vetter

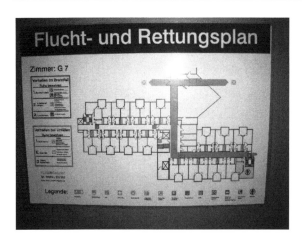

Bild 5: Vorher Funktionspflege, nachher Hausgemeinschaft 4. Generation

Umwandlung von Bestandsimmobilien

Die größte Herausforderung der Zukunft wird die Umwandlung von Bestandsimmobilien zu Hausgemeinschaften sein. Häufig geht diese Umwandlung mit Reduzierung von Bewohner- und Arbeitsplätzen, aber auch Investitionsaufwendungen zur Bildung von Wohnraum und Küche einher.

Neubauten der 4. Generation stellen derzeit häufig regional noch ein Alleinstellungsmerkmal dar und werden in solchen Regionen empfohlen, wo beispielsweise Pflegeheime der 2. oder 3. Generation zu finden sind.

Im Jahr 2006 setzte ein Verdrängungswettbewerb ein, da die Marktgesetze griffen. Aus aktuellem Anlass wird die Thematik hier näher betrachtet. Die Kollision der Interessen der Heimbewohner, der Kostenträger und der Angehörigen wird bei der Einzelzimmerfrage immer erkennbarer. Die Kostenträger gestehen in vier Bundesländern den Leistungsberechtigten nach SGB XII die Nutzung eines Einzelzimmers nicht mehr zu. Sie gestatten die Unterbringung in einem Einzelzimmer nur noch mit ärztlich verordneter Notwendigkeit. Die Angehörigen und Bewohner wünschen aber sich möglicherweise nur noch Einzelzimmer, sie schließen andere Wohnformen in einem stationären Pflegeheim aus. Das zweite Bett in einem Doppelzimmer lässt sich kaum noch vermieten.

Vetter: Die Bedürfnisse älterer Menschen haben sich niemals geändert. Aber die Bereitschaft der älteren Menschen, schwache Dienstleistungsangebote zu akzeptieren, lässt nach.

Die räumlichen Standards in der Altenhilfe sind in den letzten Jahrzehnten gestiegen. Das Einzelzimmer steht im Altenpflegeheim als Pseudonym für ein zeitgemäßes Raumkonzept, welches dem Heimbewohner Individualität und Privatsphäre bietet. Die bisherigen Fördergeber, insbesondere in den neuen Bundesländern, verlangten einen hohen Einzelzimmeranteil im Falle einer öffentlichen Förderung nach Artikel 52.

Durch den Wegfall dieser Bundes- und Landesförderungen fällt zeitgleich auch weitgehend die Forderung weg, Einzelzimmer bauen zu müssen.

Kostengünstige Pflegeheimplätze werden von den Kostenträgern präferiert und Kostenträger bestehen nachhaltig auf Unterbringung in günstigeren Pflegeheimen für Leistungsberechtigte nach SGB XII.

Die Diskussion um das Mehrbettzimmer ist im Jahr 2006 voll entbrannt. Wir kennen derzeit Pflegeeinrichtungen, die nur noch zu 80 % (zum Beispiel in Rheinland-Pfalz) belegt sind. Insbesondere das zweite Bett in einem Doppelzimmer wird nicht mehr belegt.

Aus diesem Grunde muss bei Trägern der stationären Altenhilfe, die auch künftig Einbett-, Zweibett- oder Ein- und Zwei-Bettzimmer anbieten möchte, eine mehrdimensionale Herangehensweise einsetzen.

Aus der Kundensicht weiß man, dass sich der Lebensradius im Alter reduziert. Der künftige Bewohner eines Altenpflegeheimes verliert zunehmend seine Leistungskompetenz, kann irgendwann nicht mehr seine Wohnung, die Wege des Einkaufens und des Zurückkehrens beherrschen und wird dann in eine stationäre Pflegeeinrichtung einziehen. Dies ist stets verbunden mit einer eintretenden Pflegebedürftigkeit. Im Pflegeheim reduziert sich der Radius weiter und der Bewohner zieht sich auf sein Zimmer zurück. Ein Anspruch auf einen kleinen Rückzug für jeden Menschen besteht seit dem Frühkindesalter. Privatsphäre heißt Lebensqualität. Heißt Lachen, Weinen, Freuen, Klatschen, Musik hören, Seufzen, Entspannen, Meditieren, Entscheiden, seine Höhle gestalten, seine Eigenheiten ausleben.

Aus der Kostenträgersicht erleben wir aber die paradoxe Forderung der Unterbringung in Doppelzimmern. Die Kosten der Unterbringung eines Leistungsberechtigten in der Pflegeeinrichtung sollen reduziert werden. Dies wird dann mit einer Doppelzimmer- bzw. Mehrbettzimmerbelegung gleichgesetzt.

Alternativen werden bei den Kostenträgern nicht berücksichtigt oder sind nicht bekannt. Nach Alternativen wird in Deutschland nur wenig geforscht. Kostentreiber sind eher Großküchen und Speisesäle, die schon lange ungenutzt leer stehen.

Paradox ist außerdem die Gleichsetzung der Kostenreduzierung mit der Festlegung von Bewohnern in Einzelzimmern oder Doppelzimmern. Aus Sicht der Betreiber ist zu berichten, dass diese den Vorgaben der Kostenträger nachgeben müssen. Betreiber stimmen dem Bau von Doppelzimmern zu, da der höhere Divisor der Berechnungstage oder Heimplatzanzahl den Gestehungspreis pro Platz reduziert. Aber das Doppelzimmer ist nicht belegbar, das zweite Bett steht leer. Die Belegung rutscht aufgrund der Marktsituation häufig unter 95 %.Und so beugt sich die Bedürfniswahrnehmung dem Kostendiktat. Die Arbeit mit den Angehörigen wird zudem in Doppelzimmern erschwert.

Was also sollte der Entscheider beim Bau eines künftigen Altenpflegeheimes berücksichtigen?

Zunächst verschaffen wir uns einen Überblick über die DIN 276, da sie bei allen pflegesatzrelevanten Entscheidungen beachtet werden muss.

- Kostengruppe 100: Grundstück
- Kostengruppe 200: Erschließung
- Kostengruppe 300: Baukörper
- Kostengruppe 400: Technik
- Kostengruppe 500: Außengestaltung
- Kostengruppe 600: Mobilien
- Kostengruppe 700: Honorare und Gebühren

Bisher galt, dass pro Bewohner 50 m² Nettogrundfläche notwendig sind. Die bisherige Höchstgrenze bei den Baukosten betrug 75.000,- € in den Kostengruppen 200 – 700 je Platz.

Aber durch das BSG Urteil aus dem Jahre 2001 entscheidet der Wettbewerb (Marktpreis) über die Refinanzierungskosten, denn der Kostenträger nach SGB XII darf einem Leistungsberechtigten grundsätzlich den jeweils günstigsten Heimplatz zugestehen.

Die Refinanzierung der Investition kann ausschließlich über den Investitionskostensatz und keineswegs durch eine Quersubventionierung aus Einnahmen aus SGB XI oder Unterkunft und Verpflegung erfolgen. (Definition SGB XI: Erträge aus pflegerelevanten Einnahmen, Erträge aus Unterkunft und Verpflegung.)

Beispiel 1:

Altenpflegeheim: 60 Plätze, 100 % Einzelzimmer mit Bad,
Gestehungskosten € 4.560.000,00.
Investitionskostensatz nach Hessischem Modell:
90 % des Gebäudes AfA 2 %
10 % der Kostenausstattung 10 % AfA
ergibt einen medianen AfA von 3,5 %.
Fremdkapitalzins 5 %, Eigenkapitalzins 0 %,
Instandhaltung: 1 %.

Kosten per anno: € 437.760 : 21.462 Berechnungstage
= € 20,39 Investitionskostensatz pro Tag/Bewohner.

Beispiel 2:

Altenpflegeheim, 60 Plätze, 50 % Einzelzimmer mit Bad,
50 % Doppelzimmer mit Bad = 45 Bäder.
Gestehungskosten: € 3.784.000,00
Investitionskostensatz 90 % des Gebäudes AfA 2 %,
10 % der Kosten Ausstattung, 10 % AfA.
Der mediane AfA-Satz beträgt 3,5 %.
Zins für Fremdkapital 5 %, Instandhaltung 1 %,

Kosten per anno:
€ 344.106,00 : 21.462 Berechnungstage
= € 16,03 Investitionskostensatz pro Tag/Bewohner..

Beispiel 3:

Altenpflegeheim, 60 Plätze,
100 % als Einzelzimmer als Doublette mit Bad. 30 Bäder.
Gestehungskosten € 3.835,000,00.
Investitionskostensatz 90 % des Gebäudes AfA 2 %.
10 % der Kostenausstattung 10 % AfA,
ergibt einen medianen AfA-Satz von 3,5 %.
Zins Fremdkapital 5 %,
Instandhaltung 1 %,

Kosten per anno: € 365.879,00 : 21.462 Berechnungstage
= € 17,04 Investitionskostensatz pro Tag/Bewohner.

Beispiel Fulda-Petersberg:

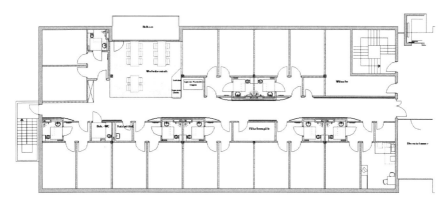

Bild 6: 100 % Dublette, Baubeginn 2006

Beispiel : DRK Seniorenzentrum Merzenborn Wirges.
Doublettenbauweise, Eröffnung November 1999.

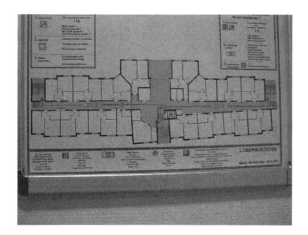

Interessant ist, dass sowohl die Kostenträger, als auch die Kunden ein Höchstmaß an Wohnqualität zu geringen Preisen erwarten.

Doppelzimmer werden seitens der Kostenträger als günstige Lösung zur Unterbringung pflegebedürftiger Menschen präferiert. Das Beispiel Bayerns zeigt, dass Leistungsberechtigte in manchen Regierungsbezirken gemäß SGB XII nur € 9,00 Investitionskostensatz je Berechnungstag im Doppelzimmer erhalten. € 12,50 zahlt das Bundesland Bayern im Einzelzimmer nach Aufzehrung des Vermögens und bei einer notwendigen medizinischen Indikation zur Unterbringung im Einzelzimmer.

In den Bundesländern Hessen und Niedersachsen wurde im Jahr 2006 sogar eine Differenzierung nach Kostenträgern vorgenommen. Der Heimbetreiber musste sich dem Preisdiktat bei Leistungsberechtigten beugen und die Kostenträger akzeptieren beispielsweise Unterbringung in Einzelzimmer für Selbstzahler in Niedersachsen bis € 22,00.

Leistungsberechtigte nach SGB XII müssen bei Erstaufnahme unbedingt im Doppelzimmer untergebracht werden. Das Problem besteht für den Betreiber immer darin, das zweite Bett im Doppelzimmer zu vermarkten. Angehörige fragen grundsätzlich nicht mehr nach Konzepten oder Trägern, sie fragen nach Einzelzimmern und Kosten.

Es muss davor gewarnt werden, künftig € 22,00 von Selbstzahlern zu fordern, da insbesondere in den neuen Bundesländern das Rentenniveau in den nächsten 10 Jahren massiv sinken wird und dann diese Zimmer für dieses Entgelt nicht mehr zu vermarkten sind. Wie wird das künftige Nutzerverhalten der Heimbewohner und ihrer Angehörigen sein?

In den nächsten vier Jahren werden vier Renten-Nullrunden erwartet. Die Leistungsberechtigten nach SGB XII werden in Deutschland zunehmen, die Baupreise werden leicht steigen.

Die Tatsache, dass

- der Kunde ein Einzelzimmer in einem Altenpflegeheim präferiert,
- Kostenträger auf die günstige Bauweise bzw. auf den günstigen Investitionskostensatz achten,
- die demographische Entwicklung und die Zunahme dementieller Erkrankter neue Pflegeformen fordern,

lässt nur eine einzige Antwort zu.

Der Einzelzimmeranteil sollte so hoch wie möglich in einem stationären Pflegeheim sein. 100 % Einzelzimmer lassen sich bei Verzicht auf eine große Gemeinschaftsküche, auf große Eingangshallen und große Speisesäle leicht realisieren. Verzichtet man auf die große Gemeinschaftsküche, kann man die Gestehungskosten um 5 % - 7 % reduzieren.

Aber die Fachbehörden fordern mit Recht eine Produktionsküche.

Was sind mögliche Lösungen aus diesem Dilemma?

Mögliche Lösung aus diesem Dilemma ist, eine vernünftige Mischung aus Einzelzimmer mit Bad und Einzelzimmer mit zugeordnetem Bad, d.h. mit der sogenannten Doublettenbauweise zu realisieren. Die Flächeneinsparung bei der Doublettenbauweise ist gering, aber die Mehrkosten bei Einzelzimmer in Doublettenbauweise entsprechen nur € 800,00 €, während der Bau eines eigenen Badezimmers zum Einzelzimmer € 8.500,00 kostet. Das kostenintensive Bad kann somit entfallen und die Investitionskosten reduzieren sich.

Weitere Vorteile der Doubletten sind: Die Reduzierung der Zugangstüren aus den Fluren um 50 %. Der Vorflur, der bei der Doublettenbauweise entsteht, bringt Ruhe im Einzelzimmer. Die Doublettenbauweise gestattet eine Drittverwendungsmöglichkeit. Die Innentüren können bei der Doublettenbauweise bedarfsweise angelehnt bleiben, so dass nachts die Schlafgeräusche des Anderen wahrgenommen werden.

In Japan werden beispielsweise dementiell Erkrankte in großen Schlafsälen nachts zusammen gebracht, weil man weiß, dass sie in der Gruppe besser schlafen. Doubletten sind Appartements im Altenpflegeheim. Geschwister und Ehepaare können in einer Doublette eigene Raumlösungen finden, wie z. B. ein gemeinsames Schlafzimmer, ein gemeinsames Wohnzimmer und können eine sog. Doublettenwohnung auch als kleines Appartement nutzen.

Bauliche Details in der Diskussion sind wichtig und tragen zu einer Klärung der Kosteneinsparung bei. Bei der Doublettenbauweise ist die Flexibilität immer dann möglichst hoch, wenn weniger tragende Wände und damit eine flexiblere Nutzung angestrebt wird. Weitere bauliche Details bei den Einzelzimmern bzw. bei den Doubletten sind bodentiefe Fenster, die jedoch den Brandüberschlag insofern berücksichtigen müssen, dass von der Fensteroberkante des darunter liegenden Stockwerkes bis zur Fensterunterkante des jeweiligen Zimmers mindestens 1 m Distanz bestehen muss. Aus diesem Grund neigt man lieber zu niedrigen Brüstungen. Der Blick nach draußen kann auch dann bei Bettlägerigkeit möglich werden.

Balkone werden in der Regel von pflegebedürftigen Heimbewohnern nicht genutzt, daher können auch ganz zu öffnende Fensterflügel eingesetzt werden. Die Größe eines Zimmers sollte gesetzlich vorgegeben mindestens 12 m² betragen, zur Vermarktung der Zimmer empfehle ich jedoch 14-15 m² Zimmerfläche. 12 % der Raumfläche muss die Mindestfensterfläche sein, damit eine ausreichende Belichtung des Raumes erzielt werden kann. Im Falle eines 14 m² großen Einzelzimmers beträgt somit die Fensterfläche 1,68 m² in der lichten Weite. Günstigste Zimmerausrichtungen bezeichnen wir mit Ost-, Süd- oder Westausrichtung. Eine günstige Türbreite ist 100 cm lichte Weite.

In jedem Zimmer sind auf jeden Fall anzubringen:

– Brandmelder mit einer Zweikriterienausstattung
– vier Elektroanschlüsse je Bettplatz, zwei weitere für TV und Stehlampe
– ein Lichtruf
– ein Telefon mit einer Verkabelung 8x2 Quadrat an jedem Bettplatz
– ein Fernsehanschluss diagonal vom Kopf an der gegenüberliegenden Wand bzw. die Integration am Kleiderschrank durch Flatscreen.

Der aktive Sonnenschutz ist individuell zu prüfen, Lamellen-Rolladen sind leicht finanzierbar. Ein passiver Sonnenschutz durch Store oder Dekostoffen mit Dimm- und Screeneffekten, ein Raffrollo kann zwar empfohlen werden, aber die Südseite des Gebäudes muss zusätzlich mit einem aktiven Sonnenschutz ausgestattet sein.

Die Empfehlung an den künftigen Entscheider: Verwendung von Stores mit einem Katalysator zum Aufspalten amoniumhaltiger Raumluft, 30 Waschungen sind garantiert, sie sorgen für eine nachhaltig gute Raumklimasituation. Die Fußbodenausstattung wird mit 4 mm Kautschukboden zur Reduzierung der Sturzfolgen empfohlen. Als Wandbelag empfiehlt die Arbeitsgruppe eine Raufasertapete z.B. „Erfurt Prestige" leicht getönt mit einem Latexanstrich, der abwaschbar ist und einer möglichen Bordüre. Zwei Lichtquellen, die 500 Lux Licht im Raum ergeben, werden empfohlen. Gerade bei der Kontakt- und Kontraktphase achten die Angehörigen ganz massiv auf das eigene Bad ihrer Angehörigen und sorgen somit für einen zunehmenden Wettbewerb in der stationären Altenhilfe.

Für das Pflegeheim der nächsten Jahre gilt, sich an die differenteren Anforderungen anzupassen.

Detailbeispiele Altenpflegeheim:

Tagesgruppen für demente Heimbewohner verlangen nach ausreichend großen Tagesräumen. Entspannung im verwirrtesten Zustand findet man im Wohnraum, der ein Milieu beschreibt, das man kennt. Wohnräume, die wohnlich sind, mit Nischen, mit der Möglichkeit, ein Bett sowohl mit der rechten als auch mit der linken Bettseite an die Wand zu stellen, damit die jeweils gelähmte Körperhälfte nach dem Bobathkonzept zur Raummitte weisen und den Blick aus dem Fenster richten zu können.

Benötigt werden Planungen für kluge Bewegungskonzepte, keine separaten Therapieräume und Snoezelenräume. Benötigt werden Therapiegärten mit Wasserspielen, Hochbeete mit essbaren Früchten, Farbkonzepte die leiten, animieren und beruhigen können.

Weitere Optimierungskriterien bestehen in folgenden Punkten:

– konsequente Nutzung der baulichen Empfehlungen zum Brandschutz in Heimen der stationären Altenhilfe durch die Zulassung aller Gestaltungselemente innerhalb der Evakuierungsabschnitte bei Einrichtungen der 4. Generation. (Gerne stellen wir diese Empfehlungen für Hessen und Rheinland-Pfalz zur Verfügung)
– Bildung einer klassischen 3-Geräte-Küche als Hauptküche mit der Aufgabe, 80 % der Lebensmittel frisch und 20 % durch Convenieceeinsatz sicherzustellen
– Hauptküche so klein wie möglich zur Reduzierung der Luftwechselmenge bei einem Luftwechselfaktor 8-12
– Kleine Eingangshalle
– Verzicht auf Speisesäle, Cafeterien
– Verzicht auf Waschküche mit Mangel zur Aufbereitung der Flachwäsche
– Fliesenarbeiten in Bädern reduzieren auf Notwendigkeit
– Fliesenarbeit im Pflegebad reduzieren auf Notwendigkeit, alternativ abwaschbare Putzstruktur
– Nutzung der Dachflächen zur Gewinnung erneuerbarer Energie und Erreichung eines ESH 60-Standards
– Nutzung der Dachfläche zur Gewinnung von Warmwasser mit Nutzung der entsprechenden EU-Fördermöglichkeiten
– Raumhöhe in den Bewohneretagen maximal 2,45 m,
– Verlegung der Medien auf Rohbeton zur Reduzierung der Brandlasten
– Gebäudebewirtschaftung beginnt bei der Projektentwicklung, digitales Kataster anlegen
– uvm.

Bewertung von Sozialimmobilien

Friedrich Lutz/Marco Sander

Problemstellung

Sozialimmobilen, d.h. Immobilien, die von Gesellschaften im Sozialbereich zur Verwirklichung ihrer satzungsmäßigen Zwecke verwendet werden, sind häufig nicht bzw. nur sehr eingeschränkt anderweitig nutzbar. Man danke hier beispielsweise an Alten- und Pflegeheime oder Krankenhäuser, die sich aufgrund der besonderen baulichen Ausstattung und des spezifischen Raumkonzepts – wenn überhaupt – nur nach erheblichen Umbaumaßnahmen für andere Zwecke nutzen lassen.

Bei der Bewertung dieser Immobilien stellt sich daher das Problem, dass gängige Bewertungsmethoden, die häufig mit Vergleichswerten arbeiten, zu nicht sachgerechten Ergebnissen führen und möglicherweise Werte ergeben, die ein falsches Bild von der Vermögenssituation des Sozialunternehmens vermitteln.

Nachfolgend soll diese Bewertungsproblematik anhand üblicher Bewertungsverfahren erläutert und Lösungsansätze aufgezeigt werden.

Der Schwerpunkt liegt dabei auf der Bewertung der Sozialimmobilien im handelsrechtlichen Jahresabschluss, der die unterschiedlichen Anspruchgruppen (Eigentümer, Vereinsmitglieder, Gläubiger, Fördermittelgeber usw.) über die wirtschaftliche Lage der Gesellschaft informieren soll.

Grundsätzlich wenden die meisten Gesellschaften im Bereich des Sozialwesens die kaufmännische Buchführung an und stellen einen Jahresabschluss nach den deutschen handelsrechtlichen Vorschriften auf. Dies ergibt sich zumeist aus einer gesetzlichen Verpflichtung (z.B. §§ 238 ff. HGB, §§ 3, 4 PBV, §§ 3, 4 KHBV, § 12 Abs. 1 WVO) oder aus einer Selbstverpflichtung bzw. aus einem Corporate Governance Kodex (z.B. Diakonischer Corporate Governance Kodex oder Arbeitshilfe 182 des Verbandes der Diözesen Deutschlands und der Kommission für caritative Fragen der Deutschen Bischofskonferenz).

Grundsätzlich ist zu unterscheiden, ob nur die Vorschriften des ersten Abschnitts des dritten Buches des HGB für alle Kaufleute oder auch die erweiterten Vorschriften des zweiten Abschnitts für Kapitalgesellschaften angewendet werden. Erstere gewährten dem Bilanzierenden bisher weit aus mehr Wahlrechte in der Bewertung zur Legung von stillen Reserven, die jedoch durch das Bilanzrechtsmodernisierungsgesetz abgeschafft wurden. Insoweit ergibt sich in der Immobilienbewertung kein maßgeblicher Unterschied mehr.

Handelsrechtlich gilt allgemein, dass Vermögensgegenstände vorsichtig zu bewerten sind und alle vorhersehbaren Risiken und Verluste, die bis zum Abschlussstichtag entstanden sind, zu berücksichtigen sind (§ 252 Abs. 1 Nr. 4 HGB). Dieses sogenannte Vorsichts- und Imparitätsprinzip findet für Immobilien seine Ausprägung in der Verpflichtung zur Vornahme außerplanmäßiger Abschreibungen auf den niedrigeren beizulegenden Wert (§ 252 Abs. 3 S. 3 HGB).

Eine Besonderheit von klassischen Sozialunternehmen ist, dass die steuerliche Bewertung gegenüber der handelsrechtlichen Bewertung in den Hintergrund tritt. Unternehmen im Sozialbereich verfolgen in der Regel gemeinnützige Zwecke im Sinne der Abgabenordnung (§§ 51 ff. AO). Die Aufstellung einer Steuerbilanz und damit eine steuerliche Bewertung ist somit regelmäßig nicht erforderlich, zumindest solange die nicht steuerbegünstigten wirtschaftlichen Geschäftsbetriebe ein gewisses Ausmaß nicht übersteigen. Insoweit wird nachfolgend auf ggf. ergänzende steuerrechtliche Besonderheiten nicht eingegangen.

Besonderheiten von Sozialimmobilien

Das Tätigkeitsspektrum von Sozialunternehmen, d.h. von Gesellschaften in unterschiedlichen Rechtsformen, deren Zweck es ist Menschen in besonderen Lebenslagen zu helfen, ist vielfältig. Dabei steht grundsätzlich die Gewinnerzeilung nicht im Vordergrund ihrer Tätigkeit, sondern ist allenfalls Nebenzweck und Bedingung für eine dauerhafte Lebensfähigkeit und Sachzielverwirklichung der Unternehmen.

Genauso vielfältig wie das Tätigkeitsspektrum sind auch Art und Umfang der für die Leistungserbringung eingesetzten Personal- und Sachmittel einschließlich der Immobilien.

Die besondere Bewertungsproblematik bei Sozialimmobilien ergibt sich immer dann, wenn spezielle Immobilien zur unmittelbaren Leistungserbringung eingesetzt werden. Dies ist insbesondere im Bereich der stationären Behandlungs-, Betreuungs- und Wohnformen der Fall.

Diese Spezialimmobilien unterscheiden sich von anderen Immobilien dadurch, dass sie in besonderem Maße für einen konkreten Zweck konzipiert und technisch ausgestattet sind und damit eine anderweitige Verwertung weitgehend ausgeschlossen ist.

Dies ist bei einem Krankenhaus, dessen Raumkonzept neben den Bettenstationen insbesondere die funktionsdiagnostischen und therapeutischen Besonderheiten widerspiegelt, unmittelbar ersichtlich.

Aber auch Altenpflegeheime und Wohnheime für behinderte Menschen zeichnen sich durch eine aufwendige behindertengerechte Ausstattung (Barrierefreiheit, Funktionsräume) sowie durch eine Raumkonzept aus, das dem pflegefachlichen bzw. konzeptionellen Stand des jeweiligen Baujahres entspricht (Einbett-, Doppel-, Mehrbettzimmer, Zimmergröße, zentrale vs. dezentrale Küche etc.).

Und selbst die Werkshalle einer Werkstatt für behinderte Menschen kann als eine solche Spezialimmobilien gelten, wenn in besonderem Maße Ein- und Umbauten für die speziellen Bedürfnisse der Menschen mit Behinderungen bzw. für deren Betreuung vorgenommen wurden.

Neben dem Raumkonzept und speziellen Ausstattungsmerkmalen der Gebäude trägt häufig die Lage zum Charakter als Spezialimmobilie bei. Man denke hier beispielsweise an die eher ländliche bis abgelegene Lage vieler traditionsreicher Einrichtungen der Behindertenhilfe.

Keine bzw. wenig Besonderheiten weisen dagegen die Immobilien auf, die für reine Wohnzwecke oder im Verwaltungsbereich genutzt werden, so dass diese im Folgenden nicht weiter betrachtet werden.

Zusammenfassend lassen sich damit folgende Besonderheiten von Sozialimmobilien nennen, die die Verwertbarkeit (und den Wert) stark beeinflussen und damit dazu führen, dass klassische Bewertungsverfahren nicht ohne weitere Modifikation angewendet werden können:

– besondere zielgruppenspezifische Ausstattungsmerkmale (z.B. Barrierefreiheit)
– besondere Raumkonzepte (Funktionsräume, Zimmergröße etc.)
– besondere Lage (zum Teil ländlich abgelegen, innerhalb eines Campus zwischen anderen Einrichtungen)
– besondere Größe (große Grundstücke)

Bewertungsanlässe

Als Bewertungsanlässe kommen neben der handelsrechtlichen Zugangs- und Folgebewertung insbesondere noch die Bewertung im Rahmen von Transaktionen (Kauf-/Verkauf von Immobilien oder Unternehmen bzw. Unternehmensteilen), die Bewertung im Falle einer Sacheinlage und die Bewertung im insolvenzrechtlichen Überschuldungsstatus in Betracht.

Nachfolgend wird die Bewertungsproblematik anhand der handelsrechtlichen Zugangs- und Folgebewertung erläutert, da dies zum einen der häufigste Bewertungsanlass ist und zum anderen hieraus das Vorgehen bei anderen Bewertungsanlässen abgeleitet werden kann.

Handelsrechtlich ist zwischen der Bewertung im Zeitpunkt der Anschaffung oder Herstellung (Zugangsbewertung, § 253 Abs. 1 HGB) und der Bewertung in den darauf folgenden Jahresabschlüssen (Folgebewertung, § 253 Abs. 3 HGB) zu unterscheiden. Letztere erfolgt im Regelfall basierend auf den ursprünglichen Anschaffungs- und Herstellungskosten abzüglich planmäßiger Abschreibungen (§ 253 Abs. 3 S. 1 f. HGB). Ausnahmsweise kann jedoch auch eine außerplanmäßige Abschreibung erforderlich sein (§ 253 Abs. 3 S. 3 HGB). Die Wertfindung in diesem Fall stellt das eigentliche Problem dar und soll nachfolgend vertieft werden.

I. Handelsrechtliche Bewertung von Sozialimmobilien

A. Zugangsbewertung

Handelsrechtlich sind sowohl bei der Zugangs- als auch später bei der Folgebewertung Grund und Boden und aufstehendes Gebäude getrennt zu bewerten, wobei das Gebäude als einheitlicher Vermögensgegenstand betrachtet wird (einheitlicher Nutzungs- und Funktionszusammenhang).

Die Bewertung im Zugangszeitpunkt erfolgt gemäß § 253 Abs. 1 HGB zu Anschaffungs- oder Herstellungskosten. Dabei sind Anschaffungsposten nach § 255 Abs. 1 HGB definiert als Aufwendungen, die geleistet werden, um einen Vermögensgegenstand zu erwerben und ihn in einen betriebsbereiten Zustand zu versetzen, soweit sie ihm einzeln zugeordnet werden können. Hierzu zählen auch Anschaffungsnebenkosten. Herstellungskosten umfassen nach § 255 Abs. 2 HGB Aufwendungen, die durch den Verbrauch von Gütern und die Inanspruchnahme von Diensten für die Herstellung eines Vermögensgegenstandes, seine Erweiterung oder für eine über seinen ursprünglichen Zustand hinausgehende wesentliche Verbesserung entstehen.

Hierbei ergeben sich bereits zahlreiche Problembereiche hinsichtlich der konkreten Zuordnung von Aufwendungen zu den Anschaffungs- oder Herstellungskosten bzw. in der Abgrenzung von Instandhaltung zu Erweiterung oder wesentlicher Verbesserung. Diese Problembereiche betreffen jedoch Immobilienbewertung generell und nicht nur Sozialimmobilien, so dass hier nur auf die weiterführenden Hinweise, insbesondere im Steuerrecht, verwiesen wird.

B. Folgebewertung

1. Planmäßige Abschreibungen

Während der Grund und Boden keiner Abnutzung unterliegt, ist das Gebäude ab Anschaffung bzw. Fertigstellung planmäßig abzuschreiben. Unbeachtlich des tatsächlichen Nutzungsbeginns ist der Zeitpunkt maßgeblich, ab dem das Gebäude für den Betrieb genutzt werden kann.

Die Abschreibung erfolgt über die betriebsgewöhnliche Nutzungsdauer, wobei in der Regel eine lineare Verrechnung vorgenommen wird.

Fraglich ist, welches nun die „betriebsgewöhnliche Nutzungsdauer" ist. Hierbei orientiert man sich häufig (freiwillig) an den steuerrechtlichen Abschreibungssätzen, die je nach Verwendungszweck und Jahr des Bauantrags erheblich variieren (vgl. § 7 Abs. 4 EStG). Offensichtlich ist, dass diese Abschreibungssätze fiskalpolitisch motiviert sind und nicht unbedingt der vorsichtig geschätzten betriebsgewöhnlichen Nutzungsdauer entsprechen.

Zu unterscheiden ist zudem zwischen der technischen und der wirtschaftlichen Nutzungsdauer:

Die technische Nutzungsdauer gibt an, wie lange es technisch möglich ist, einen Vermögensgegenstand zu nutzen, die wirtschaftliche Nutzungsdauer bezeichnet dagegen den Zeitraum, in dem der Vermögensgegenstand wirtschaftlich sinnvoll nutzbar ist.

So liegt bei Gebäuden ordentlicher Bauqualität die Haltbarkeit der baulichen Grundsubstanz (tragende Teile, Fundamente) und damit die technische Nutzungsdauer sicher jenseits von 50 Jahren. Allerdings ändern sich in diesem Zeitraum die betrieblichen Bedürfnisse. Nicht so gravierend ist dies bei einer reinen Nutzung zu Wohnzwecken. Insbesondere bei Spezialimmobilien im Sozialbereich, ist jedoch ein deutlich schnellerer Wandel der betrieblichen Anforderungen festzustellen. Dies betrifft insbesondere folgende Punkte:

- Raumkonzepte in der stationären Altenhilfe:
    - Mehrbett- vs. Einzelzimmer
    - zentrale Küche vs. dezentrale Küchen/ Kochmöglichkeiten
    - besondere Versorgungsformen (Wohngemeinschaftsmodelle, Pflegeoasen etc.)
- Größe und Lage der Einrichtung
    - großes Behindertenwohnheim an abgelegenen Standort vs. dezentrale lokal eingebundene kleinteilige Wohnformen
- Änderung technischer Standards:
    - Brandschutzvorschriften
    - Heimmindestbauverordnung.

Insgesamt zeigt sich, dass, je spezieller der Anwendungszweck eines Gebäudes und je kurzlebiger die (pflege-)fachliche bzw. konzeptionelle Entwicklung in dem Hilfegebiet ist, desto kürzer ist auch die betriebsgewöhnliche Nutzungsdauer anzusetzen.

Bei kritischer Betrachtung wird man daher dazu kommen, dass eine vorsichtig geschätzte Nutzungsdauer einer Sozialimmobilie, in der auch die Refinanzierung erreicht werden muss, eher bei 25 bis 30 Jahren liegt.

Längere Nutzungsdauern bergen die Gefahr, dass sich der Träger nach 25 bis 30 Jahren der Notwendigkeit einer umfassenden Sanierung bzw. eines tiefgreifenden Umbaus gegenübersieht, die wirtschaftlich faktisch verbrauchte Immobilie, jedoch noch mit einem nicht unbeträchtlichem Wert in den Büchern steht.

Hinzuweisen ist an dieser Stelle noch auf die kürzlich aufgekommene Diskussion einer komponentenweisen Abschreibung von Gebäuden (vgl. hierzu IDW RH HFA 1.1016 in IDW Fachnachrichten 7/09 S. 362 f.). Bei Anwendung des Komponentenansatzes wird ein abnutzbarer Vermögensgegenstand des Sachanlagevermögens gedanklich in seine wesentlichen, physisch separierbaren Komponenten unterteilt, die unterschiedlichen Nutzungsdauern unterliegen. Die planmäßige Abschreibung des immer noch einheitlichen Vermögensgegenstandes ergibt sich dann aus der Summe der Abschreibungen seiner Komponenten. Hierdurch soll eine verursachungsgerechte Periodisierung des Aufwands aus der Nutzung des Vermögensgegenstandes erreicht werden. Für ein Gebäude kann dies bedeuten, dass Dach, Fassade, Heizungsanlage und restliche Bestandteile mit unterschiedlichen Nutzungsdauern belegt werden. Aber auch bei Anwendung des Komponentenansatzes gilt das zuvor gesagte: Bei der Wahl der Nutzungsdauer müssen die speziellen betrieblichen Einflussfaktoren Berücksichtigung finden.

2. Außerplanmäßige Abschreibung

a) Notwendigkeit von außerplanmäßigen Abschreibungen

Außerplanmäßige Abschreibungen berücksichtigen ergänzend eine Wertminderung, die nicht durch die planmäßigen Abschreibungen abgedeckt wird.

Außerplanmäßige Abschreibungen sind nach § 253 Abs. 3 S. 3 HGB bei Vermögensgegenständen des Anlagevermögens dann vorzunehmen, wenn eine dauernde Wertminderung vorliegt. Die bisher für Nicht-Kapitalgesellschaften bestehende Möglichkeit, bereits bei nur vorübergehender Wertminderung außerplanmäßige Abschreibungen vorzunehmen (§ 253 Abs. 2 S. 3 1. Hs. HGB a.F.) wurde durch das BilMoG aufgehoben.

Zur Feststellung des notwendigen Abschreibungsbedarfs ist der Buchwert (Anschaffungs-/ Herstellungskosten vermindert um planmäßige Abschreibungen) mit dem niedrigeren am Abschlussstichtag beizulegenden Wert zu vergleichen.

Dieser sogenannte Niederstwerttest ist für das Gebäude insgesamt, jedoch unabhängig vom Grund und Boden durchzuführen. Stille Lasten im Gebäude dürfen keineswegs mit stillen Reserven des Grund und Bodens verrechnet werden; aufgrund des Prinzips der Einzelbewertung ist jeder Vermögensgegenstand für sich zu betrachten.

Während der Buchwert sich unmittelbar aus der Rechnungslegung ergibt, bereitet die Ermittlung des niedrigeren beizulegenden Wertes regelmäßig Probleme und eröffnet Ermessensspielräume, da dieser Wert gesetzlich nicht definiert ist.

Die Wertfindung hat sich jedoch am Zweck der außerplanmäßigen Abschreibung, dem Gebot der vorsichtigen Bewertung unter Berücksichtigung des Gebots der Einzelbewertung zu orientieren. Zudem ist der beizulegende Wert aus Käufersicht zu beurteilen, da grds. von einer Unternehmensfortführung (§ 252 Abs. 1 S. 2 HGB) auszugehen ist und der Vermögensgegenstand weiter genutzt werden soll.

b) Der beizulegende Wert

(1) Bestimmungsgrößen für den beizulegenden Wert

In der Literatur sind verschiedene Bestimmungsgrößen für den beizulegenden Wert genannt, die sich jedoch nur bedingt für die Bewertung von Sozialimmobilien eignen. Dies sind insbesondere folgende Werte:

- Teilwert
- Wiederbeschaffungswert
- Reproduktionswert
- Ertragswert

Der aus dem Steuerrecht stammende *Teilwert* stellt den Wert dar, den ein gedachter Erwerber des gesamten Betriebs unter Betriebsfortführungsgesichtspunkten für die Immobilie im Rahmen des Gesamtkaufpreises bezahlen würde. Die Ermittlung des Teilwertes bereitet in der Praxis jedoch erhebliche Probleme. Zunächst ist es problematisch einen Gesamtkaufpreis für den Betrieb festzustellen, da man hier in der Regel weder auf konkrete Angebote noch auf vergleichbare Transaktionen zurückgreifen kann. Selbst wenn ein Gesamtkaufpreis hinreichend valide bestimmbar wäre, bestünden immer noch erhebliche Unsicherheiten hinsichtlich der Aufteilung des Kaufpreises auf einzelne Vermögensgegenstände. Denn der Kaufpreis basiert auf den künftigen Erfolgsaussichten eines Unternehmens und nicht auf den summierten Werten aller im Unternehmen zusammengefassten Vermögenswerte.

Der *Wiederbeschaffungswert* als Wiederbeschaffungszeitwert (Vermögensgegenstände gleichen Alters und Zustands) oder Wiederbeschaffungsneuwert (neuwertiger Vermögensgegenstand abzüglich planmäßiger Abschreibungen) stellt den Wert dar, der am Beschaffungsmarkt für den zu bewertenden Vermögensgegenstand aufzuwenden ist. Dies mag bei gängigen technischen Anlagen und Betriebsausstattung noch ermittelbar sein. Für Sozialimmobilien können Wiederbeschaffungswerte regelmäßig nicht erhoben werden, da es aufgrund ihrer Besonderheiten in der Regel kein Beschaffungsmarkt existiert, auf dem gleichartige Immobilien gehandelt werden. Denkbar wäre hier allenfalls z.B. im Bereich der stationären Altenhilfe mit typisierten Herstellungskosten pro Platz zu rechnen. Fraglich ist jedoch, ob diese die individuellen Verhältnisse einer konkret zu bewertenden Immobilie hinreichend abbilden.

Für den Fall, dass kein Beschaffungsmarkt existiert, soll der *Reproduktionswert* herangezogen werden. Dieser stellt den Wiederherstellungswert des Vermögensgegenstandes zu Tagespreisen dar. Für die Sozialimmobilie wäre demnach zu ermitteln, was es heute kosten würde, diese Immobilie in gleicher Art und Güte wieder zu errichten. Auch hier könnte man wieder mit typisierten Herstellungskosten pro Platz kalkulieren, würde sich jedoch auch wieder mit dem Problem der Berücksichtigung individueller Strukturen konfrontiert sehen. Hinzu kommt ein weiteres Problem: Der Reproduktionswert könnte aufgrund einer teuren Bauweise (z.B. aufwendiger, repräsentativer Eingangsbereich und teure Bauelemente) zu einem Wert führen, der dem handelsrechtlichen Vorsichts- und Imparitätsprinzip widerspricht. Danach ist es unzulässig, einen Wert anzusetzen, der künftig zu Abschreibungen führt, die nicht durch entsprechende Erlöse refinanziert sind.

Bezieht man diese auf die Immobilie entfallenen Erlöse bzw. Vergütungsbestandteile in die Wertfindung ein, so berechnet man den *Ertragswert*. Der Ertragswert stellt den Barwert aller durch den Vermögensgegenstand erzielbaren Einnahmeüberschüsse dar. Um den Ertragswert als Bestimmungsgröße für den beizulegenden Wert heranzuziehen, ist es jedoch notwendig, dass sich dem Vermögensgegenstand überhaupt ein selbständiger Ertrag zuordnen lässt. Gerade bei Sozialimmobilien ist dies häufig aufgrund der speziellen Vergütungsstruktur gegeben. Denn häufig werden Investitionskostensätze gesondert vereinbart. Der Ertragswert stellt damit die am besten geeignete Bestimmungsgröße für den beizulegenden Wert einer Sozialimmobilie dar.

Berechnungsverfahren

In der Praxis trifft man zur Bewertung von Immobilien häufig auf Gutachten, die nach den Vorgaben der Wertermittlungsverordnung erstellt wurden. Die WertermittlungsVO enthält Vorgaben zur Ermittlung von Verkehrswerten von Grundstücken. Der Verkehrswert ist jedoch nicht gleichzusetzen mit dem niedrigeren beizulegenden Wert, so dass die WertermittlungsVO nicht unmittelbare handelsrechtliche Relevanz hat. Auch sind die Bewertungsverfahren stark typisiert, so dass sie gerade bei Sozialimmobilien zu Werten führen, die nicht dem handelsrechtlichen

Vorsichtsprinzip genügen und damit nicht unreflektiert Anwendung finden können.

Nach der WertermittlungsVO sind zur Ermittlung des Verkehrswertes folgende Verfahren heranzuziehen, die letztlich zu den oben genannten Bestimmungsgrößen führen:

- Vergleichswertverfahren (Wiederbeschaffungswert)
- Sachwertverfahren (Reporduktionswert)
- Ertragswertverfahren (Ertragswertverfahren)

Nach dem *Vergleichswertverfahren* (§§ 13, 14 WertermittlungsVO) wird der Wert der Immobilie grundsätzlich aus Markttransaktionen abgeleitet, d.h. die festgestellten Kaufpreise von möglichst vergleichbaren Immobilien werden – ggf. um Zu- und Abschläge korrigiert – der Bewertung zu Grunde gelegt. Das Vergleichswertverfahren ermittelt somit einen Wiederbeschaffungswert. Damit gilt auch die dort genannte Kritik: Auf Grund der Besonderheiten des Immobilienmarktes, in dem sehr unterschiedliche Gebäude in unterschiedlichen Lagen und baulichen Zuständen gehandelt werden, führt das Verfahren nur zu sehr ungenauen Ergebnissen. Insbesondere für Sozialimmobilien ist es aufgrund der genannten Besonderheiten regelmäßig schwierig, vergleichbare Transaktionen zu identifizieren und damit zu sachgerechten Werten zu kommen.

Im *Sachwertverfahren* (§§ 21 - 25 WertermittlungsVO) wird für nicht ertragbringende Immobilien der Wert des Gebäudes nach Herstellungswerten bewertet. Der Herstellungswert von Gebäuden wird auf Basis normierter Baukosten und unter Berücksichtigung ihres Alters und von Baumängeln und Bauschäden sowie sonstiger Wert beeinflussender Umstände ermittelt. Der Bodenwert wird in der Regel nach dem Vergleichswertverfahren berechnet. Das Sachwertverfahren liefert somit einen Reproduktionswert. Und damit stellt sich auch hier das Problem, dass ein Reproduktionswert nicht zwingend auch durch erzielbare Einnahmen refinanziert ist und sich somit in der Regel nicht als Bestimmungsgröße für den beizulegenden Wert eignet.

Das *Ertragswertverfahren* (§§ 15 - 20 WertermittlungsVO) ermittelt den Gebäudewert auf Grundlage des nachhaltig erzielbaren jährlichen Reinertrags. Dieses Verfahren ist aufgrund der Prospektivität der Berechnungssystematik und der Berücksichtigung der Besonderheiten, der im konkreten Fall zu bewertenden Immobilie, damit grundsätzlich zur Bestimmung eines beizulegenden Wertes für Sozialimmobilen geeignet und soll nachfolgend näher erläutert werden.

(2) Wertermittlung nach dem Ertragswertverfahren

Bei Anwendung des Ertragswertverfahrens wird der Wert der baulichen Anlagen, insbesondere der Gebäude, getrennt von dem Bodenwert auf der Grundlage des Ertrags ermittelt. Der Bodenwert wird dabei in der Regel nach dem Vergleichswertverfahren, meist auf Basis von veröffentlichten Bodenrichtwerten, ermittelt

Die Ertragswertermittlung nach den §§ 15 ff. WertermittlungsVO stellt sich schematisch wie folgt dar:

Rohertrag Immobilie p. a. (Durchschnitt)
./. Bewirtschaftungskosten p. a. (Durchschnitt)
= Reinertrag Immobilie p. a. (Durchschnitt)
./. (fiktiver) Rohertragsanteil Grundstück
= Ertragsanteil Gebäude
x Vervielfältiger
= Ertragswert des Gebäudes
+ Wert des Grund und Bodens
= Wert im Ertragswertvefahren

Der Rohertragsanteil des Grundstücks berechnet sich wie folgt:

Wert des Grund und Bodens
x Liegenschaftszins
= (fiktiver) Rohertragsanteil Grundstück

Der Liegenschaftszinssatz ist der Zinssatz, mit dem der Verkehrswert von Liegenschaften im Durchschnitt marktüblich verzinst wird. Dieser wird auf der Grundlage geeigneter Kaufpreise und der ihnen entsprechenden Reinerträge für gleichartig bebaute und genutzte Grundstücke unter Berücksichtigung der Restnutzungsdauer der Gebäude nach den Grundsätzen des Ertragswertverfahrens ermittelt.

Der Vervielfältiger bestimmt sich rechnerisch nach dem Liegenschaftszins und der Restnutzungsdauer des Gebäudes.

Der Rohertrag umfasst alle bei ordnungsgemäßer Bewirtschaftung und zulässiger Nutzung nachhaltig erzielbaren Einnahmen aus dem Grundstück, insbesondere Mieten und Pachten einschließlich Vergütungen. Umlagen, die zur Deckung von Betriebskosten gezahlt werden, sind nicht zu berücksichtigen.

Bewirtschaftungskosten sind die Abschreibung, die bei gewöhnlicher Bewirtschaftung nachhaltig entstehenden Verwaltungskosten, Betriebskosten, Instandhaltungskosten und das Mietausfallwagnis; durch Umlagen gedeckte Betriebskosten bleiben unberücksichtigt. Die Abschreibung ist jedoch bereits durch Einrechnung in den Vervielfältiger berücksichtigt.

Wird der beizulegende Wert von Sozialimmobilien analog dieses typisierten Verfahrens ermittelt, ist folgendes zu beachten:

Die Berechung des *Rohertrags* kann auf Grundlage der nachhaltig erzielbaren Investitionskostensätze berechnet werden. Dazu ist sowohl die Wert- als auch die Mengenkomponente zu planen:

- Bei der Planung der Höhe der erzielbaren Investitionskostensätze sind die diesbezüglichen Branchenvorgaben (z.B. pauschalierte Erhöhungen oder Einzelverhandlungen) sowie die lokalen Marktbedingungen zu berücksichtigen. Erhöhungen der Sätze sollten nur vorsichtig einbezogen werden. Hierbei sind neben den gesetzlichen Möglichkeiten vor allem die tatsächlichen Chancen einer Erhöhung in den Entgeltverhandlungen und die Restriktionen des Marktes kritisch zu berücksichtigen.
- Ebenfalls unter Marktgesichtspunkten ist die nachhaltig erzielbare Belegung (Mengenkomponente) vorsichtig zu schätzen. Hierzu sollte das aktuelle Platzangebot der Region sowie die künftige regionale demographische Entwicklung herangezogen werden. Natürlich ist bei letzterem zu berücksichtigen, dass die Effekte aus der demographischen Entwicklung nicht ausschließlich auf die betrachtete Einrichtung entfallen, sondern den Wettbewerbern gleichermaßen treffen.

Zu berücksichtigen ist ferner, dass der Investitionskostensatz regelmäßig Vergütungsbestandteile für Aufwendungen enthält, die nicht originär die Immobilie betreffen (z.B. für Einrichtung und Ausstattung). Diese Komponenten sind entweder vorab aus dem Investitionskostensatz herauszurechnen oder auch bei den Bewirtschaftungskosten zu berücksichtigen.

Als *Bewirtschaftungskosten* sind die Kosten anzusetzen, die auf das Gebäude entfallen und nicht anderweitig refinanziert sind. Dies sind insbesondere die laufenden Instandhaltungskosten. Hierbei ist zu berücksichtigen, dass die anfangs bei einem neuen Gebäude anfallenden Instandhaltungskosten sich nicht in der Höhe unverändert fortschreiben lassen. Klassische Beispiele für einmalig anfallende Instandhaltungskosten sind Dach-, Heizungs- und Fassadensanierungen. Weiterhin ist ein vorhandener Instandhaltungsstau zu berücksichtigen. Nach dem Ertragswertverfahren der WetermittlungsVO ist keine periodenindividuelle Erfassung von Roherträgen und Bewirtschaftungskosten vorgesehen, so dass nicht periodengleich anfallende Komponenten in geeigneter Weise auf Durchschnittswerte umzurechnen sind.

Problematisch ist, dass das Ertragswertverfahren der WertermittlungsVO eine starke finanzmathematische Vereinfachung darstellt. Das Verfahren unterstellt implizit, dass der Reinertrag über alle Perioden gleich ist. Aus diesem jährlich gleichen Reinertrag wird mittels eines *Vervielfältigers* ein Barwert berechnet. Zudem ist nach der WertermittlungsVO vorgesehen, den im Vervielfältiger enthaltene *Abzinsungsatz* aus Markttransaktionen zu ermitteln. Dies wird aufgrund der dargestellten unzureichenden Vergleichbarkeit von Sozialimmobilien schwerfallen.

Für handelsrechtliche Zwecke sollte daher das Ertragswertverfahren in seiner dynamischen Ausprägung, wie es u.a. im IDW Standard: Grundsätze zur Durchführung von Unternehmensbewertungen (IDW S 1) beschrieben ist, angewendet werden.

Nach diesem Modell ergibt sich der Ertragswert als Barwert von periodenspezifisch ermittelten Überschüssen für die Immobilie, die dann mit fristadäquaten Zinssätzen abgezinst werden. Der Zinssatz umfasst dabei die Kosten der Opportunität und ergibt sich aus einem fristadäquaten risikolosen Basiszinssatz und einem Risikozuschlag. Untergrenze für diesen Zinssatz sind die Finanzierungskosten, d.h. in der Regel der Darlehenszinssatz.

Zusammenfassend stellt sich die gegenüber der WertermittlungsVO modifizierte Bewertung damit wie folgt dar:

<u>Summe der Perioden 1 bis n:</u>
Rohertrag Immobilie (periodenindividuell)
./. Bewirtschaftungskosten (periodenindividuell)
= Reinertrag Immobilie (periodenindividuell)
x Abzinsungsfaktor Periode 1 bis n (frist- und risikoadjustiert)
= Wert der Immobilie

Der so ermittelte Wert stellt regelmäßig nur den Wert des Gebäudes dar, weil Grundstücke in der Regel nicht über die anzusetzenden Investitionskostensätze finanziert werden. Liegen konkrete Anhaltspunkte dafür vor, dass auch der Wert des Grund und Bodens gemindert ist, sind hierzu gesonderte Überlegungen anzustellen. Dies wird aber nur im Ausnahmefall erforderlich sein.

(3) Berücksichtigung von Sonderposten

Sozialimmobilien wurden in der Vergangenheit zum Teil durch Investitionszuschüsse der öffentlichen Hand oder Dritter (z.B. Aktion Mensch) finanziert. Diese Investitionszuschüsse werden nach den branchenspezifischen Rechnungslegungsvorschriften nicht von den Anschaffungs- und Herstellungskosten abgezogen, sondern auf der Passivseite der Bilanz als Sonderposten gezeigt.

Klarzustellen ist daher, dass sich der oben beschriebene Niederstwerttest nur auf den eigenfinanzierten Anteil der Immobilie bezieht (Bilanzwert der Immobilie abzüglich Sonderposten).

c) Der Begriff der dauernden Wertminderung

Außerplanmäßige Abschreibungen sind nur vorzunehmen, wenn eine dauernde Wertminderung vorliegt. Der Begriff „dauernd" ist gesetzlich nicht definiert. Nach herrschender Meinung liegt eine dauende Wertminderung vor, wenn der am Stichtag beizulegende niedrigere Wert den fortgeführten Buchwert (Anschaffungs- und Herstellungskosten abzüglich planmäßiger Abschreibungen) während eines erheblichen Teils der Restnutzungsdauer nicht erreicht, d.h., wenn der Stichtagswert voraussichtlich für mindestens die halbe Restnutzungsdauer oder die nächsten fünf Jahre unter dem planmäßigen Restbuchwert liegt (vgl. Küting DB 2005, S. 1121).

Folgendes Beispiel soll das verdeutlichen: Eine Immobilie mit Restbuchwert von 100 wird noch über die nächsten 10 Jahre mit jeweils 10 abgeschrieben. Der niedrigere beizulegende Wert liegt zu den Stichtagen bei 60. Hier liegt keine dauernde Wertminderung vor, da der niedrigere beizulegende Wert im vierten Jahr und damit vor der Hälfte der Restnutzungsdauer erreicht wird.

3. Wertaufholung

Ein niedrigerer Wertansatz darf gemäß § 253 Abs. 5 HGB nicht beibehalten werden, wenn die Gründe dafür nicht mehr bestehen.

Während bisher Nicht-Kapitalgesellschaften gemäß § 253 Abs. 5 HGB a.F. einen niedrigeren Wertansatz beibehalten durften, auch wenn die Gründe für die außerplanmäßige Abschreibung nicht mehr vorlagen, galt diese Regelung bisher schon für Kapitalgesellschaften (§ 280 Abs. 1 HGB a.F.).

Im Zeitpunkt der erstmaligen Anwendung des BilMoG haben Nicht-Kapitalgesellschaften, die dieses Wahlrecht bisher in Anspruch genommen haben, unmittelbar eine Wertaufholung bis auf die fortgeführten Anschaffungs- und Herstellungskosten vorzunehmen.

II. Fazit

Immobilien stellen bei Sozialunternehmen regelmäßig einen wesentlichen Posten in der Bilanz dar und prägen das Bild von der wirtschaftlichen Lage, dass den Adressaten des handelsrechtlichen Jahresabschlusses vermittelt wird.

In der täglichen prüfungs- und Beratungspraxis zeigt sich, dass die bilanziellen Werte der Immobilien u.a. aufgrund zu lang angesetzter Nutzungsdauern, die nicht die konzeptionellen Weiterentwicklungen in den Hilfefeldern berücksichtigen, stille Lasten bergen.

Bei den erforderlichen Niederstwerttests ergibt sich häufig das Problem, dass gängige Bewertungsverfahren aufgrund der Besonderheiten von Sozialimmobilien zu nicht sachgerechten Werten führen. Grundsätzlich ist nur das Ertragswertverfahren in seiner dynamischen Ausprägung hinreichend zur Ermittlung eines niedrigeren beizulegenden Wertes geeignet.

Der Ertragswert ergibt sich dabei als der Barwert der während der vorsichtig geschätzten Nutzungsdauer der Immobilie zurechenbaren Einnahmeüberschüsse. Diese errechnen sich grundsätzlich aus den nachhaltig zu erzielbaren Investitionskostensätzen abzüglich der Betriebskosten, die im Wesentlichen aus den Instandhaltungskosten bestehen.